*Franca Magnani*
*MEIN ITALIEN*

# Franca Magnani

## MEIN ITALIEN

Herausgegeben von
Sabina Magnani-von Petersdorff
und Marco Magnani

Kiepenheuer & Witsch

1. Auflage 1997

© 1997 by Verlag Kiepenheuer & Witsch, Köln
Alle Rechte vorbehalten. Kein Teil des Werkes
darf in irgendeiner Form (durch Fotografie, Mikrofilm oder
ein anderes Verfahren) ohne schriftliche Genehmigung
des Verlages reproduziert oder unter Verwendung elektronischer
Systeme verarbeitet, vervielfältigt oder verbreitet werden.
Umschlaggestaltung: Silke Niehaus, Düsseldorf
Umschlagfoto: Zoltan Nagy
Gesetzt aus der Garamont Amsterdam (Berthold)
bei Kalle Giese Grafik, Overath
Druck und Bindearbeiten
Graphischer Großbetrieb Pößneck, Pößneck
ISBN 3-462-02615-1

*Für Adrian*
*Emilia*
*Lorenzo*
*Marta*
*und Vittoria*

## *Vorwort*

VOR DREISSIG JAHREN tauchte auf den Bildschirmen des Deutschen Fernsehens zum ersten Mal in Sendungen der politischen Information regelmäßig eine Frau auf, die nicht nur Texte verlas oder aufsagte, sondern selber etwas zu sagen hatte. Franca Magnani berichtete aus Rom über Italien. Obwohl das Geschehen in diesem Land seinerzeit recht turbulent und für Ausländer oft schwer zu verstehen war, konnte die Frau auf der Mattscheibe das Verständnis vermitteln. Nicht nur, weil sie gescheit und kompetent wirkte, sondern auch deshalb, weil sie den Zuschauern sofort sympathisch war.

Die Kombination dieser Begabungen machte sie außerordentlich populär. Als Berichterstatterin über politische, also an sich meist trockene Themen wurde sie so beliebt, daß auch Unterhaltungssendungen, Talkshows und selbst Fernseh-Küchenmeister sie häufig zu Gast baten. Manchmal hat Franca Magnani gezögert, solche Einladungen anzunehmen, weil ihr sehr daran lag, ihr seriöses Image nicht zu gefährden. Aber sie hat es geschafft, auch diese Farbtupfen auf ihrer Palette unterzubringen, ohne sich zu kompromittieren. Auch wenn sie locker über das Nudelgericht »Gnocchi alla Romana« plauderte, vergaß weder sie noch ihre Zuschauergemeinde, daß dies nur ein Hobby war und ihr Hauptinteresse ernsthaften Dingen galt.

Franca Magnani sprach das Deutsche fließend, aber mit einer leichten Färbung. Dieser Akzent war kein italienischer, sondern ein schweizerischer. Als Korrespondentin des Schweizer Rundfunks konnte Franca Magnani ihre Beiträge für den dortigen Mittagszeitfunk in perfektem Zürcherdeutsch abliefern. Sie war in dieser Stadt aufgewachsen: Die Eltern der gebürtigen Römerin hatten zu Mussolinis Zeit als Antifaschisten die Heimat verlassen müssen.

Die Verkettung einer italienischen, einer schweizerischen und einer deutschen Existenz hat das Leben und die Arbeit dieser bedeutenden Frau geprägt. Die politischen Vorgänge in ihrer Heimat begleitete Franca Magnani mit patriotischer Anteilnahme. Bei allem persönlichen Engagement respektierte sie jedoch stets die Grenzen, die dem gesetzt sind, der nur Beobachter sein soll. Sie konnte immer die distanzierte Sicht der Schweizerin vorschalten und mußte sich dann auch noch die deutsche Brille aufsetzen, um ihrem Publikum in der Bundesrepublik die Angelegenheiten Italiens verständlich zu machen. So bekamen die Deutschen eine doppelt geläuterte Information – und doch aus erster Hand.

In die Intrigen der Politik hat sich Franca Magnani nie hineinziehen lassen. Dennoch blieb sie von ihnen nicht unberührt. Ihre familiäre Verbindung zu antifaschistischen Kreisen sowie ihre persönliche Einstellung zu Fragen wie Ehescheidung und Abtreibung weckten ein Mißtrauen, das zu gewissen Reibungen führte. Franca Magnani war manchen ein Dorn im Auge. Aber sie hatte ein gutes Gespür. Wir stellen fest, daß jene Leute im öffentlichen Leben Italiens, von denen sie nicht viel gehalten hatte, heute entweder im Exil leben, im Gefängnis sitzen oder vor Gericht stehen...

Und noch eines: In den Medien sind heute auch im Sektor der Information Frauen gang und gäbe. Franca Magnani hat ihnen den Weg bereitet. Sie war eine der allerersten, denen der Beweis gelang, daß Frauen das können.

*Heinz Bäuerlein*

# Einführung
von Sabina Magnani-von Petersdorff und Marco Magnani

Die Vorarbeiten unserer »mamma« zu diesem Buch waren schon weit gediehen, und obwohl ihr bewußt wurde, daß die Erkrankung sogar hierfür ihr die Zeit kaum mehr lassen würde, äußerte sie noch die Hoffnung, es vollenden zu können. Der Schmerz über ihren Tod liegt über unserem Leben und sicher über dieser Arbeit. »Mein Italien« zu veröffentlichen, bedeutet für uns aber auch, einen wesentlichen Teil unseres Lebens mit der Freude der Erinnerung an die mamma noch einmal zu gehen. »Mein Italien« soll es heißen, sagte sie, als sie im August, zwei Monate vor ihrem Tod, an unserem Arm den Savignyplatz in Berlin zum letzten Mal überquerte. »Was haltet ihr davon? Die Berichte und Portraits eröffnen einen Einblick in unser Land – ein Stück Geschichte, das wir selbst mitgelebt haben.«

Wir stellen aus den vorbereiteten Materialien eine Auswahl von Texten vor, die mit unseren persönlichen Eindrücken und Erinnerungen an die mamma, die Journalistin in unserer Familie, eng verknüpft sind, die ihre Arbeit und ihre Sicht der Dinge und natürlich etwas von ihrem Italienbild vermitteln. Es sind Texte, die nicht bei der Tagespolitik stehenbleiben. Sie betreffen spektakuläre und weniger spektakuläre Ereignisse und Entwicklungen, die zum Verständnis des heutigen Italien helfen können. Dies soll kein Buch zur Zeitgeschichte sein, sondern das Fragment einer Beziehung darstellen.

Die Texte, die wir zusammengetragen haben, charakterisieren sich durch eine individuelle Sichtweise. Sie setzen thematische Akzente zur »vita italiana« und sparen vor allem das Private und Besondere italienischer Lebensweise nicht aus.

Zugleich begegnen sie ihrem Gegenstand immer wieder in »schonungsloser Liebe«. In ihrer Gesamtheit bleiben sie jedoch Fragmente eines langen und erfüllten Berufslebens.

Die Texte erscheinen in chronologischer Reihenfolge, um die Kontinuität und Entwicklung einzelner Themen besser zu vermitteln.

Wir danken den Mitarbeitern des Verlags, aber vor allem danken wir Herrn Neven Du Mont, daß er das Projekt unserer mamma nicht aufgegeben, sondern unter den veränderten Umständen weitergeführt hat.

Daß wir die Kraft hatten, dieses Buch zu vollenden, ist ein Verdienst unserer Lebensgefährten Lodovica und Ulrich und unseres Freundes Reinhold Joppich, der lange erfolgreich mit der mamma und nun auch mit uns zusammengearbeitet hat.

*Rom/Berlin, 1997*

# Unsere *mamma* war Italienerin und Europäerin

Von London bis Rom beherrschte sie *die großen Landessprachen und liebte es sogar, ihre Schweizer Hörer und Zuschauer auf züridütsch über Italien zu unterrichten; auf eine Kostprobe davon über Sophia Loren wollten wir deshalb nicht verzichten, zumal wir mit Schweizerdeutsch in Italien einen persönlichen Geheimcode hatten, durch den wir unser Privates auch vor deutsch sprechenden Italienern unbesorgt erörtern konnten. Das Schweizerdeutsch spielte eine wichtige Rolle für uns.*

*Sie erklärte immer, wie wichtig es ist, eine nationale Identität und Zugehörigkeit zu besitzen.* »*Man muß sich zur eigenen Geschichte und Identität bekennen und diese in Europa einbringen und nicht alles auf Nivellierung hin ausrichten, nicht in der Kultur und schon gar nicht in der Kochkunst*«*, unterstrich sie oft beim Falten unzähliger Tortellinis in unserer Küche, bevor die ausländischen Gäste zu uns kamen. Die Liebe zu ihrem Land stand für sie ganz oben, und sie sagte dies ganz besonders gern ihren deutschen Freunden als Ansporn und Ermutigung, und daß diese Liebe zum eigenen Land und seiner Kultur niemals Kritik ausschließen dürfe, ja vielmehr sie ganz besonders herausfordere.*

*Mamma berichtete etwa seit 1964 für die ARD; ich war damals neun und Marco elf Jahre alt. Mich hatte das nicht beeindruckt oder erschreckt, denn sie war immer eine sehr aktive Frau. Sie arbeitete weiterhin im Haushalt, sie kochte, malte, bastelte und spielte mit uns, sie schrieb und las täglich ihre vielen Zeitungen – immer mit Stift und Schere in der Hand – sie fuhr Auto, sie war immer mit etwas beschäftigt, so daß ich* mir manchmal wünschte, sie würde nichts tun!«Das kann ich nicht – das habe ich nie gelernt«, lachte sie dann.

Merkmal ihrer Tätigkeit wurde ab jener Zeit eine grüne Agenda, in der sie ihre Termine und Adressen notierte. Der babbo, mein Vater, nannte diese in unserer Familiensprache das »zweite Gehirn«, worüber sie scherzte: »Dann muß ich wohl auch ein erstes haben!« Wir behandelten ihr zweites Gehirn von damals an bis heute wie eine Reliquie, und niemand durfte es in die Hand nehmen.

Gelacht und gesprochen wurde sehr viel bei uns und fast nie mit leisen Tönen! Alles wurde kommentiert und diskutiert, gefragt werden durfte alles. Die Gedanken und Meinungen wurden hauptsächlich auf italienisch ausgetauscht, aber oft auch auf deutsch und schweizerisch – es wurde mitunter gekämpft und gestritten, um Erziehung ebenso wie um Politik – es war immer lebendig. Lachen und Fröhlichkeit waren Leitmotiv unseres Lebens, das ganz stark von der Heiterkeit der mamma bestimmt war. Sie beherrschte für Kinder viele bewundernswürdige Fertigkeiten: sie konnte nicht nur spannend erzählen und auch das Einfache durch ihren Bericht interessant machen – sie konnte auch Walnüsse im angewinkelten Ellbogen kraftvoll knacken; sie konnte Kühe melken und auf zwei Fingern so schrill pfeifen wie ein Viehhirte auf der Sommeralm. Wenn wir mit unseren Freunden auf den Wiesen vor unserer damaligen Wohnung in der Via Moena am Stadtrand spielten, konnte sie uns mit ihrem Pfiff – »fischio alla pecorara« – zum Staunen unserer Freunde kilometerweit zurückrufen. Auch gegenüber ihren Kollegen schreckte sie nicht zurück, dieses gnadenlose Verständigungsmittel anzuwenden, wenn es praktisch war, und selbst wenn sie im elegantesten Dress gekleidet war, steckte sie ohne Finesse die Finger in den Mund und holte zum großen Pfiff aus. Keiner konnte ihr das nachmachen. Aber am meisten bestaunten wir ihre Zungenfertigkeit, weniger wegen ihrer Sprachbegabung, als vielmehr wegen der Leichtigkeit, mit der sie den Stengel einer Kirsche im geschlossenen Mund nur mithilfe der Zunge zu verknoten wußte.

Auch aus dem »Studio Rom« der ARD brachte sie von ihren Interviews und der Berichterstattung für die Tagesthemen viel Spannendes mit, von dem ich anfangs zwar nicht viel verstand, das aber doch zunehmend unseren Horizont erweiterte und uns prägte.

Das Wort »Streß« gab es nicht in ihrem Wortschatz, ja es war für sie sogar ein »Unwort«; wohl aber hörten wir sie uns »hurtig, hurtig« ermahnen, da es ihr fast nie schnell genug gehen konnte. Ihre Schnelligkeit und Aufmerksamkeit waren verblüffend. Sie konnte zwei Sachen auf einmal erledigen. Wenn ich sie dabei ertappte, daß ich nur die zweite Sache für sie war, wurde ich traurig, aber auch die mamma wurde dann traurig, und gemeinsam versuchten wir, uns aus diesem Sumpf zu ziehen. Noch heute muß ich mich wundern, wie sie soviel leisten konnte und dazu ein stets gastfreundliches Haus führte.

Mir war bewußt, daß wir sie mit aktiver Haushaltshilfe unterstützen mußten und trotzdem unsere Schulpflichten nicht vergessen durften. Wir besaßen die Vorstellung, die wir wohl mit der Muttermilch aufgenommen hatten, daß Frauen nicht nur in der Familie aufgehen sollten. So hatten wir eine mamma, die uns auch an ihrem beruflichen Leben teilhaben lassen konnte und uns mit vielen geistigen Anregungen bereicherte.

In vielen Berichten setzte sie sich mit dem Thema Frauen, Beruf und Familie auseinander, weil sie auch in ihrer persönlichen Situation, wie durch ein Brennglas, das große soziale Drama der italienischen Innenpolitik wiedererkannte. Denn Italien begann in dieser Zeit, den großen Rückstand in der Frauenemanzipation im Vergleich zu anderen europäischen Staaten aufzuholen, was zu großer Polarisierung und Spannung in der Gesellschaft führte. Sie selbst fiel sicher aus dem Rahmen; als Tochter antifaschistischer, intellektueller Eltern und Emigranten war sie hellwach für die Frauenfrage und maß die italienische Wirklichkeit unerbittlich. Aus der Fülle der Ereignisse nahm sie die wesentlichen Details und berichtete darüber.

Sie hatte das Glück, einen Mann zu haben, der sie nicht nur mit Worten verstand und unterstützte. Bis in die Küche hinein trug er mit an der ganzen familiären Verantwortung und sporute jede Frau an, sich in Familie und Beruf zu verwirklichen. In der häuslichen Emanzipation schien er mir fortschrittlicher zu sein als die Väter vieler Schulfreundinnen.

Das waren auch die Themen, auf die ich persönlich am meisten ansprach: die italienischen Familien, mit ihren guten und schlechten Seiten. Nie nahm die mamma einseitig feministische oder gar männerfeindliche Positionen ein. Ein Kampf gegen »den Mann«, das war ihre Sache nicht. Darüber diskutierten wir zwar eifrig, als wir von einer Demonstration feministischer Extremistinnen kamen, mit Slogans gegen den Mann als Ausbeuter und gegen männliche Vorherrschaft in der Gesellschaft. Sie ließ sich allerdings nicht vom ihrer Position abbringen. In unseren kleinen Fiat gepreßt ging es in heißen Diskussionen um die gemeinsame Emanzipation mit dem Mann zusammen – »er ist ja auch kein Ganzes – oder?«

Sie erzählte mit Leidenschaft, welche Fortschritte von den italienischen Frauen schon erreicht worden waren: bei der Geburtenkontrolle, bei Familienplanung, bei der Scheidung und alles gegen den Widerstand des Vatikan. Was versteht die einfache Frau in Kalabrien dagegen von feministischen Sprüchen?

Die überkommene Tradition der ungleichen Geschlechterrollen und die italienische Art der Kindererziehung hat sie gefesselt, obwohl es für ihren starken, fast altrömisch zu nennenden Bürgersinn dort oft viel zu anarchisch und chaotisch zuging, aber sie liebte die blühende Fröhlichkeit und Phantasie und die Kraft, die daraus für sie erwuchs. Bei der Erziehung ihrer eigenen Kinder bemühte sie sich, konsequente und starke Prinzipien mit großzügiger Liberalität zu vermischen. Aber nichts auf der Welt war für sie vollkommen, auch sie selbst nicht.

Sie war in diesen frühen Jahren so sehr mit Arbeit überhäuft: Wir wohnten weit entfernt vom historischen Zentrum und hatten alle einen weiten Weg zur Schule und Arbeit, der nur mit dem Auto zu schaffen war. Unsere Zeiten waren immer fein abgestimmt. Zum Mittagessen traf sich nach gesunder italienischer Tradition die ganze Familie zu Hause. Nach der Schule begab ich mich zu Fuß oder mit dem Bus zum ARD-Studio in der Nähe der Piazza di Spagna, um von dort mit der mamma im Auto nach Hause zu fahren. Das Studio Rom wurde so mein Bezugs- und Angelpunkt. Die mamma hatte oft um die Mittagszeit einen Tiefpunkt, den sie mit einem halben Glas Wein und einem Stück Brot zu überbrücken gewohnt war: Wieder einmal war es an einem sonnigen Tag so. Sie bat mich bei Vino ed Olio in der Via della Croce ein Gläschen für sie zu besorgen. Inzwischen wollte sie das Auto holen und mich von dort mitnehmen. Nun – das war kein Problem. Ich kaufte das Glas Wein und hielt es im Verkehrsgewühl hoch und wartete. Gehorsam stand ich da an der Straße – die Minuten dehnten sich – und wartete mit dem Wein in der Hand. Niemand kam, niemand holte mich ab. Aus den Minuten wurde eine Stunde und noch eine halbe Stunde, bis die mamma endlich erschien. Zwar hatte ich keine Angst um sie oder um mich gehabt. Vielmehr befürchtete ich eher eine Regierungskrise, den Tod unseres

Staatspräsidenten oder ein Attentat auf einen Politiker, die mamma war ja immer im Dienst, das hatten wir oft schon erlebt. Sie war jedoch einfach gefahren und fast zu Hause angekommen, da merkte sie, daß sie ihr Brot nicht gegessen, ihren Wein nicht getrunken und die Tochter vergessen hatte. Nun hatten wir unsere Anekdote über die mehrfach belastete Hausfrau, Ehefrau, mamma und Journalistin. Und das blieb auch kein Einzelfall, denn auch meinen Vater, voll mit Einkaufstüten bepackt, vergaß sie vor dem Supermarkt.

Ohne Zweifel hat sich in Italien die Lage der Frauen dank der Gleichberechtigungskämpfe entscheidend verändert. Die öffentlichen Einrichtungen haben versucht, sich den neuen Bedürfnissen anzupassen. Es gibt bedeutende Fortschritte, damit Frauen sich beruflich engagieren können. So zum Beispiel haben sich die Öffnungszeiten der Grundschulen geändert, sie sind in der Regel bis 16 Uhr geöffnet. Trotzdem bleibt die Familie noch das fest zusammenhaltende Gebilde vom gemeinsamen Eßtisch bis hin zur Versorgung der Großeltern und Enkel unter der herausragenden Rolle der mamma.

Wir Kinder beließen es nicht beim Diskutieren zu Hause. Sehr früh fanden wir den Weg zum politischen Engagement in der 68er-Bewegung, die am Ende auch einige Freunde in einen tragischen, sinnlosen Sog riß. Natürlich testeten wir unsere Fähigkeit zur Opposition zuerst an unseren Eltern und luden auch unsere Freunde zum Mitmachen ein. Die mamma und vor allem babbo mußten mit ihren politischen Erfahrungen einen verbalen Kampf fechten, um unsere Freunde vor sich radikalisierenden Irrtümern zu bewahren.

»Mamma, du bist wirklich die konservativste von uns allen!« riefen wir oft. Stolz und selbstbewußt bestand sie darauf, uns nie zu verraten, für welche Partei sie stimmen würde. »Wir leben in einer Demokratie, die Wahl ist ihr wichtigstes Geheimnis, und so soll auch bleiben.«

Wenn wir in unserem politischen Engagement auch ganz frei waren, durften wir unsere Pflichten in der Schule und zu Hause nie vernachlässigen. Wichtig war, daß wir unsere Kämpfe mit Überzeugung führten und auch bereit waren, die Konsequenzen zu tragen. »Schmarotzer gibt es hier nicht und schon gar nicht im Namen der Arbeiterklasse«, hielt sie unserer pubertären Faulheit entgegen. Sie selbst war ja im Geiste strikter Moralauffassungen erzogen worden, gewissermaßen im Namen des Sozialismus. Erziehung war ihre Leidenschaft bis zu ihren letzten Lebenstagen, und kritisch hat sie sich als willkommene Ratgeberin und auch kämpferisch in die Erziehung ihrer Enkel eingemischt. Sie war überzeugt von der Richtigkeit dieser Haltung, obwohl sie immer offen für Kritik blieb, ihr Prinzip war das des »non mollare«, des nicht Lockerlassens.

Ihre Berichte für die ARD konnte ich nur selten im Fernsehen anschauen, wohl aber deren Entstehung verfolgen. Manchmal durfte ich im Studio neben der mamma stehen, bei ihren ersten Aufnahmen oder offs, und habe gelernt, wie wichtig der Schnitt eines Filmes und die gute Zusammenarbeit mit dem Kamerateam und der Cutterin für das Gelingen der Sendung sind. Sie legte größten Wert darauf, daß das Klima stimmte, um bei der Arbeit ein gutes Resultat zu erzielen. Daraus sind Freundschaften hervorgegangen, die uns bis heute begleiten. Aber auf die Wurzeln in der Familie hätte sie nie verzichten können. Der öffentliche Erfolg war ihr weniger wichtig als die Familie. Das hat uns gemeinsam »getragen«, ohne daß viel dazu gesagt werden mußte. Es war dasselbe Gefühl wie beim gemeinsamen kochen: Sie hat mich nie bewußt kochen gelehrt, ich war einfach dabei. Wir haben erzählt und diskutiert, während das Wasser für die Pasta kochte, der Sugo brutzelte und Parmigiano gerieben wurde.

Das »Studio Rom« war für mich fast ein zweites Heim geworden, wo ich mamma allein sehen konnte, obgleich sie meistens unter Termindruck stand – ich konnte dann ein wenig Freizeit und Stadtleben genießen. Von dort aus habe ich meine ersten selbständigen Spaziergänge durch Rom unternommen. Manchmal hatte ich das Glück, mit ihr zu »lädele« oder im Caffè Greco eine Tramezzino-Pause einzulegen.

Das Caffè Greco wurde in den Jahren unser liebster Treffpunkt. Es war die Kunst, die Tradition des Ortes, der genius loci, die hier zu verspürende Nähe zwischen italienischem und europäischem Kunstsinn in Malerei, in Literatur und die sichtbare Sehnsucht nach dem Arkadien im Süden. Für die mamma war es ein Ort des Zu-Hause-Seins, denn auch das ARD-Studio befand sich in unmittelbarer Nähe. Wir erfreuten uns an der sichtbaren Geschichte dieses Ortes und an den Bildern, die wir immer wieder betrachteten. Wir standen an der Theke, in einer Hand ein panino al pollo, in der anderen ein paradiso und plauderten gern über die anwesenden römischen Damen und Herren, notfalls, wenn es heikel war, auf schweizerdeutsch, oder die mamma befragte die Kellner zu deren Meinung zu politischen Ereignissen, Touristen und zu der Teuerung des Kaffees. Noch heute bedient mich der gleiche Kellner von damals und freut sich über jedes Wiedersehen, wenn nun mammas Enkel ihren Anspruch auf ein frisches Eis eingelöst sehen wollen.

Vom Caffè Greco aus gingen wir spazieren, wenn wir ein wenig Zeit für uns hatten oder wenn sie über das Einkaufen in Rom oder über Modeschöpfer schreiben mußte. Dabei sahen wir auf die Schaufenster ebenso wie auf die barocken Fenstersimse und Kirchenfassaden, wir hatten Freude an der Schönheit der Stadt, an der wir beide hingen. Stark war ihr Interesse an der Geschichte. Wir sprachen ausführlich über die Literaten oder

Maler, denen die vielen Gedenktafeln gewidmet sind, bis ich ihr schließlich dank meines Studiums mehr über die Einzelheiten der Palazzi erzählen konnte als sie mir. Die Gespräche wurden in die Besuche der Geschäfte eingeflochten – schweigen konnten wir nie.

Als ich zwölfjährig mit ihr durch die Via Frattina ging, wir waren für wichtige berufliche Termine unterwegs, sah ich ein Armband: »Mamma«, fragte ich, »könntest du mir das nicht schenken?« Sie staunte sprachlos: »Es gibt keinen Anlaß im Moment, um 12.000 Lire auszugeben.« – »Oh, doch«, sagte ich, »Sympathie.« – Sie konnte nicht widersprechen.

In der Mode hatten wir gegensätzliche Ansichten und freuten uns nachträglich oft, wie wir um unsere Auffassungen gerungen hatten. Dem rebellischen Zeitgeist entsprechend legte ich kaum Wert auf Äußerlichkeiten, sie aber versuchte mich von ihrem klassischen Geschmack zu überzeugen. Sie erschien auf dem Bildschirm so, wie wir sie kannten. Trotzdem schrieb sie gern ihre Modeberichte, ich glaube, weil sie sich mit ihrem Stil über den Zeiten stehend fühlte. Ihre Neigungen waren insoweit eindeutig.

Mamma machte kein Geheimnis aus ihrer freundlichen Haltung gegenüber dem männlichen Geschlecht und führte das auf die große Zuwendung, die sie von ihrem Großvater bekommen hatte, zurück. Ich denke da an meinen »babbo«. Er hatte immer Zeit für sie und hat es sie nie merken lassen, wenn er sie vielleicht nicht hatte.

Frisch verliebt hatten sie sich einst in Bologna verabredet. Mamma mußte ihn mehrere Stunden an einem Brunnen am Marktplatz warten lassen. Ruhe und Geduld waren seine Stärken im Privaten. Ganz anders als in der Politik, wo er den Kampf gegen den Stalinismus in der KPI aufnahm, bevor die Geschichte dafür reif schien – und doch hatte er recht. »Seht ihr

Kinder, es hat sich gelohnt.« Das war für uns die Moral der Geschichte im doppelten Sinn dieses Wortes. Ich hatte von der Beziehung unserer Eltern die Vorstellung einer gelungenen Einheit. Auch wenn sie täglich kontrovers diskutierten und in den alltäglichen Dingen oder in unserer Erziehung oder in Weltanschauungsfragen nicht gleicher Meinung waren. Denn sie hatten die Fähigkeit, sich auch in Auseinandersetzungen im richtigen Moment auffangen zu können. In dem Bericht »Über italienische Männer« von 1975 (s. S. 124) sehe ich ganz deutlich auch eine Würdigung meines babbo und ihrer Beziehung. Er war als italienischer Mann eine Ausnahme im Verhältnis zu seiner Frau: Er ermunterte die mamma zu Selbständigkeit im Denken und Handeln. Ihre Gemeinsamkeiten waren: innere Freiheit, das eigene Gewissen und gegenseitige Toleranz.

Wenn die Zeitungen gekauft wurden, stürzten sich alle wie Raubtiere auf die Beute, jeder wollte der erste sein. Doch mamma sagte, »das ist Arbeit« und sie gewann. Im Auto zu lesen, während sie fuhr, war kategorisch untersagt: »Ich bin nicht dein Chauffeur.« Alle vier saßen wir in den Fiat 600 gepreßt, der Weg zur Schule war lang, also ein Ort, wo keiner entrinnen konnte, ideal geeignet für die Fortsetzung der Erziehung. Latein und Griechisch wurden wiederholt, Geschichte geprüft, unser Verhalten gemaßregelt, die politischen Meinungen ausgetauscht, der Pflichten erinnert, und hier durfte die mamma sogar singen, weil kein anderer zuhören konnte, denn Singen war ihre große Freude, aber überhaupt nicht ihr Talent. In ihrem Schweizer Schulchor hatte sie deshalb Singverbot erhalten. Sie mußte bei allen öffentlichen Auftritten des Chors, in sicher gut gemeinter Absicht, stumm wie ein Fisch, den Mund mitbewegen, um den Gesang nicht zu stören. Es sollte nicht das letzte Mal sein, daß sie nicht in den Chor der öffentlichen Meinungen hineinpaßte. »Aber den babbo habe ich auch geheiratet, weil er mir beim Singen zuhören kann.«

Der Bürgersinn der mamma überstieg so manches Vorstellungsvermögen. Durch die väterliche, stark moralisch geprägte Erziehung zur Pflichterfüllung, gemischt mit dem im Schweizer Exil vermittelten Ordnungssinn, ergab sich ein Cocktail von sozialer Gesinnung, mit dem sie viele Römer verwirrt hat – für mich ahnungslose Tochter, die als Kind die Berechtigung ihres Anliegens oft nicht beurteilen konnte, oft ein Grund, lieber im Erdboden zu versinken, als tapfer an ihrer Seite zu stehen. Wer die harten Geduldsproben kennt, die italienische Banken ihren Kunden abverlangen, obwohl die doch nur deren Geld verwalten, kann verstehen, daß unsere mamma eine von den Bankdirektoren gefürchtete Kundin wurde. Wenn sie eine Mutter sah, die ihrem Kind die Schulmappe hinterhertrug, konnte niemand sie abhalten, mit äußerster Zuvorkommenheit an diese heranzutreten und ihr mit dem gewinnendsten Lächeln einen Vortrag über Würde, Respekt und Arbeit zu halten und tatsächlich setzte sie sich meistens durch.

Wie viel kann man mit Kindern und durch Kinder erleben und erzählen. Das Schicksal der Kinder interessierte sie nicht nur im Rahmen der eigenen Familie. Ihre Spiele, die Kinderarbeit, der Kinderverkauf, die Gewalt gegen Kinder, das holte sie auch im bella italia ans Licht. Oft maßregelte sie die Mütter oder die Väter, sie konnte der Gewalt gegen Kinder nicht unbeteiligt zusehen. Sie mischte sich ein. Ich meine nicht nur bei einer gelegentlichen Ohrfeige, eine in Italien noch sehr verbreitete Tradition; ich kann mich erinnern, daß wir Eltern gesehen haben, denen das italienische Temperament restlos entgleiste, die ihre Kinder auf der Straße regelrecht verprügelten.

Das war für uns ein entsetzlicher Anblick, der zum Eingreifen herausforderte.

Pinocchio war auch für uns die Figur der Kindheit. Die mamma hatte uns von ihm vorgelesen. Man konnte kein Italiener sein, ohne von Pinocchio zu wissen. Doch in unserer Kindheit wurde nie mit der langen Nase gedroht; dieser Pinocchio als Lügenschreck für kleine Kinder war für uns nur marginal im Gegensatz zu seinem beschwerlicheren Weg, Mensch zu werden und gut zu sein. Wahrheit um jeden Preis ist nicht immer menschlich. Wir wurden zur »verita storia« erzogen, aber: Es gibt Situationen, für die man zu lügen lernen muß, um Menschen zu schützen, zu retten, oder um nicht unnötig zu verletzen. Das Gewissen ist die zentrale Botschaft in Pinocchio, verkörpert durch die Grille. Die Grille versucht Pinocchios Gewissen anzusprechen. Wir haben die mamma mit ihr identifiziert und ihr beigebracht, fortan Grillen zu sammeln: »Aber paß auf«, sagte Marco oft, »sie wird von Pinocchio mit dem Hammer erschlagen, bevor er doch auf den rechten Weg kommt.«

Einer der schönsten Berichte der mamma ist für mich jener über die italienische Gestik, gedreht in Neapel, der leider nur als Film seine Poesie entfaltet und an dem sie mit unbeschreiblicher Freude gearbeitet hat. Sie stellte zum Teil mit versteckter Kamera die ganze Vielfalt der sprechenden Hände dar. Wir dagegen hatten die ganze Kindheit die vergeblichen Ermahnungen gehört: Man spricht nicht mit den Händen, es gehört sich nicht usw. Wie aber sollten wir das schaffen in unserem Land, wo alles mit den Händen schon gesagt ist, bevor die Lippen umständlich die Worte geformt haben? Und plötzlich erlebte ich mamma ganz anders, als tauchte sie in eine andere Welt ein. Es wurden viele Bücher über dieses Thema herangeschafft, und die mamma verschlang sie alle.

Sie wollte als junges Mädchen Schauspielerin werden, ein unerfüllter Wunsch, der ihr die Idee zu dem Film wohl gegeben hat. Sie suchte nach den kulturgeschichtlichen Wurzeln, und eines Tages verschwand das Stillhaltegebot, unsere Hände hatten ihre Freiheit.

Trotz ihrer Begeisterung für diese stille Sprache liebte sie es laut. Lärm hat die mamma nie gestört – fast nie! Sie erzählte von dem Glück der Kollegen, wenn sie auf Dienstreisen im Hotel immer das Zimmer nahm, welches sonst niemand wollte: das im ersten Stock, möglichst mit Fenster zu einer stark befahrenen Kreuzung, am liebsten mit Eisenbahn oder Straßenbahnen davor. Sie liebte den Lärm des Stadtlebens von Rom her. Verwunderlich, daß ihr trotzdem nicht die Liebe zur Natur und dem natürlichen Leben fehlte. Die Stille aber machte ihr Angst. Sie wußte nicht, was sich dahinter verbergen konnte. Sie fürchtete Teppiche und dergleichen, die jeden Schritt und jeden Laut verschlucken. Wenn Freunde, Kollegen oder Bekannte zu Gast waren und sich auf gar zu leisen Sohlen an mammas Schlafzimmer, und sei es zur Mitternacht in freundlichster Rücksichtnahme, vorbeischlichen, drückte sie ihnen am nächsten Tag eine Schweizer Kuhglocke in die Hand, mit der sie sich schon von weitem laut läutend ankündigen sollten. Wir haben wirklich Mühe, uns an Ermahnungen zur Ruhe während der Kindheit zu erinnern. Mit unserer Lautstärke hatten wir Tag und Nacht freie Bahn.

Erstaunt war ich über den Bericht zur Vespa. Nachdem sie in der Familie das Vespafahren verboten hatte, kam so ein heiterer Bericht. Zwar gab sie zu, daß sie mit unserem babbo die Toskana auf der Vespa bereist hatte, um uns hatte sie jedoch zuviel Angst.

Dafür gab mir ihre Teilnahme am römischen Stadtverkehr in

*unserem Fiat 600 guten Anlaß zum Spott – niemand ist ohne Widersprüche. »Bisogna snellire il traffico (man muß den Verkehr am Laufen halten)«, mahnte sie zwar mit Ungeduld, fuhr aber dann doch, wie sie es für richtig hielt, gelegentlich ohne jeden Respekt vor den herrschenden Regeln, und fand doch den Weg nach vorn in die erste Reihe vor der Ampel, für den 600 ein leichteres Spiel als für Limousinen. Sie konnte tadellos in kürzester Zeit einen Reifen wechseln, sogar nachts, und war stolz darauf, ein altes Klischee widerlegen zu können.*

*Aber sie war abergläubisch, wie ich es bei keinem anderen Menschen je erlebt habe. Das ärgerte sie selbst, doch sie duldete keine Kritik und wollte auf gar keinen Fall, daß wir es auch werden. Sie entwickelte sich zur Spezialistin für jede Art des Aberglaubens der Länder, die sie bereist hatte. Bekannte, ja sogar neu gewonnene Freunde richteten Entsetzliches an, wenn sie ihr Chrysanthemen brachten; sie verschwand plötzlich aus der Tafelrunde, wenn ein 13. Gast unangemeldet erschien. Schuhe kaufte sie mit unserem babbo nie, denn aus dem fernen Lappland hatte sie gehört, »daß man sonst mit diesen weglaufen könnte«. Nie durfte ein Hut auf dem Bett liegen, ein Regenschirm in der Wohnung aufgespannt werden, und in ihrer Handtasche hielt ein Amulett Wache, und ein Glücksbringer hütete das Portemonnaie. Widersprachen sich die abergläubischen Regeln verschiedener Länder, versuchte sie, allen gerecht zu werden.*

*Sie hat sich vergeblich nach dem Grund ihres Aberglaubens gefragt. Sie wußte nur, daß dieser erst nach dem Tod ihrer Mutter richtig eingesetzt hatte. Wenn sie beim Autofahren einen Leichenwagen hinter sich bemerkte, ließ sie ihn natürlich sofort vorbei, um den Fall abergläubisch abzuklären: war er leer, klopfte sie auf Eisen und zeigte mit dem kleinen*

*Finger und dem Zeigefinger die berühmten Hörner – der Tod*
*solle fern bleiben –; war ein Sarg darin, schickte sie herzliche*
*Küsse hinterher.*
*Als sie starb, als wir vor ihrem Sarg standen, dachte ich an*
*ihre Worte: »Bambini, und wenn ich tot bin, seid nicht trau-*
*rig. Erinnert euch immer daran: Ich habe ein volles und*
*glückliches Leben gehabt, mit babbo und euch zusammen«!*

Sabina Magnani-von Petersdorff

## Eine italienische Familie

DIE SONNE STAND SCHON HOCH, als wir das Meer zum ersten Mal sahen. Es war heiß, und durch das offene Fenster drangen der Rauch der Dampflokomotive und der Geruch der Meeresbrise. Entlang der Gleise wiegten sich große rote und weiße Oleanderbüsche im Wind; ich hatte Marseille wiedergefunden.

Wir näherten uns Livorno, und Italo ließ seine Nervosität an uns aus, indem er fortgesetzt mahnte, auch ja nichts liegenzulassen. Endlich stand der Zug im Bahnhof von Livorno. Wir stiegen aus, und Italo überließ unser Gepäck einem Dienstmann. Etliche Minuten lang standen wir wartend auf dem Bahnsteig. Es war so vereinbart mit Großvater Ercole, damit er uns sofort bemerkte. Wie wir aussahen, wußte er nur von den Fotos, die Mama regelmäßig an die Großeltern in Livorno schickte.

In der Ferne erblickte ich einen Herrn, der mit einem Spazierstock winkte und näher kam. Er trug einen weißen Anzug, hatte einen Strohhut auf dem Kopf und stützte sich auf einen Stock. Niemand, den ich kannte, kleidete sich so. Er rief uns beim Namen und umarmte uns – es war Großvater Ercole. Er hatte einen graumelierten Schnurrbart, dicke Lippen und eine tiefe Stimme. Mit Papa besaß er keine Ähnlichkeit: Er war ein Unbekannter. Am Aufschlag seiner weißen Jacke prangte das Parteiabzeichen. Ich bemerkte es sofort und dachte an Casadei.

Auf dem Weg zum Ausgang begegnete der Großvater einigen Herren. »Buon giorno, Commendatore«, sagten sie und hoben den rechten Arm. Der Großvater grüßte zurück, indem er ebenfalls den Arm hob. Ich wußte, was die Geste bedeutete. Papa und Casadei hatten es mir erklärt, als ich eines Tages in einer Zeitung ein Foto von Mussolini mit steifem ausgestreckten Arm gesehen hatte. Aber Großvater machte es anders. Sein Arm war nicht steif. Es wirkte eher wie eine lockere und gewöhnliche Geste ohne Bedeutung – als wollte er eine Fliege verscheuchen.

Auf dem Bahnhofsvorplatz rief der Großvater eine Kutsche herbei und ließ uns einsteigen. Das Pferd schüttelte fortgesetzt den Kopf. Es wurde von einer Unzahl Fliegen belästigt, die um seine Augen schwirrten. Die Kutsche fuhr in die »Viale della stazione«, bog links ab und nahm die alte »Via Aurelia« nach Antignano. Sie war voller Schlaglöcher, so daß der Wagen auf und ab hüpfte.

Mir gefiel es, so durchgeschüttelt zu werden. Große Feigenbäume, deren Blätter dick mit Staub bedeckt waren, flankierten die Chaussee. In Zürich standen keine Feigenbäume an den Straßen. Es gab Platanen und Roßkastanien, aber Staub auf ihren Blüten hatte ich nie bemerkt. Es regnete zu oft, und deshalb wirkten die Bäume stets »als hätte gerade jemand Staub gewischt«, wie Mama sagte.

Wir durchfuhren Ardenza und erreichten Antignano. In der »Via del Litorale« 289 hielt die Kutsche vor einem Gartentor, das in eine Mauer eingelassen war. Sie war oben mit Glasscherben bewehrt, »damit die Diebe nicht über die Mauer steigen und uns die Feigen stehlen«, erklärte der Großvater. Die Zweige eines gewaltigen Feigenbaums überragten die Mauer und reichten bis auf die Straße. Auf einem kleinen Schild links vom Gartentor las man: »Villino Anna Franca«. »Nicht ›Villa‹, sonst lesen die Leute ›Villana Franca‹«, scherzte der Großvater; »die ungezogene Franca«.

*Aus: Franca Magnani, Eine italienische Familie.*

# Fahrt durch die unbekannte Toskana

Es mag einige Überwindung kosten, die Toscana zu besuchen und nicht gleich zu den berühmten Stätten der Kunst zu pilgern, von denen Siena und Florenz nur zwei aus den unzähligen sind. Man sollte es trotzdem tun, denn uns scheint, es werde nur dann ein kleiner Einblick in das tiefe Geheimnis toskanischer Menschen und toskanischer Landschaft gewährt, das die großen Meister der Renaissance hier mehr als anderswo zu ihren Kunstwerken inspirierte.

Unsere Fahrt starteten wir von Livorno aus, und dem Rat der »agenzia di viaggi« in Piazza Cavour folgend, fuhren wir in einem jener beliebten Busse die Küste entlang, gen Süden. Das hat den Vorteil, daß man mitten durch lärmige, belebte Dörfer geführt und daß zur Mittagszeit nicht vor luxuriösen Restaurants, sondern vor einfachen Trattorien angehalten wird. Meiden Sie im allgemeinen die »ristoranti«! Nicht nur im Preis liegt oft ein gewaltiger Unterschied, sondern auch in der Umgebung, welche – wie Sie sich selbst bald überzeugen werden – in einer »trattoria« noch als echte, vitale »italianità« geblieben ist. Unverzeihlich ist es, wenn man die toskanische Küste verläßt, ohne den traditionellen »caciucco« gekostet zu haben, jene Fischsuppe, die es ohne weiteres mit der Bouillabaisse de Marseille aufnehmen darf. Und vergessen Sie dabei nicht, daß Sie sich im Lande der edelsten aller italienischer Weine befinden. Südlich von Livorno hört die italienische Riviera, d. h. die weiche, schimmernde Sandküste, jäh auf. Die schon von den Römern angelegte Via Aurelia führt eine steinige, zuerst mit Pinien, dann mit Zypressen bewachsene Küste entlang, durch kleine, friedliche, dem Ausländer meist noch unbekannte Badeorte wie Ardenza, Antignano und Castiglioncello. Aus dem bald tiefblauen, bald grünlichen oder bleifarbenen Wasser (kein Meer ist so veränderlich wie das Tyrrhenische) ragen hohe, rötlich-braune Felsen auf, an denen sich zischend, vom toskanischen Mistral, dem »libeccio«, gepeitscht, die breiten Wellen zerschlagen. Gegen das Landesinnere blickend: die klassische, hügelige, mit Zypressen bewachsene Landschaft, diejenige, die Leonardo da Vinci für sein Meisterwerk, die »Mona Lisa«, als Hintergrund gewählt hat. Über uns: il cielo toscano; nicht jener »ciel passionel«, den Anatole France dem Süden im allgemeinen zuschreibt, sondern ein lichter, klarer, nicht grell-, aber warmstrahlender Himmel, den wiederum der große Meister im Mittelpunkt seines »Abendmahl«-Gemäldes verewigt hat. Das Baden im offenen Meer ist erfreulicher und billiger als in den Badeanstalten, aber denken Sie daran, daß hier wie dort die zweiteiligen Badekostüme – aus Sittlichkeitsgründen – offiziell verboten sind.

Ein schmaler Weg führt uns durch Artischocken- und Saubohnenfelder, Weinberge und Oleanderbäume hinauf zum Montenero (knapp zwei Stunden zu Fuß von Antignano entfernt). Nicht der berühmte Wallfahrtsort, sondern die Aussicht ist es, die es uns angetan hat. Sie dehnt sich weit hinaus, bis nach Marina di Pisa, dort, wo der Arno breit und gemächlich ins Meer mündet und auf dessen Strand, nach biblischer Überlieferung, der heilige Petrus vom Sturme geschleudert wurde. Draußen im Meere, von einem ewigen Nebelschleier umhüllt, die Insel Elba. Man erreicht sie am besten von Piombino aus, mit dem Dampfer, der täglich zweimal hinaus zur Hauptstadt der Insel, Portoferraio, fährt. Ungefähr eineinhalb Stunden dauert die Überfahrt und kommt, hin und zurück, auf knapp 10 Schweizer Franken zu stehen.

Den alten Griechen war der Reichtum dieser Insel, seine eisenhaltige Erde, längst bekannt, weshalb sie ihr den Namen »die Rußige« gaben. Wir dagegen möchten sie lieber, ihres Klimas und ihrer reichen Flora wegen, »die Milde« oder »die Farbige« nennen.

*Juni 1952*

In meinen ersten Erinnerungen *an das Haus am Meer in Antignano, gegen Ende der fünfziger Jahre, dreht sich alles um die mamma, bis zur Eisenbahnfahrt, mit der Sabina und ich jeden Sommeranfang von Rom nach Antignano gebracht wurden. Wir mußten ans Meer, schon wegen der Gesundheit, und andere Möglichkeiten gab es auf Grund der finanziellen Lage nicht. Mamma begleitete uns mit ihren leichten hellen Sommerkleidern, schön und schlank, wie das sich hochstrekkende Schilf im Meereswind am frühen Morgen. Sie war bei der Organisation der Reise sehr genau und in der Eisenbahn sehr aufmerksam, nicht nur uns gegenüber, sondern auch gegenüber sich selbst. Ich bemerkte eine innere Spannung, fast wie bei einer Vorbereitung zu einer Probe, vielleicht eine Zartheit, die besonders zum Ausdruck kam, als wir die Brücke von Calignaia überquerten, als, wie mir schien, der Zug den Bahnhof von Livorno praktisch erreicht hatte.*

*Sie kehrte zum Haus ihrer Familie zurück, wo nach dem Tod des Großvaters Ercole und der Großmutter Jole ihr Vater der unumstrittene Herr des Hauses war, der vor nicht langer Zeit aus dem Exil zurückgekehrt war. Für mich und Sabina war er einfach der nonno.*

*Auch wenn nonno persönlich nicht da war, wirkte er doch immer präsent in diesem durch seine Nüchternheit veralteten Hause, zwischen den dunklen Möbeln und den Betten mit ihren so hohen Kopfenden, die mir wie Mauern erschienen. Sein Zimmer, das erste links im Erdgeschoß, sobald man den langen dunklen Flur, der zu den Treppen führte, betrat, assoziierte ich mit dem Zimmer eines Pharaos in einer Pyramide, hermetisch verschlossen und symbolträchtig, vielleicht wegen seines*

*Stahlhelmes aus dem ersten Weltkrieg, der auf einem bronzenen Kopf zwischen den Büchern trohnte. Ich glaube, es war diese unentwegte Präsenz, die die Spannung in der Seele der mamma auslöste.*

*Dem Vater mußte sie nicht nur zeigen, daß sie als Tochter seiner würdig war, sondern daß sie auch als Mutter ebenbürtig war, ihren eigenen Kindern eine beispielhafte Erziehung zu geben, in der auch die väterlichen Spuren zu erkennen waren, wenn auch befreit von den manchmal hartherzigen Schroffheiten dieses Elternteils. Dieses Bedürfnis war entstanden durch den dramatischen Bruch mit ihrer eigenen Familie, als sie allein gegen alle den Entschluß gefaßt hatte, ihrem Gefährten zu folgen, unserem Vater, dem als Verräter aus der KPI verstoßenen Antistalinisten.*

*Uns, Sabina und mir, war die Aufgabe gestellt, gewissermaßen die mamma dort zu vertreten. Zu dieser Aufgabe gehörte auch, ohne sie in Antignano zu bleiben. Oft mußte sie arbeiten, und wir wurden einer Tata, einem italienischem Kindermädchen, anvertraut. Es war die Zeit, in der italienische Mädchen aus der Provinz zu den Familien in die Großstädte kamen, um für wenig Geld eine Stellung zu finden.*

*Die Erwartung ihrer Abreise quälte mich schon im Zug, und es schien mir, ich könnte meine Angst auch in ihren Gesichtszügen lesen. Ich suchte nach Zeichen von Leichtigkeit und Normalität, um meine Seele zu besänftigen. Das Wesen der mamma kam mir zur Hilfe mit ihrer Fähigkeit, die ich so nie besessen habe, das Leben einfach wieder aufzugreifen, dank kleiner Gesten, die die Angst dieses Momentes sofort verscheuchten.*

*Die Ankunft am Bahnhof von Livorno war einer dieser Momente. Manchmal holte uns Guido am Bahnhof ab; er war Bauer, der auf dem kleinen Grundstück des nonno arbeitete, ein junger Mann, robust, von toskanisch respektloser Sym-*

*pathie. Obwohl er nicht schön war, verbreitete er witzige Leben-*
*digkeit und gefiel der mamma hauptsächlich wegen dieser*
*Fröhlichkeit. Sie fühlte sich vollkommen zu Hause bei der*
*Familie der Bauern; sie vergnügte sich, wie damals als kleines*
*Mädchen in den Arbeitervierteln von Marseille, in denen sie*
*während des Exils gelebt hatte.*

*Der Weg vom Bahnhof Livorno nach Antignano war derselbe,*
*den die mamma 20 Jahre vorher mit ihrem Großvater in der*
*Kutsche gefahren war; mir schien, als würden auch wir die-*
*selbe innere Strecke der mamma zurücklegen, zum Haus des*
*Großvaters gebracht und dort verlassen werden. Da sie (wie*
*auch meine Schwester Sabina), aufgrund ihrer Veranlagung*
*eher imstande war als ich, sich zurechtzufinden, schaffte sie es*
*als Kind, sich mehr um die verstaubten Blätter längs des Weges*
*zu kümmern, die so anders als die in Zürich waren. Jetzt als*
*Mutter, verscheuchte sie ihre Unruhe, indem sie mit Guido*
*scherzte. Ich aber hatte große Mühe, meine düsteren Gefühle zu*
*überwinden, während ich auf die Via Aurelia schaute, die*
*dort am Fenster vorbeizog.*

*Im Haus angekommen, beschäftigte sich die mamma mit der*
*Organisation der kommenden Wochen, ohne besondere Freude,*
*aber wie eine Person, die sich der Pflicht nicht entziehen kann*
*oder will. Der Tagesrhythmus, den wir Kinder einzuhalten*
*hatten, war nicht besonders hart, doch präzise festgeschrieben:*
*wie lange wir am Strand sein durften, Mittagsschlaf, wann*
*wir zu Bett gehen mußten, usw. Für viele Kinder unserer Ge-*
*neration war es noch so, aber für mich kam noch etwas anderes*
*hinzu. Zwar mußte ich nicht etwa stolz meine politische Ver-*
*schiedenheit gegenüber dem faschistischen Großvater beweisen*
*wie damals die mamma, die vom exilierten Vater aus der*
*Schweiz zum Großvater nach Antignano geschickt worden*
*war, mußte mich aber mit meinem Benehmen doch dem Urteil*

*des nonno stellen, um auf diese Weise meine Familie zu verteidi-*
*gen. Eigentlich war der nonno mir gegenüber nicht besonders*
*streng, aber es mangelte nicht an Gelegenheit, der mamma seine*
*Eindrücke über uns mitzuteilen, einschließlich derjenigen, die*
*ihn als »enttäuschten Vater« erscheinen lassen sollten. Nie habe*
*ich jedoch Angst vor dem nonno empfunden, immer fühlte ich*
*mich von der mamma geschützt, obwohl sie, wenn nötig, mich*
*auch bestrafte, wirklich sanft, aber mit protestantischer Konse-*
*quenz – wenn ich eine feste Regel bewußt nicht befolgt hatte.*
*Manchmal, im sicheren Gefühl ihres Schutzes, schaffte ich es*
*sogar, ihn auf diskrete Art aber eindeutig auf den Arm zu neh-*
*men, gerade ihn, dem der Sinn für Ironie doch nicht fremd war.*
*Besonders litt ich darunter, der mamma meinen Schmerz über*
*ihre Abreise nicht ausdrücken zu dürfen. Es war an einem*
*Sonntag nachmittag, wir waren in Antignano angekommen,*
*und sie mußte gleich nach Rom zurück. Sie saß auf einem aus*
*Stroh geflochtenen Stuhl im Hof vor dem Haus bei der ganzen*
*Familie von Guido, die Beine übereinandergeschlagen und*
*wartete auf die Abfahrt ihres Autobusses. Sie trug ein weißes*
*Tailleur mit feinen blauen Streifen und schien mir besonders*
*blaß zu sein. Ans Netz des Hühnerstalls geklammert, schaute*
*ich von weitem auf sie, mit zugeschnürtem Hals. Ich hätte sie*
*an die Hand nehmen wollen und sie ins Haus tragen wollen,*
*aber sie wäre noch trauriger geworden wegen mir.*
*Mit der dahinfliegenden Zeit in unseren Sommern in Anti-*
*gnano fehlte mir die mamma immer weniger. Jedes Jahr, nach*
*den ersten Tagen, packte mich voll und ganz das Ferienleben,*
*ich fand die Welt meiner Altersgenossen, die ihren eigenen Gra-*
*vitationspunkt bildeten, nur leicht berührt von der realen oder*
*geistigen Gegenwärtigkeit des nonno. Jetzt gefiel es mir, mit ihm*
*zu plaudern, besonders über die Vergangenheit, über seinen*
*Krieg als Oberleutnant der »Alpini«, seine antifaschistischen*

*Kämpfe. Er entzog sich nicht der Erzählung, obwohl ihm die Poesie der Erinnerung fehlte, im Gegensatz zum babbo. Die Beziehung zu ihm prägte meine Ferien in Antignano fast bis zum Ende meiner Kindheit.*

Marco Magnani (aus dem Italienischen von Sabina Magnani-von Petersdorff)

## Der zehnjährige Kampf Lina Merlins

IM JANUAR DIESES JAHRES hat das italienische Parlament die Schließung der bis heute staatlich genehmigten Bordelle gutgeheißen. Der zehnjährige Kampf der sozialistischen Senatorin Lina Merlin um die Aufhebung der geregelten Prostitution geht damit erfolgreich zu Ende. Senatorin Merlin wurde wohl von allen Parteien, mit Ausnahme der extremen Rechten, in ihrem Kampfe theoretisch unterstützt; die Stimmen derjenigen jedoch, die im Falle einer Annahme des Gesetzes ein Zunehmen der Geschlechtskrankheiten und einen Zuwachs der »schwarzen« Prostitution voraussagten, waren unzählig. Ein Beweis für den passiven Widerstand, den man dem »Gesetz Merlin« (legge Merlin) – wie es allgemein genannt wird – entgegensetzte, ergibt sich aus der Tatsache, daß es ganze zehn Jahre brauchte, bis Senat und Parlament endgültig über das heikle Thema abstimmten und zur Schließung dieser im Volksmund ironischerweise »case chiuse« genannten Häuser schritten. Der Begriff »case chiuse« – geschlossene Häuser – stammt aus dem Jahr 1888, als der damalige Ministerpräsident Francesco Crispi anordnete, die Türen, die zu den Bordellen führten, zu schließen und die Fensterläden zuzunageln. Daß die durch Francesco Crispi getroffene Maßnahme eine gewisse Berechtigung hatte, wird verständlich, wenn man bedenkt, daß zur Zeit des päpstlichen Roms die Stadt bei einer Einwohnerzahl von rund 170.000 Seelen 600 Bordelle zählte.

Viele neigen dazu, in Signora Merlin einen verbitterten Blaustrumpf zu sehen, und ahnen nicht, wie sehr die Persönlichkeit dieser Frau von dieser Vorstellung abweicht. Sie ist eine höchst sympathische, offenherzige Frau von über 50 Jahren und ist seit langer Zeit verwitwet. Ihr weißes Haar und ihre energische, doch gütige Haltung verleihen ihr etwas Mütterliches; und wenn man scherzend darauf hinweist, daß ihre Gegner sie gerne zu einer Art »Männerhasserin« abstempeln möchten, lacht sie hell auf und erinnert daran, daß auch sie einmal jung und hübsch war. »Es freute mich, wenn die Männer dies bemerkten!« Ihre Liebe zum Menschen schlechthin und ihr Gefühl für Gerechtigkeit sind wohl ihre besonderen Merkmale; ihrer ausgesprochenen Hartnäckigkeit jedoch verdankt sie den erfolgreichen Ausgang ihres so tapfer geführten Kampfes.

Ob der vieldiskutierte Antrag angenommen worden wäre, wenn nicht Senat und Parlament darüber zu entscheiden gehabt hätten, sondern durch ein Referendum das Volk direkt befragt worden wäre, ist höchst fraglich. Der von politisch linksstehender Seite erhobene Vorwurf, die Schließung der Bordelle treffe die Minderbemittelten mehr als die Reichen, ist nicht aus der Luft gegriffen. Dies ist übrigens der Einwand, den der sogenannte »Mann von der Straße« am häufigsten gegen das »Gesetz Merlins« erhebt. Solange die »case chiuse« bewilligt waren, unterstanden sie auch einer strikten Preiskontrolle, was bei einer »schwarzen« Prostitution nicht mehr der Fall sein wird. Doch Lina Merlin ließ sich durch diesen von ihren eigenen Parteikollegen erhobenen Vorwurf nicht ablenken. Ihr ging und geht es um den menschlichen Aspekt des Problems: um die Ausbeutung eines Menschen. Seit 1948 sind Frau Merlin unzählige Briefe von Prostituierten übergeben worden; mit vielen anderen hat sie persönlich Fühlung genommen, um einen der Realität entsprechenden Begriff von der Lage zu bekommen. Frau Merlin hat alle diese Briefe gesammelt und zum Teil in einem Bändchen herausgegeben, das den Titel trägt: »lettere dalle case chiuse«. Und was da an menschlichen Qualen, an Elend, an Kummer und an

Ausbeutung übelster Art zum Vorschein kommt, das läßt sich weder beschreiben noch annähernd schildern. Und da versteht man auch, was Linda Merlin mit ihrem Kampfe sagen wollte: Daß es solche Tragödien mehr oder weniger in jedem Lande gibt – das ist leider möglich; daß man aber diese Zustände duldet, daß es Länder gibt, die diese Ausbeutung amtlich bewilligen, das ist für einen modernen und zivilisierten Staat unzulässig, beschämend und entwürdigend. Ein Verbot gegen die geregelte Prostitution in Italien wurde um so dringlicher, wenn man bedenkt, daß sämtliche Länder Europas ein dementsprechendes Gesetz längst erlassen haben: 1876 Großbritannien, 1890 Norwegen, 1901 Dänemark, 1907 Finnland, 1918 Rußland usw.

Wohl ist das Problem der Prostitution mit der Schließung der Bordelle nicht gelöst; Lina Merlin weiß das. Jetzt geht es darum, diesen Frauen, die man allgemein als »offizielle Berufsprostituierte« bezeichnet, eine Arbeitsmöglichkeit zu verschaffen, was in einem Lande mit über zwei Millionen Arbeitslosen kein leichtes ist. Signora Merlin hat viele persönlich kennengelernt; keine, die sich bei ihr anmeldete, wurde abgewiesen. Sie weiß auch, daß wenige von all diesen eine innere Ausgeglichenheit besitzen und daß beinahe alle eine Übergangsphase benötigen, um sich wieder im normalen Leben zurechtzufinden. Deshalb arbeitet Lina Merlin tapfer weiter, um auch dieses zweite, weitaus größere Problem – die Eingliederung dieser Frauen in die Gesellschaft – zu lösen. Laut Gesetz werden nun innerhalb eines halben Jahres sämtliche Lokale, die einer »casa chiusa« gehörten, geräumt werden müssen. Seit 1888 werden erstmals die Fensterläden weit geöffnet werden, und die Sonne wird nach 70 Jahren ihre Strahlen in die dunklen Zimmer werfen.

*April 1958*

## Es geschah im Warenhaus ...

Es geschah in einem überfüllten Warenhaus eines recht populären Viertels in Rom. Ich wühlte mich durch das Gedränge, als plötzlich dicht hinter mir jemand laut aufschreit: »Mein Geld!« Es war ein entsetzlicher, durchdringender, panischer Schrei. Wir drehten uns alle um – so gut dies im Gedränge möglich war – und sahen einer etwa 40jährigen, bescheiden angezogenen Frau in die Augen, die fieberhaft immer wieder ihre Manteltaschen durchsuchte: einige bunte Straßenbahnkarten, ein zerknittertes Taschentuch, zwei kleine Schokoladenriegel und die gelbe Quittung eines öffentlichen Leihhauses. »Mi hanno rubato i miei soldi! Man hat mir mein Geld gestohlen! 12.000 Lire! Eben abgeholt habe ich's vom Leihhaus; vier Leintücher und zwei Decken habe ich dafür verpfändet. Da, seht, hier ist die eben ausgestellte Quittung!«
Der Atem schien ihr ausgehen zu wollen; sie keuchte nur, und dennoch schrie sie: »Dio mio, ich kann nicht ohne Geld nach Hause; mein Mann ist seit vier Jahren arbeitslos; der Hausbesitzer wirft uns mit den Kindern hinaus, wenn ich ihm heute abend nicht die Miete bezahle. Madonna Santa, hilf mir!«
Es war ein erschütternder Anblick; die dunklen, angsterfüllten Augen in dem olivfarbenen Gesicht blickten jeden inquisitorisch an, drohend und flehend zugleich. Jetzt, da die Stimme der Frau verstummt war, schien mir ihr Anblick noch unerträglicher. Man konnte es in ihrem Gesicht lesen: Für sie brach die Welt zusammen – wegen erbärmlicher 12.000 Lire! Die Furcht vor Obdachlosigkeit und Hunger spiegelte sich in diesem Gesicht, bitterste Not als Folge eines Diebstahls im Werte von rund 80 DM.

Die Frau war einer Ohnmacht nahe. Einige Frauen ließen sie auf einem Schemel Platz nehmen, und ein Ladenmädchen bot ihr einen heißen »espresso« an; die Frau wies ihn sanft und kraftlos von sich. Leise, ganz leise flüsterte sie nun etwas vor sich hin – vielleicht betete sie; oder vielleicht verfluchte sie ihren Betrüger. Wir alle waren erschüttert. Da, wo vorher der lauteste Betrieb im Gange war, herrschte jetzt eine beklemmende Stille. Auch die Schallplattenmusik hatte zu spielen aufgehört. Das kalte Neonlicht des Warenhauses beleuchtete die herben Gesichtszüge der verzweifelten Frau, ihre geschlossenen Augen.

Die schroffe Stimme eines Mannes, der sich mit ziemlich ungezogenen Ellenbogenmanövern nach vorne drängte und sich genau vor die unglückliche Frau hinstellte, schreckte uns auf. »Avanti!« rief er, und streckte dabei eine breite, von der Sonne gebräunte Hand voller Schwielen aus, in der er einen verschmutzten Geldschein hielt: »Ich kann leider nur das hier geben; wer hilft weiter? Wir können diese Frau doch nicht so nach Hause gehen lassen«, schrie er uns allen in einem grauenhaften Römer-Dialekt zu, und dabei lächelte er so herzlich, als wolle er mit diesem zuversichtlichen Lächeln die drückende Stimmung verwischen. Bewegung kam in die Menge. Jeder kramte aus seinen Taschen einen kleineren oder größeren Geldbetrag heraus und legte ihn – spontan und freudig – in die große, flache Hand des Mannes. Als die Hand kein Geld mehr zu halten vermochte, schüttelte er die eingesammelten Münzen und Geldscheine in den Schoß der immer noch stumm und mit geschlossenen Augen dasitzenden Frau.

Das Gedränge wurde unerträglich; von hinten wurde der Frau das Geld direkt in den Schoß geworfen. Alles lächelte und atmete auf. »Fra poveracci bisogna sempre aiutarsi – unter armen Teufeln muß man sich stets helfen!«

Der Warenhaus-Betrieb begann von neuem – wie in einem alten Film, der gerissen ist und wieder anläuft. Das Plattenmädchen legte eine fröhliche Schallplatte auf, und nichts erinnerte mehr an den Vorfall.

Auf einmal wurde mir bewußt, daß sich in diesem kleinen Vorfall das wahre Antlitz Italiens widerspiegelt; Italien in seiner bitteren, sozialen Not und in seiner wahren Größe, in seiner Herzlichkeit und seinem wahren Gefühl für den Mitmenschen – Dinge, die anderen, reicheren Völkern verlorengegangen sind.

*19. 12. 1958*

# Ein freundlicher Herr auf Besuch

»BEZAHLE MIR MEIN SCHWEIN WIEDER, oder ich drehe dir den Hals um!« Mit diesen Worten begrüßte ein italienischer Bauer aus der Toskana einen hochgewachsenen, blonden Deutschen, der den fragwürdigen Geschmack bewiesen hatte, jene Gegend, die er als Angehöriger der Wehrmacht in den düsteren Jahren 1943/44 besetzt hatte, als romantisch veranlagter Tourist wieder zu besuchen. Die italienischen Lokalblätter gaben den Vorfall mit halb humoristischen, halb mahnenden Kommentaren wieder. Aber was war geschehen? Der Deutsche wollte sich ganz einfach die Gegend wieder ansehen, in der er vor Jahren als Herr und Meister gewaltet hatte. Ihm waren die Einzelheiten aus jener Zeit vielleicht völlig entgangen; nicht so jedoch dem kleinen italienischen Bauern. Er hatte es nicht verwinden können, daß eines schönen Tages ein uniformierter, fremder Mann vor ihm gestanden und ihn mit barschen Worten aufgefordert hatte, sein Schwein – sein einziges Schwein – abzuliefern. Der kleine Italiener hatte die Ungerechtigkeit nicht vergessen.

Und nun die Frage: Spiegelt dieser Vorfall die heutige Stimmung der Mehrheit der Italiener gegenüber dem einzelnen Deutschen wider? Wohl kaum. Immer wieder kann man erfahren, wie erstaunlich viele Italiener die bitteren Ereignisse des letzten Krieges vergessen haben, wenn es um den »tedesco come civile«, also um den »Deutschen als Zivilperson« geht. Die Disziplin und das Organisationstalent – zwei Gaben, die man den Deutschen zuschreibt und die bei den Italienern seltener sind –, rufen ganz allgemein große Bewunderung hervor. Ganz anders jedoch fühlen die Italiener, wenn sie an die Deutschen denken, die in eine Armee eingereiht sind und eine Uniform tragen. Dann entsteht sogleich ein gewisses Mißtrauen, das an Feindseligkeit grenzt. Die Erfahrung hat sie gelehrt, daß die Deutschen viel von ihrer Menschlichkeit verlieren, sobald sie in einer Uniform stecken; man fürchtet sich allgemein nicht vor dem Deutschen, sondern vor dem uniformierten Deutschen.

Da es die Italiener, und die Welt überhaupt, bereits einmal erlebt haben, daß eine rein wirtschaftliche Macht sich später in eine militärische Macht zu verwandeln vermochte, bringt man dem Problem der deutschen Wiedervereinigung – so wie sich das Problem heute stellt – nicht gerade viel Sympathie entgegen. Der Durchschnittsitaliener ist sich durchaus bewußt, daß die Teilung eines Landes keine vernünftige Dauerlösung sein kann und daß dadurch gerade jene Kräfte wieder gezüchtet werden könnten, die man durch eine Teilung Deutschlands am Aufstieg hindern wollte. Doch für viele Italiener bietet Adenauer keine genügende Gewähr dafür, daß sich die Verwandlung der ökonomischen in militärische Macht nicht noch einmal vollziehen könnte. Die Frage der deutschen Wiedervereinigung wäre im italienischen Volk wohl populärer, wenn sie unter politisch anderen Vorzeichen besprochen und vollführt werden könnte.

Was die Wiederbewaffnung Deutschlands anbelangt, so gewinnt man den Eindruck, daß die überwiegende Mehrheit der Italiener diesem Problem ablehnend gegenübersteht. Vom deutschen Wirtschaftswunder spricht man hier mit einem gewissen Unbehagen, obschon die Bewunderung gegenüber der Tüchtigkeit des Deutschen keineswegs verborgen wird und allgemein groß ist. Gerade vor dieser Tüchtigkeit fürchtet man sich jedoch, und deshalb sieht man es gern, daß Deutschland in eine weite europäische und demokratische Vereinigung eingegliedert wurde; man faßt diese Eingliederung als eine gewisse Garantie dafür auf, daß die Tüchtigkeit des Deutschen sich nicht nochmals auf militärischem Gebiet entfalten kann. Dies gilt für die italienische Bevölkerung im allgemeinen; der politisch geschulte Teil des Volkes mit sozialistischen Überzeugungen dagegen unterschätzt die Bedeutung einer großen sozialdemokratischen Partei in Deutschland und die Macht der deutschen Gewerkschaften – die im Gegensatz zu Italien nicht konfessionell getrennt sind – keineswegs. Für diese Italiener würde sich ihre Besorgnis um die deutsche Wiedervereinigung stark vermindern, wenn diese Kräfte die Politik Deutschlands bestimmen würden.

Den unzähligen deutschen Touristen, die gerade in diesen Tagen wieder die Straßen, die Kirchen und die Museen der italienischen Städte füllen, begegnet man ganz allgemein mit Wohlwollen. Und in diesem Wohlwollen steckt ein wenig Berechnung über die Vorteile des Fremdenverkehrs. Der Haß gegenüber einer bestimmten Rasse oder einem bestimmten Land ist dem Italiener völlig fremd – was auch die Vergangenheit dieses Landes gewesen sein mag. Die Vergangenheit wird hier schnell vergessen – die eigene ebenso wie die fremde.

24. 4. 1959

# Die Scheidung – ein soziales Problem in Italien

DIE ZAHLREICHEN EHEDRAMEN und Eheskandale, die die
Spalten der italienischen Blätter füllen, sind wohl nur zum
Teil der lateinischen Leidenschaftlichkeit zuzuschreiben; mit-
verantwortlich sind oft auch die heutigen Gesetze, welche
den Menschen, die einmal geheiratet haben, nicht die Mög-
lichkeit bieten, diese Bindung zu lösen, auch wenn sie sich im
Laufe der Jahre als katastrophal erwiesen hat. Es sind diese
Tragödien – besonders die der darin verwickelten Kinder –,
welche von Zeit zu Zeit das Problem der Scheidung auch in
Italien aufwerfen.

Als Italien 1946 seine erste republikanische Verfassung ausar-
beitete, glaubte man, daß einer der heftigsten Kämpfe der
Einführung der Scheidung gelten würde. Doch als es den
Christdemokraten in der verfassunggebenden Versammlung
gelang, die von Mussolini unterzeichneten Lateranverträge
von 1929 in die neue Verfassung einzufügen, wurde allen bald
klar, daß den Italienern die Möglichkeit, sich scheiden zu lassen, noch für lange Zeit verwehrt würde. (Auch die Kommunisten stimmten damals aus taktischen Gründen dafür.) Artikel 34 des Konkordats zwischen dem faschistischen Staat und
dem Vatikan setzt nämlich fest, daß die kirchliche Trauung
automatisch auch zivil anerkannt wird. Die Ziviltrauung
besteht wohl noch, hat aber nur für den Staat Gültigkeit und
wird von der Kirche als »Konkubinat« verurteilt. Die Scheidung bleibt also allen Italienern verwehrt, sowohl den Katholiken als auch den wenigen, die eine Ziviltrauung vorziehen.

Der Kampf um die Scheidung ist durchaus nicht jüngsten
Datums. Seit 1873 wurden bereits zehn Anträge gestellt, die

jedoch regelmäßig wegen Ablauf der Legislaturperiode verfielen oder nicht angenommen wurden. Es waren damals wie heute beinahe ausschließlich Linkskräfte, welche sich dafür einsetzten. Heute ist es der linkssozialistische Abgeordnete Sansone, der mit großer Hartnäckigkeit dafür eintritt, daß auch in Italien die Scheidung eingeführt werde.

Sansone stellte seinen Antrag zum erstenmal im Oktober 1954. Obschon er seinen Antrag offiziell »Gesetzentwurf zur Auflösung der Ehe« nennt, spricht man im Land allgemein von »piccolo divorzio«, der »kleinen Scheidung«. Diese »kleine« sollte sich von der allgemeinen Scheidung darin unterscheiden, daß nur in ganz bestimmten Fällen die Scheidung zweier Menschen gestattet werden sollte. Zum Beispiel, wenn einer der Partner zu 15 oder mehr Jahren Zuchthaus verurteilt wurde, wenn einer geisteskrank ist und seit über fünf Jahren in einer Anstalt versorgt ist oder wenn versuchter Gattenmord nachgewiesen werden konnte.

In einem Land, in welchem jung geheiratet wird (besonders im Süden), geht jährlich eine große Zahl von Ehen in die Brüche. Man schätzt diese Paare ungefähr auf 40.000 jährlich. Beschränkt man sich auf die letzten 20 Jahre und bedenkt man, daß in den früheren Jahren die Ehekrisen nicht so häufig waren, so kann man annehmen, daß heute ungefähr 500.000 Paare getrennt leben. Nimmt man an, daß jeder Getrennte durchschnittlich zwei Kinder »illegal« in die Welt setzt, so ergibt sich, daß ungefähr vier Millionen Italiener außerhalb des Gesetzes leben.

Hat ein italienischer Staatsbürger überhaupt keine Möglichkeit, sich von seinem Ehepartner zu trennen und wieder zu heiraten? Abgesehen von der legalen Trennung (die ihm aber eine Wiederheirat unmöglich macht), steht ihm die im allgemeinen recht kostspielige und deshalb nur wenigen Bevorzugten gegebene Möglichkeit der Annullierung (Nichtigkeitserklärung) der Ehe durch ein kirchliches Tribunal, die Sacra Rota, offen.

Auch die Sacra Rota kann eine Ehe im Normalfall nicht lösen; sie kann aber unter Umständen eine Ehe als nichtig erklären; zum Beispiel, wenn nachgewiesen werden kann, daß die Einwilligung zur Eheschließung von einem der Partner mit Gewalt erzwungen wurde, wenn eine Nichtbeachtung der vom kirchlichen Gesetzgeber geforderten Formalitäten vorliegt, wenn Impotenz nachgewiesen wird, wenn einer der Partner an ein Keuschheitsgelübde gebunden ist, bei Blutsverwandtschaft usw. (Nur in zwei Fällen kann die Sacra Rota eine Ehe lösen: wenn der Trauung nicht die physische Ehe gefolgt ist oder wenn nach der Trauung zwischen zwei nicht Getauften der eine die Taufe verlangt und nicht mehr gewillt ist, mit dem anderen zusammenzuleben).

Einer Annullierung geht stets eine langwierige Prozedur voraus: die Suche nach Dokumenten, Beweismaterial, Zeugen und Begutachtungen. Nur die wenigsten Gesuche werden positiv beschieden. Obschon immer wieder betont wird, daß die Sacra Rota bestimmte Fälle auch völlig kostenlos »behandelt«, ist es doch eine Tatsache, daß es sich bei der überwiegenden Mehrheit derjenigen, deren Ehen annulliert wurden, um bekannte und prominente Persönlichkeiten handelt. Dies hat zur allgemeinen Meinung beigetragen, daß nur vermögende Leute die Chance haben, eine Ehe zu annullieren und eine neue einzugehen.

Vielen Paaren bleibt ein anderer Ausweg offen, nämlich sich im Ausland scheiden zu lassen und dort zu heiraten, wie es z. B. der bekannte Filmproduzent Ponti und Sophia Loren getan haben, oder der verstorbene Rennfahrer Coppi. Kommen diese Paare jedoch nach Italien zurück, so laufen sie

Gefahr, wegen Bigamie angeklagt und eingesperrt zu werden.

Interessant ist, daß trotz der vielen Fälle, die großes Aufsehen erregen, die Mehrzahl der Italiener gegen die Einführung der Scheidung ist. Eine Umfrage hat ergeben, daß bloß 21 Prozent der Italiener dafür waren, während 42 Prozent dagegen sind; die übrigen sind in ihrem Urteil unsicher. Zum Teil beruht dieses Ergebnis auf dem Mißtrauen, das die Italiener allen neuen Einführungen entgegenbringen.

24. 5. 1960

# Ein Gespenst geht um

EINE DRÜCKENDE STIMMUNG LASTET gegenwärtig über Italien. Das Gespenst eines Bürgerkrieges oder einer Wiederholung der tragischen Ereignisse, die 1921/22 zum Faschismus führten, geht um. Die Neofaschisten, die mit ihrem Kongreß in Genua diese Unruhen heraufbeschworen haben, spekulieren ganz eindeutig auf die unvermeidlichen Ausschreitungen, die sich in solchen Situationen immer wieder ergeben. Auch im Jahre 1922 begründeten sie auf diese Weise ihren Ruf der »starken Hand, die Ordnung schafft«. Gleichzeitig haben es die Kommunisten verstanden, blitzartig die Situation zu erfassen und unter dem Deckmantel des Antifaschismus für sich auszunutzen. Seitdem De Gasperi die KP in die Opposition drängte, konnten sich die Kommunisten nie mehr so stark ins politische Rampenlicht schieben wie im Augenblick.

Aber wie ist es möglich, daß die radikalen Kräfte 15 Jahre nach Kriegsende in dieser Weise das politische Bild Italiens beherrschen und daß die demokratischen Parteien ihnen gegenüber fast nur noch wie Statisten wirken? Ein äußerer Anlaß liegt darin, daß Ministerpräsident Tambroni den Neofaschisten die langersehnte Gelegenheit bot, im politischen Leben des Landes wieder mitzuwirken und neue Beweise ihrer Aktivität zu liefern. Seine Regierung läßt sich nur mit den neofaschistischen Stimmen im Parlament über Wasser halten. Die Mehrheit der Christdemokraten gab sich dabei der Vorstellung hin, das Bündnis zwischen der Democrazia Cristiana und den Neofaschisten werde von der Öffentlichkeit toleriert, wenn auch einige christdemokratische Minister ehrlich genug waren, gegen diese Illusion zu Felde zu ziehen.

Die Ursachen für die unglückliche Situation, in der sich das innenpolitischen Leben Italiens im Augenblick befindet, liegen allerdings tiefer. Sie sind in erster Linie in der Unfähigkeit der Christdemokraten zu suchen, ihre innerparteiliche Krise zu lösen und sich zu einer klaren politischen Konzeption durchzuringen. Die Spaltung der DC besteht praktisch, seitdem der starke Mann De Gasperi durch den Tod aus der Parteiführung abberufen wurde. Damals erwies es sich sehr schnell, daß die Grundlage des gemeinsamen Glaubens nicht ausreichte, um diese feste Hand zu ersetzen. Die Kluft zwischen dem linken und rechten Flügel der Christdemokraten ist so tief, daß man schon praktisch von zwei verschiedenen Parteien sprechen muß. Sie wird verstärkt durch das Veto der Kardinäle gegen jede Regierung des »linken Zentrums«, wie sie Fanfani vorschwebt, also eine Koalition, die zumindest von den Linkssozialisten toleriert werden kann. Hinter dieser christdemokratischen Ohnmacht steht die Frage, ob eine solche Partei von der Konstruktion her überhaupt auf die Dauer lebensfähig ist, wenn die persönliche Autorität eines einzelnen Mannes sie nicht mehr zusammenhält.

Die Demonstrationen der letzten Zeit haben wie eine Explosion der italienischen Bevölkerung gegen die Neofaschisten gewirkt. Diese spontane Ablehnung, die von den Linkssozialisten, den Sozialdemokraten, den Republikanern, den Radikalen und den Kommunisten getragen wurde, veränderte tiefgreifend die bisherige Konstellation im politischen Leben Italiens. Es ist den Kommunisten gelungen, nicht nur aus ihrer Isolierung auszubrechen und freies Fahrwasser zu gewinnen, vielmehr sind auch die Linkssozialisten gezwungen, ihre Situation neu zu überdenken.

Gerade in letzter Zeit hatte Nenni es verstanden, die Unabhängigkeit der PSI mit immer größerer Überzeugungskraft zu betonen; jetzt allerdings ist die Verbindung zwischen Kommunisten und Linkssozialisten durch die jüngsten Ereignisse wieder enger als je zuvor in den vergangenen Monaten geworden. Das Schlagwort von der »Aktionseinheit der Arbeiterklasse« ist zu neuem Leben erwacht, und es wird ohne Zweifel in den kommenden Wochen die innerparteilichen Diskussionen der Linkssozialisten beherrschen. Es läßt sich nicht absehen, ob die Beschlüsse der PSI-Kongresse von Venedig und vor allem von Neapel dadurch ernsthaft berührt werden, aber immerhin wird es schwierig sein, den bisherigen Kurs unter dem Eindruck der neofaschistischen Gefahr unverändert weiterzusteuern.

Ein Ausweg aus dieser schicksalsschweren Krise ist noch nicht zu sehen. Die Brachialgewalt, mit der die Regierung Tambroni gegen die Demonstranten vorging, läßt Schlimmes ahnen, wenn man auch bedenken muß, daß die Furcht vor dem von den Kommunisten propagierten »japanischen Weg« dabei mitgespielt haben mag. Dem Lande wird ein radikales Abenteuer, gleichgültig welcher Färbung, nicht erspart bleiben, wenn die demokratische Mitte es nicht versteht, sich zu festigen und einen gemeinsamen Ausweg aus der Krise zu finden. Dafür allerdings gibt es noch gar keine Anzeichen.

Anmerkung:

Im Frühjahr 1960 beauftragte der damalige Staatspräsident Gronchi den Christdemokraten Fernando Tambroni mit der Bildung einer neuen Regierung, die sich im Parlament auf den neofaschistischen Movimento Sociale Italiano (MSI) stützen mußte. Als der MSI seinen für Juli 1960 anberaumten Parteikongreß ausgerechnet in Genua, einer Stadt mit ausgeprägter antifaschistischer Tradition, organisierte, kam es dort zu Demonstrationen und blutigen Zusammenstößen. Die Regierung Tambroni zeigte sich kompromißlos und versuchte die Proteste gewaltsam niederzuschlagen. Als die Situation eskalierte und mehrere Demonstranten von der Polizei erschossen wurden, mußte Tambroni auf Drängen der eigenen Parteifreunde am 22. Juli zurücktreten.

*15.7.1960*

# Mussolinis Gespenst
## über den Olympischen Spielen

SCHON SEIT EINIGEN JAHREN verursachten die faschistischen Inschriften im Mussolini-Stadion, wo ein Teil der Olympischen Spiele stattfinden wird, dem »Nationalen Olympischen Komitee« einiges Kopfzerbrechen.

Während der kurzen Amtsdauer der Regierung Tambroni, die sich mit Hilfe der Neofaschisten knappe zwei Monate halten konnte, wurde dieser »Sorge« verständlicherweise nur wenig Bedeutung beigemessen. Als aber die antifaschistischen Kundgebungen im ganzen Land Tambroni zum Rücktritt zwangen, wurde der neuen demokratischen Regierung klar, daß irgend etwas unternommen werden mußte, um die ausländischen Gäste anläßlich der Olympiade nicht vor den Kopf zu stoßen mit jenen vor Dummheit und Überheblichkeit strotzenden faschistischen Phrasen, die Mussolini persönlich in den weißen Marmor des nach ihm benannten Forums einmeißeln ließ.

Folchi, der christdemokratische Minister für Tourismus, hat nun beschlossen, einige der faschistischen Inschriften zu entfernen. Ein großes Problem tauchte jedoch gleich nach dem Beschluß auf: Welches Kriterium sollte bei der Entfernung maßgebend sein? Welche Aufschriften beseitigen und welche nicht? Es wurde klar, daß diejenigen, die auf bestimmte Länder besonders verletzend wirken könnten, sofort beseitigt werden sollten. Aber es war nicht allein diese durchaus lobenswerte Erwägung, die dafür maßgebend war. Auch auf etwas Praktisches mußte Rücksicht genommen werden. Was verhältnismäßig leicht zu erreichen war und nicht die Niederreißung von Marmorblöcken erforderte, wurde »verwischt«;

55

die anderen Aufschriften – und diese bilden die große Mehrheit – mußten wohl oder übel unangetastet bleiben, denn diese Arbeit hätte nicht in wenigen Tagen verrichtet werden können.

Als im Jahre 1936, nach dem faschistischen Angriff auf Abessinien, der Völkerbund wirtschaftliche Maßnahmen gegen Italien ergriff, da protestierte Mussolini in einer äußerst heftigen und aggressiven Rede. Auszüge dieser Rede wurden seinerzeit im Foro Mussolini verewigt. Zu Minister Folchis und der ausländischen Gäste Glück befanden sich die diesbezüglichen Sätze auf einer Höhe und an einer Stelle, wo sie erreicht und entfernt werden konnten.

Die »Säuberung« des Foro Mussolini durch Minister Folchi war von vornherein dazu bestimmt, eine unvollendete Prozedur zu sein. Es war leicht vorauszusehen, daß die Lösung dieses Problems nur eine ganze und nicht eine halbe Maßnahme erfordert hätte: alle faschistischen Inschriften entfernen oder gar keine. Heute wird viel darüber diskutiert, ob diese Aufschriften Historisches enthalten oder bloß eine Apologie des Faschismus darstellen. Das Wort »Duce« zum Beispiel, das fünfhundertmal im Forum wiederholt wird, sei es im Marmor eingraviert oder im Mosaik farbig zusammengesetzt, wird nicht entfernt werden; Folchi hat erklärt, dieses Wort habe bloß einen »historischen« und keinen ideologischen Charakter. Aber die Unterscheidung zwischen Inschriften, die im Rahmen des Historischen, der Ideologie oder der Apologie liegen, haben natürlich alle – Faschisten wie Antifaschisten – unbefriedigt gelassen.

Die Großzügigkeit der Stadionanlage ist bestimmt sehenswürdig; dazu hat das »Nationale Olympische Komitee« doch manches vervollständigt und ausgebessert. Das Kolossale und Grandiose an der Struktur, das dem Faschismus so sehr am Herzen lag, kommt deutlich zum Ausdruck und wird von niemandem beseitigt werden können, es sei denn, man zerstört das Forum schlechthin. Am Eingang ragt ein hoher weißer Obelisk mit der Anschrift »Mussolini-Duce« in den blauen Himmel. Dieser Obelisk steht aber zweifellos jenseits von Historie und Apologie – er liegt ganz einfach im Rahmen des Bombastischen.

Manch ein Ausländer mag nun die Frage stellen, weshalb nicht früher mit den »historischen Phrasen« aufgeräumt worden ist. Mit Recht weisen sie darauf hin, daß der Faschismus in Rom vor 17 Jahren gestürzt worden ist. Es wurden auch an vielen Orten Liktorenbündel, faschistische Binsenwahrheiten, Duce-Aufschriften usw. übermalt oder weggemeißelt. Beim Foro Mussolini allerdings war die Sache nicht so leicht. Alles daran ist kolossal, auch die Inschriften; das mag gleich nach der Befreiung das erste praktische Hindernis gewesen sein. Es kommt aber noch ein weiterer Aspekt hinzu: Die überschwengliche, »unumstößliche« Phraseologie Mussolinis gewann, nach dem kläglichen und so wenig ruhmreichen Sturz des Faschismus, geradezu etwas Lächerliches, das sich im Grunde genommen gegen die Diktatur selbst richtete. Die Linksparteien hatten bis zu ihrer Niederlage von 1948 etwas Dringenderes zu tun, als das Forum zu säubern.

Der vor sechs Jahren verstorbene Ministerpräsident De Gasperi begab sich 1950 einmal zu einer Art Tatbestandsaufnahme zum Foro Mussolini. Er wollte sich selbst vergewissern, ob die im Marmor eingravierten Phrasen wirklich als »Apologie des Faschismus« aufgefaßt werden könnten. Es heißt heute, daß de Gasperi von diesem mehrstündigen Spaziergang entrüstet zurückgekehrt sei. »Es ist eine Schande«, soll der damalige Ministerpräsident ausgerufen haben. Kurze Zeit darauf sahen die Italiener auch die Folgen dieses

Spaziergangs; es war allerdings ein völlig unerwartetes Ergebnis. Nicht die faschistischen Phrasen und Aufrufe wurden beseitigt, sondern auf sämtlichen nackten Statuen, die das weite Marmorstadion umgaben und die die neunzig Provinzen Italiens darstellen, wurde ein großes Feigenblatt angebracht ...

23. 8. 1960

## Nicht der eigenen Frau

VOR KURZEM FAND IN ROM DIE »Nationale Tagung« der kommunistischen Frauen statt. Die Debatten vor und während dieser Konferenz werfen ein interessantes Bild auf den derzeitigen Stand der Frauenemanzipation in Italien.

Die kommunistische Partei dieses Landes zählt heute ungefähr 540.000 weibliche Mitglieder. Unter den nach Rom entsandten Delegierten waren erstaunlich viele junge, gutaussehende und anmutige Frauen. Es war zweifellos ein wesentlich anderes Bild als das der ersten Nachkriegstagungen; die Blaustrumpf-Karikaturisten der zwanziger Jahre hätten gestaunt. Erstaunlich waren auch die Reden während dieser Konferenz: Vorab wurde Kritik angemeldet – Kritik nicht nur an der Gesellschaft, sondern auch an den »Genossen«. Dies unterstreicht den Verdacht, daß die italienischen Kommunisten genau wie ihre politisch andersdenkenden Landsmänner mit der Gleichberechtigung der Frauen nicht viel im Sinn haben.

Die Kommunistische Partei Italiens steht tatsächlich zur Frage der Gleichberechtigung fast ebenso konservativ und traditionsgebunden wie die anderen italienischen Parteien. Selbst in den Parteien, die zum Vortrupp dieser Bewegung gehören sollten, steckt die Gleichberechtigungspraxis noch in den Kinderschuhen. In der Theorie tritt man wohl mit mehr oder weniger Temperament dafür ein, aber die alltägliche Wirklichkeit hinkt hinter diesen Theorien her. »Der (kommunistischen) Partei ist es nicht gelungen, im politischen Leben den herkömmlichen Abstand zwischen Mann und Frau zu überbrücken«; das mußte selbst die Abgeordnete Nilde Jotti, Gefährtin des Parteisekretärs Togliatti, offen zugeben.

Ein »fortschrittlich« denkender Italiener antwortete auf die Frage, ob er wirklich für die Gleichberechtigung eintrete: »Gewiß, aber mehr für die der anderen als für die meiner Frau!« Das war ein Scherz. Aber er gibt die Haltung der meisten Italiener gegenüber dieser unbequemen Frage exakt wieder. Vor einer Frau, die sich selbst als »weiblich hilflos« bezeichnet, läßt sich leichter den starken Mann spielen als vor einer Frau, die sich ihrer Pflichten und Rechte bewußt ist. Und da die männliche Überlegenheit nicht selten tatsächlich nur gespielt wird, in Wahrheit aber gar nicht vorhanden ist, gibt es in Italien eine Krise der Familie. Hier ist die Familie zwar auch nicht mehr so traditionsverhaftet wie zu Großmutters Zeiten, doch hat sie sich den Wandlungen im Gefüge der Gesellschaft noch keineswegs so angepaßt, wie dies in vielen anderen europäischen Staaten bereits geschehen ist. Sie ist in eine Sackgasse geraten.

Zwischen dem hochindustrialisierten Norditalien und dem bäuerlichen Süden des Landes existieren große Unterschiede in der Gesellschaftsstruktur. Doch auch in oberitalienischen Provinzstädten wird kaum eine Frau nur aus persönlicher Neigung einem Beruf nachgehen, es sei denn, ihr Mann hat es ausdrücklich gestattet, und das kommt nur ganz selten vor. (Etwas anderes ist natürlich die Erwerbstätigkeit der Verheirateten zur Milderung der wirtschaftlichen Notlage ihrer Familie.)

Ein tiefer Riß geht durch das Land: Fragen der Familie, der Ehe und der Ehescheidung werden etwa im norditalienischen Padua völlig anders beurteilt als im süditalienischen Brindisi. Während die kommunistischen Wählermassen Süditaliens zum Beispiel die Ehescheidung entsprechend kirchlich-konservativer Anschauung strikt ablehnen, muß sich in Norditalien sogar die Kommunistische Partei Kritik gefallen lassen, weil sie seinerzeit aus taktischen Erwägungen das Konkordat zwischen dem Heiligen Stuhl und der italienischen Regierung stillschweigend hinnahm: 1947 stimmten die Kommunisten mit den Rechtsparteien für die Übernahme der zwischen Mussolini und der katholischen Kirche getroffenen Konkordatsabmachungen in die republikanische Verfassung. So kommt es, daß das italienische Recht bis zur Stunde keine Ehescheidung kennt. Inzwischen hat es sich allerdings in weiten Kreisen herumgesprochen, daß diese Konzession ein grober Fehler war.

Zweifellos setzt sich in Italien die überwiegende Mehrheit auch derer, die sozialistisch oder kommunistisch wählen, aus praktizierenden Katholiken zusammen, denen es selbstverständlich ist, ihre Kinder taufen, den Religionsunterricht besuchen und zur Erstkommunion gehen zu lassen. Dies gilt besonders für die weiblichen Wähler. Die Gewährung des Frauenstimmrechts kurz nach der Befreiung bildete den Auftakt zur Gleichberechtigung. Inzwischen aber ist die Emanzipation zum Stillstand gekommen, der Gleichberechtigungsgedanke ist dabei, einzutrocknen. Fünfzehn Jahre freiheitlicher Demokratie haben nicht genügt, der italienischen Frau eine politische Physiognomie zu geben. Zwar sind die Frauen seit vier Legislaturperioden in der Kammer und im Senat vertreten, aber nur zwei Gesetze gehen auf Urheberinnen zurück: das Bianchi-Dal-Cantone-Gesetz, mit dem das schmachvolle N.N. (non nominato) abgeschafft wurde, das bis dahin in den Personalausweisen unehelich Geborener vermerkt war und die Inhaber solcher Ausweise zeitlebens als uneheliche Kinder abstempelte; und das berühmt gewordene Merlin-Gesetz, das der Aufhebung der Bordelle galt.

Kritische Pressestimmen zur Gleichberechtigung weisen darauf hin, daß sich der Beitrag der »gleichberechtigten« Frauen

zur Formung der modernen italienischen Gesellschaft auf
diese beiden Gesetze beschränke. Und man schließt vielfach
daraus, daß die Italienerin kein »politischer Mensch« sei. Hier
läßt sich die Vermutung nicht von der Hand weisen, daß die
Forderung nach absoluter Gleichberechtigung weite Kreise
in panische Angst versetzt. Würde man sonst immer wieder
hervorheben, daß die Verwirklichung dieser Forderung eine
»vollständige Revolution« sei, die weder schnell noch unbe-
kümmert in die Wege geleitet werden könne? Gewiß hat Italien noch viele andere Probleme politischen, sozialen und
wirtschaftlichen Charakters zu bewältigen. Keines von ihnen
ist aber »weit wichtiger« als die Gleichberechtigung; mit ihr
ist vielmehr jedes dieser Probleme eng verknüpft.
Wenn eine bekannte Journalistin behauptet, die Frauen seien
selbst daran schuld, daß ihnen die absolute Gleichberechtigung noch nicht gewährt worden sei, denn sie hätten mit
dem Stimmrecht ein Mittel an der Hand, ihre Forderung zu
erzwingen, so heißt das, der Realität nicht ins Auge sehen.
Jeder politische Beobachter in Italien weiß, daß bei Wahlen
den Frauenstimmen nur ein relativer politischer Wert zu-
kommt. Solange die Stimmabgabe Hunderttausender Frauen
von den politischen Ansichten der männlichen Familienober-
häupter abhängig ist; solange die Stimmabgabe von der
»Angst vor der Hölle« beeinflußt wird; solange in den Not-
standsgebieten ein Kilo Pasta (Teigwaren) oder ein Liter Oli-
venöl die Stimmabgabe beeinflussen kann; – solange diese
Zustände andauern, kann von einem »Selbstverschulden« der
Frauen wahrhaftig keine Rede sein.

26. 4. 1962

# Unruhen an der römischen Universität

IN DEN LETZTEN WOCHEN UND MONATEN macht die Jugend Italiens von sich reden. Der Prozeß gegen drei Redakteure der norditalienischen Schülerzeitung »La Zanzara« (Die Stechmücke), der Prozeß gegen einige junge Mailänder, die pazifistische Flugblätter verteilt hatten, und nun die Unruhen an der römischen Universität, bei denen der neunzehnjährige Student Paolo Rossi ums Leben gekommen ist – all diese Fälle haben eines gemeinsam: sie zeugen vom ideologischen Engagement eines großen Teils der italienischen Jugend. Aber auch die Urteile in den beiden norditalienischen Prozessen sowie das Ergebnis der Unruhen in Rom haben etwas gemeinsam: Die Jugend hat einen Sieg gegen den Konformismus errungen. In der Tat haben die Richter in Mailand die jungen Pazifisten und die drei Mittelschul-Redakteure freigesprochen, und in Rom mußte Professor Papi, der seit dreizehn Jahren amtierende Rektor der Universität, zurücktreten. Regierung und Parlament haben nach einer mit größter Leidenschaft geführten Debatte die Berechtigung der von den antifaschistischen Parteien gestellten Forderung nach einer Erneuerung der Universitätspolitik anerkannt. Die grundsätzliche Frage einer vermehrten Demokratisierung der Universitätsverwaltung in Italien wird nun im Parlament debattiert.

Es steht mittlerweile einwandfrei fest, daß die römischen Unruhen von den neofaschistischen und rechtsextremen Gruppen ausgelöst wurden. Den Anlaß der Zusammenstöße bildeten die Wahlen zum allgemeinen Studentenausschuß. Unter dem Vorwand eines angeblichen Wahlbetrugs griffen neofaschistische Studenten ihre Gegner mit Knüppeln und

Schlagringen an. Die Charakteristik des Faschismus bleibt nach wie vor, den Gegner nicht in der Diskussion zu überzeugen, sondern ihn mit Gewalt mundtot zu machen. Es war keineswegs das erstemal, daß sich in der von Professor Papi geleiteten Universität solche oder ähnliche Gewalttätigkeiten ereignet haben. Aber der Rektor hat sie stets geduldet.

In einem einer amerikanischen Zeitung gewährten Interview sprach Papi von »epileptischen Anfällen«, denen der junge sozialistische Student zum Opfer gefallen sei. Die Todesursache ist laut ärztlichem Befund jedoch ein Schädelbruch, den sich der Student beim Sturz von einer vier Meter hohen Mauer zugezogen hat. Das Ergebnis der Autopsie besagt auch, daß Paolo Rossi zuvor in der Magen- und Brustgegend brutal geschlagen worden ist. Rossis Eltern und Pater Cave von der Pfadfindergruppe, der Rossi angehörte, weisen die Behauptung eines epileptischen Anfalls entrüstet zurück; Rossi war u. a. als guter Bergsteiger bekannt.

Als Reaktion auf Rossis Tod erfolgte eine dreitägige Besetzung der Universität durch die Studenten. In den besetzten Fakultätsräumen, zu denen die Journalisten vom zweiten Tag an zugelassen waren, hielten sich ausschließlich Studenten und Dozenten auf, die den antifaschistischen Parteien angehörten – von den Katholiken bis zu den Kommunisten.

Am 6. Mai hat die Universität Rom ihr gewohntes Leben wiederaufgenommen; die von den Neofaschisten zertrümmerten Scheiben sind ersetzt worden, und es wird versucht, die Wandinschriften gegen Rektor Papi abzuwischen. Die Wahl des neuen Rektors wird mit großer Wahrscheinlichkeit in der zweiten Monatshälfte erfolgen.

Durch die Ereignisse sowie durch die politische Bedeutung, die die Trauerfeier für den jungen Studenten Rossi erlangt hat, wurde die Aufmerksamkeit der öffentlichen Meinung nicht nur auf die längst überfällige Einführung der Demokratie an den Universitäten gelenkt, sondern darüber hinaus auf das Problem des Neofaschismus überhaupt. Die Beteiligung aller nichtfaschistischen Parteien am Leichenzug, an dem über 70.000 Menschen teilnahmen, die Anwesenheit des Vizeministerpräsidenten Nenni, zahlreicher Minister der Regierungskoalition, des Bürgermeisters der Stadt Rom sowie von Vertretern der Gewerkschaften, der Vereinigung der politisch Verfolgten, der antifaschistischen Freiheitskämpfer und verschiedener Jugendorganisationen bedeutete eine eindrucksvolle Demonstration der Einheit aller antifaschistischen Kräfte; jener Einheit, zu der Italiener immer wieder finden, wenn es darum geht, den Faschisten den Weg zu versperren. Dem Trauerzug voran gingen Geistliche; die roten Fahnen der Kommunisten bildeten den Abschluß. Paolo Rossi war ein Katholik, der sich zum Sozialismus bekannte.

Doch die Ereignisse der letzten Tage haben manchen Italiener nachdenklich gestimmt, und spontan tauchte die Frage auf, ob denn Rom wirklich derart faschistisch sei. Zwar wäre es falsch und irreführend, aus den jüngsten Ereignissen den Schluß ziehen zu wollen, Rom sei eine faschistische Stadt; es trifft jedoch zu, daß Rom noch immer die am meisten faschistisch gebliebene Stadt Italiens ist. Immerhin jeder siebte Römer wählt neofaschistisch.

Aber warum ist Rom die Hochburg der Neofaschisten? Während des zwanzig Jahre dauernden Faschismus hat sich die Einwohnerzahl Roms von 700.000 auf 1,5 Millionen verdoppelt. Es gehörte zu Mussolinis Größenwahn, aus der italienischen Hauptstadt eine Metropole zu machen, die mit den westlichen Hauptstädten konkurrieren konnte. Aber die Vergrößerung Roms ist einem künstlichen Wachstum zuzuschreiben, dem kein Industrialisierungsprozeß zugrunde liegt. Das Bevölkerungswachstum Roms erfolgte lediglich dank einer gigantischen Aufblähung des Verwaltungsapparats. Nicht nur die wirtschaftliche Lage dieser Beamten verbesserte sich unter dem faschistischen Regime, auch auf sozialer und gesellschaftlicher Ebene spielten sie eine Rolle wie nie zuvor; dieses Prestige brach nach 1944 kläglich zusammen. In ihrer überwiegenden Mehrheit sind die im Verwaltungsapparat beschäftigten Römer, die ursprünglich häufig aus Süditalien stammen, ihrer faschistischen Gesinnung treu geblieben. Es fällt ihnen schwer, die damals für sie günstige Konjunktur zu vergessen und den Verlust ihrer – nicht immer bloß eingebildeten – Macht zu ertragen. Heute gehören sie in ihrer überwiegenden Mehrheit der neofaschistischen Partei an, dem »Movimento Sociale Italiano«, sie lesen die faschistische Tageszeitung »Lo Specchio«, die beide den wohlbekannten faschistischen Jargon beibehalten haben. Kurzum: sie sind, wie man in Italien sagt, »nostalgici« (sie leiden unter der Sehnsucht nach der Vergangenheit). Die Söhne aus solchen Familien trauern der »guten alten Zeit« ihrer Väter nach, als »das Ausland Italien fürchtete«, weil es eine Macht war, während die heutige politische Führung Italiens in ihren Augen »das Spiel der Kommunisten« treibt; sie sehnen sich zurück in jene Zeit, als die Sitten des Landes noch »moralisch streng« waren und die Familie noch als »heilig« galt. In den wahrlich zahlreichen Korruptionsskandalen, die das Land in den letzten Jahren erschütterten, sehen die jungen Faschisten die Bestätigung der Unzulänglichkeit der Demokratie und übersehen dabei, daß einzig die Freiheit der öffentlichen Meinung die Möglichkeit gibt, diese Skandale publik zu machen. Was sie wollen, wonach sie streben, ist ein Staat, dessen Stabilität auf Polizeiterror beruht und der von einer »auserwählten« Minderheit geführt wird. In Wahlen stimmen lediglich fünf Prozent aller Italiener für diese Staatsauffassung. Wenn aber im In- und Ausland der Eindruck erweckt wird, als seien die Neofaschisten viel mächtiger, so bloß, weil es zu ihrer Taktik gehört, von »sich reden zu machen«. Jede Gelegenheit dazu wird genutzt, auch wenn es sich um Schlägereien handelt. Und weil die überwiegende Mehrheit der Italiener darauf mit bewußter Heftigkeit reagiert, gelingt es den Neofaschisten immer wieder, daß sich die Presse mit ihnen befaßt. Daß auch die Kommunisten daraus Kapital zu schlagen wissen, liegt auf der Hand.

Vierundzwanzig Stunden nach der freiwilligen Räumung der römischen Universität durch die Studenten hat nun im Parlament die Diskussion über die Reform der Universitäten begonnen. Die brutale neofaschistische Aggression hat sich schließlich als Bumerang erwiesen.

*8. 5. 1966*

# Florenz: Schlimmer als im Krieg

DER FLUSS TRAT ÜBER DIE UFER, Heizkessel explodierten, Abwasserkanäle liefen über, Tiere ertranken, Menschen verloren Haus und Habe. Unersetzliche Kunstschätze wurden vernichtet.

Das war die Katastrophe von Florenz. Es war die Sintflut, sagen die Florentiner. Es war schlimmer als im Krieg und hat an einem Tag mehr Schaden angerichtet als der Krieg in fünf Jahren, sagt der Bürgermeister von Florenz.

Drohte die Stadt zuerst in den reißenden Fluten zu ertrinken, so droht sie jetzt in Schlamm und Verwesung zu ersticken. Die Einwohner von Florenz machen den Staat dafür verantwortlich, den Staat, das Ministerium, die Präfektur. Die Klage gegen die Obrigkeit beginnt im kleinen: Die Ladenbesitzer auf der alten Arnobrücke, die reichen Juweliere auf dem Ponto Vecchio, seien als einzige gewarnt worden. Die Flut wurde zum Wasser auf die Mühlen der Kommunisten. Sie machen die Naturkatastrophe zur »Staatskrise«, und sie können mit Tatsachen argumentieren. Es gibt in der Toskana nicht genügend Wald und Boden, die Sturzregen aufsaugen könnten. Und im Staatshaushalt von 1967 ist keine Lira zum Schutz der Bevölkerung vor Hochwasser vorgesehen. Es wird kritisiert, das 1962 verabschiedete Flüsse-Gesetz sei nicht umgesetzt worden.

Oft schon brachen ungenügend befestigte Dämme in Norditalien. Die Erinnerung an die Flutkatastrophe von 1951, als im Po-Delta 50.000 Menschen obdachlos wurden, diese Erinnerung wird jetzt wieder wach. Der Staat habe keine Lehren aus den Vorfällen von damals gezogen, schimpfen die Toskaner. Und der Staat begünstige nur seine Schützlinge, die Reichen.

Tag und Nacht wird gearbeitet in Florenz. Die Läden, Wohnungen und Straßen müssen von Unrat gesäubert werden. Seuchengefahr droht. An manchen Orten sind Typhus und Masern ausgebrochen. Tausende von Tierkadavern und 20.000 Autowracks müssen entfernt werden. Es fehlt an Kippladern und Bulldozern. Dafür hat der Staat Soldaten geschickt, um zu helfen. Aber die Toskaner sehen die Soldaten nicht gern, auch nicht die Leute von der Regierung. Sie wehren sich gegen die Bevormundung aus Rom. Sie haben den angeordneten Ausnahmezustand boykottiert. Das Unglück hat sie nicht aus der Fassung gebracht, hat ihre sprichwörtliche Starrköpfigkeit nicht gebrochen. Die Stadtväter haben nach einer stürmischen Sitzung die Organisation der Räumungsarbeiten selbst übernommen.

Wo die amtlichen Stellen versagten, sprangen die Kommunisten in die Bresche. Die kommunistischen Genossenschaften in der Toskana, in der Roten Emilia, versorgen Florenz mit Lebensmitteln, senden Arbeiterbrigaden in die Stadt. Sie gehen nach Plan vor. Ihre Führer in Rom schüren das Unbehagen der Bevölkerung. An ihrer Seite sind viele Sozialisten und auch einige Katholiken.

»Man kann nicht zusehen, wie die Soldaten die Kirchen reinigen, während hier bis zu zehn Meter Schutt liegen«, beklagt sich ein Arbeiter aus dem schwer betroffenen Viertel Santa Croce. »Beten kann man später. Ganze Familien wohnen noch in Häusern, die einzustürzen drohen. Und das jetzt, nach fünf Tagen. Und dazu noch die Angst vor der Typhus-Epidemie.«

Eine Woche nach der Flut bietet Florenz immer noch ein trostloses Bild. Aber das Leid ist überschaubar geworden. Jetzt wird der Schuldige gesucht, und es wird nicht das Unwetter sein, dem der Prozeß gemacht werden wird.

*13. 11. 1966*

# Der Protestmarsch Danilo Dolcis in Westsizilien

WESTSIZILIEN, PROVINZ TRAPANI: die klassische und ewig besungene Landschaft Siziliens. In dieser romantischen Kulisse leben rund 350.000 Menschen. Ihr Leben ist weder romantisch noch malerisch, ihr wertvollster Besitz ist – der Esel: Mit ihm ziehen sie auf die weitentfernten, kargen Felder, und dem Esel haben viele sizilianische Dichter ihre Lieder gewidmet. Die Regierungspläne für den Mezzogiorno sind hier gescheitert. Arbeitslose Männer prägen nach wie vor das Bild der sizilianischen Piazza.

Auf der Piazza von Partanna begann nun jedoch vor einer Woche der Protestmarsch der Sizilianer gegen die allgemeine Misere, gegen Arbeitsnot und Mafia, 150 Kilometer in sechs Tagen. Die Menschen singen: »Zu den Schulen, zur Arbeit und zu den Staudämmen sagen wir ja! Zur Mafia und zum Krieg sagen wir dreimal: Nein!«

Organisiert wurde der Marsch von Danilo Dolci.

Unermüdlich versucht Dolci, Soziologe und Missionar zugleich, den Ursachen der Misere auf den Grund zu kommen und Abhilfe zu schaffen. Die Hauptprobleme sind Arbeitslosigkeit und mangelnde Bildung. Der Analphabetismus ist noch immer eine große Plage auf Sizilien. Jeder fünfte kann weder lesen noch schreiben. In diesem Gebiet Westsiziliens sogar jeder vierte. Von den 2.900 hiesigen Lehrern ist aber nur jeder vierte Lehrer beschäftigt. Es fehlen die nötigen Schulen.

Hier in Partinico hat Danilo Dolci vor zehn Jahren sein erstes soziales Organisationszentrum eröffnet. Die Gewaltlosigkeit ist sein Geheimnis, die Liebe zum Menschen das Leitmotiv seines Wirkens, sein Werkzeug: die neuesten Erkenntnisse der modernen Soziologie. Die Menschen setzen auf ihn. Dolci versteht es, den Einheimischen die Wirtschaftsplanung verständlich zu machen. Ein Leben dank der Spenden anderer ist nicht menschenwürdig, die Menschen müssen selber an der Hebung ihres Lebensstandards mitwirken. Dolcis Grundsatz lautet: bei den Armen und den Analphabeten mit der praktischen Lehrtätigkeit beginnen. Viele ausländische Fachleute folgen heute Dolcis Theorien, so z.B. der in Köln geborene Volkswirt Hans Deichmann, der seit Jahren an Dolcis sozialem Experiment mitwirkt.

Das Antlitz des alten Sizilien ist noch von Mißtrauen geprägt. Aber ein Teil des neuen Siziliens ist durch Dolci in Bewegung geraten. Dieser Teil kritisiert die gescheiterten Regierungspläne, die oft zu Mißwirtschaft, Veruntreuung und Korruption geführt haben. Aber es ist eine positive Kritik, keine negative. In Dolcis sozialen Zentren werden konkrete Projekte ausgearbeitet. Jedem Landarbeiter und jedem Hirten werden diese Projekte verständlich gemacht. »Erst wenn der Mensch weiß, wo seine Interessen liegen, macht er mit«, sagt Danilo Dolci. Die Menschen, die an Dolcis Protestmarsch teilnehmen, wissen es. Sie haben die jahrhundertalte, zur Resignation erstarrte Geduld abgelegt. Frauen machen zum ersten Mal mit, und Intellektuelle aus aller Welt unterstützen sie.

»Ohne Wasser ist kein Leben«, sagen die Sizilianer. Fünf große Stauseen sollen Sizilien zu einem fruchtbaren Land machen. 36.000 Hektar Land müssen bewässert werden. Im Belice- und im Jato-Tal werden dadurch 36.000 neue Arbeitsplätze entstehen. Fünf Jahre lang werden 1.730 Arbeiter beschäftigt sein. Die Männer werden ihr Land nicht mehr verlassen. »Ohne Familie stirbt man«, sagen sie. Arbeit verschafft den Menschen Sicherheit. Die Mafia, die gefürchtete Geheimorganisation, kann auf diese Weise – gewaltlos – vernichtet werden. Der arme, nicht abgesicherte Mensch ist der Erpressung der Mafia ausgeliefert. Die Mafia nutzt die Angst der Menschen aus – heute auch in der Politik. Aber die Angst verschwindet, wenn die Menschen sich sicher fühlen und zu aktiven Mitgliedern der Gesellschaft werden.

»Acqua è vita« – das Wasser ist Leben. Aber das Wasser soll nicht der Mafia gehören, sondern allen. Die Kanäle, die das Wasser zu den Feldern führen, sollen fertiggestellt werden, die politische Mafia soll die Arbeit nicht noch einmal verzögern.

Nach dem Grund dieses Protestmarsches befragt, antwortet Dolci: »Wir alle haben diesen Protestmarsch beschlossen. Wir wollen etwas tun, damit das Wasser nicht mehr im Meer verschwindet. Wir wollen Schulen. Die Kinder sollen erzogen werden. Wir wollen keine Mafia mehr in der Politik und Verwaltung. Wir wollen keine Kriege mehr...«

Das Dorf Capparrini ist das wohl traurigste Beispiel sinn- und planlosen staatlichen Handelns in Sizilien. 43 Häuser und eine große Schule, seit zwölf Jahren fertiggestellt – seit zwölf Jahren unbewohnt. Licht und Wasser fehlen. Ein totes Dorf – seit zwölf Jahren. Und dies ist bei weitem nicht das einzige Beispiel. Gegen eine solche Vergeudung lehnt Dolci sich auf. Dolci, der von Staat, Kirchen und Parteien unabhängig ist und dessen Organisation von Spenden lebt, führt seine Mission fort. Heute singen schon viele: »Zur Arbeit sagen wir ja, zur Mafia dreimal: Nein!«

*März 1967*

# Neue Streikwelle

WÄHREND IM LETZTJÄHRIGEN »Streikherbst« namentlich für die Erneuerung der Tarifverträge, also für höhere Löhne und Gehälter gekämpft wurde, geht es bei der aktuellen Streikwelle, die die Italiener bereits den heißen »Streikfrühling« genannt haben, um die Verwirklichung der seit langem überfälligen Sozialreformen. Damit begeben sich die Gewerkschaften – und zwar alle, von den christdemokratischen bis zu den kommunistischen – auf politisches Terrain, sie üben politischen Druck auf die Regierung aus.

Die Streikenden, die bis zum 15. Mai in allen Regionen Italiens und in allen bedeutenden Wirtschaftszweigen abwechselnd für sechzehn Stunden die Arbeit niederlegen werden, verlangen die Durchführung der dringendsten Reformen, namentlich im sozialen Wohnungsbau und im Gesundheitswesen, ferner das Einfrieren der Fahrpreise bei den öffentlichen Verkehrsmitteln und der Telefongebühren sowie die Steuerfreiheit für Löhne von 120 auf rund 700 DM monatlich. All diese Reformen und Maßnahmen sind nach Ansicht der Gewerkschaften unerläßlich, wenn verhindert werden soll, daß die zum Teil beachtlichen Lohn- und Gehaltserhöhungen nicht in eine Preissteigerung münden, also die Lohn- und Preisspirale in die Höhe treiben.

Die Regierung kann wohl kaum sämtliche Forderungen der Gewerkschaften erfüllen, doch werden die Gewerkschaftspositionen zweifellos den neuen Wirtschaftsplan der Regierung beeinflussen.

Die Kommunisten frohlocken über den Keil, den das Streikbündnis ins Regierungslager getrieben hat. Aber auch die breite italienische Öffentlichkeit sympathisiert mit den erhobenen Forderungen, denn diese enthalten eine Kritik gegenüber den politischen Parteien und der Regierung, die seit so langer Zeit von der Notwendigkeit der dringendsten Sozialreformen sprechen, ohne sie bis jetzt ernsthaft durchgeführt zu haben. Und diese Kritik an der politischen Führung des Landes wird von der Mehrheit der Italiener geteilt.

15. 4. 1970

## Anti-NATO-Demonstration in Rom

DIE JÜNGSTEN EREIGNISSE IN Kambodscha sowie die zuge-
spitzte Lage im Nahen Osten haben die Opposition der italienischen Linken gegen die NATO verschärft. Hinzu kommt,
daß der NATO-Rat gerade zu einer Zeit in Rom tagt, da der
Wahlkampf für die Gemeinde- und Regionalwahlen vom
7. Juni in vollem Gang ist und seinem Höhepunkt zustrebt.
In vielen italienischen Städten hat die Kommunistische Partei große Kundgebungen gegen die NATO organisiert; auch
der griechische Widerstandskämpfer Theodorakis und der
Vorsitzende der spanischen KP, Carillo, halten sich zur Zeit in
Rom auf. Die Kommunisten bemühen sich offensichtlich,
diese Kundgebungen im Rahmen der Legalität zu halten. Die
außerparlamentarische Opposition in Italien identifiziert
sich heute nicht mit den Kommunisten, auch wenn die KPI
dies aus wahltaktischen Gründen nicht zugibt. Die Kommunisten befürchten, daß die APO-Jugend mit ihrem Extremis-
mus zur Erhöhung der politischen Spannung im Land beiträgt. Aber Angst, so argumentieren die Kommunisten, kann
nur Wasser auf die christdemokratischen Wahl-Mühlen führen, kann also nur den sogenannten »Ordnungsblock« der
Koalition stärken oder gar die extreme Rechte.
Seit einigen Tagen gehen auch in Italien Gerüchte über einen
möglichen Rechtsputsch um, doch entbehren sie jeder
Grundlage. Die politische Lage ist dennoch ernst, denn eine
instabile Regierung muß der wachsenden Macht der Gewerkschaften und der neuen Streikwelle entgegentreten. Hinzu
kommt die Krise im Libanon, die Italien unmittelbar betrifft.
Italien ist ein Land des Mittelmeerraums und Mitglied der
NATO; im Mittelmeer kreuzen die amerikanische und die

sowjetische Flotte, und in Ägypten gibt es sowjetische Rake-
tenstützpunkte. Genug, um viele Italiener zu beunruhigen.
Noch nie wurde in Rom ein so großes Polizeiaufgebot gesehen. Die Regierung bemüht sich offensichtlich, ihren NATO-
Verbündeten zu demonstrieren, daß Italien trotz der heftigen
sozialen Unruhen ein Land ist, in dem die Ordnung aufrechterhalten wird, sowie trotz seiner achteinhalb Millionen kommunistischen Stimmen ein treuer Verbündeter.

*27.5.1970*

## Die Italienerinnen vor den Wahlen

DIE MADONNA IST SEIT JEHER für die Italiener das Symbol der mütterlichen Mission der Frau. Die italienische Frau – welcher sozialen Schicht sie auch angehören mag – ist immer noch die unumstrittene Königin der Familie. Dadurch übt sie einen psychologischen Einfluß auf die Familie aus, der auch politisch nicht zu unterschätzen ist. 31 Millionen Italiener werden kommenden Sonntag über die Regionalregierungen abstimmen, über 18 Millionen davon sind Frauen. Zwei politische Mächte werben heute hauptsächlich um die entscheidenden Stimmen der Frauen: die Christdemokraten und die Kommunisten. Für welche dieser Parteien werden sich die Frauen entscheiden? Die Frage ist offen, doch in dieser Ungewißheit spiegelt sich auch die Unsicherheit der politischen Zukunft Italiens wider.

Radio Vatikan hat dieser Tage die Katholiken aufgefordert, am kommenden Sonntag gegen jene Parteien zu stimmen, die für die Einführung der Ehescheidung sind, im Klartext: Die Katholiken sollen die Democrazia Cristiana wählen. Die katholischen Frauen fühlen sich besonders angesprochen. Sie sehen in der Christdemokratischen Partei jene politische Kraft, die ihre sichere Stellung innerhalb der Familie garantiert.

Diese Sicherheit bedeutet im Süden aber oft Elend und Einsamkeit. Die Auswanderung der Männer, die Rückständigkeit und die Arbeitslosigkeit erschweren hier die Emanzipation der Frau. Trotz der Armut hat die Kommunistische Partei geringen Einfluß auf diese Frauen. Kirchen und Tradition bleiben die beiden obligaten Wege, die die Süditalienerin mit der Gesellschaft und der Politik verbinden. Wahlplakate, die auf die politische Bedeutung der Frauen hinweisen, bleiben hier unbeachtet. Politisch wirksam ist nur das Gespräch von Mensch zu Mensch. Wahlkampf ist im Süden fast eine persönliche Angelegenheit.

Die Christdemokratische Partei verknüpft ihre sozialen und politischen Ziele mit denen der Kirche, z. B. in der Scheidungsfrage. Die Stärke der Democrazia Cristiana im Süden beruht hauptsächlich auf den Frauen. Die Frauen hier, die nie zu einer Wahlversammlung gehen würden, glauben mehr an persönliche Versprechen einer Partei als z. B. an ihr Recht, eine Arbeit zu finden. Konfessionelle Schulen sind für die Democrazia Cristiana ein unschätzbares Bindeglied zu den Müttern. Während mit der Schulreform eine Beschränkung der in Italien sehr zahlreichen katholischen Schulen angestrebt wird, zieht es die italienische Mutter immer noch vor, ihre Kinder – besonders die kleineren – einer religiösen Führung zu überlassen. Die Süditalienerin, die mit der Ehe von der Obhut des Vaters direkt in die des Mannes übergeht, hat in diesem Punkt die letzte Entscheidung. Hier zeigt sich eine heimliche Dominanz der Frau.

Die Kommunistische Partei ist der wichtigste Gegenspieler der Christdemokraten im Kampf um die politische Gunst der Frauen. Aber auch die Italienerin, die kommunistisch wählt, verzichtet nicht auf ihre Mutterrolle. Il bambino wird mitgenommen, abends ins Kino genau so wie in die Trattoria oder auf eine Wahlveranstaltung. Parteivorsitzender Longo spricht zu den Frauen nicht über marxistische Theorie. Er spricht über konkrete Fragen, die den Alltag betreffen: Sozialreformen und Familie. Niemand kann sich hier außerhalb der Familie stellen, will er Stimmen gewinnen. Auch von der Scheidung sprechen die Kommunisten nur mit Vorsicht, denn die Mehrheit der Italienerinnen ist gegen die Ehescheidung.

Lukanien, Süditalien: Hier ist die Arbeitslosigkeit ein alltägliches Problem. Industriebetriebe fehlen, und der landwirtschaftliche Ertrag ist zu gering. Wir fragen ein Mitglied der Kommunistischen Partei, weshalb – trotz der Armut – so wenige Frauen im Süden politisch aktiv sind: »... weil die Frau hier nicht arbeitet. Das ist der wahre Unterschied zwischen der Frau im Süden und der im Norden. Dadurch ist die Frau hier rückständig; sie bleibt zu Hause ...«
Aber es gibt noch einen anderen Grund: Selbst ein Marxist ist nämlich nicht begeistert, wenn seine Frau abends ausgeht – und sei es auf eine Parteiversammlung. Die Kommunisten sind hier Marxisten auf italienisch.

*31. 5. 1970*

## Fußball-Weltmeisterschaft 1970:
## Italien – Deutschland

ABGESEHEN VON DER MONDLANDUNG hat seit Jahren kein
Ereignis die Italiener mehr gefesselt als das heutige Halbfinal-
spiel gegen die Bundesrepublik Deutschland. Seit vergange-
nem Sonntag, als die Italiener Mexiko mit 4:1 geschlagen
haben, befindet sich das ganze Land im Zustand der Euphorie. Von den täglichen Sorgen, über Streiks und Wirtschafts-
entwicklung sprechen nur noch die Politiker. Das Gesprächs-
thema Nummer eins aller anderen Italiener ist »La partita«,
das Spiel, und gemeint ist natürlich das heutige Halbfinale
gegen die Deutschen.

Die italienischen Plätze und Straßen, die sonst an milden
Sommerabenden noch belebt sind, wirken wie ausgestorben.
Das spannende Spiel, das die Gemüter aller Italiener – vom
Norden bis in den Süden, in den Städten wie auf dem Land –
so sehr packte, wurde von 25 Millionen Zuschauern am Bildschirm verfolgt. In den Bars war kein Platz mehr zu finden. Es
bedurfte einer gewissen Kühnheit, um als Televisione te-
desca, als Deutsches Fernsehen, aufzutreten und zu drehen.
Denn der Ausgang des Spiels war auch nach Meinung der vielen italienischen Fußballexperten höchst ungewiß.

Die längste Nacht der Italiener, so hat man hier den denkwürdigen Tag bereits getauft. Man könnte es auch anders ausdrücken: die lauteste, fröhlichste, freudentrunkenste Nacht
der Italiener. Gleich nach dem Abpfiff, als Italien 4:3 gewonnen hatte und damit ins Weltmeisterschaftsfinale eingezogen
war, stürzte alles hinaus auf die Straßen und Plätze. Die Autos
begannen ein nicht enden wollendes Hupkonzert, auch die
letzten Fahnen wurden nun hervorgeholt und geschwenkt,

Raketen wurden in die Luft geschossen, die Brunnen gestürmt und Kuhglocken geläutet. Bis zum Morgengrauen wollten Freude und Begeisterung kein Ende nehmen.

*17. 6. 1970*

# Fußballweltmeisterschaft 1970:
## Brasilien – Italien

DAS NATIONALE FUSSBALLFIEBER, das ganz Italien befallen hat
und seit über einer Woche anhält, hat heute wohl mit dem
WM-Finale gegen Brasilien seinen Höhepunkt erreicht. Hunderte von Autos ziehen beflaggt durch die Straßen, die Menschen schreien »forza Italia«. In einigen Minuten werden die
Plätze und Straßen in Todesstille versunken sein. Ein Volk
sitzt dann vorm Fernseher. Selbst Neuvermählte verschieben
die Flitterwochen, um auf dem Bildschirm, beim Hochzeits-
essen, ein Fußballspiel anzusehen, das ganz Italien im Bann
hält. Die Soziologen und Psychologen mögen sich den Kopf
zerbrechen über diese explosive Stimmung, die ein ganzes
Volk eines Fußballspiels wegen erfaßt hat, und sie vielleicht
für ein gefährliches massenpsychotisches Phänomen halten.
In der Tat muß dieses Schauspiel sich nicht wesentlich von
jenem unterscheiden, das die Römer vor 2.000 Jahren boten,
als sie massenweise den Gladiatorenkämpfen im Kolosseum
beiwohnten. Nur daß es damals kein Fernsehen gab und die
Gladiatoren dabei meistens ums Leben kamen ...
Wie haben die Italiener auf die Niederlage reagiert?
Nur der Fremde kann sich darüber wundern, daß nach so viel
allgemeiner Begeisterung, nach so großer und so laut kundge-
taner Vorfreude die Italiener das 4:1 für Brasilien recht gelassen hingenommen haben. Die Stadt war zwar nach dem Spiel
ruhiger als davor, aber die Autos zogen wiederum mit wehen-
den Fahnen durch die Straßen nach Hause. Vergebens suchte
man nach Szenen der Verzweiflung. In den Frühnachrichten
war das Ergebnis die erste Meldung. Staatspräsident Saragat
und Ministerpräsident Rumor beglückwünschten die italieni-

sche Mannschaft per Telefon. Und doch hatten die Italiener verloren. Es entspricht aber den jahrhundertealten historischen Traditionen des italienischen Volkes, nie zu verzweifeln und sich nicht im eigenen Unglück zu gefallen, sondern sich immer der neuen Situation anzupassen und darin das Positive zu sehen. Die einen mögen diese Einstellung für Oberflächlichkeit halten, die anderen darin eine beneidenswerte Lebensweisheit erkennen. Wie dem auch sei, über den Schmerz der Enttäuschung tröstet man sich hier mit der Tatsache, daß Italien die zweitbeste Fußballmannschaft der Welt geworden ist – und die beste Europas.

22. 6. 1970

# Die Problematik der Scheidung in Italien

DIE GEPLANTE EINFÜHRUNG der Ehescheidung wirft für Italien zwei bedeutende Probleme auf: eines eminent politischer, das andere mehr oder weniger wie überall – sozialer Natur.

Das politische Problem beruht auf dem Konkordat und insbesondere auf jenem Artikel 34 des unterzeichneten Vertrags zwischen Mussolini und dem Vatikan, auf Grund dessen kirchlich geschlossene Ehen auch zivilrechtlich gültig sind. Laut diesem Abkommen sind die Ehegesetze der katholischen Kirche ein Bestandteil der italienischen Rechtsordnung. Nun ist eine juristische Kontroverse zwischen Italien und dem Vatikan entbrannt, die die Souveränität des italienischen Staates berührt: Es geht um die vollständige Trennung von Staat und Kirche.

In Italien können sich die Bürger bisher nicht scheiden lassen, einerlei ob sie nun katholisch getraut worden sind oder zivilrechtlich. Die Familien bleiben, von außen gesehen, intakt, stabil und geeint. Die Wirklichkeit jedoch sieht ein wenig anders aus. Vier Millionen Italiener leben entweder legal getrennt oder in wilder Ehe. Unzählige aus solchen Bindungen stammende Kinder führen nicht den Namen des Vaters, sondern den Namen jenes Mannes, mit dem die Mutter vielleicht seit vielen Jahren nicht mehr zusammenkommt. Im Laufe des vergangenen Jahres hat sich jedes zehnte in Rom getraute Paar legal getrennt. Zählt man aber die legal getrennten zu den »de facto« getrennt lebenden Paaren hinzu und vergleicht man diese Zahl mit den Scheidungsziffern anderer europäischer Länder wie Frankreich, Deutschland oder Österreich, so ist der Unterschied nicht sehr wesentlich.

Das bekannte Meinungsforschungsinstitut »Doxa« hat im Laufe der letzten zwanzig Jahre die Italiener siebenmal nach ihren Ansichten über die Scheidung befragt. Danach nehmen die entschlossenen Ja-Sager langsam, aber stetig zu, die entschlossenen Gegner der Scheidung dagegen schneller und in höherem Maße ab: Die Zahl der Unentschlossenen ist jedoch noch beachtlich.

Eine detaillierte Untersuchung zeigt, daß die Befürworter der Scheidung in Städten über 100.000 Einwohner zahlreicher sind als in Kleinstädten; im Norden sitzen weit mehr Befürworter als im Süden. Das hängt damit zusammen, daß die Scheidungsfrage auch eng mit der Emanzipation und mit der jeweiligen wirtschaftlichen Lage verknüpft ist. Im Süden ist die Frau viel seltener berufstätig und viel mehr ihrer traditionellen Rolle verhaftet. Hinzu kommt das jahrhundertealte Mißtrauen dem Staat gegenüber. »Wer garantiert mir denn, daß mein geschiedener Mann mir auch pünktlich die Alimente zahlen wird?« lautet ein immer wieder vorgebrachter Einwand vieler Italienerinnen gegen die Scheidung.

Die meisten Scheidungsgegnerinnen stammen aus der Mittelschicht. Eine gescheiterte Ehe ist für viele dieser Frauen eine Niederlage, und zwar nicht nur eine persönliche, sondern auch – und das ist für sie schlimmer – eine gesellschaftliche. In der Mittelschicht sind auch die meisten männlichen Scheidungsgegner zu finden. Bei einer Scheidung hätten sie oft viel zu verlieren, in erster Linie die ihnen so sehr am Herzen liegende Familie. Innerhalb der Ehe jedoch können sie sich manchen Seitensprung ungestraft leisten – zu Hause werden sie stets die traditionelle treue Gattin und Mutter vorfinden, die ungekrönte Königin und Herrscherin der italienischen Familie, die auf Grund einer überkommenen Erziehung zur Opferbereitschaft manches – wenn auch nicht mehr alles – verzeiht.

Unter den Jugendlichen scheint sich einiges zu ändern. Sie beginnen das Problem der Scheidung als Gewissensfrage zu betrachten. Gewiß, auch sie fechten die »Familie« an, aber nicht so sehr wie in anderen Ländern. Der Hang zur »bella famiglia italiana« ist immer noch groß; die »Nonna« z. B., die Oma, ist eine wahre Institution innerhalb der Familie geblieben. Aber die Jugendlichen haben schneller erkannt, was viele Scheidungsgegner nicht sehen wollen: daß es nämlich in Italien praktisch schon keine unauflöslichen Ehen mehr gibt, wie die Zahl der in wilder Ehe Lebenden bestätigt. Viele Italiener tun nur gerne so, als würden sie weiterhin daran glauben.

*1. 8. 1970*

## »*Un espresso – per favore!*«

MIT DIESER SCHLICHTEN BITTE nach einem Täßchen Kaffee
beginnt für die meisten Italiener der Tag. Es ist das erste Vergnügen des Tages, und mancher Römer macht daraus fast
einen Ritus. Nur so erklärt sich auch der Zorn der Römer darüber, daß die Tasse Kaffee nun 10 Lire mehr kostet. Auch bei
Likören und Aperitifs gab es einen Preisaufschlag, aber das
hat die Menschen hier bei weitem nicht so getroffen wie die
Verteuerung beim Kaffee, der von Rom an südlich als Natio-
nalgetränk gilt.

Der Mindestpreis für einen Espresso beträgt nun 80 Lire. Die
römischen Barinhaber haben diesen Aufschlag gefordert, um
die gestiegenen Betriebskosten zu decken. Bis vor kurzem
verdiente ein römischer Barjunge höchstens 60.000 Lire im
Monat – ohne Trinkgeld. Nun wurde sein Gehalt dem in
Norditalien üblichen angepaßt, er bekommt jetzt 90.000 Lire.
Hinzu kommen neuerdings ein paar Ferientage mehr und ein
14. Monatsgehalt. Die zusätzlichen 10 Lire, die nun jeder
Römer für seine diversen Tassen »caffè« pro Tag wird zahlen
müssen, sind also eine Folge des sozialen Fortschritts. Aber
der Durchschnittsrömer hat große Mühe, darin etwas Fort-
schrittliches zu sehen.

Zu den Bars hat der Römer – und der Süditaliener überhaupt –
eine ganz persönliche Beziehung. Dort – stehend natürlich
und vor sich ein Täßchen Kaffee – werden die ersten Tages-
nachrichten kommentiert, wird mehr oder weniger heftig
über Politik diskutiert, werden Verträge besiegelt, Freundschaften geschlossen, Streitigkeiten beigelegt. Nach einem
Streit ein Täßchen Kaffee zusammen zu trinken, das ist für
den Süditaliener dasselbe wie für einen Indianer die Friedens-

pfeife rauchen. Aus all diesen Gründen, sagen die Barbesitzer, wird auch der Kaffeekonsum in den Bars nicht abnehmen, trotz Preisaufschlag.

Stolz sind die Italiener übrigens darauf, daß das Wort »espresso« die Welt erobert hat. Ursprünglich bedeutet es nicht etwa »rasch«, sondern bezeichnet etwas, das »espressamente«, also »extra« für den Kunden zubereitet wird. Und dieses Vergnügen wird nun um 10 Lire pro Täßchen teurer. Verständlich, daß sich die Römer – von denen viele bis zu zehn Tassen Kaffee täglich konsumieren – darüber aufregen.

7. 8. 1970

## Hundertjahrfeier des 20. September

GANZ ITALIEN FEIERT IN DIESEM JAHR den 20. September 1870,
den Tag, an dem Rom Hauptstadt Italiens wurde. Genau vor
100 Jahren drangen die königlichen Bersaglieri durch die
berühmte Bresche an der Porta Pia in Rom ein, das damals
noch dem Papst gehörte. Dieses militärisch kaum beachtens-
werte Gefecht zwischen den italienischen Bersaglieri und
dem päpstlichen Heer hatte welthistorische Bedeutung: Es
zeichnete das Ende der weltlichen Herrschaft der katholischen Kirche, die mehr als tausend Jahre überdauert hatte.
Staatspräsident Saragat hat vor den Abgeordneten beider
Häuser des Parlaments – des Senats und der Kammer –, vor
zahlreichen ausländischen Diplomaten sowie Vertretern von
Behörden und Armee den Gedenktag feierlich begangen.
Verglichen mit 1870 hat sich die politische Stimmung jedoch
stark verändert. Auf politischer Führungsebene – kommunistische Opposition inbegriffen – ist der antiklerikale Akzent
verschwunden. Staat und Kirche seien heute »souverän in der
eigenen Ordnung«, erklärte Saragat, wie sie es seit 25 Jahren
nicht gewesen seien. Von seiten der Kirche wird anerkannt,
daß es »providenziale«, d. h. von der Vorsehung bestimmt
war, daß die Kirche nur noch eine geistige Macht sein solle.
Unter diesen offiziellen Erklärungen lodert jedoch eine verborgene, wenn auch abgeschwächte Polemik weiter. Die Kirche pocht weiterhin auf die 1929 mit Mussolini abgeschlosse-
nen Lateranverträge, in denen die katholische Religion zur
Staatsreligion erklärt wird, und wiedersetzt sich der Einführung der Ehescheidung in Italien.
Wie sehr sich die Beziehungen zwischen Staat und Kirche
in Italien verändert haben, beweist allein die Tatsache, daß

Kardinal Dell'Acqua, der Vikar von Rom, an der Porta Pia vor den Vertretern der Bersaglieri mit ihren typischen Federhüten eine Messe gelesen hat. Vor 100 Jahren waren der italienische König und seine Minister noch exkomuniziert worden. Heute erflehte der Vikar des Papstes den göttlichen Beistand für den italienischen Staat. Die Stimmung an der Porta Pia glich allerdings eher einem fröhlichen Volksfest als einer religiösen Feier.

20. 9. 1970

## Unruhen in Reggio Calabria

REGGIO CALABRIA HEUTE. Ein friedliches Bild, dem man zunächst die Barrikadenkämpfe der vergangenen drei Monate nicht ansieht. Der Grund des Aufstands: Die Stadtbevölkerung protestierte gewaltsam gegen den Beschluß der römischen Zentralregierung, das kleinere Catanzaro – statt Reggio – zur Hauptstadt der neugeschaffenen Region Kalabrien zu bestimmen. Der überwiegende Teil der Bevölkerung betrachtete dies »als weitere Ungerechtigkeit« aus Rom und nahm spontan an der Revolte teil. Die Bilanz des Aufstands: drei Tote, Hunderte von Verletzten, Hunderte von Verhafteten, 100 Milliarden Lire Sachschaden.

Doch das friedliche Stadtbild trügt. Die Wunden der Revolte sind nicht ausgeheilt. Die Kinder können ihre Schulräume nicht betreten, weil die Polizei sich in den Schulgebäuden einquartiert hat. Die Lehrer arrangieren sich: Sie unterrichten in ihren Privatwohnungen weiter. Aber die Kinder lernen auf diese Weise – zusammen mit dem Einmaleins –, daß die Polizei, d. h. hier immer der Staat, ihnen feindlich gesinnt ist.

Reggio gleicht einer belagerten Stadt. Massive Polizeikräfte und Einheiten der Armee sorgen für Ordnung. Zum erstenmal seit der Einigung Italiens revoltiert im Süden des Landes eine Stadt. Zuvor hatte es sich stets um Bauernaufstände gehandelt. In den letzten Jahren hat etwa jeder dritte kalabresische Bauer sein Land verlassen. Der Ausweg aus dem bäuerlichen Elend heißt Auswanderung. Aber für die Stadtbewohner gibt es noch keine Alternative zur Arbeitslosigkeit. Die Industrie fehlt, und der Fremdenverkehr steckt noch im Anfangsstadium.

Im Zusammenhang mit dieser zunächst allgemeinen und spontanen Revolte hat sich eine Organisation gebildet, das rechtsradikale Aktionskomitee. In Flugblättern klagt es die Regierungsparteien und die Kommunisten an, beständig die sozialpolitischen Probleme zugunsten eigener Interessen vernachlässigt zu haben. Alle Parteien – von den Christdemokraten bis zu den Kommunisten – haben während des Aufstands die Kontrolle über die Bevölkerung und sogar über die eigene Mitgliedschaft verloren. In dieses Vakuum ist das Aktionskomitee mit seiner eindeutig antidemokratischen Färbung erfolgreich vorgestoßen. Den linksradikalen Maoisten dagegen mißlang der Versuch, aus dem Chaos von Reggio Kapital für *ihre* radikalen Maoisten zu schlagen.

Das Aktionskomitee ist eine außerparlamentarische Bewegung, die nicht an das Parteiensystem glaubt und die Parteien nicht für die geeigneten Vertreter des Volkes hält. Es unterstützt die hier begonnene Volksbefragung zugunsten einer Teilung der Region Kalabrien. Auch dies ist ein Mittel, um die Verbitterung der Bevölkerung gegenüber der römischen Zentralregierung und den Parteien wachzuhalten. 60.000 Zettel sind bereits zugegangen. Sie entsprechen einem Drittel der Bevölkerung. Signor Matacena, ein wohlhabender Reeder, der die Volksbefragung organisiert, droht damit, man werde den »Guerilla-Krieg in den Bergen weiterführen, wenn es nötig ist«.

Währenddessen sucht man im Regionalparlament von Catanzaro und in Rom nach einer Kompromißlösung. Catanzaro könnte z. B. Sitz des Parlaments bleiben, während die Regionalregierung nach Reggio umzieht. Die Regierung in Rom hat ein Hüttenwerk mit 15.000 Arbeitsplätzen versprochen. Denn die einzige Lösung für die Probleme Kalabriens heißt Arbeit.

»Es bedurfte der Gewalt, um Rom endlich auf diesen Weg zu leiten«, sagen hier die Leute. Eine ebenso bittere wie gefährliche Feststellung. Dies um so mehr, als inzwischen die Unruhen auf das nahegelegene Sizilien übergegriffen haben, das sich nun seinerseits benachteiligt fühlt.

Kalabrien ist ein weiterer Beweis dafür, daß ganz Italien von tiefgreifenden Problemen erschüttert wird. Keine der großen Parteien in Rom – ob an der Regierung oder in der Opposition – kann davor noch die Augen verschließen.

*31. 10. 1970*

# Die Italienerin zwischen Zwang und Freiheit

IN DEN MORGENSTUNDEN DES I. Dezember 1970 wurde nach erregten Debatten das so lang erwartete und heftig umstrittene Scheidungsgesetz verabschiedet. Endlich können die Italiener ihre Ehedramen humaner lösen als mit dem Messer. Die neue Situation führte zu einer Neubewertung der Rolle der Frau in Italien und stellte diese in den Brennpunkt der Polemik. Mit der nun möglichen Scheidung, die gegen den Willen der kirchlichen Dogmatiker im Vatikan erzwungen wurde, wird zum erstenmal mit der Tradition gebrochen. Seit Jahrhunderten schrieben Staat und Kirche der italienischen Frau die Rolle zu, Dienerin des Mannes zu sein. Seine Macht war unantastbar. Thomas von Aquin meinte: »Die Frau ist nur ein zufälliges Wesen.« Doch nun hat die Italienerin echte Chancen in ihrem Bemühen um Emanzipation.

Verglichen mit vielen anderen europäischen Ländern begann der Kampf der Italienerin um ihre Gleichberechtigung erst spät. Man kann ihn in Verbindung mit der »resistenza« bringen. Damals, 1943-45, beteiligten sich erstaunlich viele Frauen am bewaffneten Kampf und versuchten Italien von Faschismus und Krieg zu befreien. Doch bis heute verweigert der Staat ihnen viele Rechte. In den Nachkriegsjahren trugen die Frauen mit ihrer Arbeitskraft zum Wirtschaftsaufschwung bei, nur um bei einer Konjunkturflaute als erste entlassen zu werden. Schließlich wird die Frau auch von der italienischen Industrie lieber als Konsumentin denn als Produzentin gesehen. Doch immer mehr Italienerinnen, vor allem die jüngeren, wissen, daß wirtschaftliche Selbständigkeit die Vorbedingung für ihre Persönlichkeitsentwicklung ist. Sie wollen den engen Gesichtskreis ihrer vier Wände erweitern, wollen vollwertige Partner sein und nicht mehr Dienerinnen wie bisher. In ihrem Bemühen um Anerkennung und Rollengleichheit sind die Frauen in Italien jedoch auf sich selbst angewiesen, mit substantieller männlicher Unterstützung können sie nicht rechnen. Außerdem steht ihnen die tiefverwurzelte katholische Moralvorstellung im Weg, da die Kirche noch heute die Möglichkeit hat, mit Hilfe künstlich erzeugter Gewissenskonflikte Veränderungen zu verhindern, zumindest aber zu erschweren.

Die italienische Gesellschaft ist eine vom Mann bestimmte, und in der Vergangenheit nahmen Kirche und Staat eine ausgesprochene frauenfeindliche Haltung ein. Obwohl dem Gesetz nach der Frau jeder Beruf offensteht (außer der des katholischen Priesters, des Carabiniere und des Soldaten), wird ihr der Einstieg in die Arbeitswelt nicht gerade leicht gemacht. Vor allem der verheirateten Frau und Mutter stehen nicht genügend Kindergärten und -tagesstätten zur Verfügung.

Die selbständige Frau wird sich jedoch nicht ohne weiteres wieder an den Herd zurückschicken lassen, und sie wird keineswegs einsehen, daß es die »vornehmliche Aufgabe der Frau sei, Bürger für den Staat zur Welt zu bringen und zu erziehen«. Aufgrund ihrer Intelligenz, ihres Fleißes und ihrer Gewissenhaftigkeit könnte sie in der Lage sein, dem Mann den Rang abzulaufen. Diese Befürchtung äußerte Benedetto Veca, römischer Professor für öffentliches Rechnungswesen, in seiner Schrift »Betrachtungen über die Verfassungswidrigkeit des Gesetzes, das die Frau zu öffentlichen Ämtern zuläßt«. Der Professor sieht am Ende dieser unheilvollen Entwicklung ein bürokratisches Matriarchat auf sich zukommen.

Obwohl die berufstätige Frau häufig noch auf atavistisches Mißtrauen der Männer stößt, opponieren heute wohl nur wenige Väter gegen eine Berufsausbildung der Töchter, die ja schließlich eine Art dauerhafte Mitgift darstellt und gleichzeitig eine Rückversicherung für die »nicht an den Mann Gebrachten«.

Mit dem italienischen Mann verbindet sich der Mythos vom leidenschaftlichen Liebhaber. Eine Heerschar weiblicher Urlaubsreisender drängt es darum alljährlich gen Süden, und die Papagalli treiben ihren sommerlichen Leistungssport zu deren Zufriedenheit. Anders verhält sich der Italiener seiner eigenen Frau gegenüber. Das italienisch-päpstliche Christentum übertrug die Jungfräulichkeit seiner Madonna auf alle Italienerinnen, sie wurde zur »dünnen Demarkationslinie« zwischen sittlichem Recht und Unrecht. Immerhin äußerten sich vor nicht langer Zeit noch 75% der Männer vernichtend über den vorehelichen Verlust der »Reinheit«, obwohl 81% von ihnen zur regelmäßigen Kundschaft der Bordelle gehörten.

Da der italienische Moralbegriff alles Geschlechtliche zu etwas »Schmutzigem« abgestempelt hatte, trennten die Italiener »Sex« und »Liebe« voneinander, d. h., man unterhielt stets sexuelle Beziehungen zu der Frau, die man nicht liebte, paradoxerweise also zu der »Geliebten«, und man unterhielt enthaltsame zurückhaltende Beziehungen zu der Frau, die man liebte, zur Mutter seiner Kinder. Es ist der jungen emanzipierten Italienerin nicht zu verdenken, wenn sie nicht mehr bereit ist, die Dulderin zu spielen. Oder seiner Selbstbestätigung zuliebe die Rolle der Tugendhaften auf sich nimmt, sich ihm widersetzt, damit er ihren Widerstand brechen kann und seine Männlichkeit bestätigt wird, denn diese ist für ihn kein selbstverständlicher Zustand, sondern eine Eigenschaft, die stets neu bewiesen sein will. Als Indiz gilt die Potenz, die sich in der Anzahl der absolvierten Abenteuer zeigt.

Mit ihrer Unabhängigkeit aber hat die Italienerin ihm manchen Trumpf aus der Hand genommen, und wenn sie weder seinen Schutz noch seine Hilfe beansprucht, sich die Pille auf dem Schwarzmarkt besorgt und er sich an den sorglosen Zustand gewöhnt hat, dann wird er seinerseits in die Rolle des Abhängigen geraten.

Im scheidungslosen Italien steckten die Ehen und Familien oft in schweren Krisen. Man war sich dann über die Schizophrenie dieser Gesellschaft im klaren, die sich nach außen hin den Anschein gab, als halte sie sich an die Prinzipien der Kirche, während sich das Leben hinter verschlossenen Türen nach persönlichem Bedürfnis abspielte.

Der linkssozialistische Abgeordnete Fortuna und sein liberaler Kollege Baslini konnten sich gegen die Kirche und die Christdemokratische Partei durchsetzen und das Scheidungsgesetz im Parlament durchbringen. Das Gesetz aber entfachte heftige Diskussionen, man trennte sich in »divorzisti« und »antidivorzisti«. Obwohl über eine Million Eheleute in illegalen Verbindungen leben, wird es nur wenigen möglich sein, eine Scheidung zu erreichen, da sich die Kosten auf 3.000 bis 6.000 DM belaufen.

Seit der Einführung des Gesetzes vor zehn Monaten sind inzwischen 10.418 Ehen geschieden worden.

Aber es sind bereits wieder heftige Bestrebungen im Gange, das Gesetz rückgängig zu machen. Mit Hilfe der Kirche sammelten die Ordnungshüter inzwischen 1,9 Millionen Unterschriften. Ein drohendes Referendum könnte die Ehescheidung wieder aufheben.

Um die Gewohnheiten der Italiener zu ändern, müßten die politischen, gesellschaftlichen und wirtschaftlichen Institutionen sich des Frauenproblems annehmen und die Frauen nicht sich selbst überlassen, denn wenn ein Teil der

Bevölkerung von fundamentalen Menschenrechten ausgeschlossen wird, kann es zu keiner Demokratie kommen. Fragt sich, ob dies in Italien wirklich angestrebt wird.

*Dezember 1970*

# Die Süditaliener in Turin

TURIN, HAUPTBAHNHOF. Der sogenannte »Treno della Speranza« – der Zug der Hoffnung fährt ein, gefüllt mit süditalienischen Emigranten, die alle hoffen, im industrialisierten Norden Arbeit zu finden. Ein Menschenstrom, der unaufhörlich fließt, seit zwanzig Jahren, vom Süden nach Norden. Bis zu 300.000 Menschen im Jahr verlassen den Süden. Diese Gesichter, von der Furcht des Ungewissen geprägt, und die mit Schnüren zugebundenen Pappkoffer sind in vielen westeuropäischen Ländern zum Sinnbild der süditalienischen Emigration geworden.

Turin ist eine reiche Stadt, in der Wissenschaft, Industrie und Geschichte sich glücklich gefunden haben. Die Piemontesen, die mit Garibaldi den Süden von den Bourbonen befreiten und gleichzeitig eroberten, sehen mit Unbehagen diesen Ansturm der Emigranten auf ihre Hauptstadt. Von den 1,2 Millionen Einwohnern Turins sind heute ein Drittel Meridionali, Süditaliener, aber 47 Prozent der Piemontesinnen würden nie einen Süditaliener heiraten.

In der Turiner Innenstadt findet der Arbeiter aus dem Süden sein erstes Quartier. Die Welt des Südens hat sich in diesen Innenhöfen eingenistet und ihnen mehr das Antlitz des Elends als des Pittoresken verliehen. Aber hier, unter seinesgleichen, findet der Meridionale Schutz vor einer ihm oft feindlich gesinnten Umwelt. Feindlich gesinnt, weil er anders ist.

Carmela und Galogero stammen aus Sizilien. Das Erdbeben vor vier Jahren hat ihr Haus zerstört. Sie leben zu sechst in einem Zimmer. Alles, was sie besitzen, ist hier untergebracht. In aller Frühe geht Galogero auf Arbeitssuche. Früher war er

Bauer, er möchte aber werden wie die anderen, und nicht immer ein Emigrant bleiben. »Die Solidarität unter armen Leuten ist größer«, sagt er, als ein Landsmann ihm eine Beschäftigung anbietet.

»Lavoro marginale«, eine Arbeit am Rande, nennt man hier solche Nebenbeschäftigungen, und wer sie ausübt, bleibt auch am Rande. Es ist aber der erste Schritt auf dem langen Weg, der zum wahren Turin führt, das dem Emigranten wie ein ferner Industriekoloß erscheint. Turin heißt gleichzeitig Fiat, und Fiat mit seinen Fließbändern bleibt der Traum des südlichen Fremdarbeiters. Die Entfremdung beginnt am Fließband, sagen die Soziologen. Aber hier beginnt auch der erste wahre Kontakt zwischen dem nord- und dem süditalienischen Arbeiter.

In den Wohnsiedlungen an der Peripherie wohnen viele Meridionali, die bei Fiat arbeiten. Fiat ist mehr als ein Automobilwerk – Fiat ist das System, das Turin beherrscht. 1958 gehörten Fiat 26 Prozent der Bauflächen am Stadtrand von Turin. Grünflächen und Spielplätze fehlen noch. Die Reform des Wohnungsbaus, die durch Enteignung zum Erwerb von Baugrundstücken zu niedrigen Preisen führt, geht hier den Süditaliener direkt an.

Auf der Schulbank beginnt die wahre Integration, jene der menschlichen Beziehungen, ohne Unterschiede zwischen Nord und Süd. Hier wird der Kampf gegen den südlichen Analphabetismus am wirksamsten geführt. Achtzehn Prozent aller beschäftigten Italiener sind Halb- oder Vollanalphabeten; fast alle stammen aus dem Süden. Eine geistige Invalidität, die im entwickelten Norden doppelt schwer wiegt und doppelt schmerzlich ist und unter der diese Kinder wenigstens nicht leiden werden.

Am Sonntag auf der Piazza di Porta Palazzo sind die Süditaliener wieder unter sich und schaffen eine heimatliche Atmosphäre. Ein Turiner verirrt sich nur zufällig hierher. Aber Porta Palazzo heißt nicht nur Dorfmarkt – hier findet der eigentliche »Mercato delle braccia« statt, der Markt der Armen. Die staatlichen Arbeitsämter funktionieren schlecht. Hier, für den Nichteingeweihten kaum sichtbar, wird vermittelt und verhandelt, und es wird gehandelt – mit Arbeitskräften, das heißt mit Menschen. Gitarre und Gesang bilden den Hintergrund zu dieser neuen Form der Mafia, über deren Ausbeuterei selbst die sehnsuchtsvollen Emigrantenlieder nicht hinwegzutäuschen vermögen.

4. 6. 1971

# Der Fall Feltrinelli

DER FALL FELTRINELLI IST IN Italien wie eine Bombe eingeschlagen. Am 15. März wurde in einem Vorort von Mailand
am Fuß eines Hochspannungsmastes die stark verstümmelte
Leiche des berühmten Verlegers Giangiacomo Feltrinelli auf-
gefunden. Er ist an den schweren Verletzungen gestorben, die
er bei einem mißglückten Sprengstoffanschlag auf die Hoch-
spannungsleitung erlitten hat – so das Ergebnis der Obduk-
tion. Feltrinellis Tod erzeugte eine gespannte und gefährliche
Atmosphäre der Verunsicherung, die sich auch auf den aktuellen Wahlkampf auswirkt.

Ist es glaubwürdig, daß ein millionenschwerer Großverleger
ganz allein versucht, eine Dynamitladung an einem Hoch-
spannungsmast anzubringen, um die Stromversorgung von
Mailand lahmzulegen, und sich dabei selber in die Luft
sprengt?

Presse und Fernsehen widmen Feltrinellis Persönlichkeit und
Wirken ausführliche Berichte. Der 46jährige Feltrinelli war
eine komplexe Persönlichkeit: Sohn einer der vermögend-
sten Familien Europas, als Kind seelisch vereinsamt, umgeben von Reichtum, Luxus und Überfluß, von einer autoritären Mutter dominiert, mit einem Riesenvermögen belastet.
Mit achtzehn Jahren ist er Widerstandskämpfer, mit zwanzig
tritt er in die Kommunistische Partei ein. Sein Vermögen
stellt er in den Dienst seiner Idee. Die Gründung des Istituto
Feltrinelli zur Erforschung der Arbeiterbewegung und des
Verlages Feltrinelli machen ihn weltberühmt.

Seine beiden größten Verlagserfolge sind Lampedusas »Leopard« und Pasternaks »Doktor Schiwago«, dessen Manuskript er auf geheimnisvolle Weise aus der Sowjetunion her-

ausgeschmuggelt hat.»Ich weigere mich«, sagte Feltrinelli einmal,»zu denen zu gehören, die unnütze Dinge produzieren; meine verlegerische Arbeit soll in geschichtlichem Sinn wirksam sein. Wir produzieren keine Konsumgüter, sondern Bücher, die eine Wirkung haben.«

Dottor Brega, Verlagsleiter und ältester Mitarbeiter Feltrinellis, hebt die Verdienste seines Chefs hervor:»Feltrinelli hat sofort nach dem Krieg die Notwendigkeit gespürt, ein vorhandenes Vakuum auszufüllen, eine provinzlerische und reaktionäre Leere, die zwanzig Jahre Faschismus hinterlassen hatten. Kurz nach dem Krieg kam es zu einem ersten Versuch, die großen Klassiker des radikalen, revolutionären und marxistischen Denkens wieder zu veröffentlichen. Später, als kein Mensch in Italien mehr von den deutschen Autoren sprach, verlegte er Grass, Johnson, Ingeborg Bachmann, Enzensberger, und er führte auch als erster die revolutionäre lateinamerikanische Literatur ein. Der Verlag ist in jeder Hinsicht avantgardistisch, nicht nur, was die Befreiungskämpfe angeht, sondern auch auf literarischem Gebiet.«

Die Parlamentsabgeordnete und Soziologin Maciocchi unterstreicht Feltrinellis Bedeutung für das italienische Verlagswesen überhaupt:»Feltrinelli hat mit dem italienischen Provinzialismus und mit einer althergebrachten Kulturwelt gebrochen, die sich stark auf Stubengelehrte vom Typ eines Benedetto Croce stützte, der zurückgezogen in seiner Bibilothek lebte ... Ich glaube, daß Feltrinelli deshalb so großes Interesse erregt hat, weil er sich vom Althergebrachten gelöst hat, weil er die Information zur geistigen Anregung werden ließ, zu einer politischen Fähigkeit, die Wirklichkeit voranzutreiben.«

1956 verläßt Feltrinelli die Kommunistische Partei; sie ist ihm – dem Millionär – zu bürgerlich geworden. Den Ausschlag gab die Begegnung mit Fidel Castro und Che Guevara. Feltrinelli träumt von Guerilla und Revolution und wendet sich aktiv der außerparlamentarischen Linken zu. Dennoch – sein Reichtum machte sein revolutionäres Engagement wenig glaubhaft, und Feltrinelli, der politische Playboy, litt darunter sein Leben lang.

Ist Giangiacomo Feltrinelli tatsächlich bei einem mißglückten Anschlagsversuch ums Leben gekommen, dann handelt es sich um einen pathologischen Fall. Ist er aber umgebracht worden, dann liegt die Vermutung nahe, daß er einer neofaschistischen Provokation zum Opfer gefallen ist.

*23. 3. 1972*

# Die Tradition des italienischen Weihnachtsessens

WEIHNACHTEN STEHT DIESES JAHR in Italien im Zeichen des Streiks der Bankangestellten. Die Banken sind geschlossen. Viele Firmen konnten daher ihren Angestellten das 13. Monatsgehalt nicht auszahlen; es zirkuliert also weniger Geld. Die Geschäftsleute beklagen sich: sie verkaufen wenig. Aber das gegenseitige Schenken ist ohnehin eine aus dem Ausland nach Italien importierte Sitte, an die sich nicht alle halten. Das Weihnachtsessen aber, das ist eine Tradition, die schon respektiert wurde, bevor von einer Konsumgesellschaft die Rede war. Fisch am Heiligabend z. B. ist Vorschrift, im Süden wie im Norden. Denn »il cenone« muß fleischlos sein. Wer sich's leisten kann, zieht den Fettaal vor, das Symbol der Schlange, also der Erbsünde, von der wir durch Christus erlöst werden. Die sogenannten Tortelloni, mit Spinat und Quark gefüllt, ersetzen die tägliche Pastasciutta. Man kann Tortelloni heute fertig kaufen; eine in manchen Gegenden als unverzeihliche Barbarei bezeichnete Degenerationserscheinung.

Beim Menü des Weihnachtstages macht sich auch in kulinarischer Hinsicht das Nord-Süd-Gefälle bemerkbar, an dem Italien leidet. Die Zamponi werden im Norden schon zu Hunderttausenden verkauft, längst bevor je ein Wirtschaftsmann den Begriff vom Konsumzwang geprägt hatte. Es sind mit Schweinefleisch gefüllte Schweinsfüßchen, die mit Linsen serviert werden müssen. Linsen, die im Volksmund Geld und Wohlstand bedeuten. Truthähne, Gänse, Kapaune – sie gehören zum klassischen Weihnachtsessen Nord- und Mittelitaliens.

Viele kaufen diese noch lebend – oder halblebend vielmehr – auf dem Markt, um sie nach eigenem Geschmack zu mästen.

Der Süden zieht Zicklein und Schweinswürste vor; sie sind preiswerter.

Aber *das* Symbol einer italienischen Weihnacht bleibt der Panettone, den nichts Ähnliches aus dem Ausland zu verdrängen vermochte. Die Geschichte des Panettone geht auf das lombardische Mittelalter zurück, auf den damaligen Brauch des Hausherrn, am Weihnachtstag Scheiben eines großen Brotlaibes – daher der Name Panettone – zu schneiden und diese, als gutes Omen, zu verteilen.

20. 12. 1972

# Milva

SIE SASS VOR DEM GROSSEN SPIEGEL in ihrer Garderobe im
Teatro Roma und bereitete sich mit der Gewissenhaftigkeit
einer professionellen Schauspielerin auf die Hauptprobe zu
Brechts Dreigroschenoper vor. Vorher hatte sie nie Zeit zu
einem Gespräch gefunden; sie war stets unterwegs; Mailand,
Salzburg, München, Edinburgh, Rom – einmal zu Recitals, zu
Plattenaufnahmen, zu Proben oder Besprechungen, dann
schnell wieder zurück in ihr Heim in Turin, wo ihre zehnjährige Tochter Martina bei Milvas Eltern lebt. Keine Sekretärin
und kein Manager halten die Telefonverbindung mit der
Presse aufrecht, sondern Milvas Mutter oder, wenn Milva in
Turin ist, sie selber. »Sono Milva«, sagt sie dann einfach und
macht gutwillig einen Termin aus. Aber Milva treffen, sie einmal eine Stunde zu einem Gespräch festhalten, das schien
zunächst ein Ding der Unmöglichkeit. »Kommen Sie zur
Hauptprobe«, meinte sie dann schließlich. – Und nun saß sie
vor dem Garderobenspiegel und teilte ihr langes rotes Haar
sorgfältig in kleine Büschel und steckte diese, fest zusam-
mengerollt, am Kopf fest, um die schwarze Kurzhaarpe-
rücke von Brechts Seeräuber-Jenny darüber stülpen zu können. Ihre Bewegungen sind selbstverständlich, zielbewußt,
sicher; ihr Auftreten und Sprechen einfach und sympathisch.
Der Kontrast zwischen der »offiziellen« Milva, die auf den
Titelblättern der Illustrierten Star-Posen einnimmt, und dieser in ihrer Selbstverständlichkeit ruhenden Frau war nicht
zu übersehen.

»Signora, Sie wurden in den frühen 60er Jahren in ganz Italien
als Schlagersängerin berühmt; eine Sängerin, die Musik mehr
als ein Konsumprodukt betrachtete denn als Kunst. Heute

gehören Sie zu den bekanntesten Brechtinterpretinnen der Welt, und Sie feiern auch im Ausland Triumphe, obschon Sie stets auf italienisch singen und das Publikum Sie nicht versteht. Auf dem internationalen Festival von Edinburgh, vergangenen September, da verkündeten die Plakate nur drei Worte: ›Milva sings Brecht‹, und Sie wurden von der britischen Kritik nicht nur mit Begeisterung begrüßt, sondern sogar mit der Callas verglichen. Wie hat sich dieser Wandel in Ihrer Karriere vollzogen?«

»Sehr, sehr langsam …«, stöhnt sie, »und der Anfang war mühsam, schwer und trostlos. Zu Beginn der 60er Jahre, da trat ich Sonntag für Sonntag in den Tanzlokalen der Vorstädte auf und sang nichtssagende, banale Schlager; canzonette, wie man in Italien sagt. Ich haßte es; ich hatte kein Repertoire und suchte auch keines; ich führte mechanisch aus, was man mir sagte, immer wider Willen, immer mich innerlich sträubend, immer hoffend, daß ich – durch irgendein Wunder – nicht mehr aufzutreten gezwungen wäre …«

Aus jener Zeit hat Milva allein die Haarfarbe und den Klang ihrer Stimme beibehalten; jenen starken, mächtigen, teilweise fast rabiaten Klang, der ihr damals in der Gegend aus der sie stammt – Ferrara –, den Beinamen »la pantera« (die Pantherin) eingebracht hat. »Die Wut, die ich im Leibe hatte, die zurückgehaltenen Tränen, der Haß auf diese Musikwelt – davon war mein Singen erfüllt.« Denn Singen – das mußte Milva. Ihr Vater, ein Fischhändler, verlor durch eine Reihe mißglückter Spekulationen und durch einen Autounfall, der sich wegen der fehlenden Versicherung geradezu katastrophal auswirkte, alles, was er besaß. Die Familie – Eltern und drei Kinder, wovon Milva mit 16 Jahren die älteste war, siedelte auf vielen Umwegen nach Bologna über. Dort fand Milva erstmals einen Impresario, der ihr ein festes Monatsgehalt auszahlte, wofür sie eine bestimmte Anzahl von Abenden auftreten und singen mußte.»150.000 Lire – eine beträchtliche Summe damals, mit der ich meine Familie unterhalten konnte. Aber ich haßte meine Arbeitswelt, ich spürte den Zwang, die Ketten und war totunglücklich.«

Es stimmt nicht, wie viele schreiben, daß Milva eine schwere Kindheit gehabt hat. Aber die glückliche Jungmädchenzeit, die ist ihr unbekannt geblieben; jene sorgenfreien, heiteren Jahre, in denen die Zukunft als leicht zu meisternde Aufgabe erscheint. »Ich habe eine wunderbare Kindheit gehabt« – *meravigliosa*, sagt sie – »geborgen, geschützt, getragen von der unendlichen Liebe meiner Mutter.« Milvas Kindheit, genauer die Beziehung zu ihrer Mutter, waren ein willkommenes Objekt für psychoanalytische Studien. »Bis zu meinem 16. Lebensjahr habe ich bei meiner Mutter geschlafen. Mein Vater war aus beruflichen Gründen stets unterwegs; ich sah ihn selten. Kam er einmal nach Hause und pochte er auf sein nächtliches Recht an Mutters Seite, so stellte ich mich derart an und übte so lange passiven Widerstand, bis mein Vater – besorgt – mir seinen Platz in Mutters Bett wieder überließ. Ich mußte nachts Mammas Füße, Mammas Beine spüren, um glücklich zu sein; sie, die Mamma, war bestimmend in meinem Leben.«

Das sonntägliche, widerwillige Auftreten – des Geldes wegen – endete durch einen glücklichen Zufall. Die RAI (das italienische Fernsehen) schrieb einen landesweiten Wettbewerb aus, um »neue Stimmen« zu entdecken. »76.000 Konkurrenten meldeten sich – und ich gewann. So bekam ich Tanz- und Gesangsunterricht, nebst einem kleinen Monatsgehalt. Und – ich war nicht mehr gezwungen, sonntags aufzutreten.« Mit dem Bologneser Impresario ließ sich eine Vereinbarung treffen; die Familie brauchte sich nicht zu sorgen. So war Milva zwar dem Singen nicht entronnen, doch das Ganze spielte sich von nun an in einem ganz anderen Rahmen ab. Nicht daß Milva etwa das gefunden hatte, was sie erfüllt hätte – sie wußte nicht einmal, daß man im Singen Erfüllung finden kann.

Indirekt verdankt Milva dem RAI-Wettbewerb auch die Bekanntschaft mit ihrem Mann Maurizio Corgnati. Er: ein in Italien schon damals bekannter Regisseur, ein um 22 Jahre älterer, kultivierter, gebildeter Herr aus der piemontesischen Bourgeoisie, den Milva anläßlich eines Fernsehspiels kennenlernte. Sie: ein 21jähriges Mädchen aus der norditalienischen Provinz, mit groben Zügen, die durch eine ungeschickte Aufmachung, turmhochtoupiertes Haar, schwarzumrandete Augen und lackrote Lippen nur noch unterstrichen wurden, ungebildet und unwissend. Er kritisierte alles an ihr (»zu Recht«, sagt Milva heute), er machte sich über sie lustig und – verliebte sich. Ein halbes Jahr später war Milva offiziell die Signora Corgnati, und sie war selig.

»Meine höchste Ambition damals: nur die Signora spielen. Heirat, das hieß für mich vor allem nicht mehr singen müssen.« Zudem liebte und bewunderte sie Maurizio, der altersmäßig ihr Vater hätte sein können. »Ich stürzte mich voller Begeisterung in diese Ehe und wurde bald Mutter.« Aber ihr Mann, der die verborgene starke Persönlichkeit dieses intellektuell und psychologisch noch im Rohzustand befindlichen Wesens erkannt hatte, weckte sie auch geistig und eröffnete ihr eine unbekannte Welt. »Ich lernte von Maurizio, daß es noch eine andere Art von Musik gibt als nichtssagende Schlager; daß es Gesang gibt, der Geschichte gemacht hat, Gesang, der mit seiner Kraft die Menschen aufzurütteln und zum Kampf für Gerechtigkeit und Freiheit aufzurufen vermag.« Ohne auf Milva einen Zwang auszuüben, brachte Maurizio sie dazu, wieder zu singen, aber anders und andere Lieder. Das erste Ergebnis war die Langspielplatte »Canti da cortile e del tabarin«, es folgten Spirituals, Protestlieder, Brechts Horst-Wessel-Lied. Die neue Milva war geboren.

Ihr Mann war es also, der ihr eine für sie völlig neue Musikwelt erschloß. Er, Maurizio, wies ihr die Richtung; sie ging den Weg aber allein, ohne ihn, später sogar gegen ihn. Die Horst-Wessel-Lied-Platte war Paolo Grassi, dem berühmten Direktor des Piccolo teatro di Milano aufgefallen; er forderte Milva auf, an der großen 20-Jahr-Feier der Befreiung Italiens mitzuwirken, die 1965 im Teatro lirico in Mailand stattfand. Die politische und kulturelle Elite des Landes war anwesend. Milva sang zum erstenmal in einem Theater, und es wurde ein Triumph. Giorgio Strehler, Italiens Theaterregisseur Nummer eins, war unter den Zuschauern und erriet sofort, welche brachliegenden Fähigkeiten in Milva schlummerten. Er nahm sich ihrer an und führte sie in Brechts Theater ein. Die berühmte Strenge und die Erwartungen Strehlers sind über Italiens Grenzen hinaus bekannt; ebenso die Ansprüche des Publikums des Piccolo teatro in Mailand. Es erforderte viel Mut von Milva, den Schritt zu wagen.

»Hatten Sie denn keine Angst?«

»Eine fürchterliche, lähmende Angst. Dann aber sagte ich mir: Wenn Strehler mich ausgesucht hat, heißt das, daß er an mich glaubt. Wenn er, Strehler, an mich glaubt, wieso soll ich denn an mir zweifeln?«

Milva hatte gelernt, eigene Wege zu gehen, nicht nur in ihrem Beruf, auch im Privatleben. 1969 begegnete sie dem jungen Schauspieler Mario Piave, verliebte sich und trennte sich von ihrem Mann. Aber Maurizio, der kultivierte Herr, war ein schlechter Verlierer. Es gab Skandale, Schlägereien, Pressekonferenzen, sogar einen echten oder simulierten Selbstmordversuch, bis Milva ihr Leben an der Seite ihres heutigen Lebensgefährten leben durfte. Denn scheiden lassen kann sich Milva nach italienischem Recht erst in einigen Jahren. »Die Mamma möchte mich so gerne wieder gesetzlich verheiratet sehen«, sagt sie und lächelt dabei nachsichtig.

Die Creme der römischen Gesellschaft hatte sich anläßlich der Dreigroschenoper-Premiere versammelt und spendete Milva lange Beifall. Verhalten, sicher, ungemein gekonnt war ihr Auftreten. Im Klang ihrer warmen Stimme liegt nicht nur viel und gut Erlerntes, sondern auch Erlebtes. Das ist vielleicht das Besondere an Milvas Ausstrahlung.

*10. 11. 1973*

# Zwischen Tradition und Protest in Italien

ITALIEN IST EIN KATHOLISCHES LAND. Von 55 Millionen Einwohnern gehören nur 350.000 einer anderen Religion an. Unbedeutend ist die Zahl der Nichtgetauften. Vergangenen Herbst versuchte das Forschungsinstitut Doxa durch eine Umfrage festzustellen, wie weit das Bild dieses »katholischen Italiens« der reellen Beteiligung der Italiener am religiösen Leben entspricht. Die Umfrage ergab, daß nur 35% Italiener zur sonntäglichen Messe gehen. Weitere 33% gehen gelegentlich, 32% nie. Betrachtet man Frauen und Männer getrennt, ergibt die Untersuchung, daß nur 23% der Männer und 45% der Frauen die Messe besuchen. Was die Jugendlichen (zwischen 25 und 34 Jahren) beiderlei Geschlechts betrifft, so sind 28% davon Kirchgänger; bei den Älteren über 54 Jahren steigt der Prozentsatz auf 53%.

Die Kirche ist infolge ihres über tausendjährigen Bildungsprozesses eine mächtige und verzweigte Institution, eine Weltmacht, die die Menschen mittels ihrer organisierten und überall gegenwärtigen Strukturen regiert. Aber die Kirche ist auch eine religiöse Gemeinschaft.

Die Beziehungen zwischen diesen zwei Charakterzügen der katholischen Kirche sind vielschichtig und fordern eine nähere Analyse. Daraus ergeben sich einige Kriterien, die eine umfassende Antwort auf die Frage des gegenwärtigen Einflusses der Kirche in Italien erteilen und Auskunft geben über das kulturelle, geistige und politische Interesse, das die Kirche hervorruft.

Die Ergebnisse der Doxa-Umfrage haben die katholischen Soziologen keineswegs überrascht. Don Silvano Burgalassi, Professor für Soziologie der Religionen an der Pro Deo und der Lateraneser Universität in Rom, betrachtet dieses Ergebnis – alles in allem – als positiv. Seiner Meinung nach betragen die praktizierenden Katholiken weniger als 35, vielleicht 27%. Die »Gelegenheitschristen« rund 15%.

Der Katholizismus hat in Italien, im Laufe der Jahrhunderte, den Charakter einer Religion angenommen, die eigentlich zu den Sitten und Gebräuchen des Landes gehört. Man hält im allgemeinen an den Riten und am Glauben dieser Religion fest, wie an einer Regel, die einem einen legitimen und anerkannten Zugang zur Gesellschaft zusichert. So hat sich die Institution der Kirche im System der Macht eingegliedert; im weiten Sinne, d. h. also in einem Verhältnis, dem entweder Verständigung oder Reibung mit dem Staate entspricht. Italien hat weder die Reformation noch den darauffolgenden »religiösen Wettstreit« zwischen den verschiedenen Konfessionen erlebt. Infolgedessen hat die katholische Kirche, trotz der schwierigen Phase des »Risorgimento« – die in die Einigung Italiens mündete und das Ende des Kirchenstaates herbeiführte –, im Endeffekt jene Politik weitergeführt, die allgemein als »konstantinische Politik« bekannt ist. 1.600 Jahre nach dem Konzil von Nikäa, in einem selbstverständlich völlig veränderten historischen Zusammenhang, ist es dennoch die konstantinische Politik, die die Kirche 1929 weiterführte, als sie die Lateranverträge mit dem damals faschistischen Staate unterzeichnete.

Die große Bedeutung der Verträge – hauptsächlich des Konkordats – liegt einerseits in der positiven Beurteilung des totalitären Regimes Mussolinis (und darüber hinaus in der feierlichen Anerkennung des italienischen Staates), andererseits in der Stärkung der Kirche als Institution. Diese politische Richtlinie überlebte den Sturz des Faschismus (1943). Die Kirche, die immer ihre Kontakte zu den Regierungen der

Menschen pflegt, nahm noch während des Krieges Beziehungen zum sich siegreich profilierenden Antifaschismus auf und stärkte diese Bindung gerade mit Blick auf den »Nach-Faschismus«. Während des kalten Krieges (1947-56) unterstützte die Kirche offen die Democrazia Cristiana und trug wesentlich zu ihrer Stabilität als demokratische Partei der Macht in Italien bei, die als Damm gegen die kommunistische Offensive diente. Die Kirche war das geistige Zentrum dieses Kampfes, an dem sie sich mit ihrer gesamten Organisation aktiv beteiligte.

Diese Vermischung von weltlicher und geistiger Macht im Zeichen des Antikommunismus ermöglichte es der Kirche in Italien, ihre konstantinische Politik in konkreter Weise erheblich zu erweitern.

Kaum je zuvor in der modernen Zeit wurde die Kirche, als mächtige Institution gesehen, in Italien so sehr von den Menschen, den verschiedenen Organisationen und den politischen Parteien umworben, wenn man so sagen kann, wie in den letzten 30 Jahren. Gleichzeitig jedoch verlor sich aber der spezifisch religiöse Inhalt – jetzt Kirche als Gemeinschaft von Gläubigen verstanden – in leeren Formeln.

Parallel zur Verringerung der unmittelbaren kommunistischen Gefahr in Italien verlor die kirchliche Rolle des »Bollwerks gegen den Kommunismus« an Bedeutung. Die Kirche konnte immer weniger die sich rasch nähernden Krisen der gegenwärtigen Gesellschaft auffangen, gerade weil sie sich während des kalten Krieges auf allen Gebieten (kulturell, sozial, politisch) mit dem gesellschaftlichen Machtsystem so sehr eingelassen hatte. Die Krise der Kirche brach also auf beiden Ebenen aus: institutionell und religiös.

In den 50er Jahren reagierte eine Minderheitengruppe von Katholiken gegen die Verminderung des religiösen Inhalts der Kirche; es wurden Zentren gegründet, wo freiere religiöse Diskussionen geführt werden konnten, es entfaltete sich eine politisch-soziale Aktivität, die auf einer konsequenten Anwendung der christlichen Botschaft beruht. Im allgemeinen stehen diese Aktivitäten außerhalb der traditionellen Organisationen der Kirche (es geht also nicht um Häresie), aber innerhalb ihres religiösen Bereichs. Die überwiegende Mehrheit der Katholiken aber, d. h. die katholischen Massen, reagierten auf diese Art »Verdorrung« und Materialisierung der institutionellen Kirche mit Gleichgültigkeit, ohne deswegen formell aus der Kirche auszutreten (das offizielle Austreten aus der Kirche ist in Italien nicht üblich). Die Ergebnisse der am Anfang erwähnten Doxa-Umfrage bestätigten eben den Umfang dieses Phänomens.

Ein noch bedeutungsvolleres Indiz der Krise der Kirche ist der Rückgang der Priesterzahl; Italien schließt sich also hier der allgemeinen Tendenz auf der ganzen Welt an, 1881 entfiel ein Priester auf 332 Einwohner; 1970 entfällt ein Priester auf 1241 Einwohner.

In ungewohnter Weise und in immer stärkerem Maße trat demzufolge innerhalb der Kirche eine Spannung auf zwischen der organisierten Machtstruktur der Kirche – die sich in das bestehende politisch-sozial-ökonomische System der Macht eingeschaltet hat – und ihrer ursprünglichen Natur, nämlich eine Gemeinschaft von Gläubigen, die auf eine Erlösung der Menschen hinstrebt. In diesem Sinne spiegelt sich in der Krise der Kirche die Zerrissenheit der gegenwärtigen Gesellschaft wider: Reichtum – Armut; entfremdende Technik – menschliche Freiheit; Kapitalismus – Sozialismus; Dritte Welt – reiche Länder; Krieg – Frieden; freie Forschung – Dogma usw.

Nach dem theokratisch-konstantinischen Pontifikat Pius XII. (1939–1958) erfaßte Johannes XXIII. mit seinem zutiefst pastoralen Empfinden sowohl die ungewohnte Intensität als auch die Dramatik dieser Zerrissenheit und die Dringlichkeit eines Zurückkehrens der Kirche zu ihrer ursprünglichen Mission als Erlöserin. Erneuerung der Kirche also, aber auch ein Versuch, die Anhänger des Protests innerhalb der Kirche, die an der Grenze der Rebellion angelangt sind, zurückzugewinnen. Mit der Ankündigung des Vatikanischen Konzils (1959), der Enzykliken Mater et Magistra (1961) und Pacem in terris (1963) stellte Johannes XXIII. einen Dialog mit der modernen Welt her, gleichzeitig führte er eine Wendung in der Art des Seins und des Handelns der Kirche herbei.

Es erscheint notwendig, darauf hinzuweisen, daß Johannes XXIII. den Dialog und die Mission der Kirche von den konstantinischen Hypotheken zu befreien beabsichtigte. Es bestehen keine Zweifel darüber, daß es sich um eine grundlegende historische Wendung handelt, wie auch katholische Historiker anerkennen. Im Sturm der doktrinären Diskussionen, der politischen Gegensätze im Zusammenhang mit der Haltung der Kirche gegenüber dem Kapitalismus, dem Kolonialismus, dem Faschismus und den sozialen Kämpfen in der modernen Welt laufen die sich häufenden Gruppen des katholischen Protests parallel zum Aufkommen der Studentenbewegungen auf der ganzen Welt.

Diese katholische Abweichung umfaßt Gruppen und Vereinigungen; sie werden sogar von einigen wenigen Exponenten der hohen kirchlichen Hierarchie protegiert, die sich durch eine pastorale Tätigkeit dem konservativen Geist – oder der vorsichtigen Vermittlung der großen Mehrheit der Kardinäle und der italienischen Bischöfe – widersetzen.

1968 schätzte man diese katholischen Protestgruppen auf rund 1.000; sie verfügen über rund 30 Zeitschriften. Es handelt sich um eine kleine Minderheit von meist Jugendlichen, die oft an der Grenze zur Häresie steht, die aber nie formell verurteilt worden ist. Die Debatten, die diese Minderheitengruppen organisieren, lösen in kulturellen und politischen Linkskreisen lebhaftes Interesse aus.

Im Rahmen der traditionellen Organisation der Kirche ist es die ACLI (eine große gewerkschaftsähnliche Organisation katholischer Arbeiter), die am deutlichsten die Linkswelle auffängt. Die ACLI verharrt jedoch, im religiösen Sinn, innerhalb der katholischen Orthodoxie. Sie wendet die klassischen soziologischen Methodologien an und teilt die sozialistischen Thesen des Protests.

Ein wichtiger Faktor im zunehmenden Interesse an der internen Krise der katholischen Kirche in Italien ist die Stellung der Kommunistischen Partei. Antonio Gramsci, der die Strategie der KPI ausgearbeitet hat, nannte die Suche nach einem »politischen« Abkommen mit den Katholiken einen entscheidenden programmatischen Punkt der sozialistischen Revolution in Italien. Die KPI ist dieser Linie bis heute treu geblieben. Vor der Bedrohung der Menschheit durch die Atomkraft wiederholte Togliatti immer wieder die Aufforderung, mit den Katholiken eine Verständigung zu finden. Die unter Kommunisten durch das Ende des Stalinismus ausgelösten Debatten und die Diskussionen, die unter den Katholiken durch die von Johannes XXIII. vertretenen Thesen hervorgerufen worden sind, beleben sich gegenseitig. Die Kommunisten schüren die Krise des traditionellen Dogmatismus der Katholiken; denn die Kommunisten meinen – jenseits des Dogmatismus – dort jenen Glauben an die Befreiung des Menschen wiederzufinden, der ihrem Glauben ähnlich ist. Im Kampf der Menschen gegen die entfremdenden gesellschaftlichen Strukturen des modernen Kapitalismus ist das seelische Bangen der engagierten Minderheitskatholiken in Italien von nicht geringer Bedeutung, gerade wegen seiner Verflechtung mit den Debatten der orthodoxen Kommunisten. Zudem streckt gleichzeitig die Kommunistische Partei der institutionellen Kirche die Hand zu einer Verständigung hin. Das Gespenst der Konziliar-Republik taucht auf; sie ergäbe sich durch das Zusammengehen von zwei totalitären Machtblöcken: der katholischen Kirche und der Kommunistischen Partei. Vor dieser Möglichkeit fürchten sich alle Liberaldenkenden Italiens.

Die Krise der katholischen Kirche hat paradoxerweise das Interesse am theologischen und pastoralen Ringen erhöht. Wie nie zuvor beschäftigen sich heute Bücher, Zeitungen, Zeitschriften und Jugendzirkel mit den Fragen der Kirche. Aber nur eine aktive Minderheit wird davon berührt; dafür um so intensiver. Die sich anbahnende Evolution des Katholizismus in Italien liegt vielleicht gerade in diesem Aufkommen eines religiösen Katholizismus, wie er heute von einer engagierten Minderheit betrieben wird. »Wir treten aus einer monokulturellen Zivilisation aus und sind in eine pluralistische Zivilisation eingetreten«, sagt Prof. Don Pierluigi Colombo, der Verantwortliche für die Statistik-Sektion und für die soziologisch-religiöse Forschung der Mailänder Kurie.

Die Hierarchie innerhalb der institutionellen Kirche ist über diese Zersplitterung besorgt und will die Zügel der großen katholischen Massen wieder in traditionellen, dogmatischen und zentralisierten Formen direkt übernehmen. Bis zu einem gewissen Maße nimmt die Kirche heute Abstand von der vergangenen Vermischung mit der staatlichen Macht (das Ende der konstantinischen Ära ist nicht mehr rückgängig zu machen), gleichzeitig aber erfolgt dies mit dogmatisch-doktrinären Beteuerungen. So erklärt sich Paul VI. einerseits bereit, den Dialog mit der modernen Welt weiterführen zu wollen (auf den Spuren Johannes XXIII.), andererseits verurteilt er in der Substanz jene Erneuerungsbestrebungen, die eine Brücke zum Dialog mit der modernen Welt bilden. Er lehnt die Diskussion über die Unfehlbarkeit des Papstes ab und hält am Priesterzölibat sowie am Verbot der Verhütungsmittel fest. Die jüngsten päpstlichen Äußerungen über die Existenz des Teufels als persönliche Entität, der letztlich die Ursache aller Übel unserer Welt sei, bricht praktisch die Brücke zu Dialog mit der modernen Welt ab, und zwar mit einer Geste fast mittelalterlicher Prägung.

Die Kirche neigt also heute dazu, sich als Hierarchie und Institution in sich selbst abzukapseln, da sie sich durch jede doktrinäre oder pastorale Erneuerung in ihrer Machtstellung bedroht fühlt. Das Interesse am Protest innerhalb der Kirche scheint aber nicht abnehmen zu wollen. Man kann nicht mehr, auf konstantinische Weise, die »ketzerischen« Erneuerungsbestrebungen austilgen, indem man sie mittels des weltlichen Armes verfolgt.

Das von den gegenwärtigen Problemen der Kirche ausgelöste Interesse ist also gestiegen; ja, man kann sagen, daß dieses Interesse als etwas Neues in Italien auftritt. Nur eines muß betont werden: Dieses Interesse wird nur von einer kleinen, dafür intellektuell und moralisch äußerst aktiven Minderheit von Katholiken wachgehalten.

*Dezember 1973*

## Die Mailänder Feier
## zum 30. Jahrestag der Befreiung

AM 8. SEPTEMBER 1943 UNTERZEICHNETE Italien den Waffenstillstand mit den Alliierten. Von da an begann ein neuer
Krieg: die Resistenza, der Widerstandskampf an der Seite der
Alliierten gegen die deutschen Truppen, die das Land besetzten, und gegen den im Norden Italiens noch waltenden
Faschismus. Die Resistenza war ein Bürgerkrieg. Am 25. April
1945 ergaben sich die restlichen deutschen Truppen den Alliierten und den Partisanen. Deswegen begeht Italien den
25. April als nationalen Feiertag, und deswegen gilt hier der
25. April als Tag des Friedens.
In Mailand fand als Abschluß der landesweiten Feiern zum
30. Jahrestag der Befreiung eine nationale Kundgebung statt,
an der auch militärische Vertreter der Vereinigten Staaten,
Großbritannien, Frankreichs und der Sowjetunion teilnahmen.
Amerikanische »Rangers« und französische »Chasseurs« defi-
lierten Seite an Seite mit dem italienischen Militär und den
Partisanen, ganz im Geist des Befreiungskampfs.
Mailand, nicht Rom, gebührt die Ehre der Abschlußfeier,
denn hier rief das Nationale Befreiungskomitee – dem alle
antifaschistischen Parteien angehörten – zur allgemeinen
Volkserhebung auf. Mailand, nicht Rom, war der Sitz des Mili-
tärkommandos der Partisanen, und in Mailand erließ das
nationale Befreiungskomitee den Befehl, Mussolini gefan-
genzunehmen und hinzurichten.
Der lange Zug, der unter anhaltendem, strömendem Regen
an den hohen ausländischen Gästen und der italienischen
Politprominenz vorbeidefilierte (u. a. Verteidigungsminister
Forlani, Kammerpräsident Pertini, KPI-Vorsitzender Longo,

vertrat die drei Komponenten, aus denen sich die Resistenza zusammensetzte:

1. Die Divisionen des italienischen königlichen Heeres, die nach dem Waffenstillstand vom 8. September 1943 beschlossen, den Kampf gegen den Faschismus zusammen mit den Alliierten weiterzuführen; dieses Korps entstand im südlichen, bereits von den Alliierten befreiten Teil des Landes und nannte sich »Corpo Italiano di Liberazione« (Italienisches Befreiungskorps).

2. Die italienischen Militäreinheiten, die am 8. September den Aufruf zur Übergabe an die deutschen Truppen nicht befolgten; es handelte sich in der Hauptsache um Soldaten und Offiziere, die der Waffenstillstand im Balkan überraschte und die den Kampf noch eineinhalb Jahre an der Seite der jugoslawischen und griechischen Befreiungsarmeen weiterführten.

3. Die Partisanen, das sogenannte »Korps Freiheitsfreiwilliger«, die im von den deutschen Truppen besetzten nördlichen Teil Italiens die Alliierten unterstützten; es gelang ihnen, einige deutsche Divisionen zu binden und in einigen Städten – wie Mailand, Turin und Genua – vor den Alliierten einzuziehen.

Die Feierlichkeiten, mit denen des 30. Jahrestags der Befreiung gedacht wurde, mögen manchen übertrieben erscheinen, rühren aber von der politisch-moralischen Bedeutung her, die der Widerstand für das moderne Italien hat. Die Resistenza, die Beteiligung an der Befreiung nicht nur von den Deutschen, sondern auch von den faschistischen Truppen Mussolinis, ist die ethische und juristische Grundlage, auf der die italienische Verfassung beruht. Dank seiner Beteiligung an der Resistenza wurde Italien von den Großmächten nicht mit der gleichen Härte behandelt wie Deutschland. Italien wurde als mitkriegsführendes Land anerkannt, was die im Friedensvertrag enthaltenen Klauseln gemildert hat.

Es gibt noch einen weiteren Grund dafür, daß Italien heute den Jahrestag seiner Befreiung auf solch feierliche Weise begeht. Die Spitze des Staates und die Parteien des »arco costituzionale«, also die Parteien, die gemeinsam die republikanische Verfassung von 1948 ausgearbeitet haben, wollen gegenüber der neuen Welle neofaschistischer Gewalt, die über das Land rollt, an das Bündnis aller Volksschichten für Freiheit und nationale Unabhängigkeit und gegen die faschistische Gewalt erinnern.

Immer wieder ist zu hören, die Italiener betrieben mit der Resistenza einen wahren Kult. Niemand wird ernsthaft behaupten wollen, daß sich die Italiener allein vom faschistischen Joch befreit haben. Aber ohne den Befreiungskampf ist die politische Identität des gegenwärtigen italienischen Parteiensystems undenkbar: Dieser Kampf ist vor allem ein politisch-moralisches Vermächtnis. Der Resistenza verdanken es die Italiener, daß sie vom Vorwurf der Kollektivschuld verschont geblieben sind.

4. 5. 1975

## Über italienische Männer

Zu Männern habe ich immer ein ausgesprochen gutes Verhältnis gehabt (unberufen, toi, toi, toi). Es begann mit meinem Großvater. Der Großvater war ein Italiener, mit all dem Charme, dem Liebenswerten und den stets überraschenden Einfällen, die den italienischen Männern im allgemeinen nachgesagt werden. Drei Faktoren unterscheiden meines Erachtens die italienischen von den deutschen Männern – drei Merkmale, von denen sich dann all ihr Verführungsvermögen und ihre Schwächen ableiten lassen: Zeit, Phantasie und – die Mamma.

Die italienischen Männer haben immer Zeit für die Frau, die sie interessiert; haben sie keine, so erfinden sie sie. So läßt sich auch die Frage, ob der Italiener fleißig sei oder nicht, nur schwer beantworten: Es hängt von der Zeit ab, die übrigbleibt, nachdem er sich der geliebten Frau gewidmet hat. Der Italiener faßt die Werbung um eine Frau als eine hauptamtliche Tätigkeit auf; er arbeitet nicht halbtags daran. So schmeichelhaft dies für eine Frau sein kann; es hebt die gockelhafte Haltung hervor, die in der Frau ein untergebenes, also nicht ebenbürtiges Wesen sieht.

Phantasie – darin sind die italienischen Männer Weltmeister. Phantasie im Erfinden, Erdenken, Ergrübeln und Herbeiführen von Situationen, in denen sie unweigerlich eine Glanzrolle spielen und die Frau sich im Glanz des Mannes sonnen darf. Phantasie im Erfinden von Komplimenten, von Kosenamen, von kleinen Gesten, die den Alltag zum einmaligen Erlebnis werden lassen. Das Erfolgsgeheimnis so vieler als »latin lovers« weltberühmt gewordener Italiener besteht genau darin; nicht in übernatürlichen Leistungen, sondern in der breiten Skala ihrer Ausdrucksmöglichkeiten. Das Aussprechen, Ausschmücken; das Kommunizieren ihres Glücks oder Unglücks – das ist eine unbestreitbare lateinische Gabe. Das hat der italienische Mann von seiner Mamma gelernt, noch in seinen Kinderjahren.

Die »Mamma«, das Verhältnis zu ihr ist die Grundlage, auf der der italienische Mann sein Wesen aufbaut. Die »Mamma« ist nicht etwa das, was für einen Deutschen die Mutter ist, beileibe nicht. Die »Mamma«, das ist die Wärme und das Beschützende in seinem Leben, das ist die Säule, auf der das psychische, seelische und materielle Leben vieler Italiener ruht.

Das Verhältnis des Italieners zur Frau, ist sie einmal geheiratet worden, ist für einen Deutschen kaum faßbar. Mehr als Frau ist sie »La Mamma dei miei figli«, die Mutter meiner Kinder – eine ungemein bevorzugte Stellung, nach Meinung vieler Italiener. Womit ihr in der ganzen Verwandtschaft ein Denkmal gesetzt wird. Die »Mutter meiner Kinder« darf ruhig einmal betrogen werden; das tun die Italiener – glaube ich – ebenso häufig und ebenso selten wie alle Männer auf der ganzen Welt. Nur spricht man hier nicht davon. »Si fa ma non si dice«, lautet ein weiser Volksspruch: Man tut es – verschweigt es aber. Erst wenn es der Partner weiß, taucht für die meisten der Betrug in Form einer Gewissensfrage auf. Im allgemeinen betrügen die Italiener mit ebensoviel Phantasie wie sie lieben; also erfahren es die wenigsten Frauen. Was das Leben sicher vereinfacht. Das Recht zu betrügen beanspruchen hier die meisten Männer nur für sich; die Frau, die eigene natürlich, muß makellos sein, so wie es die eigene Mutter ist. Denn einen italienischen Mann betrügen heißt sein Ehrgefühl verletzen; heute sagt man »frustrieren«. Ein gehörnter Mann ist hier lächerlich, eine gehörnte Frau wird bemitleidet; beides ist unangenehm. Trotz aller theoretischen Äußerungen, zu denen sich manche hinreißen lassen: Der Frau wird in den seltensten Fällen dieselbe Freiheit gewährt, die der Mann sich nimmt. Da der Italiener in den meisten Fällen unbewußt das Bild seiner Mutter mit sich herumträgt, opfert er das Verhältnis zu seiner Frau – unbewußt – dem Idol der Mutter; er »achtet« seine Gattin mehr als Mythos denn als Frau, da die Familie ein Kern ist, der in der auseinanderfallenden Gesellschaft noch Bestand hat. Da der italienische Mann eitel ist (nicht nur äußerlich legt er Wert darauf, »bella figura« zu machen), wird mit einem Seitensprung seiner Frau – von dem man weiß – seine Machtstellung in der Gesellschaft angegriffen. Da er eitel ist, darf dies nicht geschehen. Die Frau hat ja auch ihren eigenen Machtbereich, die Familie. Dort regiert sie als absolute Monarchin; diese weibliche Machtstellung erklärt zum guten Teil die Schwierigkeiten, auf die die Frauenemanzipation in Italien stößt. Zwischen Mann und Frau gibt es eine stillschweigende und beiderseitig seit Urzeiten akzeptierte Verteilung der Machtzentren: er Gesellschaft, sie Familie. Insofern ist es falsch, immer nur von der mangelnden Frauenemanzipation zu sprechen, denn die Emanzipation der Männer ist genausowenig verwirklicht.

Findet man aber einen Mann, einen italienischen Mann, der diese atavistischen Grundübel, also die Auffassung von Familie als Klan und von Frau allein als »Mutter meiner Kinder«, überwunden hat, findet man also einen Mann, der auch psychologisch ein Europäer geworden ist, dann übertrifft – nach meiner persönlichen Erfahrung – das Leben mit einem italienischen Mann alles, was das Leben in dieser Hinsicht sonst zu bieten hat.

*1975*

## Ob man in diesem Jahr nach Italien reisen und Urlaub machen sollte?

DIESE FRAGE BEKOMMEN DEUTSCHE, die in Italien leben, oft zu hören. Neuerdings klingt in der Frage viel Ängstlichkeit mit: Hat man nicht Erschreckendes, Abschreckendes aus dem sonnigen Süden erfahren und liest es, hört es jeden Tag? Entführung, Betrug, Raub, Mord, Streiks, Unordnung, Chaos, Terror...

Ein wenig müssen wir Korrespondenten hier in Italien, muß auch ich selbst, mich an die Brust schlagen und bekennen, daß wir zu diesem Italienbild einiges beitragen. Das ist auch unvermeidlich, denn der Beruf des Berichterstatters, aber auch das Interesse seines Hörers und Lesers, bringt es nun einmal mit sich, daß die »Cronaca nera«, die Nachrichten über Verbrechen und Unfälle, bedauerlicherweise Vorrang hat. Wer spricht schon davon, wer will schon davon hören, daß Tausende von Zügen heil angekommen sind, daß Millionen Touristen die Handtasche nicht entrissen wurde, daß Tausende von Flugzeugen pünktlich landen, daß die meiste Zeit nicht gestreikt wird, daß in 999 von tausend Orten noch niemals Bomben geworfen wurden, daß überhaupt Italien nicht so ist, wie es manchmal aus Berichten erscheinen muß, sondern viel eher so, wie es immer war: ein Land, wo man nicht nur Sonne (meistens wenigstens) findet, sondern eben ein anderes Volk mit etwas anderen Sitten – oder sollten manche Urlauber eben das gar nicht suchen und noch weniger schätzen? Doch bitte – auch für sie gibt es allenthalben – »Würstel mit Kraut« und Bier mit deutschem Namen.

Wer die vielgerühmte deutsche Ordnung nicht nur vermißt, sondern auch ein wenig ihre Schattenseiten kennt, der kann sogar in der für streng gerügten Unordnung Italiens Sympathisches entdecken: selbst im Verkehrschaos der Städte, wo vieles, was rücksichtslos aussieht, die Kunst, ja das Vergnügen von Leuten ist, die, ohne einander böse zu sein, schnell vorwärts kommen wollen.

Nun, warum dieses Loblied, werden Sie fragen. Muß die römische Korrespondentin Reklame machen, ist sie gar vom Touristenverband bestochen worden? Nein, sie hat in den letzten Tagen nur getan, was sie – ich gestehe es – nur selten tut: Sie hat nämlich die Bildzeitung gelesen, die ein Szenarium entwirft, das jeden Italien-Urlauber abschrecken muß – noch dazu mit einem Unterton, aus dem das herausklingt, was man den Deutschen überall in der Welt nachsagt, nämlich das – gelinde gesagt – herablassende Gehabe gegenüber anderen, Fremden, Ausländern, gegenüber »diesen« Italienern.

Und diese Italiener sind, wen wundert's, empfindlich gegen solche Töne. Gestern schrieb die angesehene »La Stampa«, jedes Jahr pünktlich zur Urlaubssaison gebe es in der Bundesrepublik eine wahre Kampagne gegen den Italientourismus, jedes Jahr mit einem neuen Clou: Einmal sind es die Papagalli, die der braven deutschen Frau zusetzen, dann sind es die Singvogelmörder, dann die Cholera, dann die Streiks oder die Handtaschenräuber. Dahinter glaubt »La Stampa« eine bestimmte Regie zu entdecken. Nun, das ist gewiß übertrieben. Immerhin fahren trotz allem jedes Jahr wieder Millionen Deutsche nach Italien – nur, es gehört bei vielen schon zum guten (bzw. schlechten) Ton, sich zugleich über dieses Volk – in dessen Land man erholsame Wochen verbringt – zu mokieren und auf Schritt und Tritt festzustellen, daß zu Hause doch alles viel besser sei.

Schon Otto Julius Bierbaum, der 1902 die erste deutsche Automobilreise nach Italien unternahm, hatte Mühe, seinen

Chauffeur zu überzeugen, daß »die Italiener zwar nicht mit einem echten Frankfurter zu vergleichen, aber immerhin Menschen sind«.

Und schon damals, als Italien auch schon eines der billigsten Reiseländer war, fühlten sich die Urlaubsdeutschen auf Schritt und Tritt um ihr Geld betrogen. Doch was ihnen der Baedeker von 1903 riet, das gilt auch heute: »Herren, die sich in Landesart und Sitte zu finden wissen, reisen billiger«, heißt es da. Allerdings – sei's zur Warnung, sei's zur Entschuldigung – fügte Baedeker zeitlos gültig hinzu: »In Begleitung von Damen zahlt man durchgängig mehr.«

*14. 5. 1975*

# Gioiosa Jonica gegen die Mafia

GIOIOSA JONICA, EINE KLEINE STADT an der Ionischen Küste in der Provinz Reggio di Calabria, in Süditalien. Zum ersten Mal in der Geschichte Kalabriens ist eine ganze Ortschaft aus Protest gegen die Macht der Mafia in den Generalstreik getreten. Die Präsenz der Mafia in Gioiosa Jonica ist jüngeren Datums; bisher hatte sie diesen Ort verschont. In letzter Zeit jedoch erfolgten typische Mafia-Verbrechen: Erpressungen, Bombenanschläge, blutige Zusammenstöße zwischen verschiedenen »cosche«, den Mafiosigruppen, die sich gegenseitig die lokale Macht streitig machen. Die Linkspresse hebt hervor, daß die Bevölkerung von Gioiosa Jonica sich geschlossen am Generalstreik gegen die Mafia beteiligt hat. Alle Berufssparten haben die Arbeit niedergelegt, und die Geschäfte blieben geschlossen.

Während der Generalstreik im Gang war, wurde in einem öffentlichen Saal des Städtchens – in Anwesenheit des Gemeinderats und des kommunistischen Bürgermeisters Prof. Modafferi – eine Diskussion abgehalten. Das Thema lautete: »Die Mafia, ein Hindernis auf dem Weg zur wirtschaftlichen Entwicklung Kalabriens«. Auch sozialistische, kommunistische und christdemokratische Persönlichkeiten aus Rom beteiligten sich.

Die Anwesenheit der Mafia nimmt in Gioiosa Jonica höchst konkrete Formen an. Dringende öffentliche Bauvorhaben in Milliardenhöhe können nicht gestartet werden, weil sich keine Unternehmer finden, die es wagen, die Aufträge zu übernehmen. Die Mafia stellt den Unternehmern die üblichen Bedingungen: Entweder fließt der lokalen Mafia eine sogenannte »tangente«, ein Anteil am Geschäft zu, oder es erfolgen die wohlbekannten Bombenanschläge gegen die sich weigernden Firmen. Verständlich, daß sich die Firmen unter diesen Bedingungen weigern, ein solches Risiko einzugehen. Die Aufträge bleiben liegen – die Zahl der Arbeitslosen steigt.

Überall im Gebiet um Gioiosa Jonica gibt es staatliche Bauvorhaben, die infolge der Androhungen der lokalen Mafiosi unterbrochen worden sind. In Melicucco ist z. B. der Bau einer Schule aufgeschoben worden, in San Giorgio Morgeto ein bereits begonnener Abwasserkanal; in Terranova kann sogar das Rathaus nicht fertiggestellt werden. Bei der Genossenschaft für die Urbarmachung der Piana di Rosarno sind 5 Milliarden Lire, die schon bereitgestellt worden waren, gesperrt, weil es keine Firmen gibt, die Arbeitsaufträge anzunehmen wagen.

In Locri, so erfuhren die bei der öffentlichen Debatte in Gioiosa Jonica Anwesenden, hat eine römische Firma, die ICEA, für den Bau eines neuen Krankenhauses von der Kommune die Garantie gefordert, daß die Gemeinde eventuelle, von der Mafia durch Bombenanschläge verursachte Schäden übernehme. In der Zwischenzeit aber schreitet der Bau des neuen Krankenhauses nicht voran, während das alte einsturzgefährdet ist. Die verschiedenen Abteilungen wurden in Gebäuden untergebracht, die Privatpersonen, zum Teil sogar Mafiosi, gehören, denen die Gemeindeverwaltung die Miete zahlt. In diesem Zusammenhang wurde der Generalstreik beschlossen.

Im Laufe der Jahre hat die Mafia, zunächst auf Sizilien, dann allmählich vorwärts ziehend, ein dichtes Netz gesponnen, das langsam die Freiheit aller Bürger zu ersticken droht. Der Faden, aus dem das Netz gesponnen ist, heißt Protektion, und zwar Protektion hoher politischer Persönlichkeiten. Als

Gegenleistung für diese Hilfe verspricht die Mafia ein kostbares Gut: nämlich Stimmen bei den Wahlen. Korruption, Mißwirtschaft und Vetternwirtschaft sind die natürlichen und unvermeidlichen Folgen.

Gleichzeitig mit der Nachricht vom ersten Generalstreik gegen die Mafia veröffentlichte heute die Presse die Meldung, daß der Parlamentsausschuß gegen die Tätigkeit der Mafia in den kommenden Wochen das Ergebnis seiner dreizehnjährigen Untersuchungen und Nachforschungen offiziell bekanntgeben wird. Es ist anzunehmen, daß die Öffentlichkeit davon wiederum enttäuscht sein wird, denn schon jetzt ist die Nachricht durchgesickert, daß »keine Namen« fallen werden, was das Ansehen des Staates beim Bürger nicht heben wird. Das Vertrauen in die Staatsmacht bleibt aber schlußendlich die wesentliche Voraussetzung für eine wirksame Bekämpfung der Mafia.

*30. 12. 1975*

## Kodex und Abrakadabra
## in der Sprache italienischer Politiker

POLITISCHER KODEX UND ABRAKADABRA sind die zwei tragenden Säulen der politischen Sprache in Italien. So ist nicht zu Unrecht die Meinung verbreitet, die Sprache der italienischen Politiker sei überwiegend rhetorisch, zweideutig und oft sogar schleierhaft. Dafür ein Beispiel:
Anläßlich einer der vielen Regierungskrisen – Juni 1968 – gab der damalige christdemokratische Parteisekretär Rumor bekannt, daß er anstelle der zurückgetretenen Regierung der Linken Mitte (Christdemokraten, Sozialisten, Republikaner) eine nur aus Christdemokraten zusammengesetzte Regierung bilden werde. Dieses politische Unternehmen wurde wie folgt präzisiert: »... es handelt sich nicht um eine christdemokratische Einfarbenregierung, sondern um Christdemokraten in einer Einfarbenregierung ...«
Diese Aussage hört sich auf den ersten Blick wie ein Wortspiel an, das auf die klassisch-jesuitische Bildung zurückzuführen ist, die die christdemokratischen Spitzenpolitiker genossen haben.
Die Frage drängt sich auf, ob es nicht einfacher gewesen wäre zu sagen: Da die vier Parteien der Linken Mitte sich nicht einigen konnten, ist die Democrazia Christiana gezwungen, allein die Regierungsverantwortung zu übernehmen?
Damals kam in der Tat eine nur aus Christdemokraten zusammengesetzte Regierung zustande, deren Ministerpräsident Giovanni Leone – gegenwärtiger Präsident der Republik – wurde. Die Redewendung »keine christdemokratische Regierung, sondern Christdemokraten in einer Einfarbenregierung« war jedoch weder zufällig noch unbegründet; vielmehr entsprach sie einem bestimmten politischen Kodex.

Fest stand, daß die Christdemokratische Partei ein Abkommen unter den Parteien der Linken Mitte erreichen wollte. Sie hielt infolgedessen die christdemokratische Einfarbenregierung für eine provisorische Notwendigkeit. Vor allem lag der Democrazia Cristiana daran, dieser nur aus Christdemokraten gebildeten Regierung keinen integralistischen Stempel aufzudrücken, d.h., eine nur aus Christdemokraten bestehende Regierung durfte nicht den Anschein erwecken, eine katholische Regierung zu sein.

Diesbezüglich gibt es nämlich in der Sprache der politisch Bewanderten einen Präzendenzfall, der geschichtlich von Bedeutung ist. Er geht auf das Jahr 1905 zurück, als zwischen dem Vatikan und dem von den Liberalen gegründeten Staat eine heftige und langjährige Diskussion entbrannte über die Bedeutung der Beteiligung von Katholiken im italienischen Parlament. Das »non expedit« von Papst Pius X. enthielt die ausdrückliche Anweisung, daß nur in bestimmten Fällen Katholiken sich am politischen Leben des italienischen Staates, der bekanntlich aus Exkommunizierten bestand, beteiligen durften. Zum Beispiel dann, wenn Katholiken im Parlament spezifische Interessen der Kirche wahren und schützen konnten. Um diese, die Autonomie und Laizität des Staates ablehnende Haltung seitens der integralistischen Katholiken auszudrücken, wurde damals der Satz geprägt: »Katholiken als Abgeordnete: ja; katholische Abgeordnete: nein!« Gemeint war damit, daß die katholische Kirche es Vertretern des Katholizismus erlaubte, dem Parlament anzugehören, nicht jedoch, wenn es sich um Abgeordnete handelte, die zufällig auch Katholiken waren, weil sie dann durch ihre Anwesenheit lediglich den italienischen Staat legitimiert hätten.

Seit jener Zeit ist viel Wasser den Tiber hinuntergeflossen. Die Democrazia Cristiana definiert sich als eine christlich inspirierte Partei, aber nicht als Konfessionspartei, d. h., sie ist formell von der Kirche unabhängig. Also hielt es die Democrazia Cristiana 1968 für angebracht, auf irgendeine Weise das Parteiprofil zu unterstreichen, das sich seit mehr als 50 Jahren aus zahlreichen Debatten und Polemiken ergeben hatte. Dies war um so dringlicher, als die Christdemokratische Partei, trotz der Bildung einer nur aus Christdemokraten zusammengesetzten Regierung, gute Beziehungen zu den laizistischen Parteien der Linken Mitte aufrechterhalten wollte. So kam 1968 auf ganz natürliche Weise der Fall von 1905 aus dem historischen Vermächtnis der politischen Sprache wieder hoch, der, den gegenwärtigen Umständen angepaßt, einen vielsagenden Hinweis auf wohlüberlegte Absichten enthielt.

Eine eingehendere Analyse des angeführten Beispiels für einen Kodex der italienischen Politiker ergibt, daß es sich aus zwei ineinander übergehenden Komponenten zusammensetzt: aus einem geschichtlichen Ereignis und einer sprachlichen Technik, d. h. aus einem rhetorischen Begriff (der stillschweigend die historische Begebenheit wieder zurückruft). Die zwei Komponenten zusammen verleihen den verwendeten Worten ein Echo, eine Bedeutung und eine Absicht (seitens derer, die sie aussprechen), die jedem unverständlich und unfaßbar sind, der nicht vertraut ist mit den Nuancierungen der gegenwärtigen politischen Debatte. Das gerade sind die Grenzen, die dieser Art von politischer Sprache gesetzt sind. Die italienische politische Ausdrucksweise ist meilenweit von der angelsächsischen Sprache entfernt, die Tatsachen und präzise Verpflichtungen enthält. Was kann schon die Öffentlichkeit von einer solch rätselhaften Mitteilung erfassen, wie sie 1968 vom christdemokratischen Parteivorsitzenden abgegeben wurde, zumal erwiesen ist, daß die sprachlichen – und erst recht die historischen – Kenntnisse der Mehrheit der Italiener viel zu wünschen übriglassen? Umfragen haben ergeben, daß selbst der Begriff »Einfarbenregierung« ungefähr für die Hälfte der Italiener unverständlich ist. Und dies in einem Land, in dem das politische Interesse weit verbreitet ist und dessen Wahlbeteiligung zu den höchsten Europas zählt.

Die kodifizierte Sprache hat eine eigene Funktion, nämlich einem engeren Kreis – in diesem Fall Parlamentariern, Journalisten und Politikern – die wesentlichen Dinge zu sagen, ohne sie beim Namen zu nennen, also ohne sich zu kompromittieren. Die Mitteilung geht dann über diesen engeren Kreis hinaus, wird in verständlicher Form weitergegeben, erreicht die Massenmedien, die sie durch vereinfachende Übersetzungsmühlen drehen. So verwandelt, erreicht die Mitteilung den engeren Familienkreis oder den Arbeitsplatz, wo sie ausgiebig kommentiert wird. Daraus erwächst endlich eine auf Volksebene allgemein verständliche Definition dessen, was ursprünglich – mittels des Kodex – gemeint war. So wurde die von der Regierung 1968 erlassene Mitteilung »Einfarbenregierung« spontan und blitzartig in »governo balneare« (Badesaison-Regierung) umgetauft. Ein Begriff, der wohl nicht die historisch-politischen Hintergründe und Finessen der ursprünglichen Mitteilung enthält, dem aber der wesentlichste Zug des Provisorischen, des parteimäßig nicht Verpflichtenden und der langfristigen Unzulänglichkeit haftengeblieben ist. Zudem ließ sich aus dem Begriff »Badesaison-Regierung« noch die Andeutung herauslesen, daß – nach dem Sommer – eine »richtige« Regierung, mit dem Einverständnis aller vier Parteien der Linken Mitte, zustande kommen würde. Und außerdem enthielt die sofort populär gewordene Definition »governo balneare« noch einen Schuß ironischer Verachtung gegenüber den an diesem Manöver beteiligten Parteien. Wenn eine politische Phase abgeschlossen ist (z. B. Anfang der 60er Jahre: die Zentrumsregierung; in diesen Jahren: die Politik der Linken Mitte) und eine neue sich anbahnt, wird die Sprache der italienischen Politiker besonders unverständlich, unklar, zweideutig und sogar widerspruchsvoll.

Die kodifizierte Sprache erfordert zwar jemanden, der sie entziffert, hat aber dann den Vorteil, daß sie verständlich wird. Aber was für einen Zweck haben die dunklen, zweideutigen und vielseitig anwendbaren Mitteilungen, die jedermann nach seiner Fasson auslegen kann? Man könnte meinen, daß sie vielleicht dazu dienen, die wahren Absichten jener, die diese Mitteilungen verfassen, zu verbergen. Also möglicherweise Gegner oder auch Anhänger hinters Licht zu führen? Die Gefahr besteht durchaus, daß die demokratische Diskussion für die meisten unverständlich wird und daß diese gewollte Unverständlichkeit den Zweck hat, skrupellose Kämpfe unter Machtgruppen zu verbergen, die sich einer demokratischen Kontrolle entziehen wollen. Eine Komponente dieser Art gibt es in der politischen Rätselhaftigkeit verschiedener italienischer Ausdrücke. Aber wenn es ein Politiker wie Aldo Moro versteht, aus dieser Art Abrakadabra »Regierung der parallelen Übereinstimmungen«, den Anhaltspunkt für die ganze Diskussion über die erste, von Fanfani geführte Regierung der Linken Mitte zu machen, so geht es gewiß nicht darum, etwas zu verbergen oder jemanden hinters Licht führen zu wollen. Vielmehr enthält die Redewendung die Feststellung, daß das Abkommen zwischen Christdemokraten und Sozialisten unvermeidlich ist (daher: »Übereinstimmungen«); selbst dann, wenn die Parteien nicht imstande sind, es zu erkennen, und es so aussieht, als gehe jede für sich ihren eigenen Weg; worauf der Ausdruck »parallel« hinweisen will. Der Begriff »parallele Übereinstimmungen« ist in diesem Fall also zweckmäßig; er dient einer Politik (jener der Linken Mitte), deren Taktik er unterstreichen will.

Das Verhältnis zwischen Democrazia Cristiana und Kommunistischer Partei war 1948 politisch eindeutig klar, was sich auch in der damaligen Sprache der beiden Parteien widerspiegelt. Democrazia Cristiana und Kommunistische Partei standen sich frontal gegenüber. Die verbalen Angriffe, die man sich leistete, sind mit den Beschimpfungen vergleichbar, die sich Soldaten aus zwei gegenüberliegenden Schützengräben zurufen. Auch auf parlamentarischer Ebene deutet die Sprache jener Zeit nur auf die unüberbrückbaren, jedermann verständlichen Differenzen hin. Beispiele dafür: Demokratische Ebene – Totalitarismus; Kollektivismus – Privatinitiative; Abendländische Kultur – Sowjetische Barbarei. Solche Ausdrücke sind in der Sprache aller demokratischen Länder zu finden.

Die von der Democrazia Cristiana und der Kommunistischen Partei benützte Sprache änderte sich, als Ende der 60er Jahre die Krise der Mitte-Links-Regierung begann. Die Sprache nahm sofort die Veränderungen innerhalb des politischen Kräfteverhältnisses wahr, versuchte sie zu definieren, festzulegen, sie zu kontrollieren und zu lenken. Der größte Erfinder und unschlagbare Meister dieser politischen Sprachkunst ist Aldo Moro. Mittlerweile spricht man in Italien von einer »moroteischen« Redewendung, wenn man auf ein sprachlich zwei- oder mehrdeutiges politisches Manöver hinweisen will. Moros Redewendungen enthalten Andeutungen, Anspielungen, vorsichtige Vorschläge und Vermittlungsversuche zwischen zwei entgegengesetzten politischen Linien; Moros Absichten wittert man, man kann sie nicht sprachlich erfassen, weil er sie sprachlich nicht festlegt. »Strategie der Aufmerksamkeit« z. B. empfahl Moro Anfang der 70er Jahre gegenüber der kommunistischen Opposition. Dieser Ausdruck enthält die Anerkennung der nicht zu unterschätzenden Rolle, die die Kommunisten spielen. Später hörte man von einem »Dialog« mit den Kommunisten, was – unausgesprochen natürlich – die Kommunisten zum gleichwertigen Partner erhob.

Die gegenwärtige politische Phase wird mit confronto con il PCI, Wettbewerb oder Vergleich mit der Kommunistischen Partei definiert. Damit ist die Ausarbeitung eines Programms gemeint, das viele gemeinsame Punkte enthalten könnte. Gleichzeitig aber – und dies ist ausdrücklich ausgesprochen – wird die »Unterscheidung« (distinzione) und nicht mehr die »contrapposizione« zwischen Regierungsmehrheit und kommunistischer Opposition unterstrichen. Das ist sehr geschickt. Alle gesperrt gesetzten Ausdrücke sind – wörtlich übersetzt – politisch unverständlich. Auch für das breite italienische Publikum ist die Entwicklung dieses Dialogs lediglich ein Abrakadabra, das vielseitig ausgelegt werden kann. Die Konfusion wäre vollständig, wenn den Bürgern nicht die verschiedenen politischen Kräfte und die Kommentatoren der politischen Ereignisse zu Hilfe kämen, die täglich versuchen, die politische Ausdrucksweise zu entziffern und zu enträtseln.

Nach den Ereignissen in Chile hat die Kommunistische Partei einen neuen Ausdruck eingeführt, den sogenannten »historischen Kompromiß« mit der DC (und den Sozialisten). Dieser Begriff hat viele Kommunisten schockiert. Selbst Parteipräsident Luigi Longo hat ihn kritisiert. Aber Parteisekretär Enrico Berlinguer, der den Begriff geprägt hat, besteht darauf. Heute ist Berlinguers Wendung einer der geläufigsten Begriffe geworden, um eine bestimmte politische Entwicklung in Italien zu definieren.

Was davon versteht die breite Öffentlichkeit? Infolge der diesbezüglichen landesweiten Debatte hat sie erfassen können, daß es sich nicht um eine Volksfront-Politik handelt. Dafür bürgt das Wort »Kompromiß«, das auf die Annahme des politischen Pluralismus hindeutet. Der historische Kompromiß will aber auch nicht ein einfaches Regierungsbündnis sein, und diese Bedeutung verleiht dem kommunistischen Vorschlag das Wort »historisch«. Aber jenseits dieser vagen Vorstellung ist der historische Kompromiß für die meisten Italiener ein noch verschleiertes politisches Unternehmen. Die Sozialisten haben bei der gegenwärtigen Debatte über den historischen Kompromiß noch das Konzept der »Alternativa« aufgeworfen, um die Krise zu überwinden. Gemeint ist die Linksalternative, also ein Machtwechsel. Diese drei Begriffe »confronto«, »compromesso storico« und »alternativa« – Wettbewerb, historischer Kompromiß, Linksalternative – sind heute die semantischen Modelle geworden, um die sich die demokratische politische Diskussion in Italien dreht. Die Unklarheit dieser Modelle führt aber dazu, daß die breite Masse der Bürger nicht mit dem erforderlichen Wissen um den wahren Sachverhalt an der demokratischen Debatte teilnehmen kann. Solange dieser Zustand jedoch andauert, steht die Demokratie in Italien auf schwachen Füßen.

*Dezember 1975*

# Frauen erwachen

BIS VOR KURZEM NOCH SPRACH MAN allgemein von der rückständigen Italienerin. Doch die Volksabstimmung vom Mai 1974, in der sich die Italiener für die Einführung des Ehescheidungsgesetzes aussprachen, bedeutete die Wende. Die Italienerin wurde sozusagen neu entdeckt und neu bewertet. Denn der Sieg der Scheidungsbefürworter war – wie sich herausstellte – in wesentlichem, wenn nicht entscheidendem Maße den Frauen zuzuschreiben. Gewiß besteht zwischen dem Norden und dem Süden ein gewaltiger Unterschied. Die Kirche hat im Süden mehr Macht, im Süden ist die Frau weniger in den Arbeitsprozeß eingegliedert, hängt also ökonomisch noch vom Mann ab, womit jede Freiheit und Unabhängigkeit zur Theorie und zu einem akademischen Gespräch wird. Dennoch – die Scheidungsabstimmung war ein deutliches Zeichen dafür, daß sich in Italien die Welt der Frauen in Bewegung gesetzt hatte.

19 Millionen Italiener stehen im Arbeitsprozeß, fünf Millionen davon sind Frauen. Die Beschäftigungsquote geht allerdings zurück; nicht nur infolge der allgemeinen Wirtschaftskrise und Arbeitslosigkeit, sondern hauptsächlich deshalb, weil in Italien soziale Einrichtungen fehlen und somit die berufstätige Frau nicht weiß, wo sie ihre Kinder unterbringen soll während ihrer Arbeitszeit. Gäbe es die Großmütter nicht – eine wahre Institution in Italien, eine unentbehrliche – so könnte manche Feministin nicht einmal auf die Straße gehen und für ihre Rechte demonstrieren!

Im italienischen Parlament sitzen mehr Frauen als in manch anderen Ländern der EG; jeder zwölfte Abgeordnete im Parlament ist eine Frau. 4.000 Gemeinderätinnen gibt es in

Italien, bei insgesamt rund 10.000. Eine Frau leitet das schwierige Arbeitsministerium.

Mit dem neuen Familienrecht, das vergangenes Jahr nach zwölfjährigen Beratungen im Parlament verabschiedet worden ist, erhalten Mann und Frau mit der Eheschließung gleiche Rechte und gleiche Pflichten. Beide bestimmen den Wohnort, gemäß den jeweiligen Interessen. Sie können auch getrennt leben. Die väterliche Gewalt über die Kinder hat ein Ende genommen, Kinder bis zu 18 Jahren sind nun der elterlichen Gewalt unterstellt, nicht mehr nur der väterlichen. Die Frau behält ihren Familiennamen auch, wenn sie heiratet; sie kann denjenigen des Mannes hinzufügen. Damit wird endlich die Würde der Frau rechtlich anerkannt.

Nun hat Arbeitsministerin Tina Anselmi dem Ministerrat einen Gesetzentwurf vorgelegt, der demnächst im Parlament zur Debatte stehen wird; ein Gesetzentwurf über die Neuregelung der Frauenbeschäftigung. Der Benachteiligung der Frau im Arbeitsbereich wird damit endgültig ein Ende gesetzt. »Gleicher Lohn für gleiche Arbeit« wird nun konkret eingeführt. Den Frauen garantiert das neue Gesetz die gleichen beruflichen Aufstiegschancen wie den Männern, auch wenn sie Familie haben; alle Berufe stehen den Frauen offen. Ferner wird der Frau das Recht eingeräumt weiterzuarbeiten, auch wenn sie ihr Pensionsalter – in Italien 55 Jahre – bereits erreicht hat.

Vielleicht ist der Tatsache nicht genügend Beachtung geschenkt worden, daß auch im religiösen Bereich die Frauenwelt in Bewegung geraten ist. In den katholischen Frauenorden ist eine gewisse Gärung nicht zu übersehen; auch dort nimmt man die untergeordnete Stellung nicht mehr so ganz stillschweigend hin. Viele Ordensschwestern scheinen der heutigen, sich rapid wandelnden Gesellschaft gegenüber offener zu sein als viele ihrer männlichen Kollegen. Während diese Männer weiter akademische Diskussionen über Dogmen führen, stehen die Ordensschwestern mehr im praktischen Leben. Häufig hat es den Anschein, als könne die Gesellschaft gut und gerne die Ordensmänner entbehren – die Ordensfrauen wohl kaum.

Die Wandlung der Italienerin ist nicht plötzlich erfolgt; der tiefgreifende sozialökonomische Wandel innerhalb der italienischen Gesellschaft in den letzten dreißig Jahren brachte auch eine Veränderung der traditionellen italienischen Familie mit sich. Die Berufstätigkeit vieler Frauen hat die Frauen sozusagen befreit, emanzipiert. Die neuen Gesetze mußten sich dieser neuen Realität anpassen. Die Arbeit, der Beruf – das gab den Anstoß zum Wandel. Vielleicht sehen es deswegen immer noch viele Italiener nicht gerne, daß ihre Frauen arbeiten gehen.

Viele Italienerinnen wollen nicht mehr wie bisher als Huren verachtet oder als Madonnen angebetet werden, sondern einfach Frauen sein. Diese Definition, »weder Huren noch Madonnen«, rüttelt heftig an den Fundamenten des Geschlechterverhältnisses in diesem Land. Die Italienerin trachtet heute danach, gleichwertige Partnerin zu werden und sämtliche damit verbundene Rechte und Pflichten zu übernehmen. Ob dies die italienischen Männer verkraften werden – das bleibt allerdings höchst fraglich.

*4. I. 1977*

# Malocchio

DER AMULETTVERKÄUFER IST EINER der 300.000 Arbeitslosen von Neapel, die täglich aus dem Hause gehen, ohne einen sicheren Arbeitsplatz zu haben. »Toccato« – berührt – ruft er jenen zu, die er mit seinem roten Horn blitzartig trifft. Das bedeutet in Neapel so viel wie: Das Glück hat dich berührt; weise es nicht von dir; zahle etwas dafür – es lohnt sich.

Toccato – Aus dem Aberglauben hat dieser Mann seine Erwerbsquelle gemacht. Er bietet den Vorbeigehenden das seit Jahrhunderten bekannteste Amulett gegen den »malocchio«, den bösen Blick an. Es ist ein rotes Horn, einst aus Gold oder Koralle, heute meistens aus Plastik. Das Amulett soll seinen Besitzer vor dem Neid der Menschen und dem Unheil in der Welt bewahren. In Neapel, der Hauptstadt der sozialen Unsicherheit, kann es sich kaum einer leisten, einen Schutz gegen den bösen Blick zurückzuweisen, welcher Art auch immer dieser sein mag.

Aber was ist »il malocchio«, der böse Blick, dieser seit Jahrhunderten besonders im Süden gefürchtete Zauber? Der Anthropologieprofessor Pino Simonelli gibt darauf Antwort: »Historisch betrachtet wird der böse Blick als eine Ausstrahlung eines unheilvollen Einflusses seitens einer oder mehrerer Personen erklärt. Dieser unheilvolle Einfluß überträgt sich über die Augen, den Blick. Er kann jegliche Art von Unheil wie Erdbeben und Überschwemmungen herbeiführen, er kann Glück und Gesundheit zerstören oder den Besitz vernichten. Auch in den primitiven Religionen und Kulturen glaubte man an diese Einflüsse, und es wurden magische und religiöse Riten vollzogen, um diese Einflüsse zu vertreiben.«

Bis zum heutigen Tag ist in Italien der Glaube erhalten geblieben, das vom Phallus abgeleitete Horn bringe Glück und
wende das Böse ab. In armen Ländern, in denen die soziale
Unsicherheit besonders gefürchtet ist, greift man gern zu
Amuletten und Glücksbringern. Die Verbindung zwischen
Armut und Glaube an den bösen Blick wird von Professor
Simonelli bestätigt: »Zweifellos gibt es diese Verbindung. In
einer Welt, in der Elend und Krankheiten vorherrschen, fühlen sich die Menschen ständig bedroht. Sie müssen kämpfen,
um zu überleben, und greifen dazu auch zum Irrationalen. Die
Beschwörung gegen den bösen Blick ist ein wichtiger Bestandteil dieses Kampfes, auch wenn er nichts mit der Vernunft zu
tun hat. Bei der Erforschung des bösen Blicks begegnet man
übrigens auch Tragödien. Im 17. Jahrhundert sind hier in Neapel Frauen deswegen als Hexen verbrannt worden.«
In einer als Werkstatt eingerichteten Wohnung an der Peripherie Neapels werden aus Muscheln und Korallen Amulette
hergestellt. Von dieser Tätigkeit leben in Torre del Greco viele
Arbeiter, Handwerker und Händler. Korallen galten schon in
der Antike als Glücksbringer. Aber nur die reichen Kaufleute
verfügen über das nötige Kapital, um die wertvollen Korallen einzukaufen. Koralle wird mittlerweile zu 70 Prozent aus
Japan, Afrika und Indien eingeführt. Die Händler übergeben
den Arbeitern das Rohmaterial und bezahlen ihnen die fer-
tige Ware. Durchschnittlich verdient ein solcher Arbeiter zwischen 300 und 400 Mark monatlich. Diese Handwerker sind
die Ausgebeuteten der Industrie des Aberglaubens – einer
Industrie, die gerade der landesweiten Wirtschaftskrise
wegen floriert.
Mit Hörnern, Hufeisen und anderen Glücksbringern muß
man sich schützen, weil der liebe Gott – so sagen viele arme
Leute in Neapel – keine Zeit hat, sich um die alltäglichen

Sorgen eines jeden Menschen zu kümmern. So stehen Amulette, Abwehrsymbole und Heilige friedlich nebeneinander, sie teilen sich sozusagen die Aufgabe. In den Gassen Neapels begegnet man auf Schritt und Tritt dieser Koexistenz zwischen Glauben und Aberglauben – eine von der Kirche weitgehend tolerierte Haltung.

Die enge Verflechtung zwischen Religion und Magie wird besonders deutlich erkennbar bei den Wahrsagerinnen. Die »fattucchiera«, was so viel wie »Zauberin« oder »Hexe« bedeutet, treibt den bösen Blick von Berufs wegen aus. Sie ist »autorizzata«, d.h. sie hat eine behördliche Genehmigung dafür, den bösen Blick auszutreiben. Ihr Beruf ist in manchen Fällen äußerst rentabel und blüht besonders dann auf, wenn Wirtschaftskrisen und soziale Probleme die Gesellschaft erschüttern. Pro »Kur«, d.h. pro Sitzung, werden bis zu 10.000 Lire verlangt. Durchschnittlich empfängt eine Wahrsagerin zehn Patienten am Tag – Frauen wie Männer. Da sie nur drei Tage in der Woche arbeitet, verdient sie im Monat über 3000 Mark am bösen Blick. Für Neapel ein Luxuseinkommen. Dafür mußte die Fattucciera zunächst eine Reliquie erwerben, denn erst diese verschafft den Zugang zum Dialog mit dem Heiligen. Riten und Zauberformeln jedoch vererben sich. Die Gabe, den bösen Blick zu vertreiben, ist angeboren – erlernen läßt sich da nichts.

In einem Innenhof des Viertels Sant'Antonio Abbate lebt Cirella. Die Bewohner des Innenhofes haben, trotz langjähriger Vertrautheit, eine gewisse Ehrfurcht vor Cirella, dem »scacciamalocchio«, der für ein paar hundert Lire den bösen Blick austreibt, als fliegender Händler sozusagen. Cirella ist arm – sehr arm. Denn nur wer so arm ist, daß er nicht den Neid seines Nächsten auslösen kann, vermag den malocchio zu vertreiben. Auf seinem Hut sind alle dazu dienlichen Symbole aufgesteckt, alles hat seinen Sinn und seine Bedeutung. Von seinem Vater hat Cirella nicht nur die überlieferten Zaubersprüche geerbt, sondern auch die dazugehörige Kleidung, die ihn sofort überall in Neapel als »scacciamalocchio« erkenntlich macht.

Glocke und Weihrauch – die Verflechtung zwischen Religion und Magie ist stets präsent. »Durch ganz Neapel bin ich gezogen, und nun komme ich auch in dieses Haus. Weihrauch bringe ich mit, und den bösen Blick vertreibe ich … Mit dem Knüppel in der Hand gehe ich dem Weihrauch des Heiligen Catiello nach … Auch der Maria – Salve Regina … wer diesem Haus Böses wünscht, dem sollen die Augen erkranken und die Zähne ausfallen … heiliger Weihrauch des heiligen Nikolaus. Sciò, sciò – fort mit den bösen Nachbarn.« Sie kennen ihn alle, Cirella, der dank des Glaubens an den bösen Blick überleben kann …

Geschäftsleute sichern sich heute besonders gerne gegen den bösen Blick und den Neid der Konkurrenz ab. Psychologen deuten den Aberglauben als Ausdruck einer großen Angst. Einst nur der Angst vor dem Tod, heute auch vor der Gesellschaft, der Technik, den Menschen. In Neapel handelt es sich besonders um die Angst vor der unsicheren Zukunft. Nicht nur das einfache Volk fühlt sich von irrationalen Beschützungsformeln angezogen. Auch unter gebildeten Leuten wagt es kaum einer, am bösen Blick zu zweifeln. »Es gibt den bösen Blick nicht – aber auch ich glaube daran«, lautet der bekannte Ausspruch eines berühmten Philosophen.

Die Straße ist in Neapel die Bühne, auf der sich das tägliche Leben abspielt. Geburt und Tod, Freude und Schmerz, Glauben und Magie – die Kulissen dazu bietet in Neapel stets die Straße. Der Glaube an den bösen Blick, der in seinen primitiven Formen und seinen magisch-religiösen Aspekten hier besonders tiefe Wurzeln geschlagen hat und der Cirella das Leben ermöglicht, ist auch ein Bestandteil des noch ungelösten Süditalien-Problems. Denn die Suche nach Absicherung, nach einem Schutz gegen ökonomische und soziale Ungerechtigkeit und Unsicherheit erscheint hier berechtigter als anderswo.

*Oktober 1977*

## Der »historische Kompromiß« –
## ein Weg ohne Umkehr?

IM HERBST DES JAHRES 1973 SCHLUG der italienische Kommunistenchef Enrico Berlinguer in einem von der Parteioffiziellen Wochenzeitschrift »Rinascita« veröffentlichten Artikel erstmals die Regierungsformel des »historischen Kompromisses« vor, also eine Zusammenarbeit zwischen Christdemokraten, Sozialisten und Kommunisten. Obschon der Vorschlag an alle verfassungstreuen Parteien gerichtet war, stand es von Anfang an fest, daß sich Berlinguer vor allem an die Christdemokratische Partei wandte, sowie an die katholische Welt, die diese Partei politisch vertritt.

Berlinguer geht davon aus, daß die Niederlage der Linken in Chile und das darauffolgende Ende der Demokratie hauptsächlich der nicht zustande gekommenen Verständigung zwischen Allende und der chilenischen Christdemokratischen Partei zuzuschreiben ist. Deshalb hält Berlinguer die Strategie der Linksalternative zur Democrazia Cristiana, d. h. die Strategie des Machtwechsels, in Italien für falsch und illusorisch. Berlinguer glaubt nicht, daß eine Stimmenmehrheit von 51 Prozent, wie sie eventuell Kommunisten, Sozialisten und die anderen Linksgruppierungen zusammen bei den nächsten Wahlen erreichen könnten, genügen würde, um die tiefe Krise zu überwinden und um – durch die schrittweise Durchführung von Sozialreformen – dem Land den Weg zum Sozialismus zu weisen. Um dieses Ziel zu erreichen – sagt Berlinguer – bedarf es eines langfristigen Abkommens mit all jenen politischen Kräften, die in breiten Volksschichten tief verwurzelt sind; jene Kräfte, die gemeinsam die republikanische Verfassung von 1948 ausgearbeitet haben, nachdem sie gemeinsam im antifaschistischen Widerstand gekämpft hatten. Zu dem Zeitpunkt, als Berlinguer erstmals den »Kompromiß« vorschlug, wurde die Politik der Linken Mitte – centro sinistra – allgemein als »überholt« und nicht mehr wiederholbar angesehen, und die Mitte-Rechts-Koalition war gescheitert. In seiner Schrift »Il compromesso storico« schreibt Berlinguer diesbezüglich: »Heute geht es darum, jene Kräfte im Land zu stärken, die mit historischem und politischem Realismus die Notwendigkeit eines konstruktiven Dialogs einsehen und eine Verständigung mit allen Kräften im Volk anstreben. Allerdings bedeutet eine solche Verständigung keineswegs Vermischung, es soll nicht auf klare Unterscheidungen verzichtet werden, und die politische und ideelle Verschiedenheit der politischen Kräfte soll nicht verwischt werden ...«

Um die Reichweite des kommunistischen Vorschlages erfassen zu können, muß auf dessen Motivierung hingewiesen werden. Für den »historischen Kompromiß« gibt es einen objektiven und einen subjektiven Grund. Objektiv insofern, als der Vorschlag des »historischen Kompromisses« aus den realen politischen, sozialen und ökonomischen Gegebenheiten in Italien abgeleitet wurde; subjektiv deshalb, weil der Kompromißvorschlag nur auf der Grundlage der Wandlung gemacht werden konnte, die die KPI von 1956 bis zur Gegenwart vollzogen hat.

Der objektive Grund für die angestrebte Zusammenarbeit mit der DC ist die schwere Krise, die das Land erschüttert. Die gegenwärtige italienische Realität ist nur allzu bekannt: rechtsextremer und linksextremer Terror erschüttert die öffentliche Ordnung und bedroht die demokratischen Institutionen. Korruption, Vettern- und Mißwirtschaft haben den Staatsapparat aufgebläht, und die Bürokratie ist zu einem wahren Dschungel herangewachsen. Der Begriff »malgoverno« ist zu einem geflügelten Wort geworden. Das Ansehen des Staates hat den Tiefpunkt erreicht. Falls dieser degenerative Prozeß weiter fortschreitet, können Mißtrauen und Angst, von denen inzwischen die Mehrheit der Bürger erfaßt ist, einem Umsturzversuch den Weg ebnen.

Betrachtet man die Krise vom wirtschaftlichen Standpunkt aus, so sind die Sorgen keineswegs geringer. Inflation, Investitionsrückgang und Arbeitslosigkeit erhöhen die sozialen Spannungen. Ohne eine ernsthafte und streng durchgeführte Austerity-Politik kann das Land nicht saniert und vor einer politischen Katastrophe gerettet werden – darüber sind sich alle Parteien einig.

Nur eine Regierung, die Rückendeckung bei einer breiten Volksbasis findet, die also auch die traditionellen Arbeiterparteien hinter sich hat, kann die notwendigen Opfer fordern; denn nur eine solche Regierung ist glaubwürdig, wenn sie – als Gegenleistung für die geforderten Opfer – Sozialreformen verspricht. Und eine Regierung dieser Art könnte auch eher mit dem Verständnis der Gewerkschaften rechnen.

Doch der Kompromißvorschlag hätte nur ein sehr schwaches politisches Echo gefunden, wenn die KPI ihre ideologische Plattform und ihre internationalen Beziehungen seit 1956 nicht radikal geändert hätte. Die offizielle Erklärung, daß die KPI nicht mehr das sowjetische Modell anstrebt, ist bekannt; dies bezieht sich sowohl auf die Mittel zur Machtergreifung als auch auf die Auffassung vom Sozialismus. Den italienischen Kommunisten fiel diese Erklärung insofern relativ leicht, als sie sich auf Antonio Gramsci berufen konnten, einen der Gründer der Partei, der – vereinfacht ausgedrückt – der Diktatur des Proletariats einen langfristigen Umwandlungsprozeß entgegenstellte. Die Berufung auf die Lehre

Gramscis hat es der KPI dann auch ermöglicht, zu neuen ideologischen Auffassungen zu gelangen, ohne allzusehr mit ihrer Geschichte zu brechen. Im wesentlichen geht es da um die Wahl des demokratischen und pluralistischen Weges zur Verwirklichung des Sozialismus, der nach wie vor das Ziel der KPI bleibt.

Die KPI stimmt bekanntlich auch dem NATO-Bündnis zu und zwar nicht nur, weil die NATO ein Gleichgewichtsfaktor zwischen dem Ost- und dem Westblock darstellt, also die Basis der Koexistenz ist, sondern auch deshalb, weil der NATO-Bereich Berlinguer »sicherer« erscheint, um den italienischen Weg zum Sozialismus zu verwirklichen, ohne das Schicksal Dubčeks zu erleiden. Diese an sich sensationelle Aussage machte Berlinguer dem »Corriere della sera« im Juni 1976, und sie ist nie dementiert worden, auch wenn die Partei sie nicht gerade lautstark verbreitet.

Aber wie stehen die anderen italienischen Parteien zum »historischen Kompromiß«?

Die Sozialisten, die den Kommunisten immer noch am nächsten stehen, lehnen die Strategie des Kompromisses ab. Sie fürchten, erdrückt zu werden, wenn es zu einer Umarmung der mächtigen christdemokratischen bzw. kommunistischen Blöcke kommt. Da die Sozialisten als die Leidtragenden aus dem Experiment des »centro sinistra« hervorgegangen sind und dadurch Stimmen eingebüßt haben, streben sie nunmehr die Strategie der Linksalternative an, die Einheit aller Linksparteien einschließlich Kommunisten.

Und wie steht der mögliche Partner, die Democrazia Cristiana, zum »historischen Kompromiß«? Sie lehnt ihn, im Prinzip, eindeutig ab, doch diese Ablehnung hat viele Nuancen. Die prinzipielle Absage an den »historischen Kompromiß« schließt nämlich von nahem betrachtet eine gewisse Anpassungsfähigkeit und politische Geschmeidigkeit nicht von vornherein aus. So konstatierte DC-Chef Zaccagnini einige Monate vor den Wahlen vom Juni 1976, daß »die KPI eine tiefe Revision ihrer Kampfmittel und Methoden vollzogen hat« und daß der kommunistische Vorschlag »im positiven Sinne die katholische Volksbasis berücksichtigt, die weitgehend von der Democrazia Cristiana vertreten wird und die nicht direkt zur marxistischen Ideologie geführt werden kann«. Jedoch – der »historische Kompromiß« »muß nicht nur auf Grund der fundamentalen Unvereinbarkeit zwischen Christentum und Marxismus oder unter Berücksichtigung der internationalen Lage abgelehnt werden, sondern auch deshalb, weil wir Christdemokraten große Bedenken hegen, ob wir mit den italienischen Kommunisten über die grundlegende Auffassung von Freiheit und Demokratie eine gemeinsame Basis finden können«. Mit anderen Worten: Zaccagnini lehnt den historischen Kompromiß nicht nur aus moralischen und religiösen, sondern auch aus politischen Gründen ab.

Der deutlichste Passus in Zaccagninis Rede ist folgender: »... obschon von kommunistischer Seite die prinzipielle Frage des Machtwechsels heute akzeptiert wird, wäre unsererseits das Eingehen auf einen Machtblock des ›historischen Kompromisses‹ – verbunden mit dem Ziel der Hegemonie der Arbeiterklasse – eine Wahl ohne Umkehr ... es geht nicht um den Beginn einer Übergangsphase, sondern um eine radikale Änderung des ökonomischen und sozialen Systems im klassischen Sinn ... wir sind überzeugt, daß im Falle eines fatalen Nachgebens unsererseits, im Falle einer Zusage zu bestimmten Formen der Zusammenarbeit, eine Welle des Transformismus (d. h. hier des Konformismus und der Anpassung) über das Land rollen würde ... was u. a. die Auflösung der kleinen Zentrumsparteien zur Folge hätte. Dies würde unvermeidlich zu einer politischen Krise führen, die weit tiefer wäre als jene, die nach den Wahlen vom 15. Juni 1975 ausgebrochen war ... Dadurch würde selbst die ideologische Revision, die zur Zeit innerhalb der italienischen Linken im Gange ist, gestoppt, und die Folge wäre die Rückkehr zu diktatorischen und dogmatischen Auffassungen.«

Und somit könnte man sagen, daß die Antwort auf die eingangs gestellte Frage, ob der »historische Kompromiß« ein Weg ohne Umkehr ist, bereits erteilt worden ist, und zwar aus dem Munde des christdemokratischen Parteivorsitzenden.

Aber – in der italienischen Politik sind die Dinge nie so einfach. In derselben Rede nämlich zeigt Zaccagnini sich besorgt darüber, daß in der italienischen Realität die christdemokratische politische Kritik am »historischen Kompromiß« zu einer frontalen Gegenüberstellung der Kräfte und zum scharfen Bruch zwischen den politischen Parteien führen könnte. »Deswegen«, erklärt Zaccagnini, »hält sich die Democrazia Cristiana in der gegenwärtigen politischen Phase an den ›konstruktiven Wettbewerb‹ (confronto costruttivo) und lehnt auf diese Weise die falsche Alternative zwischen Radikalisierung und Transformismus ab. Uns Christdemokraten schreckte der Gedanke nicht ab, daß sich an einem bestimmten Punkt aus dem fortwährenden Wettbewerb, der sich stets im Rahmen einer Anerkennung der gegenseitigen ideellen und politischen Verschiedenheit abspielt, neben den Divergenzen auch Übereinstimmungen ergeben könnten.«

Daraus ist – nach menschlichem Ermessen – zu schließen, daß, wenngleich die Tür zum »historischen Kompromiß« nicht offen steht, sie auch nicht ganz zu ist; sagen wir: Die Tür zum »historischen Kompromiß« ist angelehnt!

Durch den Linksruck bei den Wahlen vom 20. Juni 1976 rückte die Debatte über den »historischen Kompromiß« wieder in den Mittelpunkt. Die Polarisierung der beiden großen Kräfte – der christdemokratischen und der kommunistischen – hat den Spielraum der Zentrumsparteien stark eingeengt, so daß sie nicht mehr das Zünglein an der Waage spielen können. Die Sozialistische Partei hingegen will sich an keiner Regierung mehr beteiligen, wenn nicht gleichzeitig auch die Kommunisten mit einbezogen werden.

Ohne das Wohlwollen der KPI kann also seit den letzten Wahlen keine Regierungsmehrheit mehr zustande kommen – ein Wohlwollen, das sich in Stimmenthaltung äußert. Ein Abkommen mit den Kommunisten ablehnen hätte in dieser Situation die Parlamentsauflösung und Neuwahlen zur Folge. Keine Partei will diese Verantwortung übernehmen. Denn das Parlament zu einem Zeitpunkt auflösen, da Terror, Wirtschaftskrise und Inflation das Land zerrütten, hieße ein bedrohliches Machtvakuum schaffen. Der Wahlkampf würde – unter diesen Umständen – die politische Atmosphäre im Lande derart vergiften, daß daraus der günstigste Nährboden für Umsturzversuche gegen die demokratischen Institutionen entstehen würde.

So kam es zur Bildung des christdemokratischen Minderheitskabinetts Andreotti, das sich nur dank der Stimmenthaltung der anderen Parteien hält. Mit der den Italienern eigenen politischen Phantasie tauften sie dieses Kabinett sofort »die Regierung des Nicht-Mißtrauens«. In der Opposition verbleiben die extreme Rechte (Movimento Sociale, 63 Abgeordnete), die extreme Linke (Democrazia popolare, 6) und die Radikalen (4). Diese numerisch äußerst geringe Opposition bestärkt die Kompromißgegner in ihren Befürchtungen, daß es durch eine christdemokratisch-kommunistische große Koalition im Lande praktisch keine Opposition mehr gäbe.

Die Democrazia Cristiana unterzeichnete also mit den anderen fünf Parteien im Juli diesen Jahres das Regierungsabkommen über die unmittelbar zu treffenden Maßnahmen zur Überwindung der Krise. Das Abkommen wird auf zwei verschiede Arten ausgelegt. Die Kommunisten halten es – wie auch immer – für einen weiteren Schritt in Richtung »historischen Kompromiß«. Denn sie erlangten dadurch die Legitimation eines Partner, mit dem man sich über ein Regierungsprogramm einigen muß. Für alle anderen Parteien und für die Democrazia Cristiana insbesondere ist das Sechs-Parteien-Abkommen dagegen eine notwendige Übergangslösung. Im journalistischen Jargon nennt man dieses Stadium jenes des »schleichenden historischen Kompromisses«.

Während im Land die Ungewißheit anhält, konzentriert sich die Aufmerksamkeit auf jene Ereignisse, die die demokratische Evolution der KPI irreversibel gestalten oder zumindest die Risiken abschwächen konnten, die mit einer eventuellen kommunistischen Regierungsbeteiligung verbunden sind.
Trotz der erwähnten prinzipiellen Absage an den »historischen Kompromiß« seitens der Democrazia Cristiana wird innerhalb dieser Partei – angesichts der sich zuspitzenden Wirtschaftskrise – viel darüber diskutiert, ob die Frage einer engeren Zusammenarbeit mit der KPI nicht vorläufig offengelassen werden soll. Es herrscht diesbezüglich keine einheitliche Meinung innerhalb der Democrazia Cristiana, doch wie die Turiner »La Stampa« bemerkt, hat der christdemokratische Landesrat (das höchste Gremium nach dem Parteitag) im vergangenen Monat zum ersten Mal andere Beziehungen zur KPI als die gegenwärtigen nicht ausgeschlossen. Der Landesrat hat beschlossen, so schreibt »La Stampa« weiter, daß die Frage des »Nach-Andreotti« heute

nicht gestellt werden kann, weil es noch zu viele Unbekannte gibt.

Nun, viele Ausländer beanstanden – halb belustigt und halb empört – dieses Mauscheln in der italienischen Politik. Niemand wird ernsthaft behaupten wollen, daß die italienischen Politiker im allgemeinen – und die Christdemokraten und Kommunisten insbesondere – deutlich reden. Dennoch – man kann sich des Eindrucks nicht erwehren, daß Italien heute vielleicht gerade dank dem Unausgesprochenen – also mehr dank dem Verschwiegenen als dem Gesagten – sein politisches Gleichgewicht noch nicht verloren hat.

Eines der Zeichen, auf die man wartet, um den tatsächlichen Grad der Wandlung der italienischen Kommunisten zu werten, ist die Entwicklung des Eurokommunismus. Falls sich der Eurokommunismus durchsetzt, falls also die westeuropäischen kommunistischen Parteien untereinander solidarisch sind, so stärken sie ihre Abwehr gegen mögliche Ansprüche aus Moskau. Und selbst die bisherige ablehnende Haltung Amerikas gegenüber einer Regierungsbeteiligung der KPI könnte infolge des Einflusses, den der Eurokommunismus auf den Dissens in den Ostblockländern haben könnte, abgeschwächt werden.

Nach den Erklärungen, die Berlinguer in Moskau anläßlich des 60. Jahrestages der Oktoberrevolution abgegeben hat, und nach den darauf folgenden Treffen zwischen Carrillo und Berlinger hat der Eurokommunismus neuen Auftrieb erhalten. Gewiß, Berlinguer hat in Moskau kaum viel Neues gesagt, aber wie in Italien allgemein vermerkt worden ist, das Neue besteht darin, daß Berlinguer die demokratische Auffassung des Sozialismus zu jenem Anlaß und an jener Stelle wiederholt hat – und zwar in offenem Gegensatz zu dem, was Breschnew kurz vorher feierlich verkündet hatte.

Wohl bestehen zwischen Carrillo und Berlinguer Unterschiede, und zwar vor allem in der Beurteilung der sowjetischen Gesellschaft. Während Carrillo den sozialistischen Charakter der Sowjetunion bestreitet, definiert Berlinguer – bei aller Kritik – die Sowjetunion als sozialistisches Land. Die Frage ist infolgedessen durchaus berechtigt, ob man den italienischen Kommunisten trauen darf. Wie würden sie sich im Falle einer internationalen Krise verhalten? Würden sie die Sowjetunion unterstützten oder dem NATO-Bündnis treu bleiben? Niemand wagt eine Antwort.

Laut Aldo Rizzo, einem Journalisten, der eine profunde Studie über den Eurokommunismus veröffentlicht hat, hängt die Glaubwürdigkeit der KPI vor allem von der Entwicklung der politischen Integration in Europa ab. Je mehr die politische Integration fortschreitet, desto weniger gefährlich werden die kommunistischen Parteien des Westens. Schicksal und Bedeutung des »historischen Kompromisses« sind also unmittelbar mit der politischen Evolution der EG verknüpft.

Wie verhalten sich Democrazia Cristiana und Kommunistische Partei gegenüber der gegenwärtigen politischen Unsicherheit? Die DC schließt – de facto, wie man beim Sechs-Parteien-Abkommen gesehen hat – einen »Kompromiß des Kompromisses« nicht aus. Die Christdemokraten müssen mit größter Vorsicht vorgehen, denn viele Wählerstimmen gehen ihr auch deshalb zu, weil die DC immer noch und trotz allem als der sicherste Damm gegen den Kommunismus angesehen wird. Die Frage ist nicht so sehr, ob die DC die Zusammenarbeit mit den Kommunisten will oder nicht, sondern vielmehr ob sie – angesichts der äußerst kritischen Lage des Landes – ohne die Hilfe der Kommunisten und deren Einfluß auf die Gewerkschaftspolitik auskommen *kann*. Inzwischen versucht die Christdemokratische Partei das schlechte Image, das sie während ihrer dreißigjährigen Machtausübung erworben hat, abzuschütteln und ihr Profil als Volkspartei zu stärken. Auf diese Weise kann sie, für alle Eventualitäten, mit neuen Kräften rechnen.

Wenn die DC weint, so lacht die Kommunistische Partei noch lange nicht. Um sich als Regierungspartei zu qualifizieren, muß sie eine gemäßigte Politik treiben und setzt sich infolgedessen den immer schärfer werdenden Angriffen der links von ihr stehenden Gruppen aus, namentlich der Jugend. Ferner müssen die italienischen Kommunisten auch der stetig wachsenden Unzufriedenheit an der Parteibasis und in ihrer Wählerschaft entgegentreten. Basis und Wähler fragen mittlerweile unverblümt, was die Partei denn als Gegenleistung erhalten habe für die Unterstützung einer christdemokratischen Regierung.

In der Zwischenzeit führen die Kommunisten ihre »langfristige Strategie der Geduld und des Abwartens« fort und vertiefen gleichzeitig den Dialog mit der katholischen Kirche, den Togliatti bereits 1947 begonnen hatte. Auf diese Weise versucht die Partei auch in der Theorie – und nicht mehr nur de facto – die Mitgliedschaft in der Partei mit dem praktizierenden Katholizismus vereinbar zu machen. In einem Land wie Italien, in dem der Katholizismus massiven Einfluß auf breite Volksschichten hat, spielt die Lösung dieses Zwiespalts vielleicht eine entscheidende Rolle für die Politik des »historischen Kompromisses«.

Ist der »historische Kompromiß« also ein Weg ohne Umkehr? Der republikanische Parteiführer La Malfa, als Kassandra der italienischen Politik bekannt, erklärte vor wenigen

Tagen dem liberal-konservativen Blatt »Il Giornale«: »Angesichts der dramatischen Lage, in der Italien sich befindet, und angesichts der Wandlung der Kommunistischen Partei halte ich inzwischen die internationalen Risiken für geringer als die innenpolitischen. Ich glaube, daß der Versuch eines engeren Abkommens mit der Kommunistischen Partei nun unternommen werden muß, um nicht einen Kollaps der Nation heraufzubeschwören. Falls ein mit den Kommunisten geschlossenes strenges, wirksames Abkommen über die Wirtschaftspolitik die Zahlung eines politischen Preises an die Kommunisten enthält, so bin ich heute dafür, daß man diesen Preis zahlt.«

Mit anderen Worten:

Der Versuch einer Beteiligung der Kommunisten an der Regierung ist ein Risiko. Die Frage, die sich aber zwangsläufig aufdrängt, ist, ob Italien auf Grund der tiefen Krise überhaupt umhin kann, dieses Risiko *nicht* einzugehen.

*29./30. II. 1977*

# Venedig und seine Zukunft

ANFANG DER 50ER JAHRE rief Le Corbusier, einer der größten Städteplaner und Architekten unserer Zeit, den um Venedig bangenden Italienern zu: »... kämpft weiter, versucht noch zwanzig Jahre lang, Venedig über Wasser zu halten, frei von Autos. Dann wird sich die Lebenskraft dieser Stadt – nicht jene der Vergangenheit, sondern jene der Zukunft – von selbst durchsetzen gegen die Demagogen eines falschverstandenen Modernismus. Sehen Sie nicht, daß die motorisierten Städte verzweifelt in den Fußgängerzonen ihre Rettung suchen? Venedig ist an sich bereits eine vollkommene Stadt, mit seinen genau voneinander getrennten Fußgänger- und Transportstraßen. ... Haltet aus – es ist lediglich eine Frage der Zeit ...!«

Nun, die von Le Corbusier angenommenen zwanzig Jahre sind bereits verstrichen. Venedig ist noch nicht gerettet, aber – es ist auch nicht verloren.

Aber wovor muß Venedig dann gerettet werden, welche Gefahren sind es, die diese einmalige Stadt bedrohen? Es sind: Hochwasser, Absinken des Lagunengrundes, Verschmutzung, Entvölkerung, Verfall der Stadtstruktur. Das sind die großen Übel, die Venedig infolge der unvorhergesehenen Entwicklung von Technik und Wissenschaft in unserem Zeitalter befallen haben. Paradoxerweise sind es aber gerade die unsere Zeit bestimmenden Faktoren Technik und Wissenschaft, die – falls richtig eingesetzt und angewandt – Venedig auch retten können. Diesmal aber in einer Art »Gegenbewegung«, zurückführend also zum antiken, ursprünglichen Gleichgewicht zwischen Land und Meer, auf dem die Lagunenstadt basiert. Dieses Gleichgewicht ist – vereinfacht ausgedrückt – der auf einem natürlichen und harmonischen Zusammenspiel beruhende Austausch des Lagunenwassers gegen das Wasser des adriatischen Meeres.

Betrachten wir einmal die Landkarte. Die Lagune ist mit einem großen Becken vergleichbar, das auf der einem Seite drei Öffnungen zum offenen Meer hat: Lido, Malamocco und Chioggia. Aus diesen Mündungen fließt – bei Flut – das Wasser in das Becken von San Marco, bei Ebbe dagegen aus dem Becken und nimmt – bzw. nahm – dabei sämtliche Abwässer aus Venedigs Kanälen mit hinaus ins offene Meer. Deshalb hat es in Venedig nie eine Abwasserkanalisation gegeben: Sie war nicht nötig.

Dieser natürliche Austausch des schmutzigen gegen das saubere Wasser ist nun gestört worden. Wie äußerte sich das?

In den letzten dreißig Jahren stand Venedig immer häufiger unter Wasser; Hochwasser bis zu 1,24 m trat immer öfter ein. Einer Untersuchung der UNESCO ist zu entnehmen, daß es in den Jahren 1920 bis 1929 neun Hochwasser gab. Vierzig Jahre später aber – zwischen 1960 und 1969 – waren es bereits 72. Dreizehnmal überstieg das Wasser 1,20 m und 482mal die Marke von 80 cm, bei der die Piazza San Marco überflutet wird. Gleichzeitig mit dem sich häufenden Hochwasser verzeichnete man ein Absinken der Stadt, das sich nur zum Teil aus dem generellen Anstieg des Meeresspiegels erklärt. Venedig ist während der fünfzig Jahre, zwischen 1910 und 1960, um 18 cm gesunken, der Meeresspiegel von 1897 bis 1972 (also in 75 Jahren) um 10 cm angestiegen. Auch für den Laien wird es klar: Falls dieser Tendenz nicht Einhalt geboten wird, steht Venedig in den nächsten Jahrzehnten ständig unter Wasser; die Stadt wird unbewohnbar, sie stirbt.

Unter Fachleuten und Geologen ist seit Jahren eine Diskussion über die wahren Ursachen der Gleichgewichtsstörung

zwischen Meer und Land im Gang. Allgemein heißt es:
Schuld daran ist die Industrie von Mestre und Marghera.
Denn bis zur Industrialisierung funktionierte dieses Gleichgewicht vorzüglich. Die Venezianer wußten seit jeher, daß das
Leben der Stadt mit diesem Gleichgewichtswunder aufs eng-
ste verbunden und verflochten ist. Dies ist aus einem mittelalterlichen Edikt der Republik Venedig zu ersehen, das denjenigen mit dem Tode bestraft, der »aus welchen Gründen auch
immer es wagt, den öffentlichen Gewässern Schaden anzu-
tun«. Die Industrie ist also heute die große Angeklagte, und
so bleibt es auch innerhalb der landesweiten Polemik über
die Mittel und Wege zur Rettung Venedigs.
Die erste Industriezone entstand in den zwanziger Jahren, bei
Mestre. Damals erfolgte auch die Erweiterung des Hafens
Marghera, der bis dahin lediglich dem Handelsverkehr ge-
dient hatte. Die erste Industrieansiedlung zog Industrielle
aus Turin und Mailand an; 1926 wurde Mestre von Venedig
eingemeindet. Mestre und Porto Marghera boten Tausenden
Arbeitsplätze, besonders als nach dem letzten Weltkrieg die
zweite Industriezone entstand und diese, mit der Petroche-
mie, einen unvorhergesehenen Aufschwung nahm.
Dieser zur wirtschaftlich-sozialen Erschließung Venedigs
gedachte Industriepol wurde der Lagunenstadt jedoch zum
Verhängnis. Interessant ist in diesem Zusammenhang, daß
die Pioniere der damaligen Industrialisierung bereits in den
zwanziger Jahren die damit verbundenen Gefahren durchaus
erkannt hatten. Die Industrieansiedlung bei Mestre sollte
nämlich nicht nur zum wirtschaftlichen Aufschwung Venedigs beitragen, sondern Venedig auch selbst vor der Industrialisierung bewahren und schützen. Die auf der Insel Giudeca
angesiedelte Kleinindustrie bedrohte nämlich bereits vor
den zwanziger Jahren das historische Zentrum; so hoffte

man, daß durch eine Konzentration der Industrie auf dem Festland die Lagunenstadt gerettet würde. Niemand hatte natürlich das Ausmaß der industriellen Entwicklung ahnen können, die eine Stadt wie Venedig auch vom Festland aus gefährden kann. So sagen heute viele, daß der durch die erste und zweite Zone geschaffene Industriepol Venedig nichts eingebracht habe, es sei denn, um die Lagunenstadt ihres Gleichgewichts zu berauben und sie infolgedessen zu verschmutzen und zu entvölkern und – sie abzusenken. Denn die Industrie wird weitgehend auch für das ständige Absinken der Stadt verantwortlich gemacht. Das Absinken soll mit den Eingriffen in die Lagune zusammenhängen, vor allem mit der Wasserentnahme durch die Industrie. Seit jeher mußten die Venezianer das Grundwasser anzapfen und durch die über 40.000 artesischen Brunnen hochpumpen; doch erst mit der Industrieansiedlung hatte die Grundwasserausbeutung fatale Folgen. Venedig muß in Zukunft vom Festland aus durch eine Wasserleitung versorgt werden.

Der vom petrochemischen Konzern Montedison vor fünfzehn Jahren begonnene und in diesen Tagen fertiggestellte »canale del petrolio« – (Tanker- oder Ölkanal) wird heftig von jenen angefochten, die in der Industrie die Ursache aller Übel sehen. Sie befürchten, daß der »Ölkanal« der Ansiedlung einer dritten Industriezone den Weg ebne, obschon dieser Plan infolge einer heftigen Kampagne, die vor allem vom Denkmalschutzverband »Italia Nostra« geführt wurde, endgültig ad acta gelegt worden ist.

Für die sogenannte »Tankerstraße« mußte ein 12 m tiefer und 180 m breiter Kanal ausgebaggert werden, ein Kanal, der von der Mündung bei Malamocco quer durch die Lagune bis zur Festlandküste führt. Auf diese Weise kann das Becken von San Marco umgangen werden. Aber der Ölkanal erhöht andere Gefahren, denn nun kann die Flut zweimal täglich ungehindert mit größerer Fließgeschwindigkeit eintreten. Größere Geschwindigkeit zieht aber eine starke Erosion der Lagune nach sich, und Erosion zieht Vertiefung nach sich. Eine weitere Ursache für Hochwasser ist gegeben.

Umweltschutz ist heute auf der ganzen Welt Gebot. Wie jedes Unternehmen hat auch Montedison unaufhörlich produziert, ohne Rücksicht auf die damit verbundenen Schäden und Gefahren zu nehmen. Nun konnte Montedison verkünden, daß 1979 Abgase und Abwässer unter den zulässigen Werten liegen werden. 200 Millionen DM ist die neue biologische Kläranlage Montedison zu stehen gekommen. Fachleute unterscheiden zwischen einer chemischen Verschmutzung (von der Industrie herrührend), einer biologischen Verschmutzung (von den städtischen Abwässern kommend) und einer thermischen Verschmutzung, die von den Elektrizitätswerken stammt. Das aus den Elektrizitätswerken fließende Wasser weist eine andere Temperatur auf als das Meerwasser. Die sich auf diese Weise erhöhende Meerwassertemperatur aber führt zu einer stärkeren Aggressivität der sich im Meer befindlichen chemischen Substanzen und zu einer Verminderung des Sauerstoffgehalts.

Während in den letzten Jahren besonders der chemischen und thermischen Verschmutzung große Aufmerksamkeit geschenkt worden ist, neigte man dazu, die biologische Verschmutzung zu unterschätzen. Heute weiß man, daß gerade diese Art von Verschmutzung unmittelbare schwere Folgen haben kann, weil sich dadurch die Erreger von Cholera, Typhus und viraler Gelbsucht ausbreiten können. Die vielbesungene Lagune ist, betrachtet man sie einmal von sehr unpoetischer Seite, heute mit einer großen Kloake zu vergleichen.

Die Flut, die nicht mehr über den Untiefen, den Barenen, vor
dem Festland verebben kann, stößt nun auf die Mauern und
Dämme der auf diesen Untiefen errichteten zweiten Industriezone; so wird die Flut zusammen mit den industriellen
Abwässern zurückgeworfen in die Kanäle der Stadt. Zudem
ist die Lagune durch die für den Bau der zweiten Industriezone erforderlichen Aufschüttungen eingeengt worden; je
mehr aber das Lagunenbecken eingeengt wird, um so höher
und schneller steigt die Flutwelle.

Um all diese und weitere schwerwiegende Probleme zu lösen,
sind seit Jahren Experimente im Gange. Durch die Datenver-
arbeitung im angeschlossenen IBM-Zentrum haben die Wis-
senschaftler des »Instituts zur Erforschung der Meeres-, Land-
und Luftmassendynamik« an mathematischen Modellen die
Ursachen für die Bodensenkung bzw. die Auszehrungsstellen
auf dem Lagunengrund festgestellt, also auch die kritischen
Punkte im Absinkungsprozeß der Stadt Venedig. Die immer
häufigeren Hochwasser können heute auf mindestens sechs
Stunden im voraus und mit genauer Fluthöhe angegeben werden. Von einer 40 Meter hohen Meßboje inmitten der Adria,
50 km vor Malamocco, werden die dafür benötigten Windda-
ten ins Institut gefunkt.

Zur endgültigen Lösung der mit Hochwasser, Absinken, Ver-
schmutzung und Stadtsanierung verbundenen Probleme
bedurfte es eines genauen Plans und gewaltiger Investitionen.
Nach jahrelangen Diskussionen wurde 1973 endlich das
Gesetz zur Rettung Venedigs verabschiedet – die »Legge
Venezia«. Das Gesetz war zugleich Voraussetzung für einen
zinsgünstigen internationalen Kredit über 300 Milliarden
Lire.

Der Plan sieht folgendes vor:

1. Bau von beweglichen Schleusen an den drei Lagunenaus-

gängen, die eine Regulierung des Wasserzuflusses erlauben.

2. Bau einer Wasserleitung sowohl nach Venedig als auch in die Industrieorte Mestre und Marghera und Schließung der rund 40.000 Brunnen, die bisher das Grundwasser der Stadt anzapften.

3. Bau einer Abwasserkanalisation, die der Verschmutzung der Kanäle in der Stadt Einhalt gebietet.

4. Restaurierung und Konservierung nicht nur der 400 Palazzi, der 150 Kirchen und der 16.000 Kunstwerke der Stadt, sondern vor allem auch Sanierung der Wohnhäuser, von denen zwei Drittel baufällig und zehn Prozent unbewohnbar sind.

Die Umsetzung dieser Pläne erforderte eine ganze Reihe von Vorentscheidungen und Vorarbeiten, doch nur sehr wenig ist geschehen; die 300 Milliarden Lire sind mittlerweile fast zur Legende geworden. Auch Korruptionsgerüchte gingen um. Fest steht, daß die Venezianer kaum etwas von den Milliarden gesehen haben. Anstelle der Altstadtsanierung kam es zu einem wahren Spekulationsboom, der nicht nur die Boden- und Palazzipreise in die Höhe trieb, sondern auch die Sanierungsarbeiten der Wohnhäuser erschwerte. Nicht wenige Spekulanten haben renovierungsbedürftige Gebäude erworben, sie renoviert und darin Luxuswohnungen eingerichtet. Die Mieten stiegen, und die ursprünglichen Bewohner konnten sie nicht mehr bezahlen; sie wurden verdrängt, aufs Festland. Auch so hat sich Venedig entvölkert. Die Sanierung der Altstadt ist ein wesentlicher Faktor bei der Rettung Venedigs, denn diese Rettung ist nur möglich, wenn die Abwanderung der einheimischen Bevölkerung gestoppt werden kann. Eine Stadt ist keine Kulisse, keine Aneinanderreihung von Palazzi, Museen und Denkmälern. Eine Stadt ist in erster Linie ein soziales Gefüge. Wenn die Venezianer wegziehen, so wird aus Venedig unweigerlich eine »città museo«, eine tote Museumsstadt. Eine solche Stadt könnte wohl als Kultur- und Tourismuszentrum dienen, aber der wahre Zauber Venedigs wäre auf ewig verloren, denn er ist engstens verflochten mit den Venezianern und den Klängen ihrer Sprache.

Im Laufe der letzten 25 Jahre ist die Zahl der Einwohner um die Hälfte zurückgegangen (1950 = 190.000; 1977 = 100.000). Gleichzeitig ist die Einwohnerzahl von Mestre ständig gestiegen, auf heute 240.000. Die erwerbsfähigen Bewohner Venedigs ziehen immer zahlreicher aufs Festland, zurück bleiben die Alten. Die Entvölkerung Venedigs ist nach Meinung vieler die größte Gefahr für die Lagunenstadt, nicht die des Hochwassers, denn dieses – so sagen sie – kann technisch bewältigt werden.

Von den 40.000 Wohnungen des historischen Zentrums sind rund die Hälfte renovierungsbedürftig. 17.000 sind ohne Bad, 18.000 ohne Heizung, 17.000 feucht und 1.500 ohne Toilette. In den Wohnungen, die von einer UNESCO-Untersuchung als »im Zerfall« eingestuft wurden, wohnen 58.000 Venezianer – praktisch die Hälfte der gegenwärtigen Bewohner.

Nur einige Hundert Wohnungen konnten bis jetzt durch den Eingriff der Gemeinde der Spekulation entzogen werden. Bedingung für die Ausschüttung der Sanierungsgelder ist die Fertigstellung der konkreten Detailpläne. Doch der bekannte bürokratische Dschungel, der Italien erwürgt, verzögerte auch diese Arbeiten. Es entstehen unzählige Kompetenzfragen, die jedem Detailplan im Wege stehen. Venedig gilt als »monumento nazionale«, d. h., es steht unter Denkmalschutz und ist deshalb der Zentralregierung in Rom unterstellt. Das führt natürlich zu noch größeren Verzögerungen. Inzwischen verlassen die Venezianer weiterhin ihre Stadt – in einem Rhythmus von 3.000 Personen jährlich.

Parallel zur Entvölkerung geht auch eine nicht zu unterschätzende sozioökonomische Veränderung innerhalb der Bevölkerung Venedigs vor sich, die Venedig unter sozialen Gesichtspunkten entstellt. Die Ärmeren und die Arbeitsfähigen ziehen weg, weil sie die teuren Wohnungen nicht bezahlen können, und die Wohlhabenderen ziehen ein. Auch deshalb wäre die Stadtsanierung ein wesentlicher Beitrag zur Rettung Venedigs.

Jede Diskussion über die Rettung der Lagunenstadt führt unweigerlich auf das dramatische »Entweder-Oder« zurück, d. h. auf die Alternative: »Entweder Venedig oder die Industrie«. Oder doch nicht?

Die Industrie abzubauen scheint utopisch, besonders angesichts der gegenwärtigen Krise, die Italien erschüttert. Realistischer scheint vielmehr der Versuch, mit der nunmal vorhandenen Industrie zu leben, ohne sie zusätzlich auszuweiten, dafür aber den Fremdenverkehr auszubauen und dem Handelshafen seine ursprüngliche Bedeutung zurückzugeben. Denn wenn eine Stadt in sozioökonomischer Hinsicht nicht lebt, so kann sie sich auf die Dauer auch nicht als Kunststätte halten.

Wir möchten hier – zum Abschluß – auf die Worte Le Corbusiers zurückgreifen, mit denen wir dieses Kurzreferat begonnen haben. Venedig kann in der Tat zum Modell für eine »città futura«, für eine Stadt der Zukunft werden. Denn in und um die Lagunenstadt herum treten – konzentriert und vervielfacht – alle Probleme, alle Gefahren und alle Widersprüche auf, die sich aus der notgedrungenen Verbindung zwischen den Errungenschaften unseres Zeitalters und dem natürlichen Bedürfnis des Menschen nach Bewahrung der Vergangenheit ergeben. Venedig retten heißt auch, der zukünftigen Rettung unzähliger anderer historischer Städte in Europa den Weg zu weisen und zu ebnen. »Was Menschenwitz und Fleiß vor Alters ersonnen und ausgeführt, muß Klugheit und Fleiß nun erhalten«, schrieb Goethe vor fast 200 Jahren aus Venedig. Zur Klugheit gehört auch die Anwendung der neuesten technischen und wissenschaftlichen Mittel, um das alte harmonische Zusammenspiel zwischen Wasser und Land wiederherzustellen, das Antike also mit Hilfe des Modernen zu bewahren.

*März 1978*

# Die Entführung des Aldo Moro

DER 25. APRIL IST EIN NATIONALER FEIERTAG; er erinnert an die Befreiung vom Faschismus und von der nationalsozialistischen Besatzung vor 33 Jahren. Doch in diesem Jahr gewinnt dieses historische Datum eine besondere Bedeutung wegen der Entführung Aldo Moros durch die Roten Brigaden.

Aldo Moro, 30 Jahre lang ununterbrochen im Rampenlicht der Politik, wurde vor 62 Jahren in Apulien, Süditalien, geboren. Sein Vater, Professor, seine Mutter, Volksschullehrerin, erteilten ihm eine strenge, katholische Erziehung. Mit 21 Jahren hatte Moro bereits das Studium der Rechtswissenschaften abgeschlossen; drei Jahre später erhielt er den ersten Lehrauftrag an der Universität Bari. Das Sprungbrett in die Politik war für Moro der katholische Studentenverband, zu dessen Landesvorsitzendem er als 23jähriger gewählt wurde. Kurz vor Kriegsende trat Moro in die Democrazia Cristiana ein und wurde 1946 in die verfassunggebende Versammlung gewählt.

Mit seiner Frau Eleonora, mit der er seit 30 Jahren verheiratet ist, und mit seinen drei Töchtern und seinem Sohn führte Moro ein zurückgezogenes, harmonisches Familienleben. Sein Privatleben schützte er eisern vor jeglicher Indiskretion.

Aniello Coppola, Chefredakteur der den Kommunisten nahestehenden römischen Tageszeitung »Paese Sera« und Moro-Biograph, zu Moros politischer Bedeutung: »Vor allem muß gesagt werden, daß Moro der laizistischste Katholik war, den die italienische Politik gekannt hat. Moros religiöses Empfinden wurde deshalb nicht von einer katholisch-totalitären Vision begleitet, weder in religiösem noch in politischem Sinne. Die Öffnung zu den Kommunisten entstand nicht aus einer Angleichung heraus, sondern aus dem Verständnis für die Notwendigkeit, sich der Entwicklung der politischen Situation Italiens anzupassen. In seiner ersten Phase war diese Entwicklung gekennzeichnet von dem, was ich als eine Art demokratischen Antikommunismus bezeichne, also ein Antikommunismus, der von der Zustimmung der Wählermassen getragen wurde. Später aber änderte sich die Lage durch die Stärkung der Kommunisten bei den Wahlen. Das hat Moro erkannt; deshalb hat er auch seine Partei gelehrt, daß die einzige Möglichkeit, weiterhin die Hegemonie im Lande zu behalten, darin besteht, die Wirklichkeit zu erkennen. Moro war ein Realist. Seine Vorbehalte, seine Opposition den Kommunisten gegenüber waren sowohl in der Zeit der Zentrumsregierung als auch während des linken Zentrums sehr fest. Aber mit der Krise des linken Zentrums begann Moro die Wandlungen in der KPI zu erkennen. Er fürchtete, daß die italienische Demokratie von einer so starken Krise erschüttert würde, daß ein Aufruf an alle demokratischen Parteien notwendig werde, also ein Aufruf auch an Sozialisten und Kommunisten, um die Demokratie zu retten.«

»Die Zukunft ist, teilweise wenigstens, nicht mehr in unseren Händen«, erklärte Moro nach dem Linksruck bei den letzten Wahlen vor zwei Jahren. »Eine neue schwierige Phase der italienischen Politik hat begonnen.« Moro meinte damit die Phase der Zusammenarbeit mit den Kommunisten, die er selbst eingeleitet hat und die die Roten Brigaden mit Moros Entführung zu beenden versuchen.

Durch die Entführung Aldo Moros, die einem Angriff auf den Staat gleichkommt, ist die Demokratie bedroht: all jene Werte der Freiheit und Gerechtigkeit, die in der republikanischen Verfassung verankert sind. Die Verfassung ist in Italien rechtlicher und politischer Ausdruck der Resistenza, des

Widerstandes gegen Faschismus und Gewalt. In diesem Zusammenhang sind die heutigen Feiern in ganz Italien die politische Antwort durch die Streitkräfte, die Parteien, die Führungsschicht und die Bevölkerung an die Terroristen, die das Land destabilisieren wollen.

In Bologna, vor der Gedenkstätte der gefallenen Freiheitskämpfer, findet die Kranzniederlegung statt, in Anwesenheit verschiedener Generäle der italienischen Streitkräfte. Sie vertreten jene militärischen Einheiten, die zusammen mit den Partisanen von 1943–45 im Widerstand für ein neues demokratisches Italien gekämpft haben. Streitkräfte defilieren zusammen mit Freiheitskämpfern vor dem kommunistischen Bürgermeister Zangheri und dem christdemokratischen Verteidigungsminister Ruffini.

»In dieser dramatischen Stunde« – schreibt zum 33. Jahrestag der Befreiung das offizielle christdemokratische Parteiblatt »Il popolo« – »bleibt der Wille der Democrazia Cristiana unverändert stark, nämlich die aus dem Widerstandskampf hervorgegangene Lehre zu respektieren. Es geht heute darum«, so führen die Christdemokraten weiter aus, »dahin zu wirken, daß sich die italienische Demokratie nicht von jener Linie entfernt, die im Widerstand entstanden ist und in der Verfassung niedergelegt wurde.«

Die diesjährigen Feiern, die zum 25. April in ganz Italien abgehalten werden, drücken den Willen aller Verfassungsparteien und der überwiegenden Mehrheit der Bevölkerung aus, der Erpressung seitens der Terroristen standzuhalten, das heißt, die in Haft befindlichen Terroristen nicht gegen Moro auszutauschen.

Die weiße Fahne der Democrazia Cristiana weht Seite an Seite mit den roten Fahnen der Kommunisten und Sozialisten. Ein Symbol jener Einheit, zu der die italienischen

Parteien – trotz tiefgehender politischer Gegensätze – zurück-
finden, wenn die Demokratie gefährdet ist.

Auf der Piazza Maggiore ruft der Verteidigungsminister Ruffini die Bürger, die Streitkräfte, die Freiheitskämpfer wieder
zur Geschlossenheit auf. Wörtlich sagt er: »Wir müssen jene
Einheit wiederfinden, die wir – trotz der Verschiedenheit der
einzelnen politischen Kräfte – im Widerstandskampf erreicht
haben, damit heute alle Umsturzversuche gegen unsere
demokratische Ordnung fehlschlagen.«

Heute ist viel von einer »neuen Resistenza« die Rede, die die
Errungenschaften der italienischen Demokratie zu schützen
und zu verteidigen hat. Nie zuvor ist dies in Italien so deutlich empfunden worden wie jetzt, nach der Entführung von
Aldo Moro.

25. 4. 1978

# Ehebruch

DER ÜBERRASCHENDE, GEWALTIGE Publikumserfolg des vom italienischen Fernsehen ausgestrahlten Bergmann-Films »Szenen einer Ehe« hat eine landesweite Diskussion über den Ehebruch ausgelöst.

17 Millionen Zuschauer saßen jeden Freitag abend, sechs Wochen lang, wie gebannt vor dem Bildschirm und ließen die Tränen und die Versöhnung, das Schweigen und die Schreierei eines in die Krise geratenen schwedischen Ehepaares über sich ergehen. Der Ehefilm erzählt von einem Mann, der seiner Frau nach zehnjähriger Ehe unverblümt mitteilt, er liebe eine andere, sowie von den psychologischen, emotionalen und menschlichen Folgen, die diese Feststellung auf beide Partner hat. Der Zuschauer erlebt die durchlittene Scheidung der beiden sowie das sich Wiederfinden der ehemaligen Partner auf einer ganz anderen Ebene.

Die Geschichte hat, abgesehen von der hohen filmischen Qualität, an sich nichts Sensationelles. Völlig unerwartet und unvorhergesehen jedoch war die Reaktion der Italiener. »L'adulterio«, d. h. der Ehebruch, die Ehe, kurzum das Verhältnis Frau/Mann wurde zum Tagesthema schlechthin. Nicht nur innerhalb der italienischen Familien, auch in den Tagesund Wochenzeitungen stand das Thema »Ehebruch« im Mittelpunkt lebhafter landesweiter Diskussionen. Eine Flut von Umfragen, Untersuchungen, Interviews und Statistiken überschwemmten die Publizistik. Auf den ersten Seiten druckten höchst seriöse Zeitungen Artikel über die »Ehekrise«, Seite an Seite mit jenen über die Wirtschaftskrise des Landes. Psychologen, Geistliche, Soziologen, Ärzte und Schriftsteller – kurzum alle zur sogenannten Intelligenz des Landes gehörenden

Persönlichkeiten – nahmen Stellung zum Thema »Ehebruch«. Indirekt wirft aber diese Frage auch eine weitere auf, eine wesentlichere: Inwieweit haben das neue weitreichende Familienrecht und die Einführung der Scheidung die italienische Mentalität und die Sitten des Landes verändert? Bleibt die Familie, diese Hochburg der italienischen Gesellschaft, trotz der zeitbedingten Anstürme von außen noch eine Lebensform, die sich gegenüber Staat und Gesellschaft behauptet?

Fest steht, daß der von den Konservativen so sehr gefürchtete Scheidungsboom nicht eingetroffen ist. Der Scheidung, also der Zerstörung einer Familie, ziehen die Italiener – Männer und Frauen – offensichtlich mehr oder weniger stillschweigend den Ehebruch vor, nachdem dieser aufgrund des Familienrechts für beide Parteien rechtlich gleich gravierend geworden ist. Die Scheidungszahlen gehen langsam, aber stetig zurück. 1972 sind 32.000 Scheidungen ausgesprochen worden; in der Mehrheit handelte es sich um jene Paare, die endlich ihr Verhältnis rechtsgültig regelten; denn schon 1975 ging die Scheidungsquote auf 9.000 zurück. Daraus ist zu schließen, daß sich die italienischen Männer nie zuvor so sehr an ihre Ehefrauen gebunden fühlten wie heute, da sie sie legal verlassen dürfen. Die Leidenschaft steht in diesem Lande weit mehr unter Kontrolle, als im Ausland allgemein angenommen wird. Nur noch im Süden des Landes begegnet man noch jener Auffassung der sogenannten Ehre, derzufolge eine Frau umgebracht werden muß, wenn sie Ehebruch begangen hat.

Es sind vorwiegend keine wirtschaftlichen Gründe, die viele Italiener veranlassen, sich trotz der festgestellten Zerrüttung ihrer Ehe nicht scheiden zu lassen. Gewiß, die Scheidung kostet, und für nicht wohlhabende Familien bedeutet das Teilen des Einkommens im Falle einer Trennung eine zusätzliche ökonomische Belastung. Dennoch, so verkünden Psychologen und Soziologen, sei die psychologische Struktur des Italieners der wahre Grund für seine geringe Scheidungsfreudigkeit. Der italienische Mann habe ein ambivalentes Verhältnis zum Sex und zur Frau schlechthin, erklärte in diesem Zusammenhang der römische Psychologe Andrea Dotti. Auf die eine Seite stellt er seine Gattin, den »Engel des Herdes«, die Mutter seiner Kinder, und umgibt sie mit einem Heiligenschein. Auf die andere Seite stellt er die Frau für die Liebe, das Spielzeug seiner verdrängten Erotik. In dieser Unterscheidung, die auf die klassische Gegenüberstellung Gattin/Geliebte zurückgeht, spiegelt sich die widersprüchliche Einstellung des italienischen Mannes gegenüber dem Sex. Einerseits ist Sex für ihn außerordentlich wichtig, er spricht andauernd davon, und er ist ihm verfallen; andererseits verbindet er damit etwas Schmutziges, etwas nicht ganz Ehrenhaftes, vielleicht als Folge seiner katholischen Erziehung, die Schuldkomplexe in ihm hervorruft.

Die Allergie des italienischen Mannes im Zusammenhang mit der Scheidung wird somit verständlicher, ebenso sein Hang zu außerehelichen Abenteuern. Denn diese schmeicheln seiner Männlichkeit und bestätigen seine Verführungskunst. Und die Frauen, sie holen auf; sie haben jenen Liebesraum erobert, der vorher ein Vorrecht des Mannes war. Die Aufrechterhaltung der Familie wird heute von beiden Ehepartnern gemeinsam beschlossen. Die stets sinkende Zahl der ausgesprochenen Scheidungen sowie der gleichzeitige stetige Anstieg der Zahl der Ehebrüche bestätigen, daß in Italien zerrüttete Ehen länger halten als anderswo, weil nach wie vor die Familie sie trägt – diese Burg, in die sich alle flüchten, wenn ringsherum die Welt zusammenbricht. Es ist wohl kaum ein Zufall, daß in den Ländern, in denen der Staat gut funktioniert, die Familien ihre ursprüngliche Bedeutung als Clan verloren haben, während in Ländern wie Italien, in denen der Staat dem Bürger wenig Schutz bietet, die Familie als soziale Basis des einzelnen erhalten bleibt – trotz der Einführung moderner Gesetze und der damit verbundenen fortschreitenden Emanzipation der Frauen.

*1978*

# Kinderverkauf

SIGNORA MARIA WOHNT IN CICCIANO, im Hinterland von Neapel. Die Leute hier sagen, sie habe ihre Kinder verkauft. An sich ist es kein Vergehen, eigene Kinder anderen anzuvertrauen; es wird erst eines, wenn der sogenannte Käufer das ihm übergebene Kind auf dem Standesamt als das eigene anmeldet. Aber nachweisen, daß ein Kind »gekauft« worden ist, kann niemand. So spricht man hier allgemein von »geben«. Die Prozedur ist einfach: Das Kind wird gleich nach der Geburt »abgeholt«; nach Jahren wird das Tauschgeschäft durch eine offizielle Adoption geregelt. Um dem Kind einen dramatischen Familienwechsel zu ersparen, neigen die Gerichte im allgemeinen dazu, eine Adoption zu vereinfachen.

Signora Maria hat dreizehn Kinder zur Welt gebracht. Bei ihr wohnen noch fünf, vier Buben und ein Mädchen. »Von den anderen«, sagt sie, »ist eins gestorben – ein Mädchen. Und fünf habe ich weggegeben. Ich sehe sie aber nie mehr. Nicht aus Gewinnsucht; ich habe nur ein Geschenk dafür erhalten, nach Gutdünken. Mir ging's um die Zukunft der Kinder. Es sind alles Mädchen, die wir weggegeben haben; jetzt haben sie es schön; sie haben jetzt reiche Eltern.«

Signora Maria weiß, wo ihre Töchter jetzt leben. Ihr Mann ist Invalide, er arbeitet nicht. »Ob er nicht kann oder nicht will – dieses Kreuz habe ich nun mal auf mich genommen, und ich muß es nun auch tragen ... Ein Kind wegzugeben, das ist eine große Qual, ein tiefer Schmerz; man darf das Kind nicht sehen. Beim letzten Mädchen, da habe ich allzusehr gelitten; es tat so weh, es wegzugeben. Neun Monate trägt man es, und dann nicht einmal die Freude haben, es zu behalten – es ist sehr schwer ...«

Lucia, zehn Jahre alt, ist das einzige Mädchen, das zu Hause geblieben ist; es hilft der Mutter gerne. Signora Maria ist keine »madre denaturata«, wie man hier sagt, keine abartige, grausame Mutter. Nie würde Maria ein Kind mißhandeln. Die gerechtfertigte Entrüstung, die das Wissen um einen Tauschhandel mit Kindern auslöst, darf nicht außer acht lassen, daß Armut, Unwissenheit und sozio-ökonomische Rückständigkeit der Boden sind, auf dem das Drama des Tauschgeschäfts mit Kindern gedeihen kann.

Mädchen und Buben sind nicht gleichgestellt. Der Vater würde nie einen Buben weggeben. »Buben müssen bei mir bleiben; Mädchen nicht. Ich hatte zu viele Mädchen, nun habe ich noch zwei und fünf Buben – macht sieben.« Auf die Frage, weshalb er so viele Kinder habe, antwortet er: »Setze ich sie vielleicht in die Welt? Fragen Sie doch meine Frau! Gut, ich bin dabei. Aber die Frau soll sich darum kümmern – stimmt's oder etwa nicht? Ich hatte schon zu viele Mädchen. Buben sind anders. Die können ruhig um Mitternacht nach Hause kommen – Mädchen nicht. Wenn ein Mann sich mit einem Mädchen einläßt, was riskiert er schon? Bei einem Mädchen – da ist es anders ...«

Der Jüngste der Familie, Bruno, wurde also nicht weggegeben, weil er »maschio«, ein Junge ist. Seine Familienverhältnisse scheinen ihn nicht zu belasten, obschon alle Schulkameraden davon wissen. Aber sie ärgern Bruno nicht damit. Der Sensibilität und der natürlichen Menschlichkeit seiner gleichaltrigen Freunde verdankt Bruno seine noch ungebrochene Lebensfreude. Hier wird einmal der Optimismus von Jean-Jacques Rousseau bestätigt, der sagt, der Mensch komme gut zur Welt.

Familienrichter Carlino aus Rom ist bekannt, daß es so etwas wie einen schwarzen Kindermarkt gibt. »Das Jugendgericht weiß von dieser Plage und versucht, sie zu bekämpfen. Es geht darum, einem Kind aus einer verwahrlosten Familie die Eingliederung in eine neue Familie zu ermöglichen, die aber nur das Gericht bestimmen darf.

An sich ist das freiwillige Übergeben eines eigenen Kindes an einen anderen keine strafbare Handlung; doch das Gericht muß alle Fälle unter die Lupe nehmen.«

Rechtsgültig wird die Abgabe eines Kinds erst dann geregelt, wenn die Behörde davon erfährt; meistens erst nach Jahren. Das Gericht kann dann die sogenannte »Sonderadoption« einleiten. So kann vielleicht auch ein gekauftes Kind offiziell adoptiert werden; dem Kind bleibt dadurch eine Tragödie erspart.

*Dezember 1978*

# Neapel heute

NEAPEL IST SEIT JEHER eine Hochburg des Glücksspiels. Jeden Samstag wiederholt sich die Szene der Auslosung. Vom Griff eines Waisenkindes mit verbundenen Augen in die Lostrommel – so wollen es Tradition und Gesetz – hängt das Schicksal so manches Neapolitaners ab. Da wo Ungewißheit und unsichere Arbeitsbedingungen die Existenz gefährden, greifen die Menschen besonders häufig zum Glücksspiel. Eine Zahl vermag die kühnsten Zukunftsträume hervorzurufen. Im Volksmund heißt das Lotto »Fabrik der Hoffnung«.

Die Lotterie ist ein Staatsunternehmen und untersteht dem Finanzministerium. Die Auslosung findet deshalb unter der Aufsicht staatlicher Beamten statt. Dem blinden Glück vertrauen die Neapolitaner ihre letzten Ersparnisse und ihr Schicksal an – in der Ricevitoria, der amtlichen Einzahlungsstube. Es gibt keine festgelegten Beträge; je höher man setzt, um so mehr kann man gewinnen.

Die Zahlen, auf die die Lottospieler setzen, sind nie zufällig. Die Neapolitaner leiten sie in der Regel von den Träumen ab. Das klassische Nachschlagewerk dafür, »La smorfia«, ist keinem Neapolitaner unbekannt. Jedes Ereignis, jede Person, jede Situation, die einem im Traum erscheint, entspricht einer bestimmten Ziffer. Dem Staat fließen durch die Spielsteuer beträchtliche Einnahmen zu; die Ärmsten unter der Bevölkerung wissen nicht, daß sie mit dem Lottospiel dem Staat noch eine zusätzliche freiwillige Steuer zahlen.

Weder die Bourbonen noch die Monarchie im geeinten Italien, die christdemokratischen Nachkriegsregierungen oder die vor drei Jahren eingesetzte kommunistische Stadtverwaltung vermochten diese Flucht in die Hoffnung auf ein besseres Leben einzudämmen. Sie hoffen seit Jahrhunderten – die Neapolitaner; aber seit Jahrhunderten bleibt die Realität der Elendsviertel unverändert bestehen. Sie gehört zur neapolitanischen Folklore, die jene entzückt, die nicht darin leben.

In regelmäßigen Abständen rücken die Elendsviertel des historischen Stadtzentrums in den Mittelpunkt des Weltinteresses, nämlich immer dann, wenn Epidemien ausbrechen. Die Kindersterblichkeit im ersten Lebensjahr beträgt hier 47 Promille – ein europäischer Rekord. In keiner europäischen Großstadt gibt es so wenige öffentliche Grünflächen wie in Neapel. Weniger als ein Quadratmeter pro Einwohner. So sind die Spielplätze der Kinder feuchte, sonnenarme Gassen. In Neapel – der Symbolstadt des »o sole mio« – erkranken mehr Kinder an Rachitis als im sonnenarmen Norden.

Offizielle Statistiken berichten, daß 30.000 Menschen in den »bassi« wohnen, in den schlecht gelüfteten, sonnenarmen, zu ebener Erde gelegenen, nach der Straße offenen Einzelräumen. Durchschnittlich leben dort 3,6 Menschen in einem Raum zusammen. So finden Krankheiten und Epidemien in der sozial-hygienischen Wirklichkeit der neapolitanischen Elendsviertel ihren Nährboden. Die Fahrt ins Kinderspital »Santobono« – guter Heiliger – erfolgt oft zu spät. Die Kinder werden oft erst eingeliefert, wenn sie bereits im Koma liegen. Wenn sie sterben, »fliegen sie in den Himmel«, wie die Neapolitaner sagen.

Woran sind sie gestorben? Am »male oscuro« – am unbekannten Übel –, lautete lange Zeit die Antwort. Fest stand nur, daß alle »in den Himmel geflogenen« Kinder aus ärmsten Lebensverhältnissen stammten und infolgedessen schlecht ernährt und nicht widerstandsfähig genug waren. Das »unbekannte Übel« entpuppte sich als Krankheit einer sozialen Klasse. In anderen Gegenden überlebten die am Virus erkrankten

Kinder – in Neapel starben sie. 77mal fuhr ein weißer Toten-
wagen aus dem Santobono-Spital. In ihrer Not wandten sich
viele Neapolitaner an den Schutzpatron der Stadt – San Gennaro.

Das Kindersterben ist eine Strafe Gottes – meinen die Leute,
die sich vor dem Dom versammeln. Früher habe es solche
geheimnisvollen Krankheiten nicht gegeben; jetzt aber, mit
der Liberalisierung der Abtreibung, die eine schwere Sünde
ist, meint eine Frau, jetzt kommt die Strafe Gottes. Sie ist
besonders besorgt, denn sie hat sieben Kinder, und das
Kleinste ist erst acht Monate alt. Sie achtet sehr auf Hygiene
bei ihren Kindern, dennoch – die Angst läßt sie nicht los.

Der Dom von Neapel ist dem heiligen Gennaro gewidmet;
durch das Wunder seines Blutes hat er Neapel vor Hunger,
Krieg, Pest und dem Feuerregen des Vesuvs gerettet. Das
Wunder besteht darin, daß sich das in einer gläsernen Phiole
aufbewahrte Blut des Heiligen verflüssigt. Seit dem Jahre 300
n.Chr. wiederholt sich das Wunder. Damit gibt San Gennaro
zu erkennen, daß er Neapel wohlgesonnen ist und die Bitten
der Gläubigen erhört. Vollzieht sich das Wunder nicht, so
bedeutet das, daß San Gennaro den Neapolitanern zürnt.

In seiner Homilie erwähnte der Bischof von Neapel, Kardinal
Ursi, die Sünden der Menschen – darunter auch die Legalisie-
rung der Abtreibung; von diesen Sünden rührten die Kalamitä-
ten her, die heute die Menschheit befallen. Umsonst warteten
die Gläubigen auf das Wunder. Das Blut von San Gennaro wurde nicht flüssig. Vielleicht ein Hinweis darauf, daß die Neapolitaner endlich aufhören sollen, Verantwortung auf die Schultern
eines Heiligen abzuwälzen, und statt dessen die zuständigen
Behörden in die Pflicht nehmen sollen. Die tragischen Ereignisse in Neapel sind auf menschliches Versagen zurückzuführen, nicht auf biblische Flüche oder göttliche Strafen.

Eine Gruppe von »organisierten Arbeitslosen«, die vor fünf Jahren entstanden ist. Sie halten in einem Hörsaal der Universität ihre Sitzungen ab. Den Zugang dazu haben sie sich erzwungen – mit Drohungen. Heute findet niemand mehr etwas daran. Weder die Studenten noch die Professoren. Es handelt sich um spontan entstandene Organisationen. Die Gewerkschaften versuchten vergeblich, sie in ihre Bewegung einzugliedern. Jede einzelne dieser Arbeitslosengruppen erhebt Anspruch auf die wenigen verfügbaren Arbeitsplätze. Daraus sind schwere Konflikte entstanden, die zu einer Art »Krieg unter den Armen« ausgeartet sind.

Der Arbeitshunger der Neapolitaner ist auf dem Arbeitsamt deutlich sichtbar. In der Region Kampanien zählt man offizielle 330.000 Arbeitslose – fast alle leben in Neapel. Als arbeitslos gilt nur derjenige, der einmal eine Arbeit hatte und sie verloren hat. Die Arbeitslosenunterstützung beträgt dann 800 Lire am Tag – etwa DM 1,80; für Frau und Kinder gibt es zusätzlich je 380 Lire. In Neapel und Umgebung sind rund 190.000 jugendliche Arbeitslose auf der Suche nach ihrer Erstarbeit – fast alles Studenten.

In den Ämtern der Arbeitsvermittlung hat sich die »mafia del lavoro« eingenistet, die Arbeitsplatzmafia. Da findet sich Arbeit leichter durch Protektion als durch Recht. Den Gewerkschaften und der seit drei Jahren amtierenden kommunistischen Stadtregierung ist es bisher nicht gelungen, in diesem undurchdringlichen Dschungel Ordnung zu schaffen.

Aldo ist einer der 190.000 Arbeitslosen, die nie einen festen Arbeitsplatz hatten. Er ist 29 Jahre alt. Im Hafen findet er gelegentlich Arbeit. Aber seit Jahren ist der Hafen – das Herz Neapels – krank. Es fehlt eine vernünftige Hafenverwaltung. Die Gegensätze zwischen dem Verband der Hafenarbeiter und jenem der Lagerarbeiter haben zu einer Konfliktsituation geführt, die die Kosten ständig in die Höhe treibt. So werfen immer mehr Schiffe ihre Anker in den anderen italienischen Häfen aus, in Genua oder Livorno.

Für Aldo und Hunderttausende anderer wird die Arbeitssuche zur täglichen Routine; je reicher die Phantasie, desto sicherer die Überlebenschancen. Der Lumpenmarkt kann eine Fundgrube sein. Die Besucher des »mercato degli stracci« sind hier nicht – wie heutzutage oft – wohlhabende Snobs, die der Lumpenmode folgen. Aldo kauft hier ein, weil er mit Lumpen handelt. Von seiner Mutter läßt er die ausgesuchten Kleidungsstücke waschen, bügeln und auffrischen. Dann verkauft er sie wieder.

Aldo gehört keineswegs zu den Ärmsten, den Desperados Neapels; er hat wenigstens ein Dach über dem Kopf, weil er mit seinen drei Brüdern bei seiner Mutter lebt. Aldo war einmal im Hafen beschäftigt, er lud Schiffe aus. Dann war plötzlich keine Arbeit mehr da. Aldo war noch nie fest angestellt. Später handelte er mit Schmuggelware. Das Schmuggeln machte sich bezahlt – doch einmal ist Aldo in eine Falle geraten. Er lenkte die Polizei ab, damit andere Schmuggler ungestört eine große Aktion durchführen konnten. Aldo kam ins Gefängnis. Anderthalb Jahre wurden ihm aufgebrummt, er saß aber nur ein halbes Jahr. Im allgemeinen drücken die Behörden ein Auge zu – sonst gäbe es 230.000 Arbeitslose mehr in Neapel. Aldo aber wurde verhaftet, weil er die Polizei von einer Ladung Rauschgift ablenkte – es waren keine Zigaretten …

Die Geschichte der Kläranlage in Torre del Greco, am Golf von Neapel, ist ein Musterbeispiel für Ineffizienz öffentlicher Verwaltung. Täglich werden dort – unter freiem Himmel, mitten in einem dichtbesiedelten Wohnviertel – Tausende Kubikmeter Abwässer gesäubert. Nach der Choleraepidemie bestimmte die staatliche Kasse für Süditalien 1.000 Milliarden Lire zur Reinerhaltung des Golfs. Aber bisher sind nur Anlagen für 150 Milliarden Lire gebaut worden, weil sich die Regional- und Gemeindebehörden und die Staatskasse jahrelang nicht darüber einigen konnten, wo die neuen Kläranlagen stehen und welche Behörde dann die Entlohnung der Belegschaft übernehmen sollte.

Die Staatskasse für Süditalien übergab der Gemeindeverwaltung von Torre del Greco vergangenes Jahr diese Kläranlage. Laut einem entsprechenden Abkommen hätte nunmehr die Gemeinde die anfallenden Gehaltskosten der Betriebsangehörigen übernehmen sollen. Doch die Gemeinde berief sich auf das neue Gesetz zur Wirtschaftssanierung, das die Eindämmung der öffentlichen Ausgaben vorschreibt, und weigerte sich, die Belegschaft auszuzahlen. Seit November vergangenen Jahres arbeiten die Arbeitnehmer der Kläranlage von Torre del Greco gratis und leben von Ersparnissen. Erst als sie – ausgerechnet während der Virusepidemie – aus Protest streikten und dadurch die Abwässer direkt ins Meer flossen, schenkte man dem Fall die gebührende Achtung.

Die Einwohner der Gegend sind erzürnt wegen des Gestanks und des Lärms, die die Kläranlage Tag und Nacht verursacht. Nachts können die Leute nicht schlafen, sagen sie. Und Fliegen und Mücken – Tag und Nacht; man muß die Fenster hier immer geschlossen halten, nicht nur im Sommer. Umsonst haben die Leute verlangt, daß die Kläranlage abgedeckt werde. Auch eine Kommission der Staatskasse für den Süden sei zu ihnen gekommen und habe nachher zugeben müssen, daß es ein Irrtum war, die Anlage an einem Ort zu bauen, an dem ringsherum Leute wohnen. Dann aber wurde die Kläranlage sogar noch erweitert – unter Polizeischutz.

Das religiöse Empfinden der Neapolitaner drückt sich auch durch die Hoffnung auf eine Gerechtigkeit aus, von der sie bisher ausgeschlossen waren. So helfen sich viele Neapolitaner auf ihre eigene Weise. In den Gassen und Seitengassen des historischen Zentrums blüht im Verborgenen eine Kleinindustrie, die nicht nur vielen Neapolitanern die Existenz sichert, sondern auch für die Wirtschaft des Landes von Bedeutung ist. Fachleute nennen sie »economia sommersa«, Schattenwirtschaft, denn sie wird von den offiziellen Statistiken nicht erfaßt und entzieht sich allen Bestimmungen der Steuerbehörden, der Tarifvereinbarungen und des Arbeitsrechts. Kinder werden in die Werkstätten, in denen ihre Väter oder Schwestern arbeiten, mitgenommen; wenn sie nicht sogar selber arbeiten.

Mit der Schwarzarbeit konnte sich auf dem italienischen Arbeitsmarkt ein Stück Marktwirtschaft erhalten. Diese flexible, den Gesetzen von Angebot und Nachfrage noch weit stärker unterworfene Arbeitsform dürfte wesentlich dazu beigetragen haben, daß sich die italienische Wirtschaft – den reichlichen Krisenzeichen zum Trotz – immer noch über Wasser halten kann. Die mit diesen Werkstätten verbundene Heimindustrie stützt sich auf Frauenarbeit – oft auch auf Kinderarbeit – und ist natürlich unterbezahlt.

Die Schuhfabrikation hat in Neapel eine lange Tradition; der Beruf wird über die Generationen weitervererbt. Das Kleben und Zusammennähen der Lederteile ist eine Arbeit, die Geduld erfordert und die zu Hause verrichtet wird – die ideale Frauenbeschäftigung, heißt es. Bis zu zehn Paar Schuhe täglich kann eine Heimarbeiterin schaffen. Pro Paar erhält sie 400 Lire – 90 Pfennige. Ist sie fleißig, bringt sie an einem Tag 12 DM zusammen, 5000 Lire. Wo Kindergärten fehlen, bleiben die Kinder zu Hause, bei der Mamma; und so erlernt auch die kleine Tochter den Beruf. Vorerst ist die Arbeit mit der Mutter noch Spiel.

Kleineren Produktionseinheiten ermöglicht es die Schwarzarbeit, die Arbeitskosten zu senken und wettbewerbsfähig zu bleiben. Auf Kosten der sozialen Sicherheit werden Sozialabgaben eingespart. Ein Kündigungsschutz fehlt ebenso – es geht darum, sich flexibel den Schwankungen im Produktionsprozeß anzupassen. Dieses Produktionssystem hat in Neapel eine eigene Spielart beibehalten: niedrige Löhne und Nichtbeachtung des Arbeitsrechts. Die Gegenleistung: man lebt.

Der erste Zwischenhändler zahlt 9500 Lire oder 21 DM für das Paar Schuhe, das dann von Zwischenhändler zu Zwischenhändler wandert, bis es auf den nationalen und internationalen Schuhmarkt kommt – zum zehnfachen Preis.

Den Gewerkschaften ist die Schattenwirtschaft ein Dorn im Auge – ebenso den Steuerbehörden. Durch diese unkontrollierbaren Initiativen an der Basis sinkt das Ansehen der Gewerkschaften. Ferner vermag die Schwarzarbeit die wahren Probleme Neapels nie langfristig zu lösen; und außerdem vertieft sich dadurch der Graben zwischen den arbeitsrechtlich geschützten und diesen an den Rand des Arbeitsprozesses gedrängten Arbeitskräften.

Weder der soziale Wohnungsbau noch die Bauspekulation haben die südlichen Vorstädte von Neapel berührt. Hier ist wenig vom Zauber der Vergangenheit erhalten geblieben, doch stellen diese Viertel die unterste Stufe elender Wohnverhältnisse dar. Ein Heer von Ratten lebt in diesen Bauten; Regen sickert durch die Dächer – Kälte im Winter, unerträgliche Hitze im Sommer. Dennoch wohnen vielköpfige Familien darin. In einem Land, in dem die Kinder göttlich sind – man nennt sie im Süden »creature«, Geschöpfe –, vermag sich die Geburtenkontrolle nur schwer durchzusetzen.

Die einzige Industrie, die die Stadt verwandelt hat, ist das Bauwesen. Die Industrieansiedlungen der letzten Jahrzehnte – Alfa Sud, Italsider, Olivetti – haben nur wenige Tausend Arbeitsplätze geschaffen. Denn diese Ansiedlungen bleiben Inseln, ohne ein sie umgebendes Netz von kleinen und mittleren Betrieben, die allein die erforderlichen Arbeitsplätze zur Verfügung stellen könnten. In den fünfziger Jahren setzte unter dem monarchistischen Bürgermeister Lauro ein auf Korruption und Spekulation basierender Bauboom ein, der Neapels berühmten Pinienhügel – il Vomero – zerstört hat. Unter völliger Mißachtung der elementarsten Bauvorschriften und eines Bebauungsplanes wurden massenweise Baugenehmigungen erteilt – als Gegenleistung für die Unterstützung bei politischen Wahlen. Unkontrolliert installierte Kanalisationsanlagen unterhöhlten die Straßen, in denen sich immer wieder Abgründe auftun. Nicht selten rutschen die auf unserem Grund errichteten Wohnblöcke talwärts. Hier hat eine neue, nach dem Krieg entstandene Gesellschaftsschicht ein neues Neapel geschaffen, in dem ihre Beamten und Angestellten wohnten. Neapel hat zwei Gesichter; es ist keinesweg nur die Stadt des Elends – Reichtum ist vorhanden, ist aber noch schlechter verteilt und verwaltet als anderswo in Italien.

Während der spanischen Herrschaft, die bis ins 18. Jahrhundert hinein andauerte, wuchs Neapel zu einer der größten Städte Europas heran; es war das Zentrum eines bis nach Sizilien sich ausdehnenden Reiches. Der königliche Hof und die Verwaltung des Königreichs boten den Neapolitanern reichlich Arbeitsmöglichkeiten. Im 19. Jahrhundert erfolgten unter der Bourbonen-Dynastie die ersten Ansätze zur Industrialisierung; geschützt durch Schutzzölle, entwickelte sich eine Metall- und Stahlindustrie sowie eine beachtliche Textilindustrie.

Im Zuge der Einigung Italiens durch die Piemontesen (1860) wurde Florenz, später Rom zur Hauptstadt ernannt. Neapel verlor allmählich seine Bedeutung. Durch die von Piemont eingeführte Wirtschaftspolitik, die u. a. die Schutzzölle aufhob, wurde die in den Anfängen steckende neapolitanische Industrie erdrückt. Sie konnte sich gegen die Konkurrenz der norditalienischen Industrien nicht behaupten. Erst Jahrzehnte später kam es in Neapel langsam zu einer neuen Entwicklung der Industrie. Doch die Wurzeln des wirtschaftlich-sozialen Nord-Süd-Gefälles – das Italiens Grundproblem ist und bleibt – gehen zurück auf die Art und Weise der Einigung Italiens.

Nach dreißigjähriger ununterbrochener christdemokratischer Machtausübung haben die Kommunisten vor einigen Jahren das schwere Erbe der Regierungsverantwortung angetreten. Die großen Erwartungen der Bürger wurden jedoch enttäuscht. Wohl verzeichnet man hier seit drei Jahren keine Skandale mehr, doch der kommunistischen Stadtverwaltung werden Mangel an mutigen Initiativen sowie administrative Unfähigkeit vorgeworfen. Im Zuge des »historischen Kompromisses« hat die rote Stadtregierung kostbare Zeit verloren, heißt es allgemein, um sich mit der Democrazia Cristiana über ein dann nicht zustandegekommenes Projekt zur Rettung Neapels zu einigen. Und die sozialen Spannungen bleiben nach wie vor bestehen. Fast täglich ziehen Streikende durch das Stadtzentrum; nicht immer sind sie von den Ultrarechten gesteuert. Ihre Forderung ist seit Jahrzehnten die gleiche: »lavoro« – Arbeit! Durch solche Kundgebungen hat die Kommunistische Partei in Neapel an Ansehen verloren.

Auf der Piazza del Municipio – vor dem Stadthaus – stehen von morgens früh bis abends spät Arbeitslose herum. »Damit die da oben uns nicht vergessen«, sagen sie. Damit sind die roten Stadtväter gemeint. Auf einem Schild haben die streikenden Taxifahrer eine mahnende Aufforderung an den Bürgermeister gerichtet: »Valenzi – Du kennst unsere Lebensverhältnisse: Schreite ein!« Der Platz vor dem Municipio ist zum Sammelpunkt der Unzufriedenen, der Protestierenden, der Enttäuschten geworden. Tatsache ist, daß niemand, auch die Kommunisten, nicht die Folgen der dreißigjährigen DC-Günstlingswirtschaft, der Korruption und der falsch geführten Kommunalpolitik richtig eingeschätzt haben. Der kommunistische Bürgermeister Valenzi ist verzweifelt und fühlt sich von Rom im Stich gelassen.

Das wahre Wunder dieser Stadt jedoch ist der Neapolitaner selbst, es ist sein Charakter. Allen Problemen zum Trotz bewahren die Neapolitaner ihre grundlegende Lebensphilosophie – nämlich mit Abstand, Skepsis und Ironie die Geschehnisse dieser Welt zu betrachten. Diese grundlegende Einstellung dem Leben gegenüber rührt von ihrer jahrhundertealten Erfahrung her, von der Hand in den Mund leben zu müssen, weil nichts auf dieser Erde von Dauer ist. Der Kraft und der Lebensweisheit der Neapolitaner liegt die Überzeugung zugrunde, daß allein die Tatsache, überhaupt zu leben, den höchsten Wert hat. Auch angesichts der größten Tragödien bleibt die Grundeinstellung der Neapolitaner die, welche auch in ihrer Sprache deutlich zum Ausdruck kommt: »tira a campà« – Hauptsache, man überlebt!

15. 4. 1979

# Die Sarzis – eine Puppenspielerfamilie

Auf der Piazza der toskanischen Ortschaft Barga bei Lucca wird noch heute ein Puppentheater aufgeführt, das als direktes Erbe der Commedia dell'Arte gilt.

Ein Lautsprecher kündigt die nächste Vorstellung an. »Tutti in piazza« – kommt heute alle auf die Piazza, das Theater von Otello Sarzi gibt eine Vorstellung ...

Die frische, unmittelbare Wirkung, die besonders das »teatro dei burattini« – das Handpuppentheater – in den vergangenen Jahrhunderten charakterisiert hat, ist hier noch unverändert. Ein Hauch Poesie aus vergangenen Zeiten ist spürbar, der durch den Reiz der natürlichen Kulisse einer italienischen Piazza noch unterstrichen wird – im Zeitalter der Computer und der Massenmedien ein Wunder an sich.

Der im »teatro dei burattini« enthaltene Mutterwitz und derbe Volkshumor finden immer noch ein Publikum – oder sollten wir eher sagen: wieder? Für viele Kinder ist es sogar eine Neuentdeckung. Dank archäologischen Ausgrabungen hat man erfahren, daß Puppen seit jeher zum Menschen gehören. Aber was ein wahrer »burattino« ist, das erleben viele zum ersten Mal.

Fagiolino und Pantalone – zwei klassische Figuren des italienischen Puppentheaters. Fagiolino verkörpert den Einfachen, den Gerechten, der am Schluß dank Mutterwitz und instinktiver Weisheit stets die Mächtigen und deren Arroganz besiegt. Jahrhundertelang konnte sich die Gesellschaftskritik und die Satire gegen die Macht nur durch das »burattini«-Theater ausdrücken.

Otello heißt der Zauberer, der die Puppen herstellt, sie bewegt, ihnen die Sprache verleiht und die Moral der

Geschichte festlegt. Er hebt u. a. mit moderner Ausdrucksweise das hervor, was uns das Theater der Vergangenheit anbietet, indem er an die Gegenwart denkt und sich nach ihrem Sinn und ihren Forderungen richtet. Otello gehört einer Familie an, die sich seit vier Generationen dem Puppenspiel widmet.

Durch die Kulturämter verschiedener Regionen hat Otello Zuschüsse für sein Puppenspieltheater erhalten. Seine Vorfahren hatten es schwerer. Aber für die Vorbereitung und den Aufbau jeder Vorstellung hat Otello selber zu sorgen, wie es schon sein Großvater und Vater taten. Otello ist heute 57 Jahre alt und stammt aus Mantua, in der Emilia. Vor 15 Jahren hat er eine Theatergenossenschaft gegründet und zieht mit dieser, wie einst die Wandertheater, von Ort zu Ort, durch alle Regionen Italiens und sogar in ferne Länder wie Asien und Afrika. Für sein Experimentier-Theater findet Otello immer Mitarbeiter.

Die Basis seines Theaters ist das traditionelle Puppenspiel für Kinder; daneben hat er aber auch »burattini« für Erwachsene geschaffen. So kommen in seinem neuen Repertoire auch Bernhard Shaw, Brecht und Majakowski vor. Für die Herstellung seiner Puppen hat er teilweise neue, bisher unbekannte Materialien verwendet. Das Erlernen des Burratinaio-Berufes allein genügt nicht, sagt Otello. Seinen Mitarbeitern unerläßlich ist die Freude daran, man könnte auch sagen: Es bedarf sogar einer Berufung dazu.

Während des Faschismus benützten die Sarzis das Puppentheater sogar dazu, antifaschistische Propaganda zu verbreiten und den Geist des Widerstands wachzuhalten. Im Befreiungskampf 1943–45 war die Familie Sarzi für die Freiheitskämpfer ein wertvolles Verbindungsglied; denn das viele Reisen war bei den Sarzis unverdächtig. Schließlich wurde die ganze Familie jedoch verhaftet und Otello zu einer langjährigen Gefängnisstrafe verurteilt, der er sich durch die Flucht in die Schweiz entziehen konnte. Heute kandidiert Otello für die Sozialisten bei den Parlamentswahlen.

Jede Vorstellung ist für Otello ein neues Erlebnis; die Begegnung mit unbekannten Menschen, der Beginn eines Gesprächs. Fagiolino, der traditionelle Kasperl, kündigt ein französisches Stück an: »Le Cheval«. Es handelt sich um das Pferd eines Leichenwagens; nun ist es alt geworden und kann die Menschen nicht mehr zur letzten Ruhe begleiten. Die Kutscher des Leichenwagens verabschieden sich mit einem Lied von ihm.

Die Reise geht weiter. Am Steuer sitzt die Jüngste der Gruppe, Isabella, eine zwanzigjährige Schweizerin, die nach abgeschlossenem Abitur ihre Kenntnisse über das Puppenspieltheater bei Otello Sarzi erweitern will. Sie fühlt sich wohl in dieser Karawane.

Der neunzigjährige Großvater Francesco ist immer dabei. Den italienischen Familien ist die Institution des Altersheims weitgehend unbekannt. Man schließt hier die Alten nicht aus; sie werden nicht nur geduldet, sie sind nach wie vor in den Familienklan mit eingeschlossen. Zumal der alte Francecso wohl der kritischste aller Zuschauer ist.

Diesmal führt die Fahrt von der Toscana in die Emilia, zum Stammhaus der Sazis; dort wartet der andere Teil der Familie, der ebenfalls zur Theatergruppe gehört. Die Szene einer Familienbegrüßung unter Italienern erinnert immer etwas an Emigranten, die sich nach Jahren wiederfinden. Die Freude ist spontan. Um den großen Bauerntisch versammelt, tauschen alle ihre in der Zwischenzeit gemachten menschlichen und beruflichen Erfahrungen aus. Großvater, Vater und Sohn sitzen einträchtig beisammen. Der häufig beschworene

Generationenkonflikt, der heute so viele Familien erschüttert, hat sie nicht berührt.

Sie hängen an der Decke, die vielen Burattiniköpfe, wie einst die Schinken von Otellos Vorfahren. Hier im Landhaus befindet sich die Werkstatt der Sarzis, die Geburtsstätte aller Burattini und Puppen, die dann mit ihnen die Reise durch die Welt antreten. Die Werkzeuge zur Herstellung der Figuren sind zu einem großen Teil von Otello selber erfunden und hergestellt worden. Zwei für jeden echten Burattinaio unerläßliche Werkzeuge lassen sich aber nicht herstellen, sagt Otello, sie werden einem in die Wiege gelegt: Phantasie und Liebe zum Menschen.

Zwischen Vater und Sohn entwickelt sich auf natürliche Weise ein Gespräch, das immer – wenn auch auf Umwegen – vom Puppenspiel handelt. Beiden, dem Vater wie dem Sohn, geht es darum, die Ausdrucksfähigkeit der Puppen immer mehr zu verbessern. Es komme darauf an zu beweisen, sagt Otello, daß ein gut geführter »burattino« alle menschlichen Gefühle auszudrücken vermag; ja, daß eine Puppe sogar in ihren Bewegungen viel freier ist als zum Beispiel ein Schauspieler auf der Bühne.

Vor dem Landhaus erzählt Sohn Mauro den Kollegen von seinen Erfahrungen mit den Schulkindern in Venedig, wo er im Auftrag der Stadt Kurse für Puppenspieler abhält. Wesentlich dabei ist, daß Mauro all seine Requisiten in der Hosentasche tragen kann. Das unterscheidet ihn von seinem Vater Otello. Es gehe ihm hauptsächlich darum, sagt Mauro, den Kindern die Verlustangst zu nehmen, ein in unserer Zeit weit verbreitetes Gefühl. Dabei geht Mauro von einem Socken aus, der einfach in den Müllkorb geworfen wurde, weil er Löcher hat; man stopft heutzutage je keine Socken mehr. Natürlich weint der Socken, da er nicht verlassen werden möchte; er hat

196

Angst. Aber eine kleine Maus hört den Socken und rät ihm, sofort zu einem Puppenspieler zu gehen; der könne immer aus allem etwas machen. So wird der weggeworfene Socken zuerst ein Hündchen oder eine Katze; aber der Socken will ein menschlicher burattino werden, eine Puppe. Die Kinder – erzählt Mauro – ereifern sich dabei und beteiligen sich aktiv an der Entstehung des burattino, zu dem natürlich auch Kopf, Augen, Nase, Mund und Haar gehören. So war der Socken plötzlich wieder glücklich, denn er konnte mit seinen Augen vieles sehen, mit seinem Mund viele Geschichten erzählen und mit seinen Händen viel Schabernack treiben.

Eine Kontinuität ist in der Familie vorhanden, obschon jeder Sarzi – im Rahmen der burattini – eigene individuelle Wege gesucht und gefunden hat. Das Puppentheater beschränkt sich nicht nur darauf, Kinder zu unterhalten und zu amüsieren; es hat auch eine bedeutende erzieherische Funktion. Mit der Waffe der Satire und der Ironie kann es Kinder und Erwachsene zur Freiheit des Geistes erziehen. In diesem Sinn ist das Puppenspiel auch ein Ausdruck unvergänglicher Kunst.

*Mai/Juni* 1979

ANFANG DER SECHZIGER JAHRE *ging die bunt zusammenge-*
*würfelte Puppenspielerfamilie von Otello Sarzi bei uns ein*
*und aus. Viele von ihnen hatten direkt mit dem Handpuppen-*
*theater zu tun, andere teilten einfach mit ihm sein unstetes*
*Leben, seine schöpferische Unruhe: sein Sohn Mauro, Jean,*
*der Ringkämpfer aus Armenien, der aufstrebende Schrift-*
*steller Manrico mit seiner alabasterweißen schwedischen Ver-*
*lobten Roskha, Alfredo, ein chilenischer Wirtschaftswissen-*
*schaftler, Gino, der virtuose Gitarrist, Gigi, der Schriftsetzer*
*mit den vielen Berufen und andere, wie die Volkssängerin*
*Caterina Bueno und Gelegenheitsgenossen, an die ich mich*
*nicht mehr erinnern kann: eine eigensinnige und fröhliche*
*Gesellschaft, die in jenem breiten Strom schwamm, der die*
*68er Jahre vorbereitete.*

*Die mamma hatte Otello durch ihre Freundin Ornella Bara-*
*giola kennengelernt, die als Pädagogin mit dem Puppenthea-*
*ter arbeitete. Aber die Familie Sarzi war auch eine alte*
*Bekanntschaft unseres babbo. Die Sarzis waren in den*
*Kriegsjahren von 1943 bis 45 eine der bedeutendsten antifa-*
*schistischen Familien der Emilia Romagna, eng verbunden*
*mit den Familien der Brüder Cervi. Auch Otello verschmolz*
*seine Kunst mit politischer Leidenschaft: während einer Tour-*
*nee in Italien, ich weiß nicht mehr wo, verbrannten Faschi-*
*sten nachts sein Zelt. Er mußte mit seinen Puppen, die er teil-*
*weise retten konnte, zu der von uns so genannten »Zia Ornella«*
*flüchten. Damit begann für uns Kinder, Sabina, mich, Ava*
*und Varo, die gleichaltrigen Kinder der Zia Ornella, eine ein-*
*zigartige Zeit.*

*Spontan »adoptierte« die mamma Otello und viele seiner*

Freunde. Sie besaß ein besonderes Gespür für Menschen, die –
wie sie selbst es ausdrückte – »jemand sind«: nicht wegen
irgendeines äußeren Erfolges oder Status, sondern aufgrund
der Treue gegenüber sich selbst und der Fähigkeit, sich nicht
dem Konformismus zu beugen. In dieser Hinsicht hatte sie eine
positive Einstellung auch gegenüber echten Anarchisten –
Otello war es im Tiefsten seiner Seele. Mit solchen Menschen
konnte die mamma eine verläßliche freundschaftliche Beziehung eingehen, die dann nie mehr erlosch. Für die mamma
und babbo gehörten Otello und seine Gruppe mit ihren Überzeugungen noch jener Zeit an, in welcher der Kampf gegen die
Faschisten das zentrale Anliegen war und sie alle die Hoffnung hatten, daß es noch einen Horizont zu erobern gäbe.
Dank der mamma wurde unser Haus für die »Otelli«, wie
unser Familienlexikon sie nannte, einer ihrer Treffpunkte.
Schon als junges Mädchen hatte die mamma die Kunst der
Gastfreundschaft und des Teilens einer gedeckten Tafel gelernt; sie öffnete Gästen weit die Tür, ob sie einzeln oder als
Gruppe vorangekündigt oder nicht ankamen. Sie erfand mit
Zauberhand am Ende ihrer täglichen Arbeit unvergeßliche
»Spaghettate«, die oft bis tief in die Nacht dauerten, mit Chi-
anti begossen wurden und zu unendlichen politischen Auseinandersetzungen führten, untermalt von Liedern aus dem spa-
nischen Bürgerkrieg.
Manchmal entschlossen sie sich dann zu einem Ausflug
»Rome by night«, wie die mamma scherzend sagte. Wir
quetschten uns in den zerbeulten Fiat 600 und fuhren als
Karawane den Hügel über der Ponte Milvio hinunter. Erste
Station war der Petersplatz, wo oft noch Licht in der Wohnung von Papst Paul VI. brannte, auf das Otello mit Worten
hinwies, in denen ich irgendwie einen ironischen Ton spürte;
dieser Ironie erinnerte ich mich, als Jahre später ausgerechnet

*eine Familienangehörige dieses Papstes meine Lebensgefährtin wurde. Dann ging es weiter zur Piazza Navona, dem Berninibrunnen mit dem ausgestreckten Arm, der aussah, als wolle sich die Figur vor dem Zusammenbruch der Kirche (S. Agnese), die von Berninis Rivalen Borromini gebaut war, retten. Dann ging es hoch zum Kapitol, dem Lieblingsplatz meiner Eltern, mit dem mir gleichnamigen Reiterstandbild von Marco Aurelio, das ich so sehr liebte, wie ich den gleichnamigen Liebhaber von Kleopatra haßte.*

*Im babbo hatte die mamma einen außerordentlichen Partner, der die Diskussionen im Auto mit Fresken aus der römischen Geschichte unerwartet unterbrach. Ich war glücklich über ihre Fähigkeit, diese Augenblicke teilen zu können.*

*Die Otelli waren wichtig in meiner Kindheit. Sie waren der lebendige Zirkus im eigenen Hause. Jean aß Glas, aber buchstäblich: Er nahm ein ganzes Weinglas in die Hand, und langsam fing er an, daran zu knabbern, bis zum letzten Stück. Gino, die Gitarre mit seiner kleinen Gestalt regelrecht umhüllend, füllte den großen Raum unseres Wohnzimmers mit Flamencofaltenwürfen. Manchmal probierte Otello eine neu erfundene Puppe aus. Wir Kinder waren verliebt in Alfredo, der »sanft wie alle Radikalen« war und dessen Kopf an »Che« erinnerte. Aber vor allem waren die Otelli anders als alle Menschen, die wir kannten. Sie führten ein Leben als Bohemiens, jeder Einzelne war eine Geschichte für sich und nur provisorisch mit den anderen vereint. Es war eine Art Rudel, in seiner Zahl und Zusammensetzung instabil; für Sabina und mich, die wir Teil einer sehr strukturierten Familie waren, ein greller Gegensatz.*

*Durch die Otelli entdeckte ich in unserem Hause die offene politische Polemik. Fast alle waren extrem linksdenkend und schon gegenüber der KPI kritisch; sie sympathisierten* spontan mit den Chinesen wegen Maos Kritik am Revisionismus Chruschtschows und Togliattis, dem Sekretär der italienischen Kommunistischen Partei. Sie kamen sogar eines Abends mit der chinesischen Fahne zu uns und setzten sie auf unsere Lampe.

Der babbo war gerade wieder in die KPI eingetreten, nachdem diese die stalinistischen Verbrechen verurteilt und sich zu einem italienischen Weg zum Sozialismus bekannt hatte.

Zwischen ihm und Otello entflammten immer wieder heftige Diskussionen, denen ich mit frühreifem politischen Interesse gebannt zuhörte.

Die mamma schien distanzierter zu sein, aber sie sprang immer dann empört auf, wenn der Eindruck entstand, daß babbo Otellos Hang zur Freiheit, den sie über alles liebte, in den Schatten rücken wollte.

Ich aber hatte Gelegenheit, in meinem sicheren familiären Umfeld geborgen, verschiedene Lebensweisen und Meinungen kennenzulernen und zu vergleichen. Ich war in einer privilegierten Situation, deren Seele die mamma war. Sie verzichtete nicht auf gewisse Regeln, z.B. uns Kinder normalerweise frühzeitig ins Bett zu schicken, aber ich fühlte mich einbezogen in diese Gemeinschaft, in diese Augenblicke intensivster Spannung in unserer Familie, eine Art Erwartung, die ich damals wie heute nicht genauer definieren kann.

Um den Otelli zu helfen, entschieden die mamma und babbo sich irgendwann, sie einigen römischen Intellektuellen und Journalisten vorzustellen. Wir Kinder wurden für die Versorgung der Gäste mit eingespannt, ich erinnere mich gut, wie wir den ganzen Nachmittag mit Tellern, Flaschen und Speisen beschäftigt waren.

Abends kamen die Gäste, es waren etwa hundert Personen. Die Puppenspieler hatten in einer Ecke des Wohnzimmers ein *schwarzes Tuch als Tribüne gespannt. Ich ließ mich neben einem Sessel auf dem Boden nieder, in dem ein Herr mit einem düsteren melancholischen Ausdruck saß, es war Moravia. Ich kannte seine Bücher noch nicht, doch da ich erfahren hatte, daß er mit zwölf Jahren den Roman »Schuld und Sühne« verschlungen hatte, versuchte ich es ihm gleichzutun, jedoch ohne Erfolg.*

*Weil der Abend für Otello erfolgreich sein mußte, warf ich in den Theaterpausen immer einen Blick auf diesen Herrn, um in seinen Zügen ein Interesse zu erkennen, leider vergeblich.*

*Das Leben mit den Otelli verblaßte allmählich. Wahrscheinlich ging Otello oft auf Tournee, und vielleicht war auch der Zauber dieser sechziger Jahre im Schwinden begriffen. Einzelne von ihnen habe ich später wiedergetroffen, andere nie aus den Augen verloren. Mauro führt die Tradition der Puppenspielerfamilie weiter. Alfredo war nach dem Putsch von Pinochet in Chile Ende der siebziger Jahre in Rom militant für die MIR-Bewegung eingetreten. Nach verschiedenen unglaublichen Abenteuern lebte er in Schweden und war Arbeiter. Er liebte immer noch den Chianti und war von derselben Sanftheit, die uns Kinder gefangen hatte. Jean habe ich 1989 in Reggio Emilia getroffen, er war noch mit Otello zusammen, wir haben uns fest wie immer umarmt.*

*Als ich vor einigen Monaten in den Schubladen der mamma wühlte, fiel mir die Schallplatte mit den spanischen Liedern unserer damaligen Nächte in die Hände, die uns Manrico geschenkt hatte. Auf der Hülle steht noch die Widmung, die uns Manrico geschrieben hatte: »In der Hoffnung, daß die Menschen aus meiner Generation sich dieser Lieder wieder erinnern. Aber mit der Ermahnung, sie nie zu vergessen, falls uns die Worte nicht genügen werden!«*

*Otello traf ich das letzte Mal am Grab der mamma. Er ist ein*

*Greis mit einem Bart wie ein Prophet. Ich sah ihn plötzlich vor dem Friedhof – ich habe ihm die Stirn geküßt, mit der Erinnerung an unser gemeinsames Stück Leben.*

Marco Magnani (aus dem Italienischen von Sabina Magnani-von Petersdorff)

## Ihr Leben der Liebe

»HELDIN DER LIEBE« – *eroina dell'amore* – mit dieser, für unser heutiges Empfinden etwas überschwenglichen Bezeichnung, ist Anita Garibaldi, die Frau von Giuseppe Garibaldi, des populärsten Helden aus dem »Risorgimento« – der Freiheitskriege des vergangenen Jahrhunderts –, in die Geschichte Italiens eingegangen. Auf dem Piazzale del Gianicolo in Rom, oberhalb der St. Peterskirche, da haben die Italiener Anita Garibaldi ein Denkmal errichtet.

Wer ist diese Frau? Anita war keine Italienerin; sie hieß Anna Maria Ribeiro de Silva und wurde 1819 – oder 1821 (das Geburtsjahr ist ungewiß) – in Morinhos, Brasilien, geboren. Ihr Vater – ein Fischer in bescheidenen Verhältnissen – war portugiesischer Abstammung, die Mutter eine Brasilianerin. Die Geschichte hätte sich wohl kaum je mit Anna Maria Ribeiro de Silva beschäftigt, wenn die damals 18- oder 20jährige Kreolin nicht von einem der aufsehenerregendsten »coup de foudre« der Geschichte getroffen worden wäre. Die Liebe also bestimmte ihr ganzes Leben.

Obschon Anita – wie Garibaldi sie nannte – in der Geschichte des Risorgimento immer erwähnt wird, kann nicht übersehen werden, daß sie immer und nur im Schatten ihres verehrten Mannes Giuseppi Garibaldi geblieben ist. Alles hat sie in den zehn Jahren des Zusammenlebens mit ihm gemeinsam ertragen und erlitten.

Giuseppi Garibaldi – erfahrener Seemann und Frauenheld – mußte 1834, als 27jähriger, Italien fluchtartig verlassen. Wegen seiner Teilnahme an den revolutionären Umsturzversuchen Mazzinis gegen die Monarchie war er von der piemontesischen Regierung zum Tode verurteilt worden. Auf Umwegen landete er 1836 in Rio de Janeiro, gerade als in Lateinamerika die großen Unabhängigkeitskriege im Gange waren, und schloß sich den brasilianischen Republikanern an.

Die von Garibaldi eroberten Frauen sind sicher noch zahlreicher als seine gewonnenen Schlachten. Über die romantische Begegnung mit Anita lesen wir in Garibaldis Tagebuch: »Mit dem Fernrohr, das ich nie aus der Hand gab, wenn ich auf Deck war, ließ ich den Blick hinüberschweifen, nach Barre, jenem Hügel, der sich südlich der Stadt Laguna erhebt. Dort sah ich eine junge Frau. Ich befahl sofort, mich mit einem Boot an Land zu bringen. Kaum angelangt, begab ich mich auf die Suche nach jener Frau. Und das erste Wesen, das ich erblickte, war die, derenwegen ich an Land gegangen war. Wir blieben beide wie angewurzelt stehen, schauten uns stumm an, bis ich sie begrüßte und sagte: *»Du mußt mein sein.«* Kurz darauf war Anita bereits an Bord der Rio Pardo, deren Kapitän Garibaldi war, und – wie der Garibaldi-Biograph Guerzoni schreibt – »vor dem Himmel und dem Meere nahm er sie zur Frau«. Vor dem Himmel und dem Meere – aber noch nicht vor dem Pfarrer. Denn Anita war nicht frei. Über ihre seelische Verpflichtung ist ein pietätvoller historischer Schleier gelegt worden.

Im Gegensatz zu Napoleon, der – mit Ausnahme von Joséphine – nie ernsthaft geliebt zu haben behauptet, hat Garibaldi immer geliebt. Daß er Anita gegenüber gewiß nicht der treueste Ehemann war, besagt nichts. Er liebte sie wie keine andere, auch wenn sie ihm sicher das Leben nicht immer leichtgemacht hat. Sie duldete keine Rivalinnen. In der von Jessi White-Mario verfaßten Garibaldi-Biographie ist zu lesen, daß Anita, als sie eine Rivalin zu haben glaubte, die etwas ungemütliche Gewohnheit hatte, sich mit zwei Pistolen zu Garibaldi zu begeben. Die erste Pistole wollte sie auf die Rivalin abfeuern, die zweite auf ihn, Garibaldi.

Die Jahre vergingen, und die 1848 in Italien ausgebrochene Revolution rief Garibaldi – José, wie Anita ihn nannte – in die Heimat zurück. In Italien kämpfte er zunächst mit seinem Freikorps gegen die Österreicher; dann stellte er sich der revolutionären Regierung in Rom zur Verfügung und bewirkte, als Abgeordneter, im Februar 1848, die Ausrufung der Römischen Republik.

Anita, die zunächst mit ihren Kindern in der Geburtsstadt Garibaldis, Nizza, verblieben war, eilte – obschon hochschwanger – nach Rom, als sich die Nachricht verbreitete, daß Garibaldi dort die Verteidigung der Ewigen Stadt gegen die Rom angreifenden Franzosen übernommen hatte. An der Porta San Pancrazio, auf dem Gianicolo, warf sich Anita in die blutige Schlacht, bis sich die republikanischen Truppen zum Rückzug genötigt sahen.

Diese übermenschlichen Anstrengungen jedoch – dazu in schwangerem Zustand – bewirkten, daß Anita zum ersten Mal die Kräfte verließen. Sie starb, auf dem Rückzug, von den Österreichern gejagt, in einem Bauernhaus in Mandriole bei Ravenna, in den Armen ihres Garibaldi. Ihre letzten Worte waren: »José – die Kinder!« Es war der 4. August 1849, vor 130 Jahren, um sieben Uhr in der Früh.

*1979*

## Die Paninis

PHANTASIE IST EINE GABE VIELER ITALIENER; bei der Familie Panini aus Modena war sie vielleicht ausschlaggebend für den Erfolg.

Die Geschichte dieser großen Familie könnte der Inhalt eines Märchens aus der guten alten Zeit sein. Das Märchen könnte z. B. so beginnen: Es war einmal ... eine arme Familie, eine alleinstehende Mutter mit acht Kindern; und weil alle fleißig, fröhlich und gut zueinander waren, wurden sie reich und berühmt ...

Noch vor zwanzig Jahren lebte die Familie mehr schlecht als recht vom Ertrag eines Zeitungsstandes in Modena. Bis einer der Söhne, Giuseppe, auf die Idee kam, die in einem alten Lagerbestand gefundenen Sammelbildchen in kleine Tüten zu verpacken und diese dann für wenig Geld am Kiosk zu verkaufen.

Das war der Anfang. Heute besitzt die Familie Panini den größten Sammelbild-Verlag der Welt. Auch die Familie hat sich vergrößert: mit Kindern und Kindeskindern auf insgesamt 26 Personen.

Der achtzigjährigen Mamma, oder Oma, bringen alle den ihr gebührenden Respekt entgegen; aus Freude und Selbstverständlichkeit – nicht aus Pflicht.

Die Mamma wohnt im Fabrikgebäude und hat auch innerhalb des Fabrikgeländes ihren Gemüsegarten angelegt. So wird die Bedeutung der Mamma – als Mittelpunkt des ganzen Panini-Unternehmens – noch bekräftigt. Die Tage der Armut hat sie nicht vergessen; aber sie belasten sie keineswegs. Vielmehr hat das Bewußtsein, eine reiche Frau und auch Mutter von reichen Kindern zu sein, ihre Lebensweise nicht verändert.

*Eine* Leidenschaft verbindet alle italienischen Kinder – vom Norden bis in den Süden: Paninis Sammelbilder, die »figurine«, wie man sie hier nennt. Man kauft sie am Kiosk, 50 Lire die Tüte; in jeder Tüte sind vier verschiedene Bildchen. Das Tauschgeschäft blüht. Es ist ein Beschäftigungsspiel, das die Kinder zumindest vom Fernsehen ablenkt. Bis zu seinem sechsten Lebensjahr verbringt nämlich ein italienisches Kind durchschnittlich 420 Stunden pro Jahr vor dem Bildschirm.

Jeden Tag liefert die Post Tausende von Sammlerbriefen beim Panini-Verlag ab. Sie kommen aus aller Welt, nicht nur aus europäischen Ländern. Auch amerikanische und südafrikanische Kinder bitten den Verlag um die ihnen noch fehlenden Bildchen. Kein Brief bleibt unbeantwortet. Nie wurde hier ein Betriebsstreik ausgerufen, obschon die Firma Panini in Modena ansässig ist, im Herzen der Roten Emilia.

Alle Familienmitglieder sind am Betrieb beteiligt; alle arbeiten mit – aber nicht nur in leitender Stellung. Eine wichtige Position nimmt Umberto ein, der zweitälteste. Er ist von Beruf Maschinenschlosser. Für die mechanische Verpackung der Bilder in Tüten hat Umberto Spezialmaschinen erfunden und selbst konstruiert. Eine Besonderheit des Panini-Verlags ist die Verbindung von technischer Präzision mit Arbeitstempo. Der moderne Betrieb am Stadtrand von Modena beschäftigt heute 350 Mitarbeiter.

Jeder Druckbogen enthält alle Bilder einer gesamten Serie. Auf diese Weise wird eine gerechte Verteilung der Bildchen in den Tüten sichergestellt. Auf der Rückseite stehen die Erklärungen zum Bild, in sechs Sprachen. Am Anfang eines jeden Sammelbildchens steht der Graphiker. Titelblatt und die richtigen Farben können entscheidend sein für den Erfolg einer Serie. Die Firma produziert Serien für den nationalen und den internationalen Markt. Manche Serien werden nur für den Markt eines jeweiligen Landes hergestellt: z. B. Fußball. Andere Themen, die alle interessieren, sind Literatur, Geschichte, Comic Strips, Film- und Fernsehstars. Drei Millionen Tüten mit je vier Sammelbildchen werden täglich bei Panini produziert. Der Jahresumsatz der Firma beträgt rund 44 Millionen Mark, davon 80 Prozent in ausländischer Währung, denn Panini exportiert in 25 Länder. Demnächst wird sich auch der Markt im Osten öffnen, frei nach dem Motto: Kinder aller Länder, vereinigt euch!

Ein schweizerischer Schokoladenfabrikant hat das Sammelbild im letzten Jahrhundert als Verkaufsförderung für andere Produkte erfunden. Als Spiel aber ist das Sammelbild um viele Jahrhunderte älter.

Nach Meinung von Giuseppe Panini beruht der außerordentliche Erfolg der Firma zuallererst auf der Familie. »Wir sind eine große Familie, und vor allem halten wir fest zusammen. Das war von Anfang an die treibende Kraft. Natürlich streben wir auch unseren Kunden, den Kindern gegenüber, eine besondere Politik an. Wir haben von Anfang an versucht, uns dem Kind gegenüber stets korrekt zu verhalten, es nie zu enttäuschen, ihm immer zu antworten, ihm immer nahe zu sein. Kinder dürfen nie enttäuscht werden; diesem Verhalten verdankt die Firma Panini ihren guten Ruf in Italien und in der Welt. Ich habe nie viel Zeit gehabt, eingehender über meinen Erfolg nachzudenken. Das einzige, was ich sagen kann: ich wünsche allen, ebenso glücklich zu werden, wie ich es bin. Ich erwarte vom Leben nicht noch mehr, denn ich glaube, mehr vom Leben erhalten zu haben, als man allgemein erwarten kann ...«

Einige Sammelbildserien haben antiquarischen Wert. Sie gehören zum Grundstock des Museums der Sammelbilder, das die Paninis demnächst in Modena eröffnen wollen. Es gibt hier sogar kostbare Stiche von Bildchen, mit denen der Sonnenkönig Ludwig XIV. gespielt hat. Das Dritte Reich machte Propaganda mit Sammelbildchen, die bestimmten Zigarettenmarken beigelegt wurden.

Der Reichtum hat die Paninis innerlich und äußerlich kaum verändert. Sie besitzen weder Yachten noch Privatflugzeuge – aber die Eßkultur wird gepflegt bis zum äußersten Raffinement, nach guter emilianischer Tradition ... Man glaubt Mamma Panini, wenn sie sagt: »Ich liebe große Familien, auch wenn sie heute nicht mehr modern sind ...«

Für jene, die diese Familie nicht kennen, ist der Begriff Panini identisch mit dem König der Sammelbilder. Für jene aber, die sie persönlich kennen, bedeuten die Paninis jedoch mehr. Sie liefern den Beweis dafür, daß es, trotz Krise und Terror, noch ein anderes Italien gibt, von dem man heute nur wenig redet: ein fleißiges und vitales Italien, das zu Zuversicht und Hoffnung berechtigt.

*Juni 1980*

# Ehrendelikt

WER ERINNERT SICH NICHT mit einem bitteren Lächeln an den Film »Scheidung auf italienisch«? Um es kurz zusammenzufassen: ein Sizilianer entledigt sich seiner Frau, die er nicht mehr liebt, indem er sie einfach umbringt; damals gab es bekanntlich in Italien kein Scheidungsrecht. Der Mann tötete unter dem Vorwand, seine Frau betrüge ihn mit einem anderen Mann, und dadurch habe sie sein Ehrgefühl verletzt. Gestützt auf Artikel 587 des italienischen Strafrechts, kommt der Mörder mit einer sehr geringen Strafe davon, praktisch wird er freigesprochen, weil es sich eben um ein Ehrenverbrechen handelt. Somit kann der Mörder kurz darauf – feierlich und kirchlich – die geliebte Freundin heiraten.

Soweit der Film. In der Tat konnte bis vor wenigen Tagen jedermann in Italien, der – aus verletztem Ehrgefühl heraus – einen Menschen umbrachte, mildernde Umstände geltend machen. Diese wurden rechtlich bei jedem anerkannt, der – wie Artikel 587 wörtlich besagte – »ein illegitimes fleischliches Verhältnis der Ehepartnerin, der Tochter oder der Schwester aufdeckt und deren Tod herbeiführt, oder wer den Tod jener Person herbeiführt, die ein illegitimes fleischliches Verhältnis mit der Ehepartnerin, der Tochter oder der Schwester unterhält«.

Mit dieser mittelalterlichen Auffassung des Ehrgefühls ist es nun auch in Italien endgültig vorbei. Der Senat hat dieser Tage das »Ehrendelikt«, il delitto d'onore, für immer aus dem italienischen Strafgesetzbuch gestrichen. Eine norditalienische Zeitung titelt humorvoll: »Die Ehre verschwindet – Italien schreitet vorwärts!« Nun muß diese Gesetzesänderung noch von der Abgeordnetenkammer verabschiedet werden, dann ist sie rechtsgültig. Wer von da an in Italien einen Menschen – Mann oder Frau – umbringt, weil er davon überzeugt ist, daß seine »Ehre« durch den Ehebruch des Partners verletzt worden sei, der kann nicht mit mildernden Umständen rechnen.

In den zwei Jahren von 1976 bis 1978 sind in Italien schätzungsweise 80 Ehrendelikte verübt worden. In den Verhörprotokollen sind beispielsweise folgende Geständnisse zu lesen: »Sie betrog mich; ich konnte nicht umhin, sie umzubringen – um meine Ehre zu retten ...« Oder: »Die Leute flüsterten schon hinter meinem Rücken – ich *mußte* sie umbringen ...« Oder auch: »Meine Frau hatte mir die Ehre genommen; sie verdiente es nicht weiterzuleben.« Dann wieder: »Alle wußten, daß meine Frau mich betrog, alle – außer mir. Als ich den Leuten sagte, daß ich sie deswegen umgebracht hatte, sagten sie ›bravo‹ zu mir – endlich bist du wieder ein Mann.« Diese barbarischen Aussagen stammen aus unserer Zeit ...

Zusammen mit dem Artikel 587 über das Ehrendelikt ist durch den Senatsbeschluß auch die schändliche Auffassung der sogenannten Wiedergutmachungsheirat gestrichen worden, das »matrimonio riparatore«. Auch diese Gesetzesklausel gehört nunmehr der Vergangenheit an. Was heißt »Wiedergutmachungsheirat«? Wenn ein Mann eine Frau entführte oder vergewaltigte, auch eine Minderjährige, diese aber nachträglich heiratete, in vielen Fällen sie zur Heirat geradezu zwang, dann fiel die Verurteilung des Verbrechers automatisch weg; ein Urteil wurde insofern überflüssig – so interpretierte es das bisher gültige Gesetz –, da die Frau doch durch eine Heirat mit ihrem Entführer oder Vergewaltiger »entschädigt« worden sei. In Wirklichkeit pfropfte der Mann – durch die »Wiedergutmachungsheirat« –, der ausgeübten Gewalttätigkeit gegen die Frau noch eine zweite Gewalttat auf, nämlich die Zwangsheirat. Auch diese Klausel des italienischen Strafrechts gehört nunmehr der Vergangenheit an; keine Gewaltanwendung gegen eine Frau kann mehr durch eine nachträgliche Heirat mit dem Opfer getilgt werden.

Die Tatsache, daß trotz der Evolution der Sitten und solch weitgehender Reformen wie die Gleichstellung der Frau in der Familie und am Arbeitsplatz eine solch anachronistische strafrechtliche Klausel bis zum heutigen Tag erhalten bleiben konnte, läßt sich vielleicht erklären, nicht aber rechtfertigen. 1963, also vor 17 Jahren schon, wurde der Kammer erstmals von einigen Parlamentarierinnen eine Gesetzesänderung in diesem Sinn vorgelegt. Aber durch langwierige Geschäftsordnungsfragen und durch mehrmals erfolgte vorzeitige Auflösung des Parlaments wurde der Beschluß zur Abschaffung der Wiedergutmachungsheirat und des Ehrendelikts immer wieder vertagt. Man kann sich des Gefühls nicht erwehren, daß für die unverzeihliche Verspätung der Abschaffung eines Paragraphen, der sich auf solch wesentliche Fragen bezieht, auch jene Parlamentarier – also mehrheitlich Männer – verantwortlich sind, die sich vor jeder Veränderung fürchten und sich jeglicher Neuerung gegenüber feindlich verhalten.

*Juni 1980*

# Pinocchio

DIE SOUVENIRSTÄNDE IN DER toskanischen Ortschaft Collodi zwischen Siena und Florenz verraten dem Reisenden, daß er sich in der Heimat von Pinocchio befindet, dem hölzernen Hampelmann, dem die Nase wächst, wenn er lügt. Die Figuren aus dem Märchen von Pinocchio sind für jeden Italiener zu Symbolen geworden.

Die Nachwelt und der Bildhauer Emilio Greco haben Pinocchio ein Denkmal gesetzt, und zwar hier in Collodi, wo das Werk auch entstanden ist. Pinocchio mit der Fee, die ihn während seiner Entwicklung vom Hampelmann zum Menschen führt.»Collodi« ist auch das Pseudonym, unter dem der Autor Carlo Lorenzini sein Werk geschrieben hat; zu Ehren seiner Mutter, die aus dem gleichnamigen Ort stammte.

Kinder aus ganz Italien besuchen in Collodi den Park, in dem alle Gestalten aufgestellt sind, die das Buch über Pinocchios Abenteuer beleben. Italienische Kinder haben ein besonderes Verhältnis zu Pinocchio. Er ist ihnen wesensnah, sie erkennen sich in seinen Streichen und in seinen Schwächen wieder. Auch in diesem Sinn ist Pinocchio *das* italienische Märchen.

Der Haifisch, in dessen Schlund der arme Pinocchio in der Erzählung verschwindet, ist natürlich eine Hauptattraktion. Die Episode enthält – entgegen der Vorstellung – nichts Grausames. Auch in dieser Hinsicht ist Pinocchio weit entfernt von den Gestalten der Gebrüder Grimm oder Andersens. Pinocchio ist ein Schelm, er ist willensschwach, aber nicht böse. Vor allem: Pinocchio ist ein fröhlicher Hampelmann.

Auch für Erwachsene hat die Geschichte Pinocchios ihren Wert behalten. Im Leben eines jeden Italieners ist Pinocchio ein Bezugspunkt im psychologischen, sentimentalen oder moralischen Sinn. Für viele ist Pinocchio immer noch das schönste Kinderbuch.

Aber Pinocchio hat als Märchen auch einen tiefen moralischen Wert, der in jedem Kind Spuren hinterläßt. Die in Pinocchio enthaltenen Mahnungen klingen aber nicht moralistisch, und die Ironie, die das Buch kennzeichnet, weicht nie. Pädagogen und Psychologen beschäftigen sich mit der tieferen Bedeutung Pinocchios. Die im Märchen enthaltene Moral ist weder erhaben noch edel, sie ist vielmehr praktischer Art. Das Werk erteilt nämlich indirekt die Lehre, daß es eine unausweichliche Gerechtigkeit gibt im Leben, die das Gute belohnt und das Böse bestraft. Und da das Gute zuletzt doch Vorteile bietet, so ist das Gute dem Bösen vorzuziehen. Pinocchios Philosophie beruht nicht auf einem Dogma, sondern rührt von der Erfahrung her, die zu einer konkreten Weisheit führt. Auch in diesem Sinn ist Pinocchio eine italienische Schöpfung.

In Buchform sind die Abenteuer Pinocchios erstmals 1883 veröffentlicht worden. Die Geschichte erschien mit Zeichnungen zunächst in Fortsetzungen in einer florentinischen Kinderzeitung, dem »Giornale dei Bambini«. Die Verfilmung für das Fernsehen durch Luigi Comencini hat Pinocchios Ruhm noch gemehrt. Comencini hebt in seinem Film natürlich das äußere Merkmal Pinocchios hervor: die lange Nase beim Lügen. Die Fee – gespielt von Gina Lollobrigida – wird, bewußt oder unbewußt – als Muttersymbol empfunden. Diese Mutter kann trotz ihrer Güte und ihres Verständnisses auch Strafen erteilen, z. B. Pinocchios Nase wachsen lassen. Anders als Pinocchios Vater, Gepetto, der vor lauter Stolz, einen Sohn geschaffen zu haben, diesem gegenüber blind ist. Auch in dieser Hinsicht spiegelt sich in Pinocchio vieles wider, was der Realität der italienischen Familie entspricht.

Ein internationaler Malwettbewerb hat gezeigt, daß Pinocchio auch weit über Italiens Grenzen hinaus populär ist.

Wir wollten von Regisseur Luigi Comencini wissen, was für ihn das Charakteristische am Märchen von Pinocchio ist. »Die Phantasie«, sagt Comencini. »Die Erzählung bewegt sich stets zwischen Realität und Phantastischem. Die Geschichte ist typisch italienisch, schon ihrer Realität wegen. Z. B. die Kälte im toskanischen Winter; die Armut der Leute, die kargen Mahlzeiten, von denen immer wieder die Rede ist. Das Beste, was Pinocchio zu essen bekommt, ist Blumenkohl in Essig und Öl; und mal ein mit Likör gefülltes Bonbon. Auch ist immer von einem Brocken Brot die Rede, den man sich verdienen muß. Ferner ist ein Sohn, der in die Schule geht, etwas sehr Wichtiges; es entspricht einem sozialen Aufstieg. Bezeichnend ist auch die Szene, als Pinocchio bestohlen wird, sich deswegen an die Justiz wendet, und der Richter Pinocchio ins Gefängnis wirft. In der Erzählung heißt der Ort dieser Begebenheit ›Dummenfang‹. Pinocchios Unrecht besteht also darin, dumm gewesen zu sein.«

Pinocchio erzählt dem Richter von A bis Z, wie er betrogen worden ist. Fünf Goldmünzen besaß Pinocchio. Wolf und Kater, zwei Gauner, verleiteten ihn dazu, diese Goldmünzen in die Erde zu pflanzen und diese zu gießen. Daraus würde ein Baum voll goldener Münzen wachsen, und Pinocchio würde ein reicher Mann werden. Wolf und Kater jedoch gruben die Münzen heimlich wieder aus und eilten mit der Beute davon. Der Richter sucht nicht nach den Tätern, sondern bestraft Pinocchio für seine Dummheit. »Dem armen Teufel hat man fünf Goldmünzen gestohlen. Ergreift ihn also und steckt ihn fünf Tage ins Gefängnis.« Das Mißtrauen der Italiener gegenüber jeder staatlichen Autorität hat tiefe Wurzeln ...

In jeder Schule wird die Geschichte Pinocchios einmal gelesen, schon der Schönheit der Sprache wegen. Pinocchio erzählt von einer Welt, die es heute nicht mehr gibt. Die Bauernkultur, von der in der Erzählung indirekt die Rede ist, ist praktisch verschwunden. Heute wird Pinocchio unter die Klassiker der italienischen Literatur eingereiht. Wie alle klassischen Werke wird Pinocchio überleben, obschon die darin beschriebene Welt verschwunden ist. Das Werk ist ein Ausdruck seiner Zeit, auch der Kinder seiner Zeit. Diese erkennen sich erstaunlicherweise auch heute im hölzernen Hampelmann wieder. Jene Welt hat sich geändert – die italienischen Kinder weniger, auf alle Fälle haben sie Pinocchio in ihre neue Welt aufgenommen.

Auch Giulio Andreotti, derjenige italienische Politiker, der länger als alle anderen auf Ministersesseln saß, hat seine besonderen Erinnerungen an Pinocchio: »Bevor ich zur Lektüre Pinocchios kam, spielte ich schon mit dem gleichnamigen hölzernen Hampelmann. Dieser verband sich mit der Aufforderung, nicht zu lügen, denn sonst wächst einem die Nase ... Es ist ein typisch italienisches Märchen, weil Pinocchios Charakterzüge mit denen vieler Durchschnittsitaliener identisch sind.« Und wenn jedesmal, wenn er, Andreotti, gelogen hat, seine Nase gewachsen wäre – wäre diese lang? »Nein, nein – denn ich glaube, daß es sowohl im öffentlichen als auch im privaten Leben besser ist, nicht zu lügen! Nicht nur vom moralischen Standpunkt aus betrachtet, auch vom praktischen ...« Die Karikaturisten sehen den Politiker Andreotti anders ...

In Mailand steht die Fabrik, die die hölzernen Pinocchios produziert. Es ist ein kleiner Familienbetrieb, welcher nur 20.000 Stück jährlich herstellen kann. Jeder Kopf wird einzeln von Hand bemalt. Exportiert werden diese Puppen nach Japan,

Frankreich und Amerika. Jeder Pinocchio wird gleich mit zwei Nasen geliefert. Die normale Nase wird heimlich durch die lange ersetzt, wenn die Eltern das Kind bei einer Lüge ertappen.

Die Wahrheitsliebe, zu der sich Pinocchio durchringen muß, damit aus ihm ein Junge wird wie alle anderen, ist nur ein Teil der Moral, die das Buch enthält. Noch wesentlicher ist vielleicht, daß Pinocchio als Hampelmann geboren wurde – als Unfreier also; den Weg zum Menschen aber, den Weg zu seiner Freiheit, muß er sich selber erobern.

*24. 10. 1980*

# Cazzone

FEDERICO FELLINIS NEUER FILM »Stadt der Frauen«, der nunmehr in allen italienischen Großstädten zu sehen ist, hat im Land lebhafte Diskussionen ausgelöst. Die große Mehrheit der Kinobesucher äußert sich nicht so sehr über den künstlerischen Wert des Filmes, das heißt, ob »Stadt der Frauen« ein echtes fellinianisches Kunstwerk sei oder nicht, als vielmehr über das Zentralthema des Films, nämlich die Beziehung des Italieners zur heutigen Frau. Das neueste Werk des heute sechzigjährigen Fellini ist eine Traumerzählung: die Reise eines Mannes auf der Suche nach dem Wesen »Weib«. Auf dieser Suche gerät der von Marcello Mastroianni dargestellte Mann zunächst einmal in eine Feministinnenversammlung und später in ein Schloß, in dem der Eigentümer, Dr. Cazzone, gerade seinen zehntausendsten Beischlaf feiert und sich damit von seinem Liebesleben verabschiedet.

»Cazzone« ist in der italienischen Sprache ein sehr grober, vulgärer Ausdruck für den Penis. Mit Dr. Cazzone will Regisseur Fellini jenen Mann darstellen, dessen Hauptmerkmal und Hauptsorge im Leben sein Penis ist; ja, jenen Mann, der überhaupt nur als Funktion seines Gliedes lebt. In einem eigens dazu hergestellten Archiv hat Dr. Cazzone z. B. die Tonbänder aller Liebesseufzer seiner 10.000 Geliebten eingeordnet. Eine typisch fellinianische Film-Phantasie.

Es ist wohl kaum ein Zufall, daß Fellini ein solches Thema aufgeworfen hat, auch wenn die Frau als Sexobjekt seit jeher in obsessiver Form im Leben und in den Filmen Fellinis erscheint; Psychoanalytiker würden sagen: er hat einen Frauenkomplex. Und die Diskussion über diese Art von Komplex ist nun auch in Italien höchst aktuell. Nicht zu leugnen

ist, daß die Emanzipationsbestrebungen der Italienerinnen –
nicht nur der Feministinnen – den italienischen Mann
zunächst einmal überrascht, dann verwirrt, später verunsi-
chert und ihn zuletzt in eine tiefe Krise gestürzt haben, deren
Folgen – für den Mann *und* die Frau – noch gar nicht abzuse-
hen sind. Fellini spricht in einem Interview deutlich aus, was
ihn plagt:»Der Mann muß sich nun verändern, da es die ›Frau
seiner Träume‹ in Wirklichkeit gar nicht mehr gibt, ja nicht
mehr geben kann …« Und wie sieht diese »Traumfrau« aus?
Fellini sieht sie in seinen Filmen – aber nicht nur in seinen Filmen, wie er auch zugibt – schwebend zwischen der Heiligkeit
der Madonna und der üppigen, großbusigen, vielverspre-
chenden Hure; wobei die allesverzeihende, allesverstehende
italienische Mamma dem Sohne allzeit ihren Segen dazu
erteilt.

Nun denke man an den vor kurzem eingebrachten Gesetzentwurf zur sexuellen Gleichberechtigung der Frau, laut dem –
wenn der Entwurf im Parlament gutgeheißen wird – eine Frau
ihrem ihr angetrauten Mann schlicht und einfach »nein«
sagen darf; und wenn der besagte Mann auf Liebe besteht,
darf sie den Ehemann anzeigen – natürlich nur, wenn das
Gesetz angenommen wird. Nun, man mag dazu stehen, wie
man will: doch man wird zugeben müssen, daß allein diese
Einstellung deutlich zeigt, daß in Italien auf der Ebene der
Beziehungen zwischen Mann und Frau eine Revolution im
Gange ist. Die wichtigste Kampfplätze für die Emanzipation
der kämpfenden Italienerinnen sind Ehe und Familie.

Die Frage, die Regisseur Fellini mit seinem Film landesweit
aufgeworfen hat und womit sich heute so viele beschäftigen,
lautet: Gibt es ihn überhaupt noch, den Dr. Cazzone-Typ, den
Sex-Archivar, den Beischlafbibliothekar, also eine vom Sex-
Mythos getragene Variante des latin lovers vergangener Jah-

re? Gibt es ihn tatsächlich noch, nach der Einführung des Ehescheidungsrechts, der Liberalisierung der Abtreibung und dem Antidiskriminierungsgesetz, d.h. nach der erlangten rechtlichen Gleichstellung der Frau? Italienische Zeitschriften wie »Panorama« haben diesbezüglich Umfragen durchgeführt. Das Ergebnis: Es gibt mehr als eine Antwort auf die Frage; für manche ist der Dr. Cazzone-Mann das Symbol einer nunmehr ins Schwanken geratenen, dem Untergang geweihten Männlichkeit; andere dagegen vertreten die Meinung, daß sich die Mentalität des Gockels und seinesgleichen noch bester Gesundheit erfreut. Doch über eines sind sich alle – Sexologen und Psychologen, Feministinnen und Soziologen – einig: so leicht verschwindet dieser Typ Mann in Italien nicht.

Gabriella Parca, die Autorin des Bestsellers »Der Pascha« und Chefredakteurin der feministischen Zeitschrift »Donna oggi«, meinte dazu: »Es ist sehr schwierig, das Reich des Dr. Cazzone zu besiegen; besonders in einem Land wie Italien, in dem eine überbetonte Männlichkeit immer noch das ersehnte Ziel vieler Männer ist.« Und Professor Cesare Musatti, einer der bekanntesten Psychoanalytiker Italiens, erklärte: »Die Feministinnen haben sicher gut daran getan, in der Frage der Sexualität das Eis zu brechen; bei vielen von ihnen ist aber jetzt die Angst, dadurch den Mann kastriert zu haben, sehr groß. Am Schluß ziehen die Frauen eben doch einen Don Juan einem Eunuchen vor.«

Auch auf diesem Gebiet scheint Italien ein Land voller Widersprüche zu sein. Vermutlich, weil die Emanzipationsbewegung auf breiter Basis jünger ist als in anderen Ländern und weil sie so plötzlich und so stürmisch erfolgt ist. So, wie sich Italien innerhalb einer einzigen Generation von einem Agrarland in ein Industrieland verwandelt hat und dadurch die wirtschaftlichen und sozialen Strukturen des Landes in den Grundfesten erschüttert wurden, genauso stürmisch und plötzlich ist auch die Revolution bei den Sitten erfolgt.

Da sind Rückschläge auf der Ebene der emanzipatorischen Errungenschaften und damit verbundene Widersprüche unvermeidlich; diese wiederum lösen ihrerseits Krisen aus. Viele Italienerinnen – man denke dabei an den Süden und an die weibliche Bevölkerung auf dem Land – sind z. B. noch nicht dazu bereit, auf sexuellem Gebiet die Initiative zu ergreifen. Anfänglich, im Zuge des Emanzipationsgedankens, mögen sie eine gewisse Bereitschaft dazu gezeigt haben, die ihr überlieferten traditionellen Mittel zur Eroberung eines männlichen Herzens – wie Schlauheit, gespielte Hilflosigkeit und Schutzbedürfnis – aufzugeben und durch eine auf Freundschaft und Gleichberechtigung beruhende Beziehung zu ersetzen. – Und der Mann? Er hat in vielen Fällen das dadurch entstandene Verhältnis, in dem er nicht mehr wie früher auf jenem Thron saß, auf den ihn bereits seine Mamma gehoben hatte, noch weniger verkraftet als die Frau; *seine* Krise ist tiefer.

Wenn dem nicht so wäre, dann würde man in Italien heute nicht so eingehend, so oft und so leidenschaftlich über die Krise des Mannes schreiben und debattieren.

Fellini hat also mit »Stadt der Frauen« ein Problem aufgegriffen, das seit längerer Zeit in der Luft liegt. In seinem Film kommt keine einzige von einer Frau ausgehende Geste der Liebe, der Zärtlichkeit oder der Güte vor; insofern haben jene Feministinnen nicht Unrecht, die den Film schlicht als »frauenfeindlich« abstempeln. Doch der Mann macht in Fellinis Film – wenn man genauer darüber nachdenkt – eine noch kläglichere Figur; er ist völlig in die Defensive gedrängt worden und erleidet schlußendlich Schiffbruch.

Gerade wegen dieser kläglichen, hilflosen Figur, die der italienische Mann nun oft in der Beziehung zur Frau abgibt, sehnen sich so viele Frauen – bewußt oder unbewußt – nach einem bestimmten Typ von Mann zurück, der in manchen Fällen von jenem alten Klischee des latin lovers nicht weit entfernt ist. Dadurch aber entsteht wiederum die Gefahr, daß der Mann – mit dem Sexkult – die günstige Gelegenheit wittert, den verlorenen Boden wieder zurückgewinnt und infolgedessen allmählich jene Macht zurückerobert, die ihm die Emanzipationsbestrebungen der Italienerin entrissen hatten.

So paradox es klingt: Der Prototyp des Gockels nutzt die Furcht vieler Frauen aus, die nun Angst vor ihrer Courage bekommen, weil sie die Folgen davon im Verhalten der Männer – man kann wohl sagen – am eigenen Leib erfahren haben.

*August 1980*

## »Der Staat ist fern«

ERNEUTE ERDSTÖSSE HABEN am vergangenen Wochenende den italienischen Mezzogiorno erschüttert. Man spricht bereits von über 5.000 Toten. Schneefälle, Frost und Epidemien fordern täglich neue Opfer unter den Obdachlosen. Die Hilfsaktionen sind nach wie vor unzulänglich und drohen angesichts der Wetterverhältnisse ganz zusammenzubrechen. Unter den Betroffenen breitet sich Resignation aus, wissen sie doch, daß die meisten Opfer der Erdbebenkatastrophe vor zwölf Jahren im sizilianischen Belice noch heute in Notbaracken hausen.

Die vom Erdbeben am vorletzten Wochenende betroffenen Ortschaften im Hinterland von Neapel und in der Basilicata bieten ein Bild der Zerstörung, des Todes, der Machtlosigkeit der Menschen gegenüber Naturkatastrophen. Heute spricht man von schätzungsweise fünf- bis sechstausend Toten und Vermißten, von rund zweitausend Verletzten. Doch die offiziellen Zahlen stimmen mit denen, die uns die Überlebenden an den Unglücksorten melden, nicht überein. »Wir zählen anders«, sagen dort die Leute. »Die Behörde zählt die geborgenen Leichen, wir zählen die Überlebenden, und daraus schließen wir auf die Zahl der Toten.« Es gibt Ortschaften wie Sant' Angelo in der Provinz Avellino, die nur noch auf der Landkarte existieren.

Die Rettungsaktionen sind langsam angelaufen. Erst drei Tage nach dem Erdstoß sahen wir in Avellino, einer Stadt mit 70.000 Einwohnern, die ersten Bulldozer am Werk. In Lioni und vor Sant' Angelo in der Provinz Avellino haben wir 24 Stunden nach der Katastrophe Menschen mit den Händen graben sehen. Am Abend mußten die Suchaktionen eingestellt werden – es gab weder Kerzen noch Taschenlampen, und der Strom war ausgefallen. Die Überlebenden verbrachten die kalte Nacht um ein Lagerfeuer. In jener stummen Verzweiflung und Schicksalsergebenheit, der man nur bei süditalienischen Menschen begegnet.

Die ganze Maschinerie der Hilfsaktionen, wie man sie in Italien kennt, ist mühsam und zögernd in Gang gekommen, was nur zum Teil auf die verschütteten Straßen zurückzuführen ist. Die Überlebenden warten auf Hilfe, und die ersten, die durchkamen, waren Journalisten. In den ersten Tagen, den wichtigsten für Hilfe, waren Koordination und Organisation unzulänglich, mangelhaft, chaotisch. »Der Staat ist fern«, stellt ein Überlebender in Lioni gelassen fest. Eine Erklärung für die noch nicht eingetroffene Hilfe, meinte er.

Nach fünf Tagen ist die Rettungsaktion in Gang gekommen, aber Regen, außergewöhnliche Kälte und starke Nordwinde erschweren die Aufräumungsarbeiten. Staatspräsident Pertini hat in einer Fernsehansprache die Situation in einer Sprache geschildert, die alle Bürger erfaßt haben, nicht nur jene, die der byzantinischen Sprache der italienischen Politiker kundig sind. Und er hat damit in Rom ein politisches Erdbeben ausgelöst.

In Süditalien nimmt jede Naturkatastrophe ein tragischeres Ausmaß an als anderswo, denn dabei kommt die jahrhundertealte Vernachlässigung des Südens durch die römischen Regierungen an den Tag. Die erschütterten Gebiete waren durch wahlloses Abholzen und nicht erfolgte Gewässerregulierung erodiert und zerbröckelten deshalb buchstäblich durch den Erdstoß. Viele Neubauten stürzten ein, die oft von Bauspekulanten unter krasser Mißachtung der seismischen Sicherheitsverordnungen errichtet worden waren.

Die Katastrophe hat die ärmsten Regionen des Südens getroffen. Diese Gebiete hatten keinen Anteil am Wirtschaftsaufschwung der fünfziger Jahre. Infrastrukturen und soziale Einrichtungen fehlen weitgehend, die Industrialisierung blieb aus, und die Landwirtschaft ist zurückgeblieben. Arbeitsmöglichkeiten gab und gibt es keine, und so mußten die arbeitsfähigen Menschen wegziehen in den industrialisierten Norden oder ins Ausland. Die norditalienischen Regionen sind auch dank dieser südlichen Arbeitskräfte reicher geworden. Das Nord-Süd-Gefälle aber hat sich verstärkt, und dieses Ungleichgewicht stellt politisch, ökonomisch und sozial eines der Hauptprobleme des Landes dar.

Das Wort »Belice« geht unter den Überlebenden und Obdachlosen in den Erdbebengebieten um wie ein Gespenst. Belice: Damit meint man das Erdbeben von 1968 in Sizilien. Heute, nach zwölf Jahren, wohnen viele, die obdachlos wurden, immer noch in den Blechbaracken, die damals »provisorisch« aufgestellt worden waren.

Die Regierung aber hatte 150 Milliarden Lire für den Wiederaufbau im Belicetal zur Verfügung gestellt. Die Hilfsbeiträge verschwanden zu einem großen Teil in den Labyrinthen der Bürokratie, im Sumpf der Korruption, der Mafia und der politischen Vetternwirtschaft eines christdemokratischen Regimes. Diese Bedeutung hat in Italien das Wort »Belice« angenommen. Es ist zu einem Begriff politisch-administrativen Versagens geworden.

Vor vierzig Jahren schrieb Carlo Levi sein berühmtes Buch »Christus kam nur bis Eboli«. Ein Überlebender in Lioni meint heute: »Aber der Staat, der hat die Pflicht weiterzukommen, bis zu uns.«

5. 12. 1980

# 40 Jahre Vespa

DIE VESPA, IN SERIENPRODUKTION hergestellt, feiert ihren 40. Geburtstag. Der Erfolg des italienischen Motorrollers war schlagartig. Auf dem Weltmarkt der Roller ist die Vespa so bekannt und beliebt, wie es auf den Speisekarten die Spaghetti sind: ein Produkt italienischer Phantasie.

Im Leben der Italiener spielt das Transportmittel – welches auch immer – eine besondere Rolle. Nicht nur, weil es – wie überall auf der Welt – als Statussymbol ausgelegt werden kann, sondern auch, weil in Italien die öffentlichen Verkehrsmittel seit jeher unzulänglich sind und schlecht funktionieren.

So verwundert es nicht, daß Vehikel wie Kutsche, Fahrrad oder Kleinauto sich auch als Thema in der »canzone italiana« niedergeschlagen haben. Später, als Film und Fernsehen kamen, fand das jeweils verbreitetste Vehikel der Zeit dort seinen Ehrenplatz.

Die Großväter der heute zwanzigjährigen Vespafahrer erinnern sich oft und gerne an die »Kutsche«, an die carrozzella, mit der sie in Begleitung des geliebten Mädchens kleine Ausflüge unternahmen. Die Klänge des entsprechenden Liedes sind noch jedermann vertraut und bezeichnend für eine ganze Epoche, selbst für die, die jene Zeit nicht erlebt haben. Auch das Fahrrad ist in einem Lied der zwanziger Jahre verewigt worden, und als in den dreißiger Jahren mit der Serienproduktion des Kleinwagens »Ballila«, des Fiat 508, begonnen wurde, da ist das Lied, das von der italienischen Durchschnittsfamilie auf Urlaub berichtet, das populärste Lied im ganzen Land geworden. Vom Norden bis in den Süden – man sang »la famiglia Brambilla«.

Der Zweite Weltkrieg, aus dem die überwiegende Mehrheit der Italiener besiegt, arm und hilflos hervorging, bereitete dem Ballila-Traum so vieler italienischer Familien ein jähes Ende. Die Zerstörungen aus der Kriegszeit führten wie überall in Europa zu unvorstellbaren chaotischen Situationen. Die öffentlichen Verkehrsmittel waren praktisch nicht mehr vorhanden. Neben wenigen, langsam und quietschend sich vorwärtsbewegenden Straßenbahnen, an denen die Bürger wie Trauben hingen, waren es die »camionette«, die das italienische Straßenbild beherrschten. Das waren alte, meist kleine Liefer- oder Lastwagen, auf die man mittels einer hölzernen, höchst unstabilen Leiter hinaufkletterte; dann setzte man sich auf längs den Wagenseiten aufgestellte Holzbänke, dicht an den nächsten Fahrgast gedrängt. Wer nur einen Stehplatz ergatterte, der mußte sich am Dachgerüst festhalten, das als Sonnen- oder Regenschutz gedacht und mit einer Plane abgedeckt war. Benzin war nicht nur teuer, sondern auch rationiert. Die Fahrt mußte sich bezahlt machen; infolgedessen mußte man auf die Abfahrt warten, bis der Fahrer so viele Fahrgäste eingesammelt hatte, wie das Vehikel überhaupt zu fassen vermochte. Die kleinste Fahrstrecke wurde für jedermann zur Qual.

Aus dieser Situation wurde die Idee der Vespa geboren. »Man« suchte dringend nach einem Transportmittel. Im Vordergrund stand die Wirtschaftlichkeit; es mußte ein Gefährt sein, das im Gegensatz zum Automobil auch für den »kleinen Mann« erschwinglich war. Die Vespa veränderte nicht nur nach und nach das Straßenbild der italienischen Städte, sie änderte weitgehend auch die Lebensart, die Sitten der Italiener und nicht zuletzt die Geräuschkulisse italienischer Städte und Dörfer ...

Es war die Vespa, die den Beginn des Wiederaufschwungs im

Nachkriegsitalien zeichnete. In diesem Sinne ist die Vespa zu einem Symbol geworden.

Der neue Motorroller bot Italien die Chance, wieder auf dem Weltmarkt präsent zu sein; und Italien wußte die Chance zu nutzen. Doch der Erfolg der Vespa ist allein damit nicht zu erklären. Es spielten noch andere Faktoren mit – psychologische und soziale. Die Vespa gab den Italienern schlagartig ein neues Lebensgefühl; damals war der Begriff der »Lebensqualität« noch unbekannt. Doch gerade dazu führte die Vespa, nämlich die Qualität des Lebens sehr vieler Italiener zu verbessern. Sie erweiterte ihre Bewegungsfreiheit und ihren Horizont.

Aber die Vespa tat noch mehr; sie gab auch einen wesentlichen Anstoß zur Emanzipation – als Befreiung von allzu festen Familienbanden verstanden – sehr vieler junger Italienerinnen. Damals hätte es eine typische italienische Mutter ihrer Tochter kaum erlaubt, mit ihrem Freund – per Auto – einen längeren Ausflug zu unternehmen. Es schickte sich nicht. Das Auto hatte bei vielen italienischen Müttern – ob berechtigt oder nicht – den Ruf eines fahrenden, also um so gefährlicheren Sündenpfuhls, in dessen Schutz sich viele verbotene Dinge – ungesehen – machen ließen.

Die Vespa hingegen stand erstaunlicherweise auch bei sittenstrengen Eltern nie in diesem Ruf. Es geschah doch alles – so meinten sie – »sotto la luce del sole« – im hellen Schein der Sonne.

Auch dies hat dazu beigetragen, daß sich Ende der vierziger und während der ganzen fünfziger Jahre Italiens Städte mit jenen wendigen Vespas füllten, auf denen meist zwei Menschen saßen – es konnten aber auch mehr sein – die mit bis zu 60 Kilometern pro Stunde über die Plätze und Straßen jagten, und alles für wenig Geld. Nicht nur der Benzinverbrauch war sehr gering, auch der Handel mit gebrauchten Vespas blühte, so daß sich erstmals auch Jugendliche und alle, die ärmeren Schichten angehörten, das Vergnügen einer Fahrt ins Grüne leisten konnten.

Die wenigsten wissen, daß sie dieses Vergnügen dem heute 85jährigen Ingenieur Corradino d'Ascanio zu verdanken haben.

Er arbeitete in der Flugzeugfabrik von Enrico Piaggio, in Pontedera in der Toscana. Die Fabrik wurde durch Bombenangriffe völlig zerstört. Unmittelbar nach Kriegsende gab Piaggio seinem ehemaligen Flugzeug- und Helikopterkonstrukteur Corradino d'Ascanio den Auftrag, das Projekt eines völlig neuen Motorrollers zu entwerfen.

Dazu scheibt d'Ascanio: »Wir hatten endlich wieder Frieden, und wir versuchten etwas zu tun, das uns allen das Leben erleichtern sollte. So nahm ich den Auftrag Piaggios an, ein Beförderungsmittel zu erfinden, das wirtschaftlich und praktisch war, damit sich die Italiener schnell von einem Ort zum anderen begeben konnten. Mir war von Anfang an klar«, so schreibt d'Ascanio weiter, »daß das neue Modell, anders als die bisherigen Motorräder, ein Ersatzrad haben müsse und daß neben der Wirtschaftlichkeit die praktische und leichte Handhabung des Vehikels das Kennzeichen des neuen Rollers sein mußte. Allmählich entstand so das Modell des Rollers, den ich übrigens seiner schmalen Taille wegen Vespa – *Wespe* – taufte.«

Wie hätte sich der phantasiereiche Ingenieur träumen lassen, daß seine Vespa nach 40 Jahren gerade wegen ihrer Wendigkeit zum idealen Werkzeug der »scippatori«, der Handtaschenentreißer, werden würde; auch konnte d'Ascanio nicht voraussehen, daß es eine Energiekrise geben würde, die die Vespa zu einem triumphalen Comeback führen würde.

Heute werden in Italien jährlich über 250.000 Vespas verkauft.

Im heutigen Sprachgebrauch ist Vespa zum Synonym für Motorroller geworden und hat sogar – als solches – offiziell einen Platz in der »Enciclopedia italiana«. Aus der Gegenwartsliteratur ist die Vespa gar nicht mehr wegzudenken; ebenso wie sie in den Filmen aus den fünfziger Jahren eine große Rolle spielte. Unvergeßlich für jeden, der den amerikanischen Erfolgsfilm »Ein Herz und eine Krone« gesehen hat, bleibt wohl jene Szene, in der Audrey Hepburn und Gregory Peck auf einer Vespa sitzend durch Roms Straßen am Trevi-Brunnen vorbeifahren. In jener Szene sind nicht die beiden Schauspieler die Hauptdarsteller; die Show stiehlt ihnen der unumstrittene Star – die Vespa.

*April 1981*

## Bologna: Erster Jahrestag des Bombenanschlages

DIE STADTVERWALTUNG VON BOLOGNA geht davon aus, daß die Terroristen – ob von links oder von rechts – beweisen wollten, daß dieser Staat nicht fähig ist, die Sicherheit der Bürger zu gewährleisten. Wenn es den Terroristen also darum geht, durch Bombenanschläge Angst und Frustration zu verbreiten, so ist die richtige Antwort die, argumentieren die Stadtväter von Bologna, der Angst die Vitalität, der passiven Frustration die aktive Beteiligung der Bürger, der blinden Gewalt den Dialog entgegenzustellen, und zwar selbst mit jenen, die diese Gesellschaft in Frage stellen.

Deshalb die ungewöhnliche viertägige Gedenkfeier von Bologna, bei der nicht nur offizielle Ansprachen und Diskussionen über den Terrorismus, sondern auch klassische Konzerte, ebenso wie Pop- und Rockkonzerte, Theateraufführungen und Gesang auf dem Programm stehen.

Neben der Zustimmung stößt diese ungewöhnliche Art des Gedenkens auch auf Ablehnung. Den linken Stadtvätern von Bologna bleibt der Vorwurf nicht erspart, daß sie selbst ein so tragisches Ereignis für die eigenen politischen Zwecke instrumentalisieren und dafür auch noch öffentliche Gelder ausgeben.

Wie dem auch sein mag – in Bologna wird immerhin der Versuch unternommen, auf eine bisher unbekannte Weise den Terroristen zu antworten und dafür die Jugendlichen aus ganz Europa zu gewinnen.

*31.7.1981*

Am 2. August 1980 wurde ein Bombenanschlag auf den Hauptbahnhof von Bologna verübt, bei dem 85 Menschen starben und über 200 verletzt wurden. Die Tat wurde neofaschistischen Terroristen zugeschrieben, doch obwohl den Ermittlungsbehörden in den darauffolgenden Tagen die Festnahme mehrerer Rechtsextremisten gelang, konnte das Verbrechen bis heute nicht zweifelsfrei aufgeklärt werden.

## Sauregurkenzeit

WIR HABEN UNS DEN KOPF darüber zerbrochen, wie man den deutschen Begriff »Sauregurkenzeit« ins Italienische übersetzt. Wir haben die erfahrensten italienischen Journalisten danach gefragt und zahlreiche dicke Wörterbücher konsultiert. Vergeblich. Den Begriff – so mußten wir feststellen – gibt es im Italienischen gar nicht, so wie es übrigens auch die Begriffe Stimmung, Weltanschauung, Schadenfreude und andere mehr nicht gibt. Der Wortschatz einer Sprache, so meinen wir, ist *nie* zufällig. Es hat seine historischen, psychologischen und kulturellen Gründe, wenn eine Sprache um bestimmte Ausdrücke reicher beziehungsweise ärmer ist.

Wie steht es also mit der sogenannten »Sauregurkenzeit« in Italien? Die italienischen Journalisten benutzen dafür die Bezeichnungen »tempo morto« oder »fiacca« – flaue Zeit oder tote Zeit – also keinen bestimmten, spezifischen Begriff: und offensichtlich ganz einfach deshalb nicht, weil es hier für Journalisten kaum oder in viel geringerem Maße als in anderen kulturell und politisch mit Italien vergleichbaren Länder so etwas wie eine »Sauregurkenzeit« gibt. Mit anderen Worten und überspitzt ausgedrückt, es ist hier immer was los ... Wenn es gar nichts gibt, gibt es immer noch eine Regierungskrise, meinen spöttisch Pessimisten.

In diesem Zusammenhang erinnert man sich hier gerne an die frühen sechziger Jahre, als eine Regierungskrise unmittelbar vor dem allgemeinen Sommerurlaub ausbrach, die Politiker aber doch in Urlaub gehen wollten. So kam sehr schnell eine Regierung unter Giovanni Leone zustande, die der Volksmund auch prompt »Badesaisonregierung«, »governo balneare«, taufte. Und diese Regierung Leone überlebte auch kaum den Sommerurlaub. Ihre Aufgabe hatte sie jedoch erfüllt ...

Vergeblich warten die Journalisten aller italienischen Medien in den letzten Jahren auf eine wirklich ruhige Zeit während des offiziellen Sommerurlaubs. Die beiden letzten größeren Terroranschläge erfolgten z. B. gerade im August, mitten im Urlaubsmonat: der Anschlag auf den Italikus-Expreß und der Bombenanschlag auf den Bahnhof von Bologna im vergangenen Jahr, als anderswo die Schreibmaschinen und Telexgeräte stillstanden.

Unvergeßlich ist den italienischen Kollegen ferner jenes Feragosto 1977 geblieben, als dem SS-Obersturmbannführer Herbert Kappler, der als Kriegsverbrecher zu lebenslanger Haft verurteilt war, aus einem römischen Militärgefängnis die Flucht nach Deutschland glückte. Ferragosto, der 15. August, das ist für die Italiener nicht nur ein religiöses Fest, es bedeutet auch den Höhepunkt des Sommerurlaubs. Ein ganzes Land steht still. Niemand hätte gedacht, daß an diesem Tag sich etwas oder jemand rühren könnte. Herbert Kappler tat es dennoch, und es war das Ende der Ruhe für die italienischen Journalisten, die Hals über Kopf in die jeweilige Redaktion zurückfuhren.

Schlagen wir einmal die italienischen Zeitungen von heute auf. Von »Sauregurkenzeit« deutscher Vorstellung kann da kaum die Rede sein: da stehen Schlagzeilen im Zusammenhang mit dem Terrorismus; da wird ausführlich über die neue Streikwelle berichtet, die diesmal direkt die Fremdenverkehrsindustrie überrollt und damit die italienische Zahlungsbilanz arg belastet. Da werden Waldbrände in den landschaftlich schönsten Touristenorten Italiens gemeldet, die grüne Küstenstreifen in verbrannte Erde verwandeln. Steckt die Mafia dahinter, fragen viele sich besorgt? Ferner gibt der erste

nicht christdemokratische Regierungschef Italiens seit Kriegsende gerade jetzt sein erstes langes Interview. Die Hitzewelle
mit ihren Rekordtemperaturen beschäftigt Presse, Funk und
Fernsehen ebenfalls. Zumal die Bürger erstmals erfahren, daß
das Klima in Rom sich in den letzten Jahrzehnten tatsächlich
verändert hat.

Der berühmte »Ponentino«, jener sich nach Sonnenunter-
gang einstellende Nordwestwind, der den schweißgebadeten
Römern die ersehnte Abkühlung brachte und in der Weltlite-
ratur vergangener Jahrhunderte einen Ehrenplatz gefunden
hat, dieser »Ponentino« ist nicht mehr – er ist verschwunden,
verschluckt von der großen Bauspekulation, durch die an der
Peripherie Roms bei Ostia und Fiumicino die gewaltigen
Betonwohnblöcke entstanden sind, die als Barriere wirken
und jeglichen Windzug aufhalten. So stürzen sich viele Touristen zur Zeit hitzeverzweifelt und hitzeerschöpft in die heiligen römischen Brunnen, und die Zeitungen berichten, daß
erneut »Vandalen« und »Barbaren« unter uns sind, die nicht
einmal die berühmten Kunststätten respektieren.

Es mag wohl sein, daß dieser Bericht bewußt oder unbewußt
vom Wunsch nach einer »Sauregurkenzeit« getragen ist.
Denn glückliche Völker haben nicht nur keine Geschichte,
wie ein alter Volksspruch besagt, sondern wir möchten hinzufügen: Glücklich jene Länder, die eine »Sauregurkenzeit«
kennen!

7. 8. 1981

## 85. Geburtstag von
## Giuseppe Tomasi di Lampedusa

AM 23. DEZEMBER 1896 WURDE in Palermo – Sizilien – Giuseppe Tomasi di Lampedusa gerboren. Ein Mann, dessen Name bis zum Jahre 1958 der überwiegenden Mehrheit der Italiener völlig unbekannt war und heute in der zeitgenössischen italienischen Literatur einen Platz ersten Ranges einnimmt. Tomasis Ruhm kam schlagartig, ein Jahr nach seinem Tod, als der Verlag Feltrinelli seinen einzigen Roman »Il gattopardo« (»Der Leopard«) veröffentlichte. Man war sich allgemein darin einig: Es handelte sich um ein literarisches Meisterwerk. Zwei Jahre zuvor hatte Lampedusa u. a. dem Verlag Einaudi das Manuskript geschickt; doch dessen zuständiger Lektor – selbst ein berühmter Schriftsteller, nämlich Elio Vittorini – hatte das Manuskript abgelehnt; die literarische Bedeutung des »Gattopardo« war Vittorini völlig entgangen.
Guiseppe Tomasi di Lampedusa starb 1957 – 61jährig – noch vor seiner literarischen Entdeckung. Zwei Jahre später wurde sein Werk mit dem wichtigsten italienischen Literaturpreis, dem »Premio Strega«, ausgezeichnet. Der Roman löste sofort allgemeine Begeisterung aus und ist seither in über zwanzig Sprachen übersetzt worden. In der zeitgenössischen Literatur Italiens ist »Il gattopardo« ein Meilenstein, denn er kündigt die Krise des Neorealismus und den Beginn einer neuen Literaturperiode an.
Wer ist der Autor, um was für einen Roman handelt es sich, und weshalb der schlagartige Erfolg?
Guiseppe Tomasi Herzog von Palma und Prinz von Lampedusa entstammte einer der ältesten Adelsfamilien Siziliens. Er verbrachte seine Kindheit teils im Palazzo seiner Familie in

Palermo und teils auf dem Lande, in Santa Margherita Belice. Diese Orte spielen im Roman eine wesentliche Rolle, da es sich beim »Gattopardo« um ein stark autobiographisch gefärbtes Werk handelt.

In seiner Jugend unternahm Tomasi zahlreiche Auslandsreisen; seine Erziehung war – wie bei allen jungen Leuten seines Standes in Sizilien – humanistisch ausgerichtet und führte zu keinem eigentlichen Beruf. Das damals umfangreiche Familienvermögen machte dies auch überflüssig. Diese besondere Erziehung lieferte jedoch den jungen Leuten des sizilianischen Adels kostbare Werkzeuge zur eigenen kulturellen Bereicherung. Ohne ein regelmäßiges Studium abgeschlossen zu haben, verfügte Tomasi di Lampedusa über eine außergewöhnliche literarische Bildung. Er nahm jedoch nur in Ausnahmefällen Kontakt zu den literarischen Kreisen seiner Zeit auf. Tomasi war ein in sich gekehrter, einsamer Mensch, der die Literatenkreise mit Distanz und Geringschätzung betrachtete.

Als junger Mann nahm Lampedusa am Ersten Weltkrieg teil; er wurde gefangengenommen, er konnte fliehen und kehrte auf abenteuerliche Weise nach Italien zurück. Nach dem Krieg schlug Tomasi die Militärlaufbahn ein, zog sich aber zurück, als der Faschismus die Macht an sich riß; sein Leben lang blieb er seinen liberalen Prinzipien treu und trug gegenüber dem offiziellen Italien eine verachtende Gleichgültigkeit zur Schau.

Trotz abrupten Endes seiner Militärkarriere beschäftigte sich Guiseppe Tomasi weiterhin eingehend mit Militärstudien und Strategie; einer seiner liebsten Autoren war, neben Stendhal, Clausewitz.

Während des Faschismus reiste der Fürst immer häufiger ins Ausland. In London, im Haus seines Onkels, des Marchese

Pietro Tomasi della Torretta und damaligen italienischen Botschafters in Großbritannien, lernte er die lettische Baronin Alessandra Wolff-Stomersee kennen und heiratete sie. Baronin Alessandra war eine bedeutende Psychologin; sie war Baltin und mütterlicherseits Italienerin.

Im Jahr 1943, während des Zweiten Weltkriegs, wurde der Palazzo der Tomasi di Lampedusa bei einem amerikanischen Bombenangriff völlig zerstört. Für den Prinzen war es ein Schlag, der unverwischbare Spuren in seiner Seele hinterließ; um so mehr, als er durch einen weiteren Bombenangriff in Capo d'Orlando auch den Rest der geretteten Familienbibliothek verlor. Das Vermögen des Fürsten war nach 1943 stark zusammengeschmolzen. Als sein Großvater starb, mußte das hinterlassene Vermögen unter vierzig Erben aufgeteilt werden. Von seinem Anteil kaufte Tomasi einen alten Palazzo in Palermo (im Roman ist es der »palazzo al mare«), der seinem Urgroßvater Guilio IV. von Lampedusa gehört hatte. Tomasi mußte sich mit finanziellen und administrativen Problemen herumschlagen, für die er nicht vorbereitet war. Er lebte zurückgezogener denn je, pflegte nur wenig Umgang mit Menschen und nahm so wenig wie nur möglich am sogenannten palermitanischen Gesellschaftsleben teil.

Trotz seiner großen literarischen Bildung, oder vielleicht gerade deshalb, wahrte Tomasi gegenüber der zeitgenössischen literarischen Welt eine Distanz, die teils auf einer Vorliebe für Abgrenzung von der Masse, teils auf einem gewissen Mißtrauen beruhte. Laut den Berichten eines seiner besten Jugendfreunde, Francesco Orlando, empfand Tomasi die zeitgenössische Literatur Italiens als provinziell.

Aus seiner Isolierung brach Tomasi immer seltener aus; eine Ausnahme machte der Prinz im Sommer 1954, als er in Begleitung des namhaften Dichters Lucio Piccolo – der sein Neffe

war – an einer Literatentagung im Kurort San Pellegrino teil-
nahm. Im Vorwort zur ersten Auflage des »Gattopardo«
schreibt der Schriftsteller Giorgio Bassani, dem der Verlag
Feltrinelli die Entdeckung Tomasis verdankt, folgendes:
»Das erste und letzte Mal sah ich Giuseppe Tomasi Prinz von
Lampedusa im Jahr 1954 anläßlich einer literarischen Tagung
in San Pellegrino Terme … es war Lucio Piccolo selbst, der
mir den Namen und den Titel des Onkels nannte: Giuseppe
Tomasi, Principe di Lampedusa. Er war ein großgewachsener
Herr, schweigsam, blaß im Gesicht, von jener gräulichen
Blässe, die den dunkelhäutigen Südländern eigen ist. Der
sorgfältig zugeknöpfte Mantel, der breitrandige Hut – tief
über die Augen gezogen –, der knotige Stock, auf den der
Prinz sich beim Gehen stützte, das alles bewirkte, daß Tomasi
di Lampedusa – was weiß ich – eher wie ein Offizier im Ruhe-
stand oder so etwas Ähnliches wirkte … Tomasi war damals
sechzig Jahre alt … immer schweigsam, immer mit derselben
verbitterten Falte um die Mundwinkel. Als ich ihm vorge-
stellt wurde, beschränkte er sich darauf, sich kurz zu verbeu-
gen, ohne ein Wort zu sagen …«
Soweit Giorgio Bassani.
Um was für einen Roman handelt es sich beim »Gattopardo«?
Es ist ein historischer Roman und spielt zur Zeit des Risorgimento, als Garibaldi in Marsala landet und damit das Ende
des bourbonischen Königreichs einläutet. Aus dem Norden
dringen neue Kräfte und neue Ideen in Sizilien ein, die die
Herrschaft der uralten, unbeweglichen Mächte stürzen und
das Land Italien im Zeichen des Liberalismus zu einem geeinten Staat zusammenschließen.
Im Mittelpunkt des Romans steht Don Fabrizio, Fürst von
Salina, in dessen Familienwappen ein Leopard abgebildet ist;

Franca Magnani mit ihrem Mann Valdo und Sohn Marco

Franca Magnani mit ihren Kindern Sabina und Marco

Franca Magnani
und ihre Tochter
Sabina

Mit ihrem
Kamerateam im Juni
1961 in Avellino

Vor der Spanischen Treppe Dezember 1970

Römische Skizzen August 1971 vor dem Colosseum

An ihrem Schreibtisch im Büro der ARD, Rom

Unterwegs in Süditalien mit ihrem Team 1974

Begegnung mit Enrico Berlinguer, Sekretär der PCI, 1969

Autopanne in der Toscana. Das Team hilft sich selbst. Frühjahr 1974

Mit dem Schriftsteller
Leonardo Sciascia,
Sizilien 1980

Mit Marcello
Mastroianni 1984

Mit dem ehemaligen Staatspräsidenten Italiens, Sandro Pertini

Mit Heinrich Bö[ll]
aus Anla[ß]
der Verleihung de[s]
Fritz-Senge[r-]
Preises 198[

Mit Erdbebenopfern
in Süditalien

Im Einsatz mit Carabinieri

Diskussion mit Abo Schmid und Walter Gollwitzer, dem ARD-Team, Rom

Am Schneidetisch im Studio Rom der ARD

Im Antico Caffè Greco

In ihrer Bibliothek in Rom

In ihrer geliebten Küche

Beim Einkauf auf dem Campo dei Fiori in Rom

Am Lago di Bracciano

Otello Sarzi,
der Puppenspieler, 1996

Sabina Magnani-von Petersdorff und Marco Magnani, die Herausgeber

Emilia, Marta, Lorenzo, Vittoria und Adriano,
die Enkelkinder, auf dem Kapitol

er ist also der »Gattopardo«. Don Fabrizio ist sich der Dekadenz seines Standes bewußt. Mit Garibaldis Landung beginnt für den Gattopardo der Zerfall des Ehrwürdigen, die »Gattopardi« werden weichen müssen, und ihren Platz werden – im Namen der neuen Kräfte und der neuen Ideen – die Emporkömmlinge einnehmen – die »kleinen Schakale und die Hyänen«. Eine neue Klasse schreitet vorwärts. Der Fürst von Salina nimmt den Gang der Geschichte mit skeptischer Distanz hin, trotz seiner Empörung. Der Neffe des »Gattopardo« jedoch, der 21jährige Tancredi, schließt sich Garibaldis Rothemden mit einem präzisen politischen Ziel an. Das Gespräch zwischen dem alten Fürst von Salina und dem jungen Tancredi, in dessen Verlauf der junge Mann dem alten Onkel seinen Entschluß mitteilt, an der Seite Garibaldis zu kämpfen, ist ein klassischer Passus der italienischen Literatur geworden:

».. . Ich gehe fort, großer Onkel, gehe in einer Stunde fort. Ich bin gekommen, dir Lebewohl zu sagen.« Dem armen Salina wurde es eng ums Herz. »Ein Duell?« »Ein großes Duell, Onkel ... Ich gehe in die Berge um Ficuzza; sag es niemandem ... Es bereiten sich große Dinge vor, Onkel, und ich will nicht zu Hause bleiben; wo man mich übrigens, bliebe ich hier, unverzüglich festnehmen würde ...« »Du bist verrückt, mein Sohn. Sich mit diesen Leuten einzulassen! Die gehören doch alle zur Mafia, die Gauner. Ein Falconeri muß bei uns sein, für den König.« In Trancredis Augen lag wieder ein Lächeln. »Für den König, gewiß, aber für welchen König?« Der junge Mann fiel plötzlich in die Ernsthaftigkeit zurück, die ihn ebenso undurchdringlich wie liebenswert machte. »Sind nicht auch wir dabei, so denken sich die Kerle noch die Republik aus. Wenn wir wollen, daß alles bleibt, wie es ist, dann ist es nötig, daß alles sich verändert.«

Als der Sturm vorüber ist, bricht der Fürst von Salina, der »Gattopardo«, wie jedes Jahr, zu seinem Sommersitz in Donnafugata auf. Dort entdeckt er, daß Don Calogero Sedàra, ein reich gewordener Emporkömmling, inzwischen Bürgermeister geworden ist. Dessen Tochter, die wunderschöne Angelica, trägt kostbare Kleider mit neuen Allüren zur Schau, die jedoch keinen, der zum Stand der »gattopardi« gehört, täuschen können.

Tancredi hat inzwischen den Kampf an der Seite Garibaldis abgeschlossen; er ist in das reguläre piemontesische Heer eingetreten. Tancredi heiratet Angelica. Angesichts der umfangreichen Mitgift der Tochter des neureichen Bürgermeisters Sedàra übersieht sogar der Fürst Salina die plebejische Herkunft Angelicas, der zukünftigen Neffin eines »Gattopardo«. Die Welt hat sich verändert – Italien ist als Staat eine Realität. Von Turin aus, der Hauptstadt des neuen Italiens, wird dem Fürsten der Posten eines Senators angeboten. Doch von der hohen Warte seiner skeptischen Distanz heraus lehnt er ab. Das Gespräch zwischen dem Fürsten und dem Cavaliere Chevalley di Monterzulo wird in Italien als ein literarisches und geschichtliches Musterbeispiel angesehen:

»Aber warum dann den Senatorentitel nicht annehmen, Fürst?« »Haben Sie Geduld, Chevalley ... Wir Sizilianer sind von einer langen, sehr langen Führerschaft von Regierenden her, die nicht von unserer Religion waren, die nicht unsere Sprache sprachen, daran gewöhnt, uns mit Winkelzügen durchzuhelfen. Hätte man das nicht getan, so wäre man den Steuereintreibern aus Byzanz, den Emiren aus der Berberei, den Vizekönigen aus Spanien nicht entronnen. Jetzt hat es diese Wendung genommen, nun sind wir einmal so. Ich hatte gesagt ›Zustimmung‹, nicht ›Teilnahme‹ ... In Sizilien ist es nicht von Wichtigkeit, ob man übel oder ob man gut tut; die

242

Sünde, die wir Sizilianer nie verzeihen, ist einfach die, überhaupt etwas zu ›tun‹ ... Den Schlaf, lieber Chevalley, den Schlaf wollen die Sizilianer, und sie werden immer den hassen, der sie wecken will, brächte er ihnen auch die schönsten Geschenke; und – im Vertrauen gesagt – ich hege starke Zweifel, ob das neue Reich in seinem Gepäck für uns viele Geschenke hat ...«

Soweit das Zitat.

Der literarische Wert des Buches, die Sprache, die Poetik stehen außer Zweifel. Dennoch drängt sich die Frage auf, weshalb der Erfolg so groß und so allgemein war. Der »Gattopardo« kam zu einem psychologisch und politisch sehr günstigen Moment auf den Markt, wie Bianca Marinoni-Cetti in einem Essay über den »Gattopardo« schreibt:

»Es lohnt sich, bei der Frage nach den Ursachen eines derartigen Erfolges zu verweilen, auch weil sich daran zeigen läßt, in welcher Weise sich dieser Roman in das italienische Kulturleben der fünfziger Jahre einfügt.

Damals läßt die von der Resistenza, dem Widerstand, entfachte Begeisterung immer mehr nach; schuld daran sind die lange Reihe konservativer Regierungen sowie die inzwischen von der italienischen Linken erkannte Unmöglichkeit, die politischen und sozialen Verhältnisse des Landes grundlegend zu verändern: So wie im Jahre 1860 – der Zeit, in welcher »Il gattopardo« überwiegend spielt – die den nationalen Revolutionen innewohnenden Ansätze zu einer echten demokratischen Erneuerung von der konservativen Kehrtwendung erstickt worden waren, welche dem Risorgimento von der savoyischen Monarchie aufgezwungen wurde, so wurden jetzt die Hoffnungen auf eine echte demokratische Neuordnung von der bürgerlichen Restauration zerstört. So verlieh der Roman von Lampedusa unvermutet einem verbreiteten Gefühl der Ermattung und des mangelnden Vertrauens in die Geschichte Ausdruck.«

Doch ausschlaggebend für den Erfolg waren unserer Meinung nach nicht diese Erwägungen, sondern ganz einfach die literarische Schönheit der Sprache, die geglückte psychologische Beschreibung der Darsteller, das unverkennbare Düstere, Melancholische, Skeptische der sizilianischen Welt, das Tomasi di Lampedusa als intimer Kenner wie kaum ein anderer zuvor zu beschreiben verstand.

*23. 12. 1981*

## Warum ich Eboli nicht vergessen kann

ICH ERINNERE MICH GENAU an den Tag, als ich mit Carlo Levi nach Agliano kam. In jenen Ort also, den er später in seinem Roman zu Gagliano – mit »G« – verfremdete. Es war ein herrlicher Spätsommerabend des Jahres 1947, südlich von Eboli waren die Straßen holprig geworden, schotterig. Wir fuhren den steilen Weg zum Dorf hinauf, unser Auto zog eine lange Staubfahne hinter sich her.

Ich war damals 19 Jahre alt, und ich bewunderte Levi, dessen Lebensgeschichte Rosis Film erzählt. Was wußte ich von ihm?

Er war Arzt in Turin, aber mehr Maler, Dichter, Schriftsteller, engagierter Kämpfer für die Menschen im vergessenen Süden Italiens. 1934 hatten ihn die Faschisten wegen seiner antifaschistischen Aktivitäten in die Verbannung geschickt – nach Agliano. Man muß sich diese Diskriminierung einmal deutlich machen! Die Regierung schickt einen unbequemen Mann dorthin, wo sie ihn am weitesten weg vermutet. Nach Lukanien »Profondo sud«, der tiefe Süden, das »Sibirien Italiens«.

Auf dem Marktplatz von Agliano begegneten wir Roberto. Ich glaube, er hieß Roberto. Roberto mußte jetzt 17 Jahre alt sein, damals in der Verbannung hatte Levi ihm Lesen und Schreiben beigebracht. Giulia, seine Mutter, war bei ihm – und Carlo Levi erinnert sich, daß sie Roberto, als er noch ein kleiner Bub war, aus Verehrung für die Madonna von Viggiano wie den heiligen Antonius kleidete.

Roberto begrüßte Levi herzlich, aber nicht unterwürfig. Auch die Frauen, die wie seit eh und je schwarz gekleidet waren, zeigten Würde, als sie ihm »Guten Tag« sagten. Sie zeigten

245

nicht das beklemmende Buckeln, das Wohltätigkeit oft auslöst. Und darauf war Levi, der ja ein berühmter Mann war, besonders stolz. »Es zeigt mir«, sagte er mir damals, »daß die Menschen mich dazuzählen, daß sie mein Anliegen würdigen.«

Er war nach Lukanien gereist, um eine Kampagne gegen den Analphabetismus zu starten. Noch bis zum Ende der fünfziger Jahre waren 41 Prozent der Süditaliener Analphabeten, heute sind es noch immer 10 Prozent. Levi wollte, daß sie lesen und schreiben können. Nicht als Selbstzweck, doch für die Menschen dieses vergessenen Landes war und ist es ganz persönlich wichtig, ihre Gedanken, Wünsche, Hoffnungen zu Papier bringen zu können. Damals waren viele nach Amerika ausgewandert, heute arbeiten sie in Deutschland, Österreich, in der Schweiz.

Die erzwungene Emigration der Menschen aus dem Süden war für Carlo Levi eine Qual. »Es ist unerträglich«, hat er immer und immer wieder gesagt, »daß Menschen gezwungen sind, ihre Heimat zu verlassen, um überhaupt ein Dach über dem Kopf zu haben.« Doch Levis Engagement hat wenig geholfen.

Ich habe im November letzten Jahres daran gedacht, als wir mit unserem Fernsehteam ins Erdbebengebiet um Potenza und Eboli fuhren, um über dieses schreckliche Ereignis zu berichten, das mehr als 5.000 Menschen das Leben kostete und 250.000 Menschen obdachlos machte.

Obdachlos? Welch ein sachliches Wort für die Not dieser Menschen! Bei all dem Kummer, den wir mit den Opfern empfanden: Am meisten hat mich das Schicksal der Männer getroffen, die von ihrem Arbeitsplatz im Ausland zurückkamen und ihr Heim zerstört vorfanden. Zwanzig, fünfundzwanzig Jahre ihres Lebens waren mit einem Schlag dahin.

»Piove sul bagnato – Es regnet immer auf den, der ohnehin schon naß ist.« Dieses Wort des Südens wurde nie schrecklicher dokumentiert als bei dieser Katastrophe. Und ich begann daran zu zweifeln, ob Levis stiller Optimismus, mit dem er seine Aktivitäten für den Süden ausübte, irgendwann in der Zukunft berechtigt sein würde.

Christus kam nur bis Eboli, schrieb Levi. Papst Johannes Paul II. war über Eboli hinaus in die zerstörten Dörfer Lukaniens gekommen. Aber auch er war hilflos. »Ich bin zu euch gekommen«, sagte er vor den Trümmern des Dorfes Balvani, »um euch zu trösten. Ich bete mit euch, aber ich kann euch nicht helfen.«

Resignation, wenn es um Italiens Süden geht. Levi wollte, daß die Menschen dort unten aus eigener Kraft mit Hilfe der Regierung aus ihrer Armut herauskommen. »Man darf ihnen ihren Stolz nicht nehmen«, sagte Levi.

»Christus kam nur bis Eboli« – Levis Roman wurde zum Symbol der Wehrlosigkeit dieser Menschen. Was Touristen an der Gebirgslandschaft des Apennin lieben – die stillen Olivenhaine, malerische (oder verrottete?) Bergdörfer –, in Wirklichkeit ist dies das traurige Kapitel einer mißlungenen Entwicklungspolitik. »Der Staat«, das schrieb jetzt nach der Erdbebenkatastrophe eine Zeitung in Neapel, »ist noch nicht einmal bis Eboli gekommen.«

Die Einwohner verdienen hier im Jahr so viel wie bessere Angestellte in der Bundesrepublik in einem Monat. Um die Kranken kümmern sich nur halb so viel Ärzte wie beispielsweise in Rom oder Mailand. Die Kindersterblichkeit ist doppelt so hoch wie in den Industriegebieten des Nordens.

Dieses Land zwischen Steinäckern und kargen Weiden ist versteinert in seiner jahrhundertelangen Geschichte, die eine Geschichte des Stillstands ist. Das Versprechen, die

Menschen aus ihrer Apathie und aus der Unterdrückung her-
auszuführen, ist auch sieben Jahre nach Carlo Levis Tod nicht
eingelöst.»In diese dunkle Erde, wo das Böse keine Frage der
Moral ist, sondern ein ganz und gar irdischer Schmerz, ist
Christus nicht hinabgestiegen.« Schreibt Levi.
Ich habe die Menschen im tiefen Süden kennengelernt, und
ich weiß, welch ein Verlust es ist, auf diese Menschen in der
Gesellschaft Italiens verzichten zu müssen. Levi nannte sie
die »wirklichen Menschen Italiens«.
Ich habe Francesco Rosis Film nicht gesehen, ich werde ihn
auch nicht sehen. Denn ich will die Menschen und Carlo
Levi so in Erinnerung behalten, wie ich sie damals kennenlernte. Und ich will darauf hoffen, daß irgend jemand das
»verdorrte Herz Italiens« wieder zum Leben erweckt. Doch
ich zweifle daran. »Piove sul bagnato – Es regnet immer auf
den, der ohnehin schon naß ist.«

*28. 3. 1981*

# Hundertster Todestag Garibaldis

Heute, am 2. Juni 1982, jährt sich zum hundertsten Mal der Todestag Giuseppe Garibaldis, des populärsten und legendärsten Volkshelden der italienischen Geschichte. Seit Monaten feiern das offizielle Italien und die Parteien den Tag mit großem Pomp, mit Volksfesten, mit spektakulären Kundgebungen, mit Reden, Fernsehsendungen und Veranstaltungen aller Art. Eine landesweite Umfrage hat ergeben, daß unter den sogenannten »padri della Patria« – den »Gründern des Vaterlandes«, zu denen auch Giuseppe Mazzini, Viktor Emanuel II. und Camillo Cavour gehören, er – Garibaldi – weitaus der beliebteste ist.

Die italienischen Kinder lernen es in der Grundschule: die in zahlreiche Fürstentümer zersplitterte italienische Halbinsel ist im Laufe der Befreiungskriege zwischen 1859 und 1870 – d. h. im Laufe des Risorgimento – in ein vereintes Italien verwandelt worden. Dank den Freiheitskämpfern des Risorgimento wurde aus einem geographischen Begriff, wie einst Fürst Metternich die italienische Halbinsel definierte, eine Nation.

Die Einheit Italiens gegen den Kirchenstaat und gegen jegliche Fremdherrschaft – sie lag Garibaldi am meisten am Herzen. »Fare l'Italia, anche col diavolo« – »Italien schaffen, und sei es mit dem Teufel«, soll Garibaldi einmal gesagt haben. Wobei er mit »Teufel« die damalige Monarchie meinte.

Aber warum ist Garibaldi der populärste italienische Volksheld geblieben? Garibaldi stand stets auf der Seite der Armen gegen jegliche Fremdherrschaft, gegen den Klerus – was nicht gleichbedeutend ist mit anti-religiös sein –, er war für die Freiheit der Völker und gegen die Tyrannei, und sein Handeln entsprach seinen Ideen, er war glaubwürdig fürs Volk. Garibaldi war ein Patriot, dem aber auch die Freiheit und die Unabhängigkeit anderer Länder am Herzen lag. Nicht umsonst hat er in Südamerika und im deutsch-französischen Krieg von 1870 gekämpft. Und vor allem war Garibaldi ein Militär und gleichzeitig unbestritten »un uomo di pace«, ein Mann des Friedens. Dies ist selten genug bei einem General und erklärt weitgehend, weshalb die Italiener Garibaldi so mögen. Eigentlich war er ein »Guerilla-General«, denn er hat nie eine Militärakademie besucht.

Bei den Feierlichkeiten für Garibaldi setzt das offizielle Italien den Akzent auf die historische Bedeutung von Garibaldis Unternehmungen, nämlich die Einigung des Staates. Es geht dem offiziellen Italien heute darum, die – wie man sagt – »Idee der Nation« zu stärken und hervorzuheben. Ein willkommener Anlaß, auf die Gefahren hinzuweisen, die Italien heute bedrohen: Terrorismus, moralische Krise, ökonomische Krise. Aber nicht nur. Es geht dem offiziellen Italien auch darum, bei den Bürgern die Idee eines wahrhaft »geeinten« Italien zu stärken, auch im Zusammenhang mit dem tiefgreifenden Problem des sozial-ökonomischen Nord-Süd-Gefälles: ein Problem, das jahrhundertealt ist und das auch das gegenwärtige Italien nicht zu lösen vermocht hat. Hinzu kommt, daß Garibaldi nach der Meinung aller Geschichtsforscher auch ein »uomo profondamente onesto« war, ein grundehrlicher Mann, so daß mit den offiziellen Feierlichkeiten auch beabsichtigt wird, durch die Ehrung des Helden das Gefühl einer politischen Moral in der Staatsführung hervorzuheben, jene politische Moral, die heute oft viel zu wünschen übrig läßt.

Nach dem sogenannten »offiziellen Italien« sind es heute die Parteien, die die Figur Garibaldis besonders für ihre politischen Zwecke zu verwerten versuchen. Da Garibaldi sich – grosso modo – als Vorkämpfer eines nicht-marxistischen, etwas utopistischen Sozialismus definieren läßt, ist für den dynamischen Sozialistenchef Bettino Craxi die Garibaldi-Figur zum Symbol seines angestrebten reformistischen Sozialismus geworden. Es ist die Sozialistische Partei, die unter allen Parteien das Zepter führt, was die Veranstaltungen betrifft.

Interessant ist, daß gerade die stärksten Parteien – DC und KP – bei den Garibaldi-Feiern am wenigsten aktiv sind. Historisch ist es verständlich, wenn der politische Katholizismus kein großes Interesse zeigt, Garibaldis Kampf gegen den Kirchenstaat besonders hervorzuheben. Weniger verständlich ist es, weshalb gerade die Kommunisten die Symbolfigur Garibaldi so sang- und klanglos den Sozialisten überlassen haben. Dies um so mehr, als Garibaldi stets von den Kommunisten praktisch verwertet worden ist. Ob im Spanischen Bürgerkrieg, im Partisanenkampf auf Titos Seite oder im Italienischen Befreiungskrieg während des Zweiten Weltkriegs – stets kämpften italienische Kommunisten in militärischen Gruppierungen, die sich Garibaldi-Brigaden nannten. Vermutlich kamen diesmal die Sozialisten ganz einfach vor den Kommunisten auf die Idee, die Garibaldi-Feierlichkeiten für sich zu beanspruchen und zu verwerten. Auch an diesem erstmals auftretenden Mangel an propagandistischer Phantasie seitens der Kommunistischen Partei glauben viele die Krise zu erkennen, die die italienischen Kommunisten gegenwärtig erfaßt hat.

*2. 6. 1982*

## Sophia Loren

Es isch würkli wie imene Film gsij – händ d Lüüt gseit, wo debil gsil sind, wo d Sophia Loren uus dem wiisse Alfa-Kriminalpolizei-Auto uugstige isch, und is chliine Frauegefägnis vo Caserta, bi Neapel, ine gange isch. D Polizei hat d Lüüt müese zruggdränge – alli händ die grossi Diva welle gseh.

Ihri Vereerer händ grüeft: »Bravo Sophia, dass du zrugg cho bisch!«

– die andere händ gschwige.

Maria Scicolone, die jünger Schwöster vo de Sophia, hät de Filmstar begleitet.

De Maria verdanket au d Italiener alles, was mer über die »Gchicht« weiss!

30 Taag muess Sophia Loren absitze – wäge Stüürhinterziig vo de lächerliche Summe vo fölf Millione Lire – s glaubts niemert.

I de Jahr '63 und '64 heigi d Sophia fascht immer im Usland gschaffe und heigi drum gmeint, si muess deswäge in Italia kei Stüüerchlärig abgää.

Aber d Wääg vo der italienische Bürokratie sind wie unendlich – und so hät nach viile Jaare s Kassationsgricht doch bschlosse: entweder sitzt d Frau Loren ihri 30 Taag Gfägnis als Straf ab, oder si dörf nie mee italienische Bode beträtte. – Das isch zvill gsi, für di grosse Diva, die – obschoo si us praktische ökonomische Gründ die französisch Staatsbürgerschaft sagnoo hät – ohni ihre »sole mio« und ihri heissgliebti Heimet und ihri Mamma nöd läbe chan.

Und so hät d Sophia, nach langem hin und här – doch bschlosse zrugg zchere und ihri Schuld mit der Justiz zbegliche!

Mit de Sophia im chillne 3stöckige Gfägnis vo Caserta, wo einisch es Chloster gsil isch, sind nur 23 inhaftierti Fraue. Die meischte vo däne sitzet wäge chliine Diebstääl oder wäge Schmuggel; e Kollegin vo de Sophia Loren – wänn mer so säge chan –, Brigida Cioffi, sitzt, will sii versuecht hät ihres letschti Chind ammene chinderlose Eepaar zverchaufe. Aber d Sophia gsaat all die Fraue chuum.

D Sophia hät es Einzelzimmer, es Baad und au en Fernsee. Mitgnoo hät sii zum Läse alli Bänd vom Marcel Proust über »A la recherche du temps perdu« und villi Päckli Kafi. – D Sophia chönni sowiisoo nüd schlaafe znacht, sii seig deprimiert, sii brüeli di ganzi Ziit und seig sogar verzwiiflet. – Ihri Maria verzellt, dass sii sogar es Tagebuech schriibi. Ma cha ja nie wüsse, viillicht wird das no en best-seller.

Maria hät au zuegää, dass d Sophia Loren em Präsident vo der Republik, Pertini, um Gnad bätte hät. Aber es isch sehr unwaarschinlich, dass en Präsident wie de Pertini, wo under em Mussolini wäge sinere antifaschistische Aktivitäte sälber 15 Jaar, nüd 30 Taag, im Gfägnis gsii isch – und nüd under so günschtige Umständ wie d Sophia, die Diva begnadige wird.

Aber – was söll eigentli dä grossi Prässerummel um die ganzi Gschicht?

Das frögt sich hüt viill Italiener. Und misstrauisch wie sii ebe sind, glaubet sie au, dass die Rückcheer vo de Sophia meh mitere guete Reklame für ihri nächshti Film ztue hät als mit ihrer Liebi zu Italie, de Sunne und de Mamma. Natürlii wiist d Familie Scicolone die Vermuetige entrüschtet zrugg. Sicher isch aber, dass mer in Cinécittà scho am Film vo der Regisseurin Lina Wertmüller »Tieta Agreste« schafft, i däm d Sophia Loren d Hauptrolle spille wird.

D Straf vo der Loren, die 30 Taag Gfängnis, wäret erscht i zwei

Jaar verjäärt – si hetti chönne zruggchere – ohni is Gfängnis zmüese. No zwei Jaar zwarte, das isch für d Sophia zvill gsii: wäge ihrer Liebi zu de Sunne und zu de Mamma, oder will de Film nüd so lang uuf sii hätti chönne warte? Das isch die Frag, wo sich doch hütt villi Italiener stellet.

Zuegää muess mer zwar öppis: wemmer alli Italiener iisperre wett, wo nud Stuüre zalet – abgesee vo der abhängig schaffende, dänn die zalet alli, will d Stüüre inne diräkt vom Loon abzoge wird, dänn würdet die italienische Gfägnis überhaupt nümme gnüege, um die Lüüt underzbringe.

Übrigens söll, nach de letschte Mäldige, am 3. Juni bschlosse wärde, ob d Sophia Loren e sogenannti »semivigilanza«, en Art Halb-Haft, überschoo söll. Das heissti, taagsüber dörfti d Sophia use, und nur zum Znacht müessti si im Gfägnis sii ... – Ihri Depression segii würklii ernscht; me müesi sii kuriere mit enere bsundere Behandiig.

Es isch doch erstuunlich, wie aafällig die sogenannte besser gstellte Lüüt in Italie sind. – Chuum chunt en Bankier, en Arzt oder en hohe Militär is Loch, scho isch er deprimiert oder chrank.

Aber di chlline Diebe oder Schmuggler oder die Prostituierte im Gfägnis – die sind alli kerngsund und händ keii Chranket.

27.5.1982

## Wer besiegt das Krebsgeschwür?

IM MAI HATTE GENERAL Carlo Alberto Dalla Chiesa sein Amt als Präfekt in Palermo angetreten. Am 3. September hat die Mafia den Carabinieri-Chef und seine junge Frau umgebracht. Er war ihr zu gefährlich geworden. Der Kampf gegen diesen Staat im Staat beginnt von vorn. Ist die Mafia eine tödliche Gefahr für die italienische Republik, schlimmer als der Terrorismus?

»Der General war auf der richtigen Fährte, die Mafia hat Angst bekommen, deshalb hat sie den General umgebracht«, so Staatspräsident Pertini in einem Interview mit der Turiner Zeitung »La Stampa« am 19. September.

Sich vor dem General zu fürchten, dazu hatte die Mafia allen Grund; bereits 1948 weilte der damalige Carabinieri-Leutnant Carlo Alberto Dalla Chiesa in Sizilien. Ihm verdankte man damals die Verhaftung der Mörder des Gewerkschafters Placido Riziotto in Corleone – der Heimat des Banditen Giuliano. Es waren andere Zeiten – es war die alte Mafia.

Als der General 1966 erneut nach Sizilien entsandt wurde, da gelang es ihm, sechsundsiebzig Mafiabosse festzunehmen. Der General hatte nämlich auch die Verfilzung der neuen Mafia mit der politischen Macht erkannt.

Im sogenannten »Dreieck des Todes«, in jenem Gebiet, das sich zwischen den Ortschaften Bagheria, Casteldaccia und Altavilla erstreckt, hat die Mafia allein in diesem Jahr hundertzehn Menschen umgebracht. An vielen dieser Leichen war das bekannte Mafia-Ritual zu erkennen: Sie hatten einen Stein im Mund, »il sasso in bocca«. Ein unmißverständliches Zeichen dafür, daß das Opfer die »omertà«, die Schweigepflicht, nicht beachtet hatte. Omertà ist die wirksamste Waffe der Mafia: nur wer diese Schweigemauer niederreißt, wird die Mafia besiegen können.

Die »erlauchten Leichen« – »cadaveri eccellenti« –, wie man in der italienischen Umgangssprache die politisch bedeutenden Opfer der Mafia nennt, werden anders vorgefunden: Von Kugeln durchlöchert; Kugeln, die nicht mehr aus dem traditionellen, kurzen, doppelläufigen Mafia-Gewehr »Luapara« gefeuert werden, sondern aus russischen Kalaschnikow-Maschinenpistolen. Diese hohen Persönlichkeiten werden nicht auf Landstraßen, in Orangen- oder Zitronenhainen ermordet, sondern auf offener Straße, wo es von Menschen wimmelt. Menschen, die, von der Polizei befragt, stets alle das gleiche antworten: »Nichts gesehen, nichts gehört, nichts bemerkt.«

»Der Kampf gegen die Mafia ist vom Kampf gegen den Terrorismus grundlegend verschieden«, hatte der Anti-Mafia-General Dalla Chiesa einem Journalisten gesagt, nachdem er sein Amt in Palermo im Mai dieses Jahres angetreten hatte. »Im Kampf gegen den Terrorismus habe ich die Öffentlichkeit hinter mir gehabt; und jener Teil im Lande, der zählt, schenkte mir Aufmerksamkeit.« In Palermo war der Präfekt-General dagegen isoliert. Bei der Democrazia Cristiana, der Partei, die seit Kriegsende ununterbrochen an der Macht ist in Sizilien und der noch bei den vergangenen Wahlen über vierzig Prozent der Stimmen zuflossen, hatte er nicht jene Rückendeckung gefunden, mit welcher der General im Kampf gegen den Terrorismus in Norditalien rechnen konnte. Der Kampf gegen die Mafia wird von einzelnen geführt. Erinnert sei an den christdemokratischen Politiker Santi Mattarella, der sich unerschrocken dem Mafia-System widersetzte und deshalb im Juli 1980 von der Mafia ermordet wurde; genau wie vor drei Monaten der KPI-Regionalpolitiker und Abgeordnete Pio La Torre, der ebenfalls Mafia-Killern zum Opfer fiel.

Mutig hatte auch Salvatore Kardinal Pappalardo in der Kathedrale von Palermo nach dem Tode des Generals Dalla Chiesa die deutlichen Worte gesprochen: »Wir müssen uns immer mehr der Präsenz, der Stärke und der Kühnheit der Kräfte des Übels bewußt werden, die in unserer Gesellschaft wirken, um die obskuren Interessen von mächtigen Gruppen zu wahren und zu schützen; sie nennen sich einmal Terrorismus, ein anderes Mal Camorra oder Mafia.«

»Es gibt ein mafioses Netz, das sich über Schlüsselstellungen ausbreitet und Schutz gewährt und die Macht des Staates kontrolliert«, erklärte Dalla Chiesa kurz vor seinem Tod in einem Interview der römischen Zeitung »La Republicca«.

Um die Isolierung zu durchbrechen, hatte Dalla Chiesa von der Regierung in Rom dringend ein Koordinationszentrum gefordert, vor allem auch die Anwendung jenes Anti-Mafia-Gesetzesentwurfs, den der kommunistische Abgeordnete Pio La Torre ausgearbeitet hatte. Der Gesetzesentwurf lag vierzehn Monate lang in einer Schublade in Rom. Erst nach der Ermordnung von Dalla Chiesa und seiner jungen Frau Emanuela haben die zuständigen Parlamentsausschüsse im Eilverfahren ein Sondergesetz verabschiedet. Dieses gibt der Polizei und der Justiz neue Waffen im Kampf gegen die Mafia in die Hand. Überprüfungen bei Banken und anderen öffentlichen und privaten Institutionen werden von nun an möglich sein. Schon Dalla Chiesa vertrat die Meinung, daß man der Mafia via Steuerregister und Bankkonten auf die Schliche kommen könne, da bekanntlich die Aufdeckung von Mordtaten und Erpressungen allzuoft am allgemeinen Schweigen scheitere. Das erklärt, weshalb so viele Prozesse gegen mutmaßliche Mafiosi mit Freisprüchen wegen mangelnder Beweise enden.

Emanuele de Franceso, Nachfolger von General Dalla Chiesa in Palermo, verfügt nun endlich über wirksamere Mittel im Kampf gegen die neue Mafia.

Um die Beziehungen zwischen Politik und Mafia aufzudecken, hatte General Dalla Chiesa kurz vor seinem Tod die Finanzpolizei aufgeboten, damit diese die Immobilien- und Bankvermögen von zweitausend Personen in Palermo überprüfe. Woher stammen die 8000 Milliarden Lire, so fragte er sich, die in den Banken von Palermo deponiert sind, in einer mausarmen Stadt von siebenhunderttausend Einwohnern, die 180.000 Arbeitslose zählt? Dalla Chiesa hatte kaum Zweifel daran: Das Geld stammt von der Menschenentführungsindustrie, von Erpressungen und hauptsächlich vom internationalen Rauschgifthandel, der wahren, weltweiten neuen Mafia-Industrie.

Aus dem Kampf gegen die Mafia hat General Dalla Chiesa drei Schlüsse gezogen:

· Die Mafia ist zum Sammelbecken von Kriminalität, Wirtschaft und Politik geworden.

· Die Basis dieser neuen Macht sind Drogenraffinerien in Sizilien und der internationale Rauschgifthandel. Der Aktivsaldo dieses gigantischen Import-/Exportunernehmens (es geht um Tausende von Milliarden Lire) muß auf irgendeine Weise ins legale Wirtschaftsleben zurückgeführt und wieder investiert werden. Daher die zahllosen Immobilieninvestitionen und die Kämpfe um die öffentlichen Ausschreibungen von Bauten.

· Nachdem die mafiosen Multis der Drogen in Sizilien Fuß gefaßt haben, breiten sie sich nun rasch nach Norden aus und drücken ihre Methode und ihre ökonomischen Spielregeln der ganzen italienischen Halbinsel wie einen Stempel auf. Die »sizilianische Frage« hat sich zu einer »italienischen Frage« ausgeweitet.

Die Mafia ist also sozusagen nationalisiert worden; sie hat ihre Denkart gleichsam auf das italienische Festland exportiert. So konnte der Mailänder »Corriere della Sera« vor wenigen Tagen in einem Leitartikel schreiben: »Die Mafia hat das ganze Land erfaßt, und infolgedessen kann die Mafia verwalten, finanzieren, schreiben, provozieren, morden und – leider – manchmal auch regieren.«

Die klassische These von einst, nämlich daß die Mafia sich einniste, wo kein Staat sei, existiert nicht mehr. »In Wirklichkeit lebt die Mafia heute *im* Staate«, befand in diesem Zusammenhang lapidar der sizilianische Schriftsteller Leonardo Sciascia. Dem ist nichts beizufügen.

*1. 10. 1982*

# Elda Pucci

CHEFÄRZTIN IM KINDERSPITAL von Palermo, 55 Jahre alt, Sizilianerin, Mitglied der Democrazia Cristiana seit 15 Jahren, ledig, mit ihrer 80jährigen Mutter zusammenlebend – soweit die wichtigsten Angaben zu Elda Pucci, der neuen Bürgermeisterin von Palermo. Sie nimmt den Platz des umstrittenen christdemokratischen Bürgermeisters Nello Martelluci ein, der infolge einer Regierungskrise der sizilianischen Hauptstadt zurückgetreten ist. Elda Pucci ist die erste Frau an der Spitze einer italienischen Großstadt – und sie wird es ausgerechnet in Palermo, einer Stadt mit 800.000 Einwohnern und 100.000 Arbeitslosen, einer Stadt, die wegen Mafia, Korruption, Schwarzarbeit und Elend immer wieder Schlagzeilen macht.

Was steckt dahinter?

In politischen Kreisen Siziliens sagt man es unverblümt: Die DC braucht neue glaubwürdige Gesichter. Leute mit weißer Weste. Die Christdemokratische Partei braucht Leute an der Spitze der Stadt, die nicht Gefahr laufen, von der Bevölkerung ausgepfiffen zu werden, wie dies vergangenes Jahr anläßlich der Trauerfeier für den von der Mafia ermordeten Polizeichef von Palermo, Carlo Alberto Dalla Chiesa, geschehen ist. Damals brandmarkte sogar der Kardinal von Palermo, Pappalardo, jene politische Führungsschicht, als er von den »dunklen Kräften des Bösen« sprach, die hervorkommen, wenn es darum geht, trübe Interessen mächtiger Gruppen zu schützen.

Elda Pucci soll also die »Bürgermeisterin der Wende« werden, wie man bereits in Palermo sagt. Eine Schachfigur im komplexen Spiel der sizilianischen Democrazia Cristiana also? Auch wenn dem so wäre, so ist es dennoch interessant, daß man heute – ausgerechnet in Sizilien – eine Frau wählt, um deutlich zu machen, daß sich etwas ändern soll und muß. Diese Wahl Elda Puccis ist bezeichnend für den Wandel der Sitten – auch im Süden Italiens. Auch die »donna del sud« also, die Frau aus dem Süden, holt langsam auf. Sie kann aktiv in der menschlichen, kulturellen und sozialen Wirklichkeit des Landes tätig werden. Diese Evolution läßt sich übrigens selbst innerhalb der Mafia-Struktur feststellen. Heute findet man auch Frauen, die als Manager innerhalb der Mafia wirken und Milliarden schmutzigen Geldes verwalten, genauso wie es Männer tun. Bisher hatte die Frau innerhalb der Mafia nur eine passive Rolle; man verlangte von ihr, daß sie sich an die Schweigepflicht – die »omertà« – halte. Heute ist sie eine aktive »mafiosa« geworden.

Die Frauenemanzipation schreitet also auf allen Ebenen vorwärts, auch im Verbrechermilieu. Aber eine nebensächliche Rolle innerhalb der italienischen Familie hat die Frau, gegen allen Anschein, nie gespielt, besonders in süditalienischen Familien nicht. Die Frau stand stets im Mittelpunkt der Familie – die wesentlichen Beschlüsse hat stets sie, die Mamma, gefaßt. Sie hatte nur eine Regel zu beachten und wollte sie auch beachten: nach außen hin durfte man es nicht sehen; er, der Mann, hatte den Eindruck des Herrschers, des Mächtigen, zu erwecken. Unsere Großmütter konnten es sich leisten, zumal sie genau wußten, wie die Dinge in Wirklichkeit standen, d. h. daß sie die ungekrönten Königinnen waren. Das ist auch mit ein Grund für die langsamere Entwicklung der Frauenemanzipation im Süden; also nicht nur, weil der Mangel an sozialen Einrichtungen die Frau mehr ans Haus bindet und ihr die Berufstätigkeit erschwert, sondern auch, weil die Frau in der süditalienischen Familie eine Stellung einnimmt, die

die Frau namentlich in nordeuropäischen Ländern nicht hat.

Und nun hat Palermo, Siziliens Hauptstadt, seinen »sindaco di ferro« – seinen eisernen Bürgermeister, wie Elda Pucci vom Volk jetzt schon genannt wird. Und die Palermitaner erinnern gern daran, daß die Chefärztin Elda Pucci im vergangenen Jahr nicht davor zurückschreckte, einen männlichen Kollegen und fünf Kolleginnen bei der Staatsanwaltschaft von Palermo anzuzeigen. Laut Elda Pucci hatten diese es unterlassen, drei Neugeborenen, die in der pädiatrischen Klinik lagen, die erforderliche Hilfe zu leisten. »Niemandem sei es erlaubt, einen Fehler zu begehen«, erklärte Elda Pucci mit ihrer zarten Stimme. Wer einen Fehler macht, muß auch dafür büßen. Die Übel einer Stadt kuriert man nur auf eine Weise, meint Elda Pucci entschlossen: indem man die Stadt mit sauberen Händen verwaltet.

»Wenn es zutrifft, daß die Politik von den Unredlichen unter uns gemacht wird, dann sind auch jene daran schuld, die es vorziehen, abseits zu stehen und das Feld den Unredlichen zu überlassen«, erklärte die neugewählte Bürgermeisterin den Journalisten.

Sie wird es nicht leicht haben, Elda Pucci. Die Stadt erlebt eine besorgniserregende Eskalation innerhalb der Mafia. Ein blutiger Kampf zwischen kriminellen Banden ist im Gange, es geht um die Kontrolle des Rauschgifthandels auf internationaler Ebene. 151 Morde im Jahr 1982; 40 Tote allein in diesem Jahr. Und ein Verdacht lastet über der sizilianischen Hauptstadt: der Verdacht einer Verflechtung zwischen Politikern und Mafiosi. Der Bürgermeisterin Elda Pucci steht keine leichte Aufgabe bevor.

*26. 4. 1983*

## Adriano Celentano

FRANCA MAGNANI: ADRIANO CELENTANO – von Beruf sind Sie Uhrmacher; wozu war Ihnen dieser Beruf nützlich – als Show-man?

Adriano Celentano: Um den präzisen Zeitpunkt zu finden, wann eine witzige Bemerkung fallen soll, die dann die Leute zum Lachen bringt.

F. M.: Und was bringt die Leute zum Lachen in Italien?

A. C.: Ich glaube: der Überraschungseffekt. Wenn man im richtigen Ton mit einem komischen Gesichtsausdruck oder auf irgendeine humorvolle Art den Leuten etwas sagt, was sie nicht erwarten, dann lachen sie.

F. M.: Und worüber lachen Sie im Leben?

A. C.: Mich bringt alles zum Lachen. Ich muß auch über ihn da unten lachen, mit seinem Mikrophon, in der Stellung ... wenn ich ihn anschaue, dann muß ich lachen.

F. M.: Da haben Sie aber Glück ...

A. C.: Es kommt daher, daß ich das Leben sehr liebe. Alles, was mit dem Leben zusammenhängt, gefällt mir; die Welt überhaupt – die schönen Dinge des Lebens, natürlich.

F. M.: Was ist »Erfolg« für Sie?

A. C.: Erfolg – das ist, was die Kinder bekommen, wenn sie geboren werden. Sobald sie auf die Welt kommen, haben sie Erfolg. Und sie haben Erfolg, solange sie nicht ihre Naivität, ihre Natürlichkeit verlieren; solange sie nicht arglistig werden. Sobald man arglistig wird, verliert man den Erfolg. Später versucht man den Erfolg wiederzufinden; dazu muß man wieder zurückkehren, also weniger arglistig sein. Ich meine: je weniger arglistig man ist, um so mehr erfolgreicher ist man.

F. M.: Sie gehören zu den Gewinnern. Wer ist Ihnen sympathischer – die Sieger oder die Besiegten des Lebens?

A. C.: Die Demütigen. Man kann Sieger und zugleich Demütiger sein. Man kann aber auch Verlierer und gleichzeitig arrogant sein; also nicht verlieren können, auch wenn man es verdient hätte, zu verlieren.

F. M.: Was ist für Sie die höchste menschliche Tugend?

A. C.: Die Demut. Demut enthält vieles: das Verständnis für andere, die richtige Art, die Dinge zu betrachten, sich in andere hineindenken können; die Fähigkeit, den richtigen Zeitpunkt zu nutzen; ich meine damit, keine unnützen Dinge zu sagen ...

F. M.: ... »buon senso«, also.

A. C.: Ja, »buon senso«.

F. M.: Sie haben Erfolg, die Liebe Ihrer Frau und Ihrer Kinder. Sie haben Geld – praktisch alles. Was wünschen Sie sich noch vom Leben?

A. C.: Ich glaube, daß ich nichts mehr wünschen kann. Das einzige, was ich begehre, ist, stets geliebt zu werden.

F. M.: Was fürchten Sie am meisten im Leben?

A. C.: Lieblosigkeit.

F. M.: Wie möchten Sie beurteilt werden?

A. C.: Das war nie wichtig für mich. Auch weil alles, was man auf dieser Erde sagt, unbedeutend ist, verglichen mit dem anderen Leben, das uns erwartet ...

F. M.: Also dann – wie möchten Sie im »anderen Leben« empfangen werden?

A. C.: Sie meinen »oben«? Ja, da möchte ich mit Freuden empfangen werden. Aber nicht Freude im Sinn von Beifall. Ich meine einfache Freude, wie jene, die man empfindet, wenn man mit einem Freund bei einem Glas Wein Karten spielt ...

F. M.: Wer ist Adriano Celentano?
A. C.: ... Ich weiß es nicht.

*6. 3. 1984*

# Enrico Berlinguer: Kommunist und Demokrat

IN SEINEM AUFTRETEN hatte der 62jährige, am 11. Juni verstorbene Chef der Italienischen Kommunistischen Partei nichts von einem Volkstribun: Er war schüchtern, zurückhaltend, wortkarg, diskret, schweigsam. Und dennoch erlangte Enrico Berlinguer eine landesweite Popularität, die weit über die Reihen seiner eigenen Partei hinausreichte. Seine Frau Letizia und seine vier Kinder bekamen die meisten Italiener erstmals anläßlich der Abdankung zu Gesicht. Signori Letizia ist nie offiziell aufgetreten, die Kinder – der älteste Sohn ist 25 Jahre alt – machten nie Schlagzeilen.

Sieht man von der Totenfeier für den 1978 von den Roten Brigaden ermordeten Aldo Moro ab, so ist die Trauerkundgebung auf der Piazza San Giovanni, auf der anderthalb Millionen Menschen von Berlinguer Abschied nahmen, einmalig in der Geschichte Italiens.

Symbolisch nahm der Staat Abschied: Staatspräsident Pertini saß zusammen mit den Vertretern der Regierung, aller Parteien, des Verfassungsgerichts, des Obersten Gerichtshofs, der Zentralnotenbank, der Gewerkschaften, der 50 Delegationen der internationalen kommunistischen Parteien auf der Tribüne. Aus Solidarität zur KPI haben am Mittwoch letzter Woche sämtliche Parteien die Wahlpropaganda für die Europawahlen eingestellt. Der Papst hat sein Beileid mit Worten hoher Achtung und Wertschätzung für den Verstorbenen bekundet. Vertreter des gesamten kulturellen und politischen Lebens Italiens haben sich vor der Bahre Enrico Berlinguers verneigt. Sogar der Chef der Neofaschistischen Partei, Almirante, machte keine Ausnahme.

Frauen und Männer jeden Alters und aus allen sozialen

Schichten sind im Parteisitz in der Via delle Botteghe Oscure an Berlinguers Sarg vorbeigegangen. Mit 25 Extrazügen und Hunderten von Bussen sind sie aus Süd- und Norditalien zur Piazza San Giovanni gekommen, um »Enrico«, wie auf den Transparenten stand, zum letzten Mal »addio« zu sagen.

Ein Meer von roten Fahnen füllte den Platz, die Klänge von »Bandiera Rossa«, der Nationalhymne, und der »Internationalen« vermischten sich mit Musik von Mahler, Beethoven, Chopin und Pergolesi. 20 Regisseure, darunter Fellini, Rosi, Bertolucci, werden gemeinsam einen zweistündigen Film über Enrico Berlinguer produzieren.

Eine Frage drängt sich auf: Warum dieses landesweite, kollektive Beileid, warum diese spontane Teilnahme? Diese Frage wird noch lange die Politiker, Psychologen und Meinungsforscher Italiens beschäftigen.

Eine Antwort kann man jetzt schon geben: Enrico Berlinguer war anders als die meisten Politiker. In einem Land, dessen politische Klasse ständig von Skandalen und Korruption erschüttert wird, war Berlinguer ein Beispiel moralischer und politischer Integrität. Zwischen Moral und Politik hat Enrico Berlinguer nie einen Trennungsstrich gezogen. Er war glaubwürdig.

Paolo Baffi, Gouverneur der Zentralnotenbank, gewiß nicht mit dem Kommunismus sympathisierend, erklärte: »Berlinguer hat uns alle durch sein Beispiel bereichert.«

»Bescheiden im Erfolg, standhaft im Mißerfolg«, so charakterisierte der Papst den Verstorbenen.

Und Senatspräsident Cossiga: »Berlinguer war durch und durch Kommunist, durch und durch Demokrat.« Wie er das zustandebrachte, weiß ich nicht, doch Berlinguer schaffte es. Sicher ist, daß die überwiegende Mehrheit der Italiener von seinem »rigorosen, ernsthaften« Stil beeindruckt war, zu einer

Zeit, da in der politischen Welt Italiens weitgehend der Zynismus herrscht.

In seiner Ansprache auf der Totenfeier erklärte Pieter Dankert, Präsident des Europaparlaments: »Er vermittelte eine Überzeugung, welche so viele Politiker vergeblich zu vermitteln versuchen. Die Gewißheit, daß die Dinge sich verändern lassen.«

Mit Recht wies Dankert ferner darauf hin, daß »seine Kraft ungeheuer wichtig war im Kampf gegen die Ausbreitung der terroristischen Bedrohung ... Ich möchte meine ganze Bewunderung für die Weisheit des Mannes zum Ausdruck bringen, der mit Erfolg für den Fortschritt der Freiheit gerungen hat, der bewiesen hat, daß neue Ideen den Fußfallen gängiger Politik zu entgehen vermögen – möge seine Unbestechlichkeit uns beflügeln!«

Die landesweite Anteilnahme offenbart aber auch, wie tief die kommunistische Partei Italiens mit der italienischen Gesellschaft verwurzelt ist. Die KPI ist heute aus der italienischen Demokratie nicht mehr wegzudenken.

Nun blickt das ganze politische Italien mit größter Aufmerksamkeit auf den Nachfolger Enrico Berlinguers. Das Zentralkomitee wird die Wahl zu treffen haben. Wer auch immer die Nachfolge Enrico Berlinguers an der Spitze der größten kommunistischen Partei des Westens antreten mag, ihm steht politisch und vor allem menschlich eine gewaltige Aufgabe bevor – man wird ihn an Enrico Berlinguer messen.

*20. 6. 1984*

ALS EINZIGE IN UNSERER *Familie ist die mamma nie Kommunistin gewesen. Sie selbst definierte sich gegenüber der KPI als »unkommunistisch«. Für sie, wie auch für die Mehrheit der Antifaschisten unmittelbar nach dem Krieg, schien es nicht sinnvoll, antikommunistisch zu sein. Von 1951 bis 1956 erlebte sie jedoch am eigenen Leib die dramatischen Ereignisse der Blockade gegenüber unserer Familie, mit den Verleumdungen durch die KPI, um die antistalinistische Häresie unseres Vaters zu unterdrücken und zu isolieren. Von dem menschlichen Leid abgesehen, litt sie weniger als er, denn sie hatte den stalinistischen Zynismus schon während des spanischen Bürgerkrieges und in dem Pakt zwischen Molotow und Rippentropp erkannt. Ich hatte sie Ende der fünfziger Jahre, als etwa fünfjähriger Bub, gefragt, welche Parteien es in Italien gab. Sie nahm ein Blatt, zeichnete die halbrunde Form des Plenums, griff nach mehreren Buntstiften, teilte den halben Kreis in verschiedene Scheiben und begann diese auszumalen. Für die Faschisten nahm sie Schwarz, für die Demokrazia Christiana Lila, Erbsengrün für die damaligen Sozialdemokraten. Als sie zu den Linken kam, nahm sie Rot, die Farbe der Emanzipation und des 1. Mai, und malte damit das Scheibchen der Sozialistischen Partei aus (ich glaube heute* faute de mieux *dazu sagen zu können). Für die Kommunisten sparte sie ein anonymes Blau auf. Sie verspürte ein nie völlig überwundenes Mißtrauen gegenüber der KPI, auch während der nächsten Jahrzehnte. Diesem Gefühl setzte sie jedoch eine Art Familiarität entgegen, die ihre Wurzel in dem gemeinsamen Kampf gegen den Faschismus hatte, ein Gefühl der Zusammengehörigkeit, das sich nie ganz vergessen ließ.*

*Sie kannte viele der Parteiführer aus ihrer Jugendzeit und hatte auch als Journalistin weiterhin Umgang mit ihnen. Mit der Nachkriegsgeneration der KPI, unter ihnen auch Berlinguer, waren die Beziehungen anders, weniger zwiespältig, aber auch weniger direkt. Als babbo im Februar 1982 starb, wollte Berlinguer, Parteisekretär seit Anfang der 70er Jahre, die mamma, Sabina und mich privat vor der Trauerfeier treffen. Er gab jedem von uns einen festen Händedruck, sagte nur wenige Worte, und dann schwiegen wir alle. Bevor wir das Zimmer verließen, murmelte er meiner Mutter zu: Er hat der Partei viel gegeben. – Für uns war eindeutig: Berlinguer sprach die zähe Treue meines Vaters der Partei gegenüber an, vor allem nach seinem Wiedereintritt, der allerdings ohne die früher übliche Selbstkritik erfolgt war. Er wurde bis kurz vor seinem Tod am Rande der Partei gehalten. In einer Parteikirche müssen die Häretiker eine Schuld mittragen, die fast zeitlos ist, obwohl schon im Jahr seiner Wiederkehr die Geschichte mit genügender Klarheit Recht und Unrecht verteilt hatte. Ich glaube, wenn jemand anderes als Berlinguer diesen Satz so ausgesprochen hätte, die mamma hätte bestimmt nicht die Gelegenheit verpaßt, in stolzer Nüchternheit zu antworten:* »en le remettant à sa place«, *wie sie es zu sagen liebte.*

*Mit Berlinguer tat sie es nicht, weil seine Ehrlichkeit eindeutig war und weil sie ihm gegenüber eine wohlwollende Neugierde empfand. Er kam aus Sardinien, also aus einer nicht gerade typischen italienischen Wurzel, was sie mochte; was ihr noch mehr gefiel, war seine aristokratische Abstammung; seine Familie zählte zu den* »azionisti«, *einer Bewegung, in der für die mamma im höchsten Grad elitäre Tugenden und italienischer Bürgersinn wurzelten. Seine Zurückhaltung, die Bescheidenheit, mit der er in der Öffentlichkeit auftrat, sein scheues Lächeln konnten die Gefühle der mamma nicht unberührt las-*

sen. Sie liebte das understatement, *das von starkem Selbstbewußtsein getragen wurde. Die mamma erzählte, wenn sie im Rahmen ihrer journalistischen Arbeit bei öffentlichen Auftritten Gelegenheit hatte, ihn vor den aufgeregten Journalisten zu treffen, sie sich hütete, ihn mit Fragen zu überschütten, und sie war sicher, in seinem Auge die stillen Zeichen der Dankbarkeit zu erkennen.*

*Als Berlinguer Mitte der siebziger Jahre die Politik der* austerity *lancierte, die auf dem moralischen Wert basierte, Opfer für die Sanierung des Landes zu bringen, hielten viele dies für einen von katholischem Gemeinschaftsgeist durchdrungenen Appell und für einen schweren politischen Fehler; bei der mamma fand er eine tiefe Zustimmung, da sie sich ihrer englischen* austerity *erinnerte, die sie mit Begeisterung in London selbst erlebt hatte.*

*Berlinguer brachte die KPI zur Unabhängigkeit von der Sowjetunion, zunächst durch den Gedanken des Eurokommunismus und danach durch den »strappo« (Riß), den Bruch mit der KPdSU von 1981, bei jenem »Ende aller Antriebskräfte der Oktoberrevolution«, wie er den Militärputsch in Polen brandmarkte – für die mamma eine echte Erleichterung, wenn auch »mindestens 25 Jahre zu spät«, wie sie zu sagen pflegte.*

*Die mamma war in der KPI aufgrund ihrer persönlichen Geschichte fast ebenso bekannt wie babbo mit der seinigen, aber mit der Zeit kamen auch ihre Beziehungen zur deutschen Sozialdemokratie hinzu. Diese Beziehungen beruhten in Deutschland hauptsächlich auf der Achtung und Popularität, die sie in Deutschland als Korrespondentin für Italien genoß und gleichzeitig auf einer geistigen Zusammengehörigkeit, jedoch ohne einen ausdrücklichen Parteibeitritt.*

*In den frühen achtziger Jahren waren die KPI und die SPD aus mehreren Gründen gezwungen – vor allem wegen der feindseligen Haltung der Craxi-Sozialisten gegenüber direkten Kontakten zwischen beiden Parteien – eine eigene direkte Beziehung aufzunehmen.*

*Anfang 1984 anläßlich eines Besuches von Willy Brandt in Rom bat die SPD die mamma, eine persönliche private Begegnung zwischen Willy Brandt und Berlinguer zu erleichtern.*

*Sie war dazu bereit, und man entschied sich, daß dies am besten auf einem neutralen Boden in ihrer Wohnung ohne jede Öffentlichkeit stattfinden sollte. Außerdem bot sich ihre Wohnung gut an, weil sie nur zwei Schritte von der Direktion der KPI am Rande des Ghetto gelegen ist. Damals wohnte ich in der kleinen Wohnung nebenan und wurde über die Lage entsprechend informiert, mit dem absoluten Verbot irgend jemandem davon zu erzählen. Es war vielleicht ein wenig übertrieben und hatte etwas von der Übervorsicht ihrer früheren Untergrunderfahrung an sich. Leider wurde in keiner Weise mit meiner Gegenwart bei diesem Abendessen gerechnet, ich traute mich nicht einmal, dieses Ansinnen zu äußern, ich glaube, die mamma hätte mich nur mit einem mißmutigen Blick bedacht. Von meinem Fenster durch den Innenhof eröffnete sich mir ein kleiner Blick in unsere Bibliothek, und für einen Moment erblickte ich Berlinguer, danach folgte das Abendessen ohne indiskrete Augen, meine eingeschlossen.*

*Am Tag danach erzählte sie nicht sehr viel darüber, ich erinnere mich aber an zwei Dinge. Das eine war ihre Bemerkung, daß Berlinguer vorzeitig erschienen war, wie um den Eindruck bei Brandt zu erzeugen, daß er der Gastgeber sei: der Parteisekretär der KPI wollte also den Vorsitzenden der deutschen Sozialdemokratie empfangen, in den Räumen einer Bibliothek, die von dem Ex-Häretiker der KPI Valdo Magnani im Laufe seines ganzen Lebens zusammengetragen worden war! Es war eine der großen scheinbaren Paradoxien der Politik, die der mamma nicht mißfiel.*

*Das zweite hat mit dem Charakter von Berlinguer selbst zu tun. Zu Beginn fast offiziell, ergab sich dann ein freundliches Tischgespräch, das von mehr als seiner natürlichen Zuneigung getragen, auf der sympathischen Kraft von Brandt beruhte, der zwischen dem einem und dem anderen Gedankengang auch Biographisches und Persönliches berichtete.*

*Als der* leader *der SPD sich verabschiedete, blieb Berlinguer, in Konsequenz zu der Rolle, die er für diesen Abend übernommen hatte, noch eine Weile und zeigte sich interessiert an einigen Wesenszügen des Menschen Brandt. Jenseits der Öffentlichkeit ließ er seiner Neigung zu scharfsinnigen Schlußfolgerungen und Ironie freien Lauf und öffnete sich damit in einer Art, die* mamma *amüsierte und ihr sehr gefiel. Einige Monate später verstarb er überraschend. Mamma besuchte ihn zum letzten Mal, mit tausenden von anderen Menschen, nur kurze Zeit nach jenem Abendessen mit Willy Brandt.*

*Als die* mamma *im letzten Herbst starb, kamen auch die Politiker der PDS, der Partei, die nach dem Ende der KPI neu gegründet wurde, um der* mamma *die letzte Ehre zu erweisen. Einer von ihnen, ihr Freund Giorgio Napolitano, hat in einer Gedenkfeier bei der Auslandspresse in Rom in herzlichen und schlichten Worten ihrer gedacht, in Worten, die ihr gefallen hätten. Napolitano ist einer der wichtigen Führer der KPI gewesen und heute Innenminister, ein Ex-Kommunist.*

Marco Magnani (aus dem Italienischen von Sabine Magnani-von Petersdorff)

# Marcello Mastroianni

»WHAT'S GOING ON?« fragten an einem heißen Augustmorgen zwei amerikanische Touristinnen auf der Piazza della Pilotta im Herzen des historischen Rom. Die Frage war berechtigt: einige Männer versuchten schreiend und gestikulierend die sperrigen Reisebusse von der Piazza fernzuhalten. Diese mußte leer sein, weil dort Szenen zu dem Film »Mattia Pascal« gedreht wurden, nach dem gleichnamigen Roman des sizilianischen Schriftstellers Luigi Pirandello. Die Busfahrer ihrerseits wollten um jeden Preis gerade dort parken, damit die Touristen zur naheliegenden Fontana di Trevi wandern konnten. »What's going on?« und »Who is that man?« fragten erneut die beiden Touristinnen und zeigten mit dem Finger auf einen Mann, der gemächlich, einen Regenmantel und eine Aktentasche in der Hand, quer über den endlich verkehrsfreien Platz schlenderte. »He is Marcello Mastroianni, the italian actor«, antwortete ich.

»Are you sure? He doesn't look like a latin lover...«

Marcello Mastroianni wurde auf seinem Gang über die Piazza jäh von Regisseur Mario Monicelli gestoppt: »Ripetere« – wiederholen! Mastroianni kehrte anstandslos zum Ausgangspunkt zurück: zwei-, drei-, viermal wiederholte er die Szene, geduldig und zahm wie ein Lamm, bis der befreiende Ruf des Regisseurs ertönte: »Basta, benone!«

Was hatte die beiden amerikanischen Touristinnen dazu bewogen, Mastroianni als »latin lover« zu bezeichnen? Wir wollten Marcello gerne selber danach fragen, als er uns in einer Drehpause zum Interview empfing, und zwar im Wohnwagen der Filmproduktion, an der Ecke der Piazza della Pilotta.

Italiens berühmtester Filmschauspieler zeigte sich von einer natürlichen Freundlichkeit, keine Spur von Star-Allüren. Einfach, spontan und ungeziert ist seine Art zu sprechen. Weiche, regelmäßige Züge zeichnen sein Gesicht aus; Charakterfalten hat er nicht. In einer Menge würde er untertauchen; er ist unauffällig. Im Wesen wirkt er vertrauenerweckend, höflich, zuvorkommend; alles in Maßen gehalten. Das alles galt, bis im Laufe des Gesprächs auf einmal der Begriff »latin lover« fiel. Da erst belebte sich Marcello Mastroianni richtig und sagte in barschem Ton: »Kein Wort darüber – ich bin Schauspieler von Beruf und kein ›latin lover‹. Man hat mir diese Etikette in Amerika angehängt, vor vielen Jahren, und seither wurde ich zum Klischee des ›latin lovers‹. Und in meinem Alter – ich bin 60 Jahre alt – ist es nicht nur lächerlich, sondern sogar peinlich.« Er kokettierte mehrmals mit seinem Alter. »Übrigens habe ich nur wenige Verführerrollen gespielt. Impotente Männer, Homosexuelle ja – doch selbst in Fellinis Filmen sind die intellektuellen Hauptdarsteller nie außergewöhnliche Liebhaber. Es sind überwiegend zerbrechliche, sensible, empfindsame Männer, die sich wohl für die Frau als solche interessieren; aber es sind Männer voller innerer Widersprüche, seelisch komplizierte, zwiespältige Gestalten, so wie es die meisten Menschen eben sind. Ich empfinde es als Beleidigung, wenn man mich als ›latin lover‹ bezeichnet ...«

Er beruhigte sich, als wir ihn davon überzeugten, daß wir nichts Näheres über seine bekannten oder unbekannten Liebesaffären wissen wollten. Steht man Mastroianni heute gegenüber, fällt es einem schwer, sich diesen Schauspieler als großen Liebhaber vorzustellen. Sein Wesen strahlt Gemütlichkeit und fast Trägheit aus, was von vornherein die Fähigkeit zu großen Leidenschaften ausschließt. Es ist angenehm, mit ihm zu sprechen, weil er spontan ist; die Worte legt er nicht auf die Goldwaage; er rechnet sich nicht den Effekt aus, den seine Aussagen auslösen könnten. Man versteht, weshalb ihn die Italiener allgemein »simpatico« – sympathisch – finden.

Eingebildet ist er nicht; gerne gibt Mastroianni zu, daß es im Leben auch eine gute Portion Glück braucht, um zum Erfolg zu gelangen. Wann eröffnete sich ihm seine große Chance?

Als Marcello in Rom Architektur studierte und an einer Operette mitwirkte, die die akademische Theatergruppe inszeniert hatte. (Den Lebensunterhalt verdiente er sich mit Gelegenheitsarbeiten, als Buchhalter.) Im Theatersaal saß zufällig ein Regieassistent des damals bereits berühmten Filmemachers Luchino Visconti. Unter allen Mitwirkenden fiel dem Assistenten Marcello Mastroianni auf, und er stellte ihn seinem Meister Visconti vor. Es war Visconti, der aus Mastroianni einen Berufsschauspieler machte. Dazu Marcello: »Visconti war sehr anspruchsvoll; aber hinter seinem Eigensinn steckten Stil, Format und Perfektion. Jedermann hatte sich an Viscontis Anweisungen zu halten; er war unerbittlich. Visconti war auf seine Weise tyrannisch, aber genial; für mich ist er eine Vaterfigur; ich konnte nie ›du‹ zu ihm sagen.«

Unter Viscontis einschneidender Führung spielte Mastroianni ab 1948 – also bereits mit 24 Jahren – Shakespeare, Goldoni, Tschechow, Arthur Miller, Tennessee Williams. Als 33jähriger debütierte Marcello dann auch im Film, und zwar in »Le notti bianche« (»Die weißen Nächte«), unter der Regie von Visconti, und mit Maria Schell als Hauptdarstellerin. Seither hat Marcello über 110 Filme gedreht; aber es waren jene unter Fellinis Regie – »La dolce vita« und »Achteinhalb« –, die Marcello über Italiens Grenzen hinaus berühmt machten.

Nach fast dreißigjähriger Unterbrechung ist Mastroianni vorübergehend zum Theater zurückgekehrt; im vergangenen

Jahr bis zum Mai dieses Jahres hat er in Paris in François Billet-doux's Stück »Cin Cin« die Hauptrolle gespielt; der Italiener erntete großen Beifall, obschon er auf französisch spielte und seine Aussprache nicht einwandfrei ist. Dennoch kehrte Mastroianni gerne wieder zum Film zurück.

Wo liegt für ihn der Unterschied zwischen Theater und Kino?

»Das Theater ist für mich eine Art Tempel, in dem Religiosität, Disziplin und Schweigen herrschen. Der Zauber liegt in dieser Art religiösen Stimmung ... Das Cinema dagegen, das ist für mich der Tempel des Ungefähren – Cinema, das ist ein Happening; da kann nie alles vorausgesehen werden: plötzlich geht das Licht aus, unvorhergesehene Geräusche entstehen, Autos werden dort geparkt, wo sie es nicht dürften usw. Man muß sich beim Film sofort an die neuenstandene, unvorhergesehene Situation anpassen können; das gefällt mir sehr ...

Und jetzt spiele ich gerne die Rolle des ›Mattia Pascal‹, ein Mann, der vor der Realität flieht, indem er seine wahre Identität verwischt und sich jene eines anderen aneignet ...« Der Schauspieler tut ja im Grunde nichts anderes als sich maskieren, sich verstecken, sich nicht exponieren, er nimmt eine andere Persönlichkeit an, oder er täuscht vor, eine zu haben, hat Marcello einmal erklärt. Das macht ihm viel Spaß.

Mastroianni macht sich oft über amerikanische Schauspieler lustig, jene, die sich in ihre Rolle geradezu »hineinversetzen«, die Identität der zu spielenden Personen annahmen, die monatelang z. B. Boxen lernen, nur weil sie einen Boxkämpfer zu spielen haben. »Was hätte ich nach diesem Prinzip tun müssen, als ich die Rolle des verrückten Heinrich IV. spielte, zuerst einmal einige Monate im Irrenhaus verbringen? Das ist doch alles verrücktes Zeug, oder Angeberei, oder Neurose.

*Diese* Art von Perfektionismus, die verstehe ich nicht ... Kino, Cinema, das ist doch Lüge, der Schauspieler ist ein Schwindler; sollen wir denn wirklich alles ernst nehmen? Mir ist übrigens das amerikanische Actor's Studio stets auf die Nerven gegangen; all diese Schulen, diese Manien, diese Tics ... Viele amerikanische Schauspieler sind rauschgiftsüchtig, das ist bekannt; ein Rausch gewährt absolute Freiheit; das kann nützen und helfen, in bestimmten Situationen. Aber die Dramatisierung des Berufs, nein, das verstehe ich nicht. Spielen, das ist doch ein großartiges Vergnügen und kein Leiden. Der Schauspieler vergnügt sich beim Spielen; die eigene Rolle gut zu spielen ist schön, wie ein schöner Orgasmus ...«

Seit über 35 Jahren ist Marcello Mastroianni mit Flora Clarabella verheiratet, einer Schauspielerin, die er auf der Universität kennengelernt hat. Heute spielt Flora kaum mehr; ihre Hauptbeschäftigung besteht darin, sagte sie uns einmal scherzend, das Lebensschiff Marcellos, das oft durch bewegte sentimentale Gewässer segelt, in den sicheren Hafen zurückzuführen, nämlich in ihren. Flora ist zweifellos Marcellos beste Freundin. Sie ist auch immer die erste, die von den Liebesaffären ihres Mannes erfährt, und die erste, die weiß, wann sie beendet sind. Und diese Affären enden immer, früher oder später – sagt sie. Warum eigentlich? fragten wir Signora Flora einmal. »Marcello è un pigro« ... Marcello ist doch träge, gab sie lachend zur Antwort.

Die Mastroiannis haben ein Haus in Rom, eine kleine Villa aus der Jahrhundertwende nahe dem Tiber, und ein großes Haus außerhalb Roms. Da trifft sich die Familie immer wieder, wenn Marcello oder Flora von ihren Reisen zurückkehren; beide reisen viel, selten zusammen. Zur Familie gehört nicht nur die dreißigjährige Tochter Barbara, die heute Kostümbildnerin ist, sondern auch die zwölfjährige Chiara, deren Mutter die französische Schauspielerin Catherine Deneuve ist. Signora Flora ist eine aufmerksame Großmutter für die keine Chiara und schätzt Catherine sehr. »Auch diese Geschichte ging zu Ende«, sagte Signora Flora wiederum scherzend; sie gab zu verstehen, daß alle Geschichten Marcellos enden werden, immer, eben seiner Trägheit wegen. Auch die Liebesaffäre zu Faye Dunaway endete abrupt, als die amerikanische Schauspielerin von Marcello forderte, er solle sich von seiner Frau Flora scheiden lassen.

»Scheiden?« meint Flora Clarabella, »das ist für Marcello undenkbar; so wie es unsinnig, absurd ist, sich von der eigenen Mutter scheiden zu lassen.«

Ja, Mastroianni und seine angebliche Mutterbindung, ist das auch so ein in die Welt gesetztes Märchen, wie jenes des feurigen »latin lovers«?

»Ja, auch so ein Märchen«, sagt Mastroianni. »Natürlich liebe ich meine Mutter, wie wohl die meisten Menschen. Aber es stimmt nicht, daß ich eine besonders positive Bindung zu ihr hatte. Wahr ist vielmehr, daß, wenn ich sie besuchte, sie bereits nach drei Minuten nervös wurde, und ich mich schnell wieder von ihr verabschiedete ... Ja, die Nabelschnur ist schwer zu durchtrennen, doch diese Nabelschnur besteht aus Konflikten; die Beziehung ist ähnlich wie zu einer Geliebten ...«

»Einer Geliebten?«

»Ja, eine Geliebte ist doch aufreizend – irritante – verstehen Sie?«

»Nein, das verstehe ich nicht.«

»Mit einer Geliebten diskutiert man doch, man setzt sich mit ihr auseinander, das ist aufreizend. Mit einer Freundin ist das anders. Eine Mutter ist aber schwerlich eine Freundin ihres Sohnes. Wäre die Mutter wirklich eine Freundin, könnte sie uns vielleicht im Leben helfen, Probleme zu lösen und Krisen zu überwinden.« Freundschaft ist für Mastroianni äußerst wichtig; er vermißte sie sehr bei seiner Mutter und fand sie bei seiner Frau. »Aber die Mütter der Männer meiner Generation wollen Probleme und Krisen bei den Söhnen nie sehen; es hieße zugeben, daß sie erwachsen geworden sind. So erkundigte sich meine Mutter stets, ob ich das Wollhemd trage, oder ob ich an den Nägeln kaue – ich spreche natürlich von Müttern, wie ich eine hatte, von den einfacheren ... denn – ja, heute hat sich in diesem Zusammenhang vieles geändert ...«

»Gewiß, besonders dank den Frauen und des großen Wandels, der sich in der italienischen Gesellschaft vollzogen hat.«

»Ja, sicher. Meine Mutter hat mir nie geholfen, während meiner Krisen; sie wollte sich nur meine Sorgen aufbürden, das ist etwas ganz anderes. Ich will Ihnen eine Geschichte erzählen: Als ich von meiner damaligen Geliebten, Catherine Deneuve, das Kind erwartete – es ist auch schon zwölf Jahre her, ich war 48 Jahre alt –, da ging ich zu meiner Mutter und wollte mit ihr darüber reden. Kaum stand ich vor ihr, da ging es wieder los: Marcello, ißt du auch genug? Du bist so blaß. Und das Wollhemd, trägst du es auch? Und die Nägel? Zeig einmal her usw. usw. Es wollte kein Ende nehmen; da gab ich mir einen Ruck und sagte: Mamma, ich muß dir etwas sagen; und erzählte ihr die Geschichte mit dem Kind, sie hätte es ja doch früher oder später aus den Zeitungen erfahren. Die Reaktion meiner Mutter war bezeichnend; sie sagte nur: In deinem Alter? Nie hat sie mich gefragt: Bist du glücklich? Bist du froh? Sehen Sie denn nicht, wie falsch eine solche Beziehung ist?«

»Natürlich sehe ich das; aber man kann das alles nicht verallgemeinern; heute gibt es ganz andere Mütter ...«

»Ja, falls man mit dem Feminismus nicht übertreibt, bin ich ja auch gar nicht gegen den Wandel, der in Italien eingetreten ist. Ich folge sogar mit Neugier dieser Entwicklung. Übrigens kann eine Frau, die vom Mann unabhängig und selbständig ist, sogar raffinierter sein als eine Geisha. Denn eine Geisha wirkt auf die Dauer langweilig, glauben Sie mir ...«

»Ich zweifle nicht daran ... Glauben Sie Ihrerseits nicht, daß Männer viel dazugewinnen, wenn die Frauen nicht mehr nur im Schatten der Männer stehen, in Anbetung zu ihnen leben, wenn sie nicht mehr mit List zu erreichen versuchen, was ihnen von Rechts wegen zusteht?«

»Mag sein. Übrigens habe ich zwei Töchter; also bin ich auch froh, wenn eine Italienerin eine neue Stellung einnimmt, die ihr Würde verleiht.«

Zu Italien hat Marcello Mastroianni eine starke Bindung; Italien als »Heimat« verstanden, nicht als »Vaterland«.

»Ich liebe Italien«, sagt er, »obschon ich keineswegs nationalistisch bin. Die Fahnen, die Uniformen, die Grenzen, das alles geht mir auf die Nerven ... Nein, ich liebe Italien seiner Natur, seiner Landschaft und seines Volkes wegen. Die Italiener haben ›una bella natura‹, ein schönes Naturell. Sie sind geborene Lebensphilosophen; ›tiriamo avanti‹, sagen sie in jeder Notsituation; ›nur vorwärts – Hauptsache, wir überleben‹ ...«

»Und was für Pläne haben Sie für die Zukunft, Marcello Mastroianni?«

»Pläne? Ich schmiede nie Pläne. Programmiert man etwa die Liebe?«

*August 1984*

# Gian Maria Volonté

MIT GIAN MARIA VOLONTÉ, der ungewöhnlichsten Persönlichkeit der italienischen Schauspielerwelt, waren wir für elf
Uhr verabredet. »Ich schlafe morgens lange«, hatte er uns
unaufgefordert am Telefon erklärt. Treffpunkt: seine Wohnung im Vicolo del Moro, in der Nähe der Kirche Santa Maria
in Trastevere. Die Hausnummer war nicht sofort zu finden;
wir erkundigten uns deshalb bei den kleinen Handwerkern,
die noch in diesem Labyrinth von Gäßchen wohnen, ob sie
wüßten, wo Volonté wohnt. Sie wußten es, nannten ihn
gleich beim Namen – Gian Maria – und gaben zu verstehen,
daß sie den Schauspieler als einen der ihren betrachteten.
»Pensa con la propria testa e parla la nostra lingua« – er denkt
mit dem eigenen Kopf und spricht unsere Sprache –, sagte
man uns im Vicolo del Moro; das alles erfuhren wir, obschon
wir nur nach der Wohnung gefragt hatten.
Eine steile, steinerne Treppe – typisch für die mittelalterlichen
kleinen Bauten von Trastevere – führt direkt in Volontés Wohnung im zweiten Stockwerk. Die Einrichtung des Wohnraums,
in den uns eine freundliche, junge und offensichtlich erst durch
unser Klingeln wach gewordene Frau begleitet, steht im Gegensatz zum Haus. Der Raum ist hell und modern eingerichtet, bis
auf einen Klostertisch, auf dem noch die Reste der abendlichen
Mahlzeit stehen: Weingläser, leere Weinflaschen, Brot. Werke
zeitgenössischer Künstler hängen an den weißgetünchten Wänden. Eine heitere Unordnung herrscht in diesem Zimmer; sie
steht im Widerspruch zum Ruf des Hausherrn; dieser gilt allgemein als unnahbar, schwierig, abweisend, widerwillig.
Die verabredete Uhrzeit – elf Uhr – ist längst vorbei; da erinnern wir uns an die Erklärung, die Volonté einmal gegeben

hat, als man ihn fragte, weshalb er den Schauspielerberuf ergriffen habe. Nicht etwa aus einer unausweichlichen inneren Berufung, auch nicht aus jenem Impuls heraus, den die Italiener gerne »sacro fuoco dell'arte« nennen, sondern ganz einfach, weil Theaterspielen der einzige Beruf sei, der es ihm erlaube, morgens lange im Bett zu bleiben. Langfristig betrachtet war es offensichtlich eine Fehlplanung; in der Filmbranche, zu der Volonté später überging, muß man sehr früh aufstehen ...

Als der 21jährige Mailänder Gian Maria Volonté beschloß, in die Accademia d'arte drammatica in Rom einzutreten, war er auf dem Gebiet der Schauspielerei längst kein Anfänger mehr. Den Beruf hatte er von der Pike auf gelernt; drei Jahre lang zog er mit einem Laientheater, einem Wandertheater der italienischen Provinz, »Thespiskarren«, durch ganz Italien. Gian Marias erster Maestro war der neunzigjährige Alfredo De Sanctis. Tradition – und nicht Avantgarde – des Theaters ist die erste Stufe, die Volonté zur heute erlangten Perfektion seines Berufes führte.

Regisseur Francesco Rosi hat vier Filme mit Volonté gedreht: »Der Fall Mattei«, »Uomini contro« (1970), »Lucky Luciano« (1973) und »Christus kam nur bis Eboli« (1979), eine Verfilmung des gleichnamigen Romans von Carlo Levi. Rosi erzählt eine Anekdote über das professionelle Verantwortungsbewußtsein des Schauspielers, die vielsagend ist. Während einer Drehpause des Films über Enrico Mattei in Tunesien überraschte Rosi den Schauspieler, wie dieser – selbstvergessen und versunken, das Haupt tief nach vorne geneigt – seine eigenen Füße betrachtete. Diese außergewöhnliche Konzentration auf die Füße war Rosi zunächst rätselhaft, bis er sich dann an die Vorgeschichte erinnerte. Tage zuvor hatte Rosi dem Schauspieler einige Fotos von Mattei gezeigt, und Volonté hatte sofort bemerkt, daß Mattei die Gewohnheit hatte, mit gespreizten Beinen zu sitzen, die Füße nach innen gekehrt. Worauf sich nun Volonté konzentrierte, war die Sitzweise Matteis; er wollte sich diese für Mattei charakteristische Stellung zu eigen machen, denn sie gehörte zur »Person Mattei«. Auf diese Weise gelingt es Volonté von Mal zu Mal mehr, auch äußerlich die ganze Persönlichkeit des Enrico Mattei darzustellen.

Drei Jahre lang besuchte Gian Maria Volonté die Accademia d'arte drammatica in Rom; damals hielt er diese Akademie für die »classista« – für das Abbild eines bestimmten Klassensystems –, die dem Schauspieler bestenfalls eine Technik vermitteln könne, ihn aber von jeglichem kulturellen Prozeß ausschließe. Dennoch empfiehlt er heute den jungen Schauspielern den Besuch dieser einzigen staatlichen Schauspielschule Italiens.

Auf die Akademie folgten für Volonté die begeisternden Jahre in Giorgio Strehlers »Piccolo teatro« in Mailand. Nach dieser Erfahrung machte er sich selbständig und führte seine Theaterexperimente auf, von denen »Sacco e Vanzetti« aus dem Jahr 1960 und »Der Vikar« von Rolf Hochhuth (1964) Inszenierungen sind, die bei den italienischen Kulturschaffenden große Beachtung fanden. Die Erstaufführung des »Vikars« fand in einer entweihten römischen Kirche statt. Das Schauspiel wurde von der Polizei unterbrochen, aber die Ordnungshüter beriefen sich auf einen damals noch gültigen Artikel des Konkordats zwischen Italien und dem Vatikanstaat, der »den heiligen Charakter der Ewigen Stadt schützt«. Die Aufführung fand dann in einem Hinterraum des Feltrinelli-Buchladens in Rom statt.

Zu einem »Fall« wurde Gian Maria Volonté aber erst 1968, als er den Vertrag mit Patroni Griffi über den Film »Metti una

sera a cena« kurz vor Beginn der Dreharbeiten brach. Es folgte
ein Skandal, der über den Rahmen der Theater- und Filmwelt
hinausging. Volonté wurde der Vertragsverletzung beschul-
digt, er zahlte viel dafür, aber den Film drehte er nicht. »Man
kann nicht auf die eigene Selbständigkeit verzichten«, war
Volontés Kommentar dazu. Er gründete daraufhin ein Thea-
terkollektiv, mit dessen Darbietungen er die Bürger auf die
brisantesten sozialen Fragen aufmerksam machte: Woh-
nungsfrage, Arbeitslosigkeit, Fabrikarbeit, Konsumgesellschaft, Information waren die Themen. Während der 68er-
Welle gehörte Gian Maria zu den sogenannten »Unversöhn-
lichsten«; er besetzte Theater, verteilte Flugblätter in den Universitäten, erklärte dem bürgerlichen Theater den Krieg. Mitten im heißen Streikherbst 1969 konnte man Volonté auf dem
Bahnhof Termini in Rom sehen. Sein Theaterensemble bestand aus drei maskentragenden Darstellern: einem Arbeitslosen, einem Arbeiter und einem Reisenden. Es gelang
Volonté, während dieser Aufführungen drei- bis vierhundert
Personen – ankommende und abfahrende Reisende – in das
Spiel miteinzubeziehen und die Trennwand zwischen Zu-
schauer und Schauspieler einzureißen. Die Polizei griff ein,
nahm Gian Maria fest, und die zahlreichen Zuschauer, die
Volontés Gesicht von den erfolgreichen Western des Regisseurs Sergio Leone her kannten (»Für eine Handvoll Dollar«,
1964; »Für eine Handvoll Dollar mehr«, 1965) waren verwirrt.
Sie hielten das Ganze für eine Filmszene.
Für die sogenannten »benpensanti« ist ein Schauspieler wie
Gian Maria Volonté unbequem. Er irritiert sie; er verdient viel
Geld und lebt doch einfach und will nur jene Filme drehen,
von denen er überzeugt ist. Sein Verhalten sprengt den üblichen Rahmen, in dem sich erfolgreiche Schauspieler bewegen, und das stört viele und macht sie mißtrauisch.

Jahrelang war Volonté Mitglied der italienischen KP; 1976 verließ er die Partei. Der von Berlinguer geführten Parteilinie des »historischen Kompromisses« konnte Volonté nicht zustimmen. Auch sah er in den Gesetzen, die das Parlament mit den entscheidenden Stimmen der Kommunisten zum Schutz der öffentlichen Ordnung und Sicherheit verabschiedete, einen Abbau der Freiheitsrechte, der die Demokratie bedrohte.

Mit einem freundlichen, scheuen »scusi« entschuldigt sich der heute 51jährige Schauspieler dafür, daß er uns habe warten lassen. Das schüchterne, fast wehrlos erscheinende Lächeln steht in Widerspruch zu Volontés kräftigem Körperbau, zu seinen breiten Händen. Seine Erscheinung strahlt sogleich Ernst und tiefe innere Spannung aus. Ein wirrer weißgelockter Haarschopf umrahmt ein furchenreiches, von der Sonne verbranntes Gesicht. Volonté erinnert an einen Matrosen. Auf dem Meer verbringt er auch manche Woche im Jahr, nämlich als Segellehrer in Sardinien. Gian Marias Augen liegen tief in den Höhlen, sein Blick ist prüfend, unruhig und gütig zugleich; die Stimme ist tief, monoton, ohne die geringste Modulation. Das Sprechen mit Menschen macht ihm offensichtlich Mühe, verursacht ihm Unbehagen; das Kommunizieren scheint ihm schwerzufallen, wenigstens mit Journalisten. Der Gesichtsausdruck verrät ein introvertiertes, leicht verletzliches Wesen, auch Scheu und Mißtrauen. Das seltene, sanfte Lächeln, das hin und wieder über sein Gesicht huscht, wirkt auf einen Gesprächspartner gewinnend. Fast mit Staunen stellt man fest, daß er eine ungeheure Sympathie ausstrahlt.

Nicht nur seine berufliche Laufbahn, auch sein Privatleben verlief bewegt und war oft stürmisch; eine Ehe, eine Scheidung, eine langjährige Verbindung mit der Schauspielerin Carla Gravina, mit der er eine Tochter hat, die 21jährige

Giovanna (sie lebt auch bei ihm), auf die eine über zehn Jahre dauernde Verbindung mit der Regisseurin Armenia Balducci folgte. Was zurückbleibt, wenn die Liebe erlischt, ist eine tiefe Freundschaft.

Der große Einschnitt in Volontés Leben war seine Krankheit: vor drei Jahren diagnostizierten die Ärzte ein Lungengeschwür. Erst der chirurgische Eingriff erbrachte den Befund, daß es sich nicht um Lungenkrebs handelte. Aber die Ungewißheit, die Zweifel, die Befürchtungen jener Zeit, die der Schauspieler zwischen Verzweiflung und Hoffnung schwankend verbrachte, haben ihn gezeichnet. Die Spuren davon sind heute noch zu sehen.

Franca Magnani: »Sie sind eine Besonderheit in der italienischen Schauspielerlandschaft. Sie drehen fast ausnahmslos sozialkritische Filme; Ihre Filme enthalten eine Botschaft, wenn man so sagen kann. Stimmt es, daß Sie einmal erklärt haben, nur jene Filme zu drehen, die in einer bestimmten Richtung politisch engagiert sind?«

Gian Maria Volonté, sehr leise und nach einer langen Pause kommt die Antwort:»Nein, das sind Erklärungen, die man in der journalistischen Sichtweise verdreht hat. Ich suche mir meine Filme aus, so wie es zum Beispiel jeder Schauspieler in der amerikanischen Tradition tut. Da wundert es keinen, wenn der Schauspieler sich die Arbeit aussucht, die er machen will, und eine andere ablehnt ... Was die Botschaft angeht, so glaube ich, daß der Film an sich, daß das Bild an sich eine Botschaft enthält. Das Bild ist eine Sprache und damit eine Form der Kommunikation. Sicher, das Soziale interessiert mich, das stimmt. Das hängt mit der Art zusammen, wie man sich zu einem Text, zu einem Vorschlag, zu einem Film verhält, der ja nie nur aus einer Figur besteht.«

F. M.: »Sie sind sehr an Politik interessiert?«

G. M. V.: »Ich habe ein politisches Bewußtsein, wie alle. Der ›politische Film‹ als solcher existiert nicht. Der Film ist eines der Ausdrucksmittel, die die Menschen angehen; und alles, was die Menschen angeht, ist politisch.«

F. M.: »Ist das ›spettacolo‹, die Darbietung, für Sie immer politisch?«

G. M. V.: »Ich würde nicht so sehr von Darbietung sprechen. Ich würde sagen, daß ein Bild auf jeden Fall ein politischer Fakt ist. Die Bilder haben eine uralte Geschichte. Wahrscheinlich stand die ursprüngliche Sprache mehr mit dem Bild, und zwar mit dem Traumbild, in Verbindung. Die Phonetik kommt erst später. Dann hat der Mensch dieses Gebiet verlassen, aber das Bild hat nie den Menschen verlassen. Denken Sie doch nur an den Protestantismus, an den Katholizismus, an die große Kultur der Aufklärung, wo der Mensch auf das Bild stößt, sich mit der Wiedergabe des Bildes beschäftigt. Da tauchen immer sehr große Probleme auf. Die Technologie, die jetzt auftaucht, die Elektronik, ruft sogar die politische Klasse selbst dazu auf, tagtäglich das schwierige Gleichgewicht der Bildverteilung zu steuern. Die Benutzung des Wortes im Fernsehen, das Bedürfnis, jede Sekunde Bild mit Worten zu bedecken, dieser Zwang geht weiter, weil das Bild die Fähigkeit besitzt, in die Tiefe zu gehen, zu erschüttern. Wenn Sie sich vor ein stummes Bild stellen, dann wird das Bild selbst in Ihnen und in mir vollkommen andere Anregungen hervorrufen.«

F. M.: »Das kann aber auch zu Verzerrungen führen ...«

G. M. V.: »Einverstanden. Aber diese Verzerrungen passieren in Ihnen. Für mich ist das also vielleicht keine Verzerrung, sondern Freiheit, für mich ist das eine Erfahrung, eine Reise in ein Gebiet, das noch zu entdecken ist. Also stellt für mich das Bild auf jeden Fall einen großen politischen Fakt dar. Übrigens muß man auch klarstellen, was man unter Politik versteht. Ein grobes Mißverständnis besteht darin, daß man an die Parteien denkt, wenn über Politik gesprochen wird. Ich aber rede von Politik in einer philosophischen Sicht des Sozialen.«

F. M.: »Das, was Sie künstlerisch schaffen, hat sicher mit Ihrem Leben, mit Ihrer Einstellung zu tun. Welches ist der Sinn, den Sie dem Leben geben?«

G. M. V.: »Ich würde ohne weiteres von Freiheit sprechen und vielleicht sogar von Utopie ...«

F. M.: »Hat Sie das den linksextremen Gruppierungen nahegebracht?«

G. M. V.: »An einem bestimmten Punkt meines Lebens habe ich eine Entscheidung getroffen, die mich dazu geführt hat, neue Sprachen und neue Verhaltensweisen zu entdecken, die einer Generation angehörten, die mir voraus war und die aus deren Erfahrungen hervorging. Aber das ergab sich keineswegs aus dem Nichts, sondern aus einem Zusammenhang, der ganz Italien in den frühen siebziger Jahren prägte.«

F. M.: »Identifizieren Sie sich mit dieser Gruppe von Personen?«

G. M. V.: »Es gibt nicht, wie Richter Calogero meint, ›eine Gruppe‹, es gibt einen Archipel, ein Universum, das – wenn Sie wollen – auch generationsbedingt ist.«

(Gian Maria Volonté weist damit auf jenen Richter Calogero hin, der in Italien zu einem Begriff geworden ist im Zusammenhang mit den Gruppen, aus denen mutmaßliche und erwiesene Terroristen hervorgegangen sind. Der Richter aus Padua ging in der Terroristenfrage davon aus, daß die Roten Brigaden ein Bestandteil eines Planes waren, der bezweckte, das bestehende System zu stürzen. Richter Calogero hielt

Toni Negri, Professor für Staatsdoktrin in Padua und führender Theoretiker der revolutionären Gewalt, für einen der führenden Köpfe des Plans. Toni Negri wurde am 7. April 1979 verhaftet; vier Jahre lang saß er in Vorbeugehaft. Im Juni 1983 wurde er für die Radikale Partei in die Abgeordnetenkammer gewählt. Als die parlamentarische Immunität aufgehoben wurde, floh Negri ins Ausland. Nun lebt er in Frankreich, wo sich ungefähr weitere 300 mutmaßliche italienische Terroristen befinden.)

»Ja, ich identifiziere mich heute mit einer Gruppe, die aber weder organisiert noch parteiähnlich ist. Ich identifiziere mich mit der Gruppe, die die Amnestie in Italien fordert, und ich lasse auch keine Gelegenheit ungenutzt, dies zu bekräftigen. Eine Gruppe, die sich an die Häftlinge wendet ... Eine weitere Monstrosität, die in den italienischen Gefängnissen geschaffen wurde, ist die ›differenziazione‹, wie sie genannt wird. Diese ›Differenzierung‹ spielt die verhafteten Männer und Frauen gegeneinander aus, und zwar mittels einer Reihe von Gesetzen, welche das ›Reuebekenntnis‹ oder die Hypothese der ›Dissoziation‹ vorsehen. Ich gehöre zu jenen, die einen Vorschlag machen, den wir für den einzig gangbaren Weg halten, den Vorschlag einer politischen Lösung, die die Amnestie und den Straferlaß vorsieht und damit endgültig durch eine politische Entscheidung die Jahre des Notstands und der Sondergesetze gegen den Terrorismus hinter sich läßt. Und dann, als eine große soziale Perspektive: die Abschaffung der Gefängnisse als Vorrang des Politischen vor der politischen Klasse der Gerechtigkeit vor dieser Justiz, so wie sie sich heute durch die Sondergesetze darstellt. Ich stehe auf der Seite der verletzten Menschheit. Ich habe bei den Wahlen von 1983 für Toni Negri gestimmt; es war eine Stimmabgabe für einen Häftling, der vier Jahre im Gefängnis auf den

Prozeß wartete, und ich würde wieder für ihn stimmen. Er hat Recht daran getan zu fliehen.«

F. M.: »Sie haben den Ruf eines ›engagierten Schauspielers‹. Kommt das hauptsächlich von den Personen, die Sie auf der Leinwand darstellen, oder daher, wie Sie sie darstellten?«

G. M. V.: »Ich war ja auch lange Jahre in der kommunistischen Partei Italiens aktiv; alles, jede Erfahrung hinterläßt Spuren ...«

F. M.: »Welches ist der entscheidende Grund für Sie, eine Rolle anzunehmen oder abzulehnen?«

G. M. V.: »Ich weiß nicht; kann man den Maler hier (weist auf ein Bild hin) fragen, wo die entscheidende Ursache dafür lag, daß er dieses Bild und nicht ein anderes gemalt hat?«

F. M.: »Warum nicht?«

G. M. V.: »Nein, ich glaube es nicht.«

F. M.: »Aber im allgemeinen engagiert sich doch jeder von uns aus einem bestimmten Grund für eine Arbeit.«

G. M. V.: »Das hängt vom Text ab.«

F. M.: »Also nehmen wir einmal ›uomini contro‹ ...«

G. M. V.: »›uomini contro‹ war eine außergewöhnliche Reflexion über den Ersten Weltkrieg, ein Film gegen den Krieg, der mir außerdem von Regisseur Rosi vorgeschlagen wurde, den ich sehr schätze.«

F. M.: »Welche der von Ihnen gespielten Rollen hat Sie am tiefsten berührt?«

G. M. V.: »Man muß dies mit dem ganzen Film verbinden ... Ich könnte da keine Unterschiede machen und Ranglisten aufstellen; ich könnte das nicht aufgliedern ...«

F. M.: »Welcher Film war für Sie am mühevollsten?«

G. M. V.: »Es ist eine komplexe Arbeit, von Mühe würde ich nicht sprechen. Aber von Teilnahme, von Übereinstimmung nach den Dreharbeiten, von der ganzen Zeit, die dem vorausgeht. Aber ... ich kann nicht auf Ihre Frage antworten; ich weiß es nicht.«

F. M.: »Dann vielleicht: welche Rolle ist Ihnen am meisten ans Herz gewachsen?«

G. M. V.: »Auch das ist schwierig zu sagen, weil es sich nicht nur um die Rolle als solche handelt, sondern um die ganze Erfahrung, die man mit einem Film macht, wo ja auch die Beziehungen der Beteiligten untereinander mitspielen.«

F. M.: »Gibt es eine Krise des Films oder nicht?«

G. M. V.: »Ich glaube nicht, daß es sich um eine ›Krise‹ handelt ... vielmehr um einen nicht mehr rückgängig zu machenden Prozeß. Wir erleben den Übergang von einer Technologie zur nächsten, und der Riß ist ›blutig‹. Eine ganze Reihe von Rollen der klassischen Filmkunst – vom Produzenten bis zum Autor selbst – haben immer weniger Gelegenheit sich auszudrücken. In Italien haben 1300 Kinos geschlossen, dies sind gesicherte Zahlen; die Zuschauerzahl hat um 80 Prozent abgenommen. Die beiden Zuschauer, die in uns sind, der Film- und der Fernsehzuschauer, wurden zu einem einzigen. Was den Zeitaufwand betrifft, so wird der ganze Zirkus, der mit der Herstellung eines Films auf herkömmlichem Material zusammenhängt, möglich, weil das Fernsehen eine enorme Menge von Stunden und Bildern pro Tag verschlingt ... 20 Kanäle in Italien, 10 Stunden Sendezeit für jeden Kanal, das sind 200 Stunden Bilder pro Tag: furchtbar! Wenn man also zum Beispiel für die Realisierung von ›Christus kam nur bis Eboli‹ insgesamt drei Jahre brauchte, dann stehen am Ende dieser drei investierten Jahre – und ich spreche von allen, die daran beteiligt waren, also eine enorme Menge von Personen – fünf Stunden, und das angesichts eines Bedarfs von mindestens 200 Stunden Bildern pro Tag. Außerdem ist auch die erzählerische Struktur zusammengebrochen; der Film hatte uns an erzählerische Strukturen gewöhnt, die 1 1/2 bis 2 Stunden dauerten. Heute gibt es eine Beziehung zum Bild und eine erzählerische Struktur, die zwischen sechs Minuten und sechs Stunden dauern kann; ein einziges Fernsehquiz, das von zwei bis acht dauert, 6 Stunden also, kostet im Vergleich mit einem Film überhaupt nichts, und dazu kann man es jeden Sonntag neu ausstrahlen. Das ist eine erzählerische Struktur, die durch die Linguistik des Ansagers oder der Ansagerin zusammengehalten wird. Also all das, was in dieser Sendung geschieht, all die Personen, die durch die Sendung laufen, die berühmten ›Gäste‹, die schließlich auch Schauspieler sind, die ganze Welt vom Sänger über den Rennfahrer bis zum Verleger, all das wird durch die Figur des Ansagers gefiltert, und mit seinem Vorzeichen werden sie versehen. Aber alle werden mit dem Gefühl gehen, dort etwas Selbständiges dargestellt zu haben ...«

F. M.: »Also ist die ganze Sache ziemlich zweideutig?«

G. M. V.: »Sehr zweideutig sogar. Die Nutzung des Mediums Fernsehen, die im Sinne der Erkenntnis, der Kommunikation, der Information und des Verständnisses intensiver werden könnte, ist bei uns sehr beschränkt ... In anderen Ländern – wo die Zerreißprobe, die es unweigerlich gibt beim Übergang von einer Technologie zur anderen, nicht so kraß ist, weil dort die Kanäle anders als in Italien nicht ganz freigegeben wurden – da gehen die Leute noch oft ins Kino; in Frankreich zum Beispiel, wo es nur zwei Kanäle gibt.«

F. M.: »Im Gegensatz zu Italien, das der reinste Fernsehdschungel ist ...«

G. M. V.: »Die italienischen Regierungen haben einfach gar nichts getan; auch kein Filmgesetz verabschiedet. Dieser Staat ist einfach absolut unempfänglich für das Problem der Nutzung des Bildes, das den Film betrifft – einen Film mit großer Tradition, der – was Italien angeht – im Sterben liegt. Es bleiben jene Parkplätze erhalten, die sich Filmfestivals nennen, was bedeutet, daß die Filme nicht mehr in die Kinos kommen. Wenn Sie an die ganzen Filme denken, die auf den Festivals in Venedig oder Cannes gezeigt werden – ich spreche hier nicht von den besprochenen oder preisgekrönten Filmen, sondern von den vorgeführten –, die finden gar keinen Verleih, die sehen Sie nachher nicht mehr. Die füllen dann große Archive und warten darauf, daß sie von einem Lager ins andere transportiert werden. Diese Parkplätze werden am Leben gehalten. Der Kritiker schreibt eine halbe Seite über den Film von Wenders, der mit ›Paris, Texas‹ den Goldenen Löwen gewonnen hat, und dann läuft der Film hier 18 Monate später und wird ganze vier oder fünf Tage gezeigt. Ich habe letztes Jahr mit dem Film von Goretta in Cannes den Preis für den besten Darsteller bekommen, und der Film ist noch gar nicht gelaufen.* Das Istituto Luce, also der Staatsfilm, hat ihn gekauft. Es ist absurd; der Film ist in Italien nicht gezeigt worden; aber es wurde so viel davon geredet, daß die Leute meinen, ihn gesehen zu haben. Heute wird der Film von den Kritikern durch die Festivals erzählt. Ich glaube, daß das wirkliche Problem tatsächlich beim Verleih liegt, den es praktisch gar nicht mehr gibt. Wenn man in Italien von Filmkrise spricht, dann meint man, daß es dieses Jahr nicht sehr gut ging, daß aber die Hoffnung besteht, daß es wieder besser gehen wird. Nein – es geht da um einen Prozeß, den man nicht mehr rückgängig machen kann. Ein Prozeß, der wahrscheinlich das Ende einer Art, Bilder zu produzieren, kennzeichnen wird oder bereits gekennzeichnet hat, um dann zu

---

\* Ende August ist er dann in einem teuren Kino der Innenstadt, in Rom, einige Tage gezeigt worden; dann ist er wieder verschwunden.

einer anderen Art, einer anderen Technologie überzuge-
hen.«

F. M.: »Hat das nicht auch schon Rossellini gesagt?«

G. M. V.: »Ja, wenn wir so wollen, Rossellini hat das gespürt,
und auch Bergman. Und jetzt sind wir wirklich ganz am Ende
des Weges angelangt.«

F. M.: »Was haben Sie für Zukunftspläne, was tun Sie jetzt?«

G. M. V.: »Nichts; seit drei Jahren tue ich nichts mehr. Eine
Theatersaison lang verbrachte ich mit der Bearbeitung von
Schnitzlers ›Der Reigen‹, was sechs Monate dauerte. Dann
habe ich den Film mit Goretta gedreht, mehr nicht ... Manchmal gibt es interessante Projekte, die dann auf halbem Weg
steckenbleiben.«

F. M.: »Aus finanziellen Gründen, oder weil Sie nur
bestimmte Filme annehmen?«

G. M. V.: »Mir wird nichts angeboten ... Unter den wenigen
Filmen, die mir angeboten wurden, waren drei, die ich auch
gemacht hätte – vielleicht ...«

F. M.: »Wenn Sie einen beruflichen Wunsch aussprechen
könnten, der erfüllt werden würde, welcher wäre das?«

G. M. V.: »Ich möchte mit anderen zusammen an Projekten
arbeiten, die für mich interessant sind.«

F. M.: »Wie müssen diese Projekte aussehen, um für Sie interessant zu sein?«

G. M. V.: »Das hängt damit zusammen, wie man zu einem Projekt steht und wie weit man ein Verhältnis zu diesem Projekt
aufbauen kann ... Eine Sache ist der Film, eine andere Sache
ist das Theater ...«

F. M.: »Nehmen wir den Film, wo Sie zu großem Ruhm
gekommen sind.«

G. M. V.: »Ich könnte Ihnen jetzt keinen Titel nennen. Es gibt
ein Projekt, das wir machen wollen, an dem Armenia Balducci

und ich seit langem arbeiten ... ein Film, der jetzt in Frankreich vom Ministerialausschuß untersucht wird, um zu sehen, ob es uns gelingt, Geld vom französischen Kultusministerium zu erhalten. Das Projekt liegt jetzt beim Ausschuß, wir arbeiten seit 2 1/2 Jahren daran. Das könnte eine Hoffnung sein, dieses Projekt zu realisieren ...«

2. 9. *1984*

# Modigliani

DIE AUSSTELLUNG DER WERKE von Amedeo Modigliani, welche die toskanische Stadt Livorno dem großen Künstler gewidmet hat, ist zwar vor einigen Tagen geschlossen worden. Aber über Modigliani spricht man heute in Italien wie nie zuvor.

Ein Kanal ist der Schauplatz, an dem der Streich des Jahres entstanden ist, wie die Italiener diese Geschichte nennen: »la burla dell'anno«. Seit Jahren ging in Livorno das Gerücht um, daß Modigliani 1990 einige Skulpturen in den Kanal seiner Geburtsstadt geworfen habe; er sei verbittert und gekränkt gewesen, weil die Livornesi seine Kunst nicht würdigten.

Die Stadtregierung hatte nun beschlossen, diesem Gerücht nachzugehen. Am 24. Juli fischte der Bagger zunächst zwei Skulpturen und einige Tage später eine dritte Skulptur aus dem Kanal. Die Kunstkritiker schrien begeistert auf. Reliquien gleich wurden die Skulpturen behandelt.

Die namhaftesten Kunstkritiker und Kunsthistoriker des Landes bestätigten – bis auf wenige Ausnahmen – mit Begeisterung und Bewunderung die Werke als echte Modiglianis. Aus diesen Steinen ist die Seele des Künstlers zu spüren, hieß es. In der Ausstellung erhielten die herausgefischten Werke einen Ehrenplatz. Ein Sonderkatalog wurde gedruckt. Die Besucher mehrten sich.

Bis eines Tages drei Studenten einem Wochenmagazin gestanden, eine der drei Skulpturen selber gefertigt und in den Kanal geworfen zu haben, um sich einen Spaß zu machen. Plötzlich war ihnen der ganze Aufruhr aber unheimlich geworden. Als Beweis für ihr Geständnis legten sie ein Foto bei. Aber man glaubte ihnen nicht.

Pietro, Franco und Michele – so heißen die drei Studenten – mußten in einem Studio des italienischen Fernsehens vor Millionen von Zuschauern zeigen, wie man einen Modigliani anfertigt – in sechs Stunden. Sprachlos der anwesende Notar; neugierig die Presse aus aller Herren Länder.

In der Sendung wurde auch Professor Giulio Carlo Argan befragt, ein international bekannter Kunsthistoriker. Er ist nach wie vor davon überzeugt, daß alle drei aus dem Kanal geborgenen Skulpturen Modigliani zuzuschreiben seien. Den Scherz der drei Studenten findet der Professor aber gar nicht lustig. Er glaubt ihnen nicht und schlägt weitere, wissenschaftliche Untersuchungen an den Skulpturen vor. Schließlich handelt es sich darum zu erfahren, ob die als staatliches Kulturgut betrachteten Werke nun von Modigliani stammen, also echt sind, oder nicht.

Professor Mario Spagnol hingegen zweifelte von Anfang an an der Echtheit der wiedergefundenen Modigliani-Skulpturen. Die drei Studenten haben einen für Toskaner typischen Streich gespielt, und rechtlich gesehen haben sie kein Vergehen begangen. Eine Frage drängt sich jedoch auf: Angenommen, die drei Studenten haben eine der Skulpturen angefertigt – wer hat dann die beiden anderen geschaffen? Doch Modigliani?

*12. 9. 1984*

## Interview mit Nando Dalla Chiesa

AM 3. SEPTEMBER 1982 WURDEN im Herzen von Palermo der 62jährige Polizeipräfekt und Carabinieri-General Carlo Alberto Dalla Chiesa und seine junge Frau Emanuela ermordet. Landesweit löste diese »Herausforderung der Mafia«, wie die Presse schrieb, Bestürzung und Empörung aus.
Es war der letzte Akt einer Einschüchterungskampagne gegen den Staat, die vier Jahre zuvor begonnen hatte. Die Eskalation der Morde an hohen Staatsrepräsentanten ist einmalig in der Geschichte der »ehrenwerten Gesellschaft«.
»Damit endet die Hoffnung der Sizilianer«, sagten die Leute nach der Ermordung des Polizeipräfekten. Sie waren im Unrecht.

Franca Magnani: »Professor Nando Dalla Chiesa – Sie sind der Sohn des von der Mafia ermordeten Generals Dalla Chiesa. Sie engagieren sich stark im Kampf gegen die Mafia. Worin unterscheidet sich Ihr Kampf von dem der anderen?«
Nando Dalla Chiesa: »Vielleicht ist bei mir der Wille, ›verstehen zu wollen‹, stärker. Dadurch, daß ich persönlich betroffen bin, will ich ganz besonders die Wahrheit wissen, um noch mehr zu verstehen, wie man die Mafia besiegen kann. Was aber mein Engagement angeht, da unterscheidet sich dieses kaum von demjenigen der zahlreichen anderen Personen, die besonders im Süden gegen die Mafia kämpfen. Es geht nicht um einen persönlichen Feldzug gegen die Mafia.«
F. M.: »Haben Sie das Gefühl, daß die staatlichen Behörden genug getan haben, um die Mafia zu bekämpfen oder daß sie der Mafia vielleicht sogar eine gewisse Rückendeckung geboten haben?«

N. D. C.: »Sehen Sie, wenn man in Italien von ›staatlichen Behörden‹ spricht, dann muß man nunmehr unterscheiden zwischen solchen, die die Mafia bekämpfen, und solchen, die die Interessen der Mafia verteidigen. Es handelt sich darum, die verschiedenen Personen, die die ›staatliche Autorität‹ ausmachen und sich in den Institutionen bewegen, voneinander zu unterscheiden.«

F. M.: »Und Ihnen gelingt es?«

N. D. C.: »Es ist das konkrete Verhalten der Leute, das einem beim Verstehen und Unterscheiden behilflich ist.«

F. M.: »Sie haben kürzlich in Frankreich ein Buch veröffentlicht. ›Ein unvollkommenes Verbrechen‹. Warum in Frankreich?«

N. D. C.: »Aus einem einfachen Grund. Wenn ich mich in Italien an einen Verleger gewandt hätte, wäre dies mit höchster Wahrscheinlichkeit allgemein bekannt geworden. Bestenfalls hätte ich infolgedessen nicht ruhig arbeiten können; schlechtesten Falls hätten manche glauben können, daß ein Buch über einen Vorfall dieser Art Enthüllungen enthält (das Buch enthüllt übrigens nichts), und sich davor gefürchtet. Infolgedessen hätten mich diese Leute vielleicht am Schreiben hindern können.«

F. M.: »Welche These vertreten Sie in Ihrem Buch?«

N. D. C.: »Ich behaupte, daß die Fakten, über die wir verfügen, und die Dinge, die sich ereignet haben, es uns an und für sich erlauben, die Verantwortlichen für das Verbrechen an meinem Vater zu individualisieren, und zwar auf Grund einer logischen Konstruktion; deswegen heiß das Buch auch ›Ein unvollkommenes Verbrechen‹.«

F. M.: »In den italienischen Zeitungen habe ich gelesen (das Buch kennen wir ja noch nicht), daß Sie bestimmte Kräfte beschuldigen, Ihren Vater ermordet zu haben, und zwar weil

Ihr Vater eine Verbindung zwischen der Mafia und bestimmten christdemokratischen Kräften aufgedeckt hatte, die dem gegenwärtigen Außenminister Andreotti nahestehen. Stimmt das?«

N. D. C.: »Es handelt sich nicht um eine Entdeckung. Bereits im Anti-Mafia-Ausschuß des Parlaments gibt es Dokumente, die diese Verbindung zwischen einigen Anhängern Andreottis in Sizilien und der Mafia enthüllen. Aber es handelt sich nicht nur um Anhänger Andreottis; und wie gesagt, es geht um Dinge, die man schon seit einigen Jahren kennt. Ich glaube nicht, daß mein Vater deshalb von der Mafia zum Tod verurteilt worden ist, sondern weil es auf Grund der Erklärungen, die er abgegeben hatte, klar wurde, daß seine Auffassung der Macht und die mafiose Auffassung von Macht radikal entgegengesetzt waren.«

F. M.: »Haben Sie vor der Ermordung Ihres Vaters nie gefürchtet, daß die Mafia ihn umbringen könnte?«

N. D. C.: »Nein, aus einem einfachen Grund nicht. Ich glaubte, daß derjenige, der Dalla Chiesa ermordet, zwangsläufig gleichzeitig auch seine Unterschrift daruntersetzt. Und ich glaubte, daß man in Italien so deutlich unterzeichnete Verbrechen nicht verüben könne. Ich habe dagegen erfahren, daß man auch ›signierte‹ Verbrechen verüben kann.«

F. M.: »Und warum?«

N. D. C.: »Aus dem Gefühl heraus, daß man straffrei davonkommen kann. Oft haben die Leute in Italien Angst, die Vernunft anzuwenden, sich an Dinge zu erinnern, Fakten miteinander in Zusammenhang zu bringen. Diesbezüglich hat der Brief, den auf Veranlassung des Mafiabosses Rechtsanwalt Ambrosoli einem Freund geschrieben hat, großen Eindruck auf mich gemacht. Ambrosoli schreibt in diesem Brief, daß Sindona ihn sicher nicht ermorden könne, denn dies würde bedeuten, daß er den Mord gleich signierte. Und dennoch ist auch Ambrosoli ermordet worden.«

F. M.: »In Italien hat man das Gefühl, daß nach der Ermordung Ihres Vaters sich im Kampf gegen die Mafia etwas geändert habe. Ist das richtig?«

N. D. C.: »Ich bin davon überzeugt, daß sich seither viel geändert hat. Sei es im Zusammenhang mit den Ermittlungen und des Engagements vieler Staatsdiener, sei es in bezug auf die kulturelle Haltung des italienischen Volkes und hauptsächlich der Jugendlichen. Vieles hat sich verändert. Es sind ja erst zwei Jahre vergangen, und vieles ist anders.«

F. M.: »Der Terrorismus ist politisch geschlagen worden. Glauben Sie, daß man auch bei der Mafia zu diesem Ergebnis kommen kann, daß man also die Mafia besiegen könnte?«

N. D. C.: »Ja, ich glaube es. Ich glaube, daß wir uns auf dem richtigen Weg befinden.«

*14. 10. 1984*

## Vorzeitige Entlassung von Walter Reder

WALTER REDER, SS-OFFIZIER, ist im Militärgefängnis von Gaeta bei Neapel inhaftiert. Der ehemalige Sturmbannführer ist für das Massaker von Marzabotto in der Nähe von Bologna verantwortlich. 1.930 Menschen – darunter Frauen und Kinder – wurden dort im Herbst 1944 auf die brutalste Art ermordet: als Vergeltung für Partisanenaktionen.

Einmal – vor 18 Jahren – erzählte Reder dem italienischen Fernsehen, was in Marzabotto, aus seiner Sicht, geschah: »Als das Marzabottogebiet eingekreist war, wurde der Angriff befohlen. In den kleinen Marktflecken und Bauernhöfen trafen wir auf Widerstand. So erlitt, leider, auch die Zivilbevölkerung Verluste, teils durch die Artillerie, teils durch die angreifenden Soldaten. Wenn z. B. aus einem Haus geschossen wurde, dann zerstörten sie das Haus. Dabei ist es möglich, daß es auch zu Ausschreitungen gekommen ist; das kann schon geschehen bei Soldaten, die plötzlich den Kopf verlieren ...« Aber beim Angriff hat die Zivilbevölkerung schwere Verluste erlitten. Das gibt Reder zu. »Sie hat Verluste erlitten. 1.830 Menschen, die aber von der Presse alle nur mir zugeschrieben werden. Aber ich habe diesen Angriff nicht befohlen. Ich kommandierte nur meine Abteilung. Und das Gericht hat mich nur für die Verluste unter der Zivilbevölkerung in meinem Kampfabschnitt verantwortlich gemacht.«

Die Hinterbliebenen von Reders Opfern kamen vor vier Wochen nochmals in Marzabotto zusammen, um über das Gnadengesuch abzustimmen, das Walter Reder wieder einmal eingereicht hatte. Die überwiegende Mehrheit stimmte gegen die vorzeitige Freilassung Reders. »Verzeihen kann nur Gott – wir nicht«, sagten die Betroffenen von Marzabotto.

Marzabotto ist in Italien zum Symbol geworden; es steht für die Grausamkeit der Kriege und den Freiheitsdrang der Völker. Was kann Ministerpräsident Craxi dazu bewogen haben, an diesem Symbol zu kratzen? fragen sich heute viele Italiener.

In Marzabotto flüstert man hinter vorgehaltener Hand, daß Craxi vielleicht zwei politische Fliegen mit einer Klappe geschlagen hat. Auf internationaler Ebene diene Craxis versöhnender Schritt möglicherweise der guten Nachbarschaft mit Österreich – die endgültige Lösung der Südtirol-Frage könnte mitspielen –, und innenpolitisch komme Craxi mit Reders vorzeitiger Freilassung einem Anliegen der Kirche entgegen, die sich aus humanitären Gründen seit langem für Reder eingesetzt hat.

*24. 1. 1985*

## Pertini, Modell eines Präsidenten

»MERK DIR GUT DIESEN MANN, ich sage dir später, wer er ist.« Diese Lehre, die ich in meiner Kindheit und Jugend immer wieder zu hören bekam, bezog sich – als mein Vater sie mir erstmals erteilte – auf Sandro Pertini. Pertini war von Nizza aus, wo er sich damals, ein antifaschistischer Flüchtling, als Taxi-Wäscher und später als Maurer seinen Lebensunterhalt verdiente, nach Marseille gekommen. Marseille, wo meine Eltern lebten. Auch sie hatten, aus politischen Gründen, Italien verlassen müssen.

Es gehörte zur pädagogischen Methode meines Vaters, meiner älteren Schwester und mir stets »la storia« zu erzählen, die Lebensgeschichten der Freunde, die in unserem Emigrantenheim ein- und ausgingen. Es waren faszinierende Geschichten, ebenso spannend wie die Werke der klassischen Jugendliteratur von Salgari, Jules Verne oder Karl May.

Der Unterschied war nur: Die Hauptdarsteller »unserer Geschichten« konnten wir kennenlernen. Wir konnten mit ihnen sprechen und durften zuhören. Lange Zeit unterschieden sie sich von den Helden aus den Büchern lediglich dadurch, daß »unsere« immer im Namen eines Ideals handelten. »Im Namen der Freiheit und Gerechtigkeit«, wie unser Vater betonte.

Im Fall Pertinis kam noch etwas besonders Spannendes hinzu: seine Geschichte wickelte sich sozusagen »in Fortsetzungen« ab: Flucht aus Italien, Exil, illegale Rückkehr nach Italien, Verhaftung durch die faschistische Polizei, langjährige Gefängnisstrafe, Verbannung, Freilassung nach Mussolinis Sturz – Sommer 1943 –, dann wieder Verhaftung (diesmal durch deutsche Besatzungssoldaten), Todesurteil, Freilassung durch gefälschte Papiere, Wiederaufnahme des Resistenza-Kampfes im besetzten Norditalien, Befreiung Mailands April 1945. Das alles geschah im Laufe von 17 Jahren. Wir erfuhren, als Kinder und dann als Jugendliche, nach und nach von diesen Ereignissen.

Für die italienische Öffentlichkeit war Sandro Pertini fast ein Unbekannter, als er vor sieben Jahren zum Staatspräsidenten gewählt worden war. Man wurde erst auf ihn aufmerksam, als dieser, 1968, im Zuge der Politik der Linken Mitte zum Kammerpräsidenten gewählt wurde. Einige Abstimmungen wurden im Fernsehen direkt übertragen. Die Geschäftsführung durch Pertini zeichnete sich, wie jedermann sehen konnte, durch eine außergewöhnliche Korrektheit und strenge Unparteilichkeit aus. Was über den Bildschirm kam, war auch das Temperament des damals 74jährigen Präsidenten; oft ungestüm, eigensinnig, überempfindlich vielleicht, aber stets »onesto«, redlich.

Der »Pertini-Style« begann sich langsam abzuzeichnen. Als ich den Kammerpräsidenten einmal in seinen Amtsstuben im Palazzo Montecitorio besuchte, schickte sich der stets höflich Herr an, mich beim Abschied zum Aufzug zu begleiten. Kaum hatte Pertini die Tür seines Salons geöffnet, stürzten sich zwei befrackte Saaldiener auf uns, um mich in Empfang zu nehmen. Pertini blieb wie angewurzelt auf der Schwelle stehen und flüsterte mir rasch noch zu: »... fast 17 Jahre habe ich für die Freiheit gekämpft. Nun erlaubt man mir nicht einmal, meine Gäste zum Aufzug zu begleiten.«

Als Pertini im Juli 1978 das hohe Amt übernahm, erschütterte der Terrorismus das Land. Die »moralische Krise« hatte einen Höhepunkt erreicht (der Vorgänger Pertinis, Giovanni Leone, war in obskure Machtspiele verwickelt worden und trat zurück). Eine bedrohliche Malaise verbreitete sich über

Italien. Sie drückte sich in der Formel aus »weder mit den Roten Brigaden noch mit dem Staat«.

Der neue Staatspräsident hatte die Aufgabe, dem »quirinale« (Sitz des Präsidenten) wieder Glaubwürdigkeit zu verleihen, die öffentliche Moral wieder aufzupolieren. Vor allem mußte er das Vertrauen der Bürger gewinnen.

Nach sieben Jahren läßt sich feststellen, daß Sandro Pertini von den Menschen mehr geliebt wird als von den Politikern. Pertinis Vergangenheit hatte den Beweis erbracht, daß er fähig war, seine persönlichen Interessen einer Idee zu opfern. Die Italiener halten von der überwiegenden Mehrheit ihrer Politiker genau das Gegenteil. Die Leute spürten also sofort, daß dieser Mann »anders« war. Schon in der Sprache. Was er sagt, ist allen verständlich. Die byzantinischen Redewendungen, die viele italienische Politiker charakterisieren, sind ihm fremd. Der heute 88jährige Präsident ist eine Art Vater aller Italiener geworden, der sie in die Pflicht nimmt: alle Italiener, auch die mächtigen.

Die Frage, die sich bei einer Bilanz der Pertini-Ära aber aufdrängt, ist, ob er bei der Kritik an den Mächtigen die einem Staatspräsidenten von der Verfassung gesetzten Grenzen nicht überschritten habe. Zum Beispiel: 1979 kam es zu einem Fluglotsenstreik, der Italien von der übrigen Welt zu isolieren drohte. Im Gegensatz zu ihren Kollegen in anderen Ländern sind die italienischen Fluglotsen Offiziere und Unteroffiziere und unterstehen somit der Luftwaffe. Sie forderten die »Entmilitarisierung«. Juristisch handelte es sich beim Streik um Meuterei. Die Regierung wollte in der Situation mit den Lotsen nicht verhandeln. Pertini dachte an die kritische Lage Italiens und empfing sie persönlich. Er versprach ihnen, ihre Forderungen zu prüfen. Die Fluglotsen brachen den Streik daraufhin ab. Hatte Pertini richtig gehandelt, hatte er damit nicht Parlament und Regierung vor den Kopf gestoßen?

Als im November 1980 ein Erdbeben die Ortschaften der Irpinia zerstörte, eilte Pertini ins Katastrophengebiet. Die Unzulänglichkeit der Hilfsorganisationen, der Zorn der Bevölkerung gegen die »Abwesenheit des Staates« und gegen »die Korruption des Staates«, wie sich die Leute ausdrückten, beeindruckten den Präsidenten tief. In einer Fernsehansprache an die Nation brandmarkte er mit harten Worten die Verantwortlichen und forderte sie auf, zurückzutreten. Die Ineffizienz des Staates stand vor aller Augen. Aber: Hat der Präsident das Recht, sich als Richter zu erheben über jene, die den Staat verwalten?

Dies sind nur zwei der vielen Beispiele, die Schlagzeilen gemacht haben. Kein Präsident zuvor hat je Probleme des politischen Lebens so offen aufgeworfen, so viel Kritik an den Mächtigen geübt. Manche Politiker sind bestürzt, einige Verfassungsrechtler besorgt. Das Verhalten Pertinis könnte einen gefährlichen Präzedenzfall schaffen, zukünftige Staatspräsidenten könnten, mit der nötigen politischen Rückendeckung, dazu verleitet werden, de facto die italienische Republik in eine Präsidialrepublik zu verwandeln.

Während sich die Fachleute streiten, ist Sandro Pertini zur populärsten Figur geworden, die die Republik je gehabt hat. Erstmals gibt es einen Staatspräsidenten »alle gente«, zum Anfassen. Die Leute mögen seine Spontaneität und oft auch seine unvorsichtige Offenheit, seine Ungeduld, seine temperamentvollen Ausbrüche.

Jene Mitarbeiter, die Pertini lange kennen, zweifeln allerdings an seiner »spontanen Unvorsichtigkeit« oder »temperamentvollen Voreiligkeit«. Emilio Fratarelli, Dekan der parlamentarischen Journalisten, sagt: »Ich kenne Sandro Pertini seit

40 Jahren. Er berechnet sehr gut seine Züge. Er sagt und tut, was für ihn gut ist, und weiß stets genau, was er damit erreichen will.«

Sympathisch finden die Leute auch, daß der Staatspräsident gerne das Protokoll übertritt. Aber auf dieser Ebene hat er in Rom einen gefährlichen Konkurrenten: Papst Johannes Paul II. Die beiden mögen sich, das ist bekannt. Sie haben sich auch privat mehrmals getroffen, zum Mittagessen, gar zum Skifahren. Noch nie hatte ein Papst einen Politiker zum Essen eingeladen – vom Skifahren gar nicht zu reden.

Daß Sandro Pertini wiedergewählt wird, ist nicht zu erwarten. Nicht allein seines Alters wegen. Die politischen Spiele inner- und außerhalb der Parteien werden den Ausschlag geben, wer der mögliche Nachfolger werden wird. Aber wer es auch sein mag – er wird es nicht leicht haben.

Eine Bilanz der siebenjährigen Amtszeit läßt sich mit der Frage zusammenfassen: »Pertini ja – Pertini nein?« So lautet auch der Titel einer Analyse, die Livio Zanetti in diesen Tagen veröffentlicht hat. Der Autor läßt am Ende des Buches Pertini selbst zu Wort kommen. Er sagt da: »Ich glaube, ich habe nicht genug für die Einigung Europas getan. Aber warum liegt die europäische Einheit noch in so weiter Ferne? Weil der Nationalismus nie überwunden worden ist. Einmal, während eines Staatsbesuchs in Frankreich, sagte mir ein Sozialist, ausgerechnet ein Sozialist, daß der französische Nationalismus immer eine bedeutende Kraft im politischen Leben sein werde. Ich antwortete ihm nicht direkt. Ich antwortete einen Abend später, während eines offiziellen Banketts. Da hielt ich eine kleine Rede und sah diesem Abgeordneten dabei in die Augen: Wer, fragte ich, hat Jean Jaurès, den größten Vertreter des französischen Sozialismus, ermordet? Das waren die französischen Nationalisten, die camelots du roi. Und wer hat

Rathenau, den besten Mann der Weimarer Republik, ermordet? Das waren die deutschen Nationalisten. Und wer hat Matteotti ermordet? Der italienische Nationalismus im Gewand des Faschismus. Wissen Sie, wer wirklich das eigene Vaterland liebt? Das kann nur der, der auch die Vaterländer der anderen liebt.«

14. 6. 1985

## Jahreswende in Italien

MUSIK LÄUTET IN ITALIEN die Festzeit ein. Sie stammt von den »zampognari«, den Hirten, die – einer alten Tradition gehorchend – aus den abruzzesischen Bergdörfern hinab in die Städte ziehen, die Leute mit ihrer Musik erfreuen und ihnen damit frohe Festtage wünschen.

Die »zampognari« stellen sich vor den Kirchen auf oder ziehen spielend durch die Geschäftsstraßen; kaum ein Italiener, der nicht mindestens einmal eine Gabe in Form einer Münze oder eines Geldscheins in ihren schwarzen Hut hineinwirft. »Porta bene«, es bringt Glück, sagen die Italiener.

Die »zampognari« spielen immer zu zweit: der eine auf einer Doppelflöte, Schalmei; der andere auf dem Dudelsack, der »zampogna«. Einst stammten sie wirklich aus den Abruzzen, die »zampognari«, und waren auch wirkliche Hirten. Heute kommen sie vorwiegend aus den römischen Vorstädten, und mit den Hirten von einst verbinden sie wohl nur die Felljacke und der Dudelsack. Alle wissen es; auch die »zampognari« wissen, daß man über ihre wahre Herkunft bestens Bescheid weiß. Aber es wird an der alten Tradition festgehalten; die »zampognari« spielen, und die Vorbeiziehenden geben; denn: »porta bene«.

Um die Zeit des Jahreswechsels verwandeln sich in Italien die üblichen Begrüßungsformeln wie »buongiorno«, »buonasera« oder »ciao« in »auguri, auguri«. Das bedeutet soviel wie »viele Glückwünsche«. Die »auguri« gelten natürlich für das neue Jahr. Die Zeit des Jahreswechsels dauert in Italien bis einschließlich 6. Januar, dem Dreikönigstag, an dem die Befana die Kinder beschenkt.

Der Jahreswechsel ist in Italien heute noch mit einer ganzen Reihe von glückwünschenden Handlungen und Riten verbunden. Sie scheinen hier zahlreicher zu sein als in den meisten nordeuropäischen Ländern. Dies hat nicht nur historische Gründe, sondern beruht auf der Tatsache, daß zwischen ökonomischer und sozialer Unsicherheit und Aberglauben eine Verbindung besteht. Auch aufrechte Gläubige, praktizierende Katholiken, greifen gerne und oft zur Magie und sind abergläubisch.

Das Interesse für glückbringende Gegenstände und Amulette, für segenbringende Riten und schicksalsbefragende Handlungen erreicht natürlich um die Jahreswende seinen Höhepunkt.

Die Art, wie heute viele Italiener den Jahreswechsel feiern, dürfte zu einem großen Teil mit altrömischen Traditionen zusammenhängen, mit Saturnalien und Kalenden, das heißt mit vorchristlichen Überlieferungen. Die Riten und die abergläubischen Handlungen, die viele Italiener zum Neujahrsfest begehen, bestehen aus einer Mischung von kultureller Vergangenheit und heutiger Psychologie.

Ein Beispiel: Noch heute werfen viele Römer kurz vor Mitternacht des 31. Dezember angeschlagenes Geschirr, das sie zu diesem Zweck das ganze Jahr über sammeln, oder alte, unbrauchbar gewordene Gegenstände kurzerhand aus dem Fenster. Dieser Handlung liegt symbolisch der Gedanke zugrunde, daß man mit diesem Ritual all den Ballast abwirft, den einem das zu Ende gehende Jahr auferlegt hat. Vergeblich erlassen die Stadtbehörden jedes Jahr Aufrufe an die Bevölkerung, damit sie diesen, heute als unzivilisiert und barbarisch definierten Brauch aufgeben. Für viele in den frühen Morgenstunden nach Hause ziehende Autofahrer beginnt das Jahr mit den wüstesten Flüchen, denn die Autoreifen werden einer harten Probe ausgesetzt, wenn sie durch die engen, mit Scherben übersäten Straßen des historischen Zentrums fahren müssen.

Die »botti«, die knallenden Feuerwerke und die Raketen, die in der Neujahrsnacht Roms Himmel erhellen und sämtliche Säuglinge der Hauptstadt wecken, sollen symbolisch der Dämonenabwehr dienen – auch dies ein Brauch aus vorchristlicher Zeit. Die Wiege der Knall- und Raketenindustrie liegt hauptsächlich in der Gegend um Neapel. Jedes Jahr fallen Menschen den zum großen Teil illegal hergestellten Feuerwerkskörpern und Raketen zum Opfer, kleine, improvisierte Fabriken fliegen buchstäblich in die Luft.

Besonders in Rom steht das Neujahrsfest im Zeichen einer großen Verbrüderung. Es ist z. B. ein typisch römischer Brauch, daß die Leute – vorwiegend zur jüngeren Generation gehörend – nach Mitternacht von Haus zu Haus ziehen – ob eingeladen und erwartet oder nicht, spielt keine Rolle. Alle zusammen trinken dann ein Glas »alla salute«, auf das Wohl der Anwesenden. Porta bene, auch das bringt Glück.

Zur Folklore der glückbringenden Riten gehört heute noch vieles, was für eine aufmerksame, abergläubische Hausherrin das Neujahrsfest zu einer äußerst mühsamen Angelegenheit macht. Auf welcher festlich geschmückten italienischen Tafel würden Kornähren fehlen? Sie bedeuten Überfluß. Die Farbe Rot soll vorherrschen, dafür sorgt das Tischtuch, denn »il rosso porta bene«, Rot bringt Freude. Kerzenbeleuchtung und Blumen als Dekoration sind hier ungewohnt und unbeliebt; sie gehören auch nicht zur italienischen Tradition. Der Brauch ist importiert worden. Die Italiener haben im allgemeinen ein zwiespältiges Verhältnis zu Kerzen; und zur Verbindung von Blumen und Kerzen erst recht. Sie erinnert an kirchliche Bestattungen. Auch gehört es hier zum Genuß des Essens, daß man genau sieht, was auf dem Teller liegt. Nuancen spielen bei der Farbe der Speise eine wesentliche Rolle. Bei Tisch sind die Italiener besonders realistisch – die Sentimentalität und die

Romantik, die ein Mahl im Kerzenschein umgeben, überlassen sie gerne den Ausländern.

Zur Eßtradition eines Neujahrsfestes gehören Linsen, sie bedeuten Gewinn und Geld. Auch Reis – er verspricht Überfluß. Und um Mitternacht bietet die Hausherrin den Gästen und Freunden frische Trauben an: sie bedeuten Gesundheit fürs ganze Jahr. Sekt wird wie überall um Mitternacht getrunken. Fallen einige Tropfen auf das Tischtuch, so soll man sie schnell mit dem Finger aufnehmen und damit eine Stelle hinterm Ohr betupfen; das wehrt böse Geister ab. Zum Sekt gehört der Panettone. Das ist jener kuppelförmige italienische Kuchen – er besteht aus Hefeteig und Rosinen –, den die Ausländer eher trocken und fade finden, der aber für die Italiener die Festzeit symbolisiert. Statistiker sagen es deutlich: 87 Prozent aller Italiener bekennen sich zum Panettone als süßem Symbol der Jahreswende, genauso wie zu Torrone, einer Art türkischem Honig, der zuerst in Sizilien aufkam und wohl von den Arabern importiert wurde. In Italien werden um die Jahreswende 30 Millionen Kilogramm Panettone verzehrt; da es 56 Millionen Italiener gibt, bedeutet dies, daß jeder Bürger – Säuglinge mitgerechnet – rund ein Pfund Panettone verspeist. Der Panettone gehört zur Geschichte Italiens wie die Kuppel des Petersdoms; bereits in der Renaissance, so die Legende, kannten die Norditaliener diesen Kuchen. Anders als beim Weihnachtsessen sind Teigwaren, Fisch- und Fleischgerichte am 1. Januar keinen Traditionszwängen unterworfen. Hier hat man freie Wahl.

Der Aberglaube berührt zur Jahreswende auch die Kleidung. Würde man z. B. unter den Gästen eines Neujahresfestes einen Striptease improvisieren, würden sich manche Ausländer wundern: bei allen italienischen Teilnehmern – ob weiblich oder männlich – würde ein intimes Wäschestück in roter

Farbe zum Vorschein kommen – denn auch hier: »porta bene«, es bringt Glück. Glück in Form von Gesundheit bringt es auch, beim Aufstehen am 1. Januar sofort etwas neu Gekauftes anzuziehen, am liebsten ein Wäschestück, weil es direkt auf der Haut getragen wird.

Zu den zukunftsbefragenden oder weissagenden Riten gehört ein Brauch, der heute noch von vielen Italienern beachtet wird. Kurz nach Mitternacht wird das Fenster zur Straße hin geöffnet. Der erste Mensch, den man im neuen Jahr erblickt, ist bestimmend für das gesamte kommende Jahr. Es gibt eine ganze Skala der Schicksalsbedeutung: ist es ein Kind oder ein junger Mann, den man als ersten Menschen im neuen Jahr sieht, bedeutet dies Glück, Segen, Hoffnung; ein buckliger Mann würde geradezu die Quintessenz des Glücks bedeuten. In Neapel soll man sich »bucklige Männer« zu diesem Zweck sogar mieten können. Sieht man aber als ersten Menschen eine Frau, so verspricht das nichts Gutes, und der Anblick einer buckligen Frau im neuen Jahr würde jeden Italiener tief erschüttern. Es wäre interessant, dem Ursprung dieses frauenfeindlichen Aberglaubens nachzugehen, demzufolge Männer Glück und Frauen Unglück bringen.

Nachdenklich stimmt, daß die Italiener sich immer mehr sogenannten Geheimwissenschaften zuwenden, um die Zukunft und ihr Schicksal zu ergründen. Das bedeutet, sie flüchten ins Irrationale, und dies besonders um die Zeit der Jahreswende. Psychologen, die für alles, oder fast alles, eine Erklärung haben, behaupten, daß dies eine Reaktion auf die Computer sei, die uns zu ersticken drohen. Tatsache ist, daß Menschen, die sich mit Kartenlegen, Handlesen, Hexerei und abergläubischen Riten befassen, Bombengeschäfte machen. Der Jahresumsatz beträgt 40 bis 50 Milliarden Lire; die Industrie der Zauberei feiert Triumphe. in Rom gibt es 3.000

solcher Weissager, deren Adresse man sich mehr oder weniger heimlich weitergibt; in Mailand sollen es 2.000 sein und in Neapel sogar 5.000.

Gesellschaftsspiele sind in Italien nicht sehr verbreitet. Das beliebteste Spiel bleibt wohl die Unterhaltung, das Reden. Aber um die Jahreswende gehört ein Spiel zur Tradition des Festes: das populäre Glücksspiel »tombola«. Es geht symbolisch auch um Geld. Man kauft Karten, auf denen bestimmte Zahlen stehen; auf jeder Karte andere Zahlen: 1 bis 90. Dann wird eine Zahl ausgelost, das heißt, aus einem Sack mit lauter Zahlenkügelchen wird – ähnlich wie bei der Ziehung der Lottozahlen – eine Zahl gezogen und ausgerufen. Wer die Zahl auf seiner Karte hat, der bedeckt sie mit einer Linse oder einer Bohne. »Tombola« gewonnen hat, wer als erster seine Karte mit Linsen oder Bohnen abgedeckt hat.

Der wahre Reiz dieses einfachen Spiels beruht auf der Bedeutung, die der italienische Aberglaube den verschiedenen Zahlen beimißt. Die Zahl 17 z. B. ist eine Unglückszahl, vor der sich schon die alten Römer fürchteten. Das Anagramm der römischen Zahl XVII ergibt VIXI, also »ich habe gelebt«, das bedeutet »ich lebe nicht mehr«. Genug, um sich davor zu fürchten. Die Zahl 13 jedoch gilt in Italien als Glückszahl. 12 Apostel und Jesus saßen beim Abendmahl. Als Jesus verraten und ans Kreuz geschlagen wurde, erwuchs aus dem unmittelbar Irdischen nur Gutes: nämlich die Rettung der ganzen Menschheit. Deswegen verheißt die Zahl 13 Gutes, auch wenn die Erklärung dafür manchem an den Haaren herbeigezogen erscheint. Aber gerade die Diskussion, die Erläuterungen um jede Zahl sind es, die das Spiel beleben.

*16. 12. 1985*

# Babbo Natale

WEDER IN DER NORD- NOCH in der süditalienischen Weihnachtstradition kommt das Christkind vor. Die italienischen Kinder kennen infolgedessen das Christkind nicht. Es ist der Babbo Natale, der Weihnachtsmann, der heute die Kinder beschert. Obschon diese Figur namentlich seit Kriegsende in Italien immer mehr Fuß gefaßt hat, ist es dem Babbo Natale dennoch nie gelungen, die Befana aus den Herzen der italienischen Kinder zu verdrängen; die ist jene alte, häßliche, doch gütige Hexe, die in der Nacht zum 6. Januar auf einem Besen reitend durch die Luft fliegt. Den braven Kindern wirft sie Süßigkeiten und Spielsachen in den Kamin, den ungehorsamen Kindern jedoch Kohle.

Der 6. Januar ist also nach wie vor der große Tag im Leben der italienischen Kinder. Am Abend hängen sie ihre Strümpfe in den Kamin, und am Morgen finden sie die Bescherung. Kamine sind inzwischen auch in Italien selten geworden – die Sitte jedoch hat sich erhalten. Die Kinder hängen die Strümpfe irgendwo in die Wohnung. Sie wissen, daß die Befana sie findet und füllt.

Wie sehr die Befana – der Name ist eine Verballhornung des Wortes Epifania – eine tief im italienischen Volk verankerte Tradition ist, haben die Regierenden des Landes vor einigen Jahren erfahren. Im Zuge einer Kampagne zur Anhebung der Arbeitsmoral hatten die Behörden vor ungefähr sieben Jahren beschlossen, die Befana, also den 6. Januar, als gesetzlichen Feiertag zu streichen. Der Protest aller Bevölkerungsschichten, namentlich der Schüler, war aber so stark, daß sich die Behörden gezwungen sahen, das Fest der Befana wieder

317

offiziell einzuführen. Und so werden die sizilianischen Kinder praktisch an zwei Tagen beschenkt: an Weihnachten und am 6. Januar.

Während und nach dem letzten Krieg sind die meisten Italiener mit den weihnachtlichen Sitten anderer Völker direkt in Berührung gekommen: namentlich mit deutschen, amerikanischen und englischen. Diese Weihnachtsbräuche haben auf die italienischen abgefärbt. Der Weihnachtsbaum z. B., der noch vor 50 Jahren nur in Norditalien bekannt war, ist heute in ganz Italien verbreitet. Auch wenn sich der alte italienische Brauch der Krippe in der überwiegenden Mehrheit der Familien erhalten hat. Das Aufstellen der Krippe, des Presepe, findet einige Tage vor dem 25. Dezember statt und ist der wahre Auftakt zu Weihnachten. Zusammen mit den Kindern stellen die Eltern die Figuren auf, mit Ausnahme der Drei Weisen aus dem Morgenland, die in der Nacht zum 6. Januar hinzugefügt werden.

Von Jahr zu Jahr bereichern Eltern und Kinder die Krippe. Alles, was man dazu an Figuren, Tieren und Kulissen braucht, findet man an den Ständen der Weihnachtsmärkte. Der berühmteste ist der römische auf der Piazza Navona. Einst wurden hier nur handgemachte Spielwaren und Süßigkeiten aller Art angeboten – es waren die Handwerker der umliegenden Ortschaften, die Anfang Dezember in die Stadt kamen, ebenso wie die Zampognari, die Dudelsackpfeifer, die aus den Abruzzen nach Rom zogen und mit den Klängen ihrer Schalmeien und Dudelsäcke die Festzeit einläuteten. Und obschon es keine handgemachten Puppen oder Spielwaren mehr gibt auf der Piazza Navona, sondern nur solche aus Plastik, und sich die Klänge der Schalmei mit den lautstark kreischenden Tönen der Verstärker vermengen, bleibt die Piazza Navona zur Weihnachtszeit für die Kinder eine Zauberwelt.

Ein stilles, andächtiges Weihnachtsfest, wie man es aus der nordeuropäischen Literatur kennt, ist in Italien sozusagen unbekannt. Vielmehr wird daraus ein fröhliches, lautes, lustiges Familienfest, in dem die Kinder noch mehr als sonst im Mittelpunkt stehen. Kinder singen am Heiligen Abend auch keine Lieder, und der italienischen Weihnachtsstimmung fehlt jede Sentimentalität. Die Bambini musizieren nicht, statt dessen spielen alle gemeinsam – zur versammelten Familie gehören sämtliche Kinder der Tanten, Cousinen und Vettern – »tombola«, das einzige wahre nationale Gesellschaftsspiel, das man in Italien kennt, und an dem sich die Kinder mit besonderer Begeisterung beteiligen.

Zur Mitternachtsmesse werden sie natürlich auch mitgenommen – auf den Armen des Vaters oder im Kinderwagen –, und da wird dann gesungen und die in jeder Kirche aufgestellte Krippe bewundert. Die Geschenke aber finden die Bambini dann am Weihnachtsmorgen unter dem Christbaum.

*1986*

# Fasching in Italien

AUCH IN ITALIEN GIBT ES klassische Orte des Karnevals, die ihre alten Fastnachtstraditionen beibehalten haben, wie Bologna, Mailand und Verona. Der Mailänder Karneval ist insofern etwas Besonderes, als er dort länger dauert als anderswo, weil Sankt Ambrosius, einst Bischof von Mailand, seinerzeit eine liturgische Reform einführte, auf Grund derer der Karneval bis zum Samstag nach Aschermittwoch dauert, also drei Tage länger. Die bedeutendsten Karnevalsfeste werden jedoch in Ivrea, Viareggio und Venedig gefeiert.

In Ivrea steht die Apfelsinenschlacht im Mittelpunkt, eine Tradition aus dem Mittelalter. An drei Tagen werden rund 1 Million Orangen als Geschosse benutzt, 1.300 Orangenwerfer zu Fuß und etwa 300 auf großen Wagen liefern sich eine äußerst farbenfrohe Apfelsinenschlacht ohnegleichen, bei der es aber weder Sieger noch Besiegte gibt. Der Ursprung dieses Brauchs ist nicht einwandfrei bewiesen. Der Sage nach stellen die Apfelsinenwerfer das gemeine Volk dar, das in weit zurückliegender Zeit auf die Straße ging, um die Stadt von einem perfiden Marchese zu befreien; Violetta, eine Müllerin, führt die Revoltierenden an, denn laut Überlieferung war sie die erste gewesen, die sich dem »jus primae noctis« des Stadtherrn zu widersetzen gewagt hatte. Eine andere Erklärung lautet: Im Mittelalter gewährte der Feudalherr von Ivrea seinen Bürgern, daß sie den großen Backofen der Stadt gratis benutzen durften, und den armen Familien schenkte er einen Topf voller Bohnen; aus Verachtung für den Feudalherrn warf das Volk die Bohnen jedoch auf die Straße. Seitdem dienten zur Karnevalszeit Bohnen als Geschosse, mit denen man zum Scherz die nichtsahnenden Passanten bewarf. Wie man aber im Lauf der Jahrhunderte von den Bohnen zu den Orangen gelangte, ist bis heute noch nicht endgültig geklärt worden.

Viareggio hat – neben Venedig – das spektakulärste Fastnachtsfest. Die Viareggini behaupten, daß bei ihnen der einzige moderne Karneval in ganz Italien gefeiert wird. Alles begann in der zweiten Hälfte des vorigen Jahrhunderts, genauer im Jahr 1873, als erstmals Wagen mit allegorischen Konstruktionen und satirischen Anspielungen auf lokale Ereignisse durch die Via Regia, die Hauptstraße der Stadt, zogen. Die Wagen wurden immer größer und prachtvoller; die Einheimischen nannten sie »carri trionfali« – Triumphwagen. Angefertigt wurden sie von den Bootsbauern, die sich in ihrer Freizeit der Konstruktion der Wagen und der darauf befindlichen Figuren widmeten. Mit der Zeit wurden die Wagen thematisch gestaltet, und meistens waren es politische Themen. Noch heute dominiert die politische Satire den Carnevale di Viareggio. Allerdings gibt es kein festgelegtes Thema; jeder Wagenbauer läßt seine Phantasie frei walten. Auf den Wagen stehen gewaltige Figuren aus Pappmaché, die sich rhythmisch bewegen. Weltberühmt wurden diese Konstruktionen durch mehrere Filme von Federico Fellini. Der Karneval von Viareggio ist heute ein großes Business: Tourismus und Lotterien boomen während der Festtage, und sogar mit den Wagen werden Geschäfte gemacht, denn man verkauft sie an andere Städte in Italien und ins Ausland weiter, namentlich in Frankreich; sogar nach Übersee werden sie verschickt.

Und wie wird dieses Jahr Fastnacht in Venedig gefeiert? In Venedig lautet das diesjährige Thema »Ambascerie veneziane«. Damit wird daran erinnert, daß Venedig im 13. Jahrhundert als erste Stadt so etwas wie ein diplomatisches Korps eingeführt hat, wie wir heute sagen würden. Also werden Vertreter aller Herren Länder und namentlich des Orients mit ihren prunkvollen, glitzernden und kostbaren Kostümen und Gewändern die »calli« beleben. Bei diesem Wiederauflebenlassen der alten Zeiten werden sich die Düfte des Orients mit den – sagen wir – undefinierbaren Gerüchen der venezianischen Kanäle vermischen. Offiziell beginnt der Karneval in Venedig am 22. Februar auf der Piazza San Marco mit dem traditionellen Taubenflug. Vor dem berühmtesten Kaffeehaus der Welt, dem »Florian«, wird ein »palazzo delle ambascerie« rekonstruiert, und die hochverehrten Gäste werden venezianischen und türkischen Kaffee serviert bekommen. Auf dem eigens dafür aufgebauten Laufsteg werden die prächtigsten Kostüme und schönsten Masken defilieren. Gegenüber der Basilika wird eine Bühne errichtet, und Theatervorführungen aller Art werden dargeboten; unter anderem werden auch Carla Fracci und Maurice Béjart auftreten. Ein Zirkus wird mit Clowns, Jongleuren und Seiltänzern die Leute auf spektakuläre Weise amüsieren.

Im großen und ganzen jedoch erinnert beim italienischen Karneval nur wenig an die deutsche Fastnacht. Der Unterschied scheint mir inzwischen geradezu gewaltig. Vor einigen Jahrzehnten stand natürlich auch der italienische »carnevale« unter dem ursprünglichen Vorzeichen eines enthemmten Festes; man denke nur an die vielen Beschreibungen ausländischer Reisender des 18. und 19. Jahrhunderts. Heute dagegen weist der italienische Karneval namentlich zwei Aspekte auf, einen traditionellen und einen kinderfreundlichen.

In Rom z. B. äußert sich der »carnevale« vorwiegend dadurch, daß man die Kinder kostümiert und sie dann am »giovedì grasso« – Weiberfastnacht – die Via Nazionale auf und ab gehen läßt, wobei nicht das Groteske, das Lustige und Originelle im Vordergrund steht. Bewunderung soll vor allem das

Schöne, Klassische und Zierliche hervorrufen: es sind lauter Biedermeier-Dämchen, Cowboys, Kaminfeger und Bersaglieri-Soldaten mit ihren Federbüschen auf den Helmen, die da an Mutters oder Großmutters Hand sittsam und brav vorbeispazieren. Die Kinder werfen den Vorübergehenden buntes »confetti« zu, die Kühnsten sogar Mehl – mehr Späße wagen sie kaum. Zudem werden in einigen Häusern Tanzabende veranstaltet, die aber kaum anders aussehen und ausgehen als andere Tanzabende auch. Kulinarisch sind die »frappe«, in Schmalz gebackene Fastnachtküchlein, Sitte. Getrunken jedoch wird nicht mehr Wein als sonst.

Rom ist die Stadt des ständigen Karnevals. Jeden Tag versucht man hier Normen zu überschreiten. Und wenn dies zur Gewohnheit wird, verliert die Fastnacht ihre Bedeutung, sie wird im Grunde zur Parodie des täglichen Lebens. Im Mittelalter dagegen ging es noch um Befreiung, war Karneval eine vitale Explosion gegen die Repression der Sitten. Heute hat Fastnacht seine ursprüngliche Bedeutung eigentlich verloren. Es wäre interessant, eingehender zu analysieren, warum die heutigen Italiener kein Bedürfnis mehr nach dieser Form der Freizügigkeit und Ausgelassenheit haben. Entweder – sagen die einen – befreien sie sich sowieso schon das ganze Jahr über, oder – sagen die anderen – in einer Zeit, da praktisch alles erlaubt ist, gibt es gar nichts mehr, von dem man sich befreien könnte.

15. 2. 1987

# Die italienischen Juden sichern ihre Rechte

UNMITTELBAR VOR DEM RÜCKTRITT der Regierung verkündete Ministerpräsident Craxi im Namen des italienischen Staates die längst fällige »intesa« – Übereinkunft – mit den jüdischen Gemeinden Italiens. Diese Art von Abmachungen mit religiösen Minderheiten ist eine Besonderheit jener Länder, die mit der katholischen Kirche ein Konkordat abgeschlossen haben.

Mit dieser »intesa« ist endlich der Artikel 8 der republikanischen Verfassung erfüllt, der vorschreibt, daß Beziehungen zu Konfessionen außer der katholischen durch »intese« – Abmachungen – mit den Vertretern der entsprechenden Religionen geregelt werden müssen. Erst die Unterzeichnung dieser »intesa« streicht definitiv die aus faschistischer Zeit stammende Gesetzgebung über die sogenannten »zugelassenen Kulte«.

Diese »Charta der Judenrechte«, wie die gegenwärtige »intesa« auch definiert wird, setzt sich aus 34 Artikeln zusammen. Der auffallendste davon, weil sich daraus praktische Folgen ergeben, ist jener Artikel, der sich auf die Sabbatruhe bezieht.

Angehörigen privater und staatlicher Betriebe ist es von nun an erlaubt, die Sabbatruhe einzuhalten; dasselbe gilt für Studenten und Militärs. Die versäumten Stunden müssen nachgearbeitet werden. Studenten dürfen auch ihre Examina auf einen anderen Tag verlegen. Innerhalb der Armee, der Polizei sowie in den Krankenhäusern und Gefängnissen wird das Recht der Juden anerkannt, jüdische Ernährungsvorschriften einzuhalten. Häftlingen und Militärs wird auch der religiöse Beistand zugesichert. Ferner räumt der Staat den italie-

nischen Juden Steuererleichterungen ein; sie dürfen ihre Beiträge für die jüdischen Gemeinden bis zu einer Höchst-
summe von 7,5 Millionen Lire von der Steuer absetzen. Außerdem verpflichtet sich der italienische Staat bezüglich des jüdischen Kulturguts, zur Erhaltung von jüdischen Friedhöfen,
Katakomben und Tempeln beizutragen. Ehen, die nach jüdi-
schem Recht geschlossen werden, sind auch zivilrechtlich
gültig.

Im Zusammenhang mit dem Religionsunterricht lehnt sich
die »intesa« an das neue Konkordat an. Danach ist die katholische Religion nicht mehr Staatsreligion und der Religionsunterricht ein fakultatives Fach in den öffentlichen Schulen.
Auch darf von nun an in öffentlichen Schulen Unterricht in
»Geschichte des Judentums« erteilt werden, falls es Schüler
gibt, die dies wünschen. Die Kosten dafür muß die jüdische
Gemeinde tragen.

Merkwürdig mutet das den italienischen Juden nun offiziell
zugebilligte Recht an, einen Eid mit gedecktem Haupt able-
gen zu dürfen, wie es ihre Religion vorschreibt. Das italienische Strafrecht schreibt nämlich vor, daß nur mit entblößtem
Haupt eine solch feierliche Handlung begangen werden darf.
Davon hat die überwiegende Mehrheit der Italiener erst jetzt
erfahren, als der Inhalt der »intesa« veröffentlicht wurde.
Denn in der Praxis fiel es keinem Italiener ein, einen Juden zu
zwingen, das Haupt zu entblößen. Den Juden aber ging es
darum, auch offiziell durch eine gesetzliche Regelung das
Prinzip der Gleichberechtigung anzuwenden.

Die »intesa« schließt die Kirchenpolitik der Regierung Craxi
ab. Ihr erster Schritt war die Revision des Konkordats, das
Mussolini mit dem Heiligen Stuhl geschlossen hatte. Der
letzte Schritt dieser Kirchenpolitik ist die nun getroffene
Übereinkunft mit dem italienischen Judentum. Diese ist

insofern von »historischer Bedeutung«, wie Ministerpräsident Craxi sagte, weil sie endlich wieder aus den italienischen Juden »Italiener und nichts anderes als Italiener« macht. Im Bewußtsein der Italiener hat diese »intesa« keinerlei Folgen. Die italienischen Juden – heute 50.000 insgesamt – gehören als Volksgruppe zur ältesten Bevölkerung Roms und auch Italiens. Sie sind seit über 2.000 Jahren ununterbrochen in Rom präsent. Sie sind ein älterer Bestandteil der italienischen Kultur als das Christentum. Auch deswegen konnten die antijüdischen Rassengesetze Mussolinis im italienischen Empfinden nie Fuß fassen.

*13. 3. 1987*

# Primo Levi

PRIMO LEVI GILT ALS EINER der bedeutensten italienischen Schriftsteller der Gegenwart. Viele junge Italiener lesen seine Bücher auf der Schulbank, namentlich »Ist das ein Mensch« und »Die Atempause«. Ihre Lektüre eignet sich sowohl für den Geschichts- als auch für den Italienischunterricht. Aufbau und Sprache sind in Primo Levis Werken ein Musterbeispiel moderner italienischer Erzählkunst.

Vergangenen Herbst empfing Primo Levi uns in seiner Turiner Wohnung am Corso Re Umberto, in derselben Wohnung, in der er vor 68 Jahren geboren wurde und in dessen Treppenhaus er heute den Tod fand. Diese Wohnung hatte der 24jährige Chemiker Primo Levi im September 1943 fluchtartig verlassen, als die Deutschen – nach dem Waffenstillstand Italiens mit den Alliierten – das Land besetzten. Primo Levi war in die Berge gezogen und hatte sich einer Partisanengruppe angeschlossen. Dort wurde er auch von den Deutschen gefangengenommen und nach Auschwitz deportiert. Er war Jude.

Primo Levis schmächtige kleine Gestalt, sein freundliches schüchternes Auftreten, seine leise Stimme und sein seltenes, gütiges Lächeln standen fast im Widerspruch zu seiner Kraft und jenem Willen standzuhalten, der dazu beigetragen haben muß, daß er das Vernichtungslager von Auschwitz überlebt hat. Er erweckte in mir spontan den Eindruck, als sei er aus einer anderen Welt zurückgekehrt.

Primo Levi sprach über seine Gefangenschaft in Auschwitz mit einer Sachlichkeit und einer Distanz, die jeden verblüffte. Er sprach gerne mit Deutschen, zu Deutschen, über Deutsche. Er verstand sich als Zeuge eines Geschehens, das niemand vergessen durfte. Er selber aber wollte verstehen;

»capire« – ein Wort, das in seinen Gesprächen immer wieder fiel. Verstehen, wie Auschwitz möglich gewesen ist. Und er empfand darüber fast Scham.

Primo Levi machte nicht »die Deutschen« für die Vergangenheit verantwortlich. Das lag ihm fern; aber er wollte, daß »die Deutschen« diese Vergangenheit kennen. »Sie müssen fragen, sie müssen wissen wollen«, sagte er mir einmal. »Und ich will ihnen antworten: Verzeihen heißt nicht vergessen.«

Wir hatten ein Interview verabredet, aber dazu kam es nicht. Telefonisch sagte er ab: er sei krank, er leide an einer tiefen Depression.

Auf meine Frage, worauf diese zurückzuführen sei: auf Auschwitz, auf das, was er zur Zeit schreibe, oder auf die Krankheit seiner Mutter, antwortete Primo Levi leise: »La Mamma«. Primo Levi überlebte zuletzt dank der Hilfe eines italienischen Landsmanns. Dieser schob ihm heimlich Abfälle zu; so verhungerte er nicht. Der rettende Mann war kein Häftling, sondern ein Arbeiter der Organisation Todt, der Auschwitz zugeteilt worden war, um Reparaturen zu verrichten.

Nach der Befreiung suchte Levi den Maurer sofort auf. Doch der Mann war ein anderer geworden, war verändert. Er begann zu trinken. Vergeblich versuchte Levi, ihn wieder aufzurichten. Wörtlich sagte Primo Levi dazu: »Dieser Maurer wollte nicht mehr leben; er hatte zuviel gesehen in Auschwitz, er zerstörte sich, weil er das Böse nicht vergessen konnte. Jetzt trägt mein Sohn seinen Namen.«

Und heute drängt sich mir die Frage auf, ob nicht auch Primo Levi »zuviel gesehen« hat. Das letztemal hörte ich vor einer Woche von ihm; er fühle sich nicht besser. Die Depression verlasse ihn nicht. Wörtlich: – Ich bin mein eigener Gefangener –. Sein Tod hat ihn vielleicht befreit.

*11. 4. 1987*

# Ein Grabräuber: »il mago«

DAS GEFÄNGNIS VON CIVITAVECCHIA, 100 km nördlich von Rom. In diesem Gefängnis hat ein Mann – mit Unterbrechungen – insgesamt elf Jahre seines Lebens verbracht. Es ist Luigi Perticarari, von Beruf Grabräuber, der hier wieder einmal seinen Wächtern »arrivederci« sagt. Er kehrt wieder in seinen Heimatort zurück: nach Tarquinia, einem der Hauptorte etruskischer Kultur. In 35 Jahren illegaler Aktivität hat Luigi hunderte etruskischer Gräber lokalisiert, ausgegraben, geplündert. Und deswegen wird er immer wieder verhaftet. In der Gegend nennt man Luigi, seiner Bravour als Grabräuber wegen, »il mago«, den Zauberer. »Il mago« ist angesehen und auch etwas gefürchtet. Zwischen ihm und den Archäologen ist seit Jahrzehnten ein unerbittlicher Krieg im Gange. Einen Kriminellen der archäologischen Kunst nennen sie ihn. Und er nennt die offiziellen Archäologen »lieblose Bürokraten«. Trotzdem hat Luigi gerade in diesen Tagen der Kunstintendanz eine Art Waffenstillstand angeboten. Der Grabräuber hat nämlich ein von ihm gefundenes außergewöhnliches etruskisches Grab – dessen Wände nicht mit Figuren, sondern mit etruskischen Buchstaben beschriftet sind – der Kunstintendanz zur Verfügung gestellt. Die Zeitungen schreiben: »Liefert ein ›tombarolo‹, ein Illegaler, den Schlüssel der etruskischen Sprache?«

Luigi lebt bescheiden. Die großen Gewinne aus Luigis illegalen Funden ziehen hauptsächlich Kunst- und Antiquitätenhändler aus der ganzen Welt. Internationale Gesetze, die den Handel mit Kunstgütern ernsthaft regeln, fehlen noch.

In jener Landschaft zwischen Tiber und Arno blühte in der Zeit von 900 bis 100 vor Christus die etruskische Kultur.

Allein in der Gegend um Tarquinia sind in den letzten 30 Jahren von offiziellen Archäologen über 6.000 Gräber geöffnet und katalogisiert worden. Die Erhaltung dieser Gräber stellt den Staat mit seinen leeren Kassen vor ungeheure Probleme. So sind die offiziellen Stellen fast froh darüber, wenn sie nicht noch mehr ausgraben müssen. Auch sind die Gegenstände, die seit über 2.000 Jahren unter der Erde liegen, dort am geschütztesten. Für die »tombaroli« aber sind die unentdeckten Gräber eine ständige Versuchung.

Dem Mago geht es aber um mehr als allein um den Gewinn. Es verbindet ihn eine wahre Leidenschaft mit den Gegenständen seiner Ahnen, wie er die Etrusker nennt. Seine Werkzeuge hält der Mago immer versteckt.

Franca Magnani: »Luigi Perticarari, Sie haben Hunderte von etruskischen Gräbern geöffnet und geplündert. Sie haben also gestohlen.«

Luigi Perticarari: »Nach italienischem Recht – ja.«

F. M.: »Jetzt haben Sie ein äußerst seltenes Grab gefunden und es den zuständigen Ämtern übergeben. Warum haben Sie das getan?«

L. P.: »Ich glaube, dieses Grab gehört nicht nur mir. Es wäre für alle etwas Großartiges, die etruskische Sprache zu enträtseln. Als ich das Grab sah, fand ich es richtig, es der Kunstintendanz zu schenken.«

F. M.: »Wie lokalisieren Sie eigentlich ein Grab?«

L. P.: »Mit diesem Werkzeug, dem ›furino‹.«

F. M.: »Sie können doch nicht überall herumstochern …«

L. P.: »Gewiß nicht. Aber dieser Stab aus Stahl ist das magische Werkzeug des ›tombarolo‹. Dieser spricht mit mir. Um mit ihm zu arbeiten, braucht es die Sensibilität eines Künstlers und die Kraft eines Maurers. Für mich hat dieser ›furino‹ außerdem ein Auge. Ich kenne alles, was dieses Auge sieht.«

F. M.: »Sie haben das gefundene Grab dem Staat übergeben. Was fordern Sie von ihm?«

L. P.: »Nichts. Daß dieser Staat mich auch bei Tageslicht in Ruhe arbeiten läßt. Daß dieser Staat endlich erlaubt, daß ich mein Wissen über das etruskische Volk publik mache.«

F. M.: »Sie haben aber beim Graben ohne archäologische Kenntnisse vieles zerstört.«

L. P.: »O nein – gerade wir ›tombaroli‹ sind kompetent auf dem Gebiet. Wir haben mindestens so viel gefunden wie die offiziellen Archäologen. Und ich wünsche mir, daß dieses geschenkte Grab den Schlüssel zur etruskischen Sprache liefert. Vom Schreibtisch aus läßt sich nicht recherchieren. Statt Bücher lesen wir ›tombaroli‹ den Boden. Der Boden spricht zu uns und erzählt uns all seine Geheimnisse.«

Von den etruskischen Geheimnissen erzählen aber hauptsächlich diese geschützten und katalogisierten Gräber. Denn alle Gegenstände, die heimlich von ihren Fundstellen entwendet werden, verlieren vor allem für die Forschung an Wert. Wandmalereien sind in Gräbern häufig. Geschriebenes an Wänden dagegen sehr selten.

Die Kunstintendanz mußte – wohl oder übel – auch das Grab des Räubers überprüfen. Jetzt wird es kunst- und fachgerecht untersucht, anders von Luigi, der das Grab nur nachts, heimlich und bei Kerzenlicht, durchsucht hat. Eine mühevolle Arbeit ist das selbst für legale Arbeiter. Die an den Grabwänden gefundene Schrift besteht aus mehreren Zeilen. Frau Maria Cartaldi von der staatlichen Kunstintendanz Rom ist am Ort.

Franca Magnani: »Angenommen, dieses Grab würde sich als ein außergewöhnlich kostbares Grab herausstellen – steht dem Finder etwas zu, auch wenn es sich um einen ›tombarolo‹ wie Luigi Perticarari handelt?«

Maria Cataldi: »Gewöhnlich steht dem Finder ebenso wie dem Grundstückseigentümer eine Prämie – bis zu 25 Prozent – zu. In diesem Fall habe ich aber Bedenken. Denn der Finder ist ein erklärter Grabräuber, ein Mensch, der ständig angezeigt wird wegen Vergehens gegen das Nationale Kulturgut.« Eine andere etruskische Nekropole wurde entdeckt und ausgehoben, weil Luigi unmittelbar daneben ein kostbares Grab geplündert hatte. Luigi, »il mago«, kommt immer wieder dorthin – es ist seine Welt. Hier findet er das Schweigen und das Geheimnisvolle, das ihm nachts beim Graben Gesellschaft leistet.

F. M.: »Luigi, können Sie das Graben wirklich nicht lassen?«
L. P.: »Nein. Kann man leben, ohne zu lieben? Wir sind geboren worden, um zu lieben. Und ich schenke diese Liebe der Entdeckung unserer Vergangenheit.«

28. 5. 1987

# Der siebte Tag in Italien

»UND GOTT SEGNETE den siebenten Tag und heiligte ihn.«
Die überwiegende Mehrheit der Italiener – obwohl katholisch – faßt das religiöse Gebot der Sonntagsruhe auf eigene
Weise auf: nämlich elastisch. Der individuelle und teilweise
anarchische Zug, der in vielen Italienern steckt, hindert sie
u. a. daran, Gesetzen und Geboten blindlings zu gehor-
chen.

So ist es in Italien undenkbar, daß sich jemand darüber auf-
regt, wenn sein Nachbar am heiligen Sonntag die Arbeit zu
Ende bringt, welche im Laufe der Woche liegengeblieben ist –
einerlei, ob dieser Nachbar hämmert, schneidert, Holz fällt,
hobelt oder malert. Außerdem sind Italiener auch weniger
lärmempfindlich als die nördlichen Nachbarvölker. Eine im
Land verbreitete Einstellung ist, daß zum Leben Lärm gehört,
wie zum Tod Stille. Solange die Italiener leben, wird es die
Umwelt infolgedessen auch hören – manchmal sogar sonntags –, obschon genau vor 80 Jahren im Lande die Sonntagsruhe gesetzlich festgelegt wurde.

Als am 5. Juli 1907 das italienische Parlament das Gesetz über
die 24stündige Sonntagsruhe für Beamte und Angestellte in
Fabriken und Geschäften verabschiedete, wurde dieses Ereignis als bedeutende soziale Errungenschaft begrüßt – wie man
in der Chronik aus der damaligen Zeit lesen kann. Um so
mehr, als die obligatorische Sonntagsruhe in Italien später als
in den meisten europäischen Ländern eingeführt worden
ist.

Infolge des Gesetzes vom 5. Juli 1907 mußten erstmals »die
Industriellen, die Unternehmer, die Handelsleute, die Geschäftsinhaber den in ihren Betrieben beschäftigten Perso-

nen – die nicht zum engeren Familienkreis gehören – wöchentlich eine Arbeitsruhe von mindestens 24 aufeinanderfolgenden Stunden gewähren; gewöhnlich an einem Sonntag«. Zu dieser allgemeingültigen Regelung gibt es Ausnahmen; sie beziehen sich, wie es heißt, auf die Schiffahrt, die Landwirtschaft, die Jagd, den Fischfang, die öffentlichen Verkehrsmittel und die staatlichen Unternehmen. Gestattet ist ferner die Sonntagsarbeit in jenen Betrieben, deren Maschinen dringender Reparaturen oder Reinigung bedürfen.

Es mutet seltsam an, daß gerade heute, 80 Jahre nach der Einführung des Gesetzes über die obligatorische Sonntagsruhe, wir in der italienischen Presse erneut von »riposo settimanale« lesen. Allerdings aus einem völlig anderen Grund: denn heute will man auch die Interessen berücksichtigen, die mit dem Massentourismus verbunden sind. Das Gesetz über Sonntagsruhe ist natürlich auch heute auf nationaler Ebene gültig. Doch auf lokaler Ebene dürfen die zuständigen Verwaltungsbehörden in manchen Fällen auf Wunsch der Geschäftsinhaber Sonntagsarbeit genehmigen. So sind z. B. in Rom manche Buchläden und Antiquitätengeschäfte sonntags geöffnet.

Aber wie verbringen denn heute die Italiener im allgemeinen ihren Sonntag? Um es gleich vorwegzunehmen – es gibt eine sommerliche und eine winterliche Version der sonntäglichen Freizeitgestaltung. In der guten Jahreszeit – das heißt hier Frühling, Sommer und Frühherbst – fährt die überwiegende Mehrheit der Italiener, wie sie es nennen: »fuori«, hinaus, ans Meer oder aufs Land; damit ist übrigens nicht unbedingt »ins Grüne« gemeint. Italiener haben ein eigenes Verhältnis zur Natur.

Wandern z. B. ist den meisten Italienern fremd; nicht zufällig hat die italienische Sprache kein entsprechendes Wort dafür.

Die Gebildeten benützen den Begriff »wandern« auf deutsch. Und Picknick ist auch kein italienischer Brauch. »Brötchen essen« empfinden viele als barbarisch. Wer sonntags auf einer Wiese essen will, der nimmt im allgemeinen nicht nur Tische und Stühle von zu Hause mit, sondern auch Töpfe, Geschirr und alle notwendigen Utensilien, und stellt eine Art Feldküche auf, in der ein duftendes Pasta-Gericht vorbereitet wird, um das sich die gewohnte Atmosphäre bildet, wie zu Hause in der Küche; auch das auf volle Lautstärke eingestellte Radio gehört selbstverständlich dazu.

Sonntags werden die meisten Italiener vom unaufhaltsamen Drang erfaßt, wegzufahren aus dem Ort, in dem sie den Alltag verbringen. Die Fünftagewoche gilt landesweit für Beamte, öffentliche Angestellte und Bankangestellte; Schulen und Lebensmittelgeschäfte kennen die verkürzte Arbeitswoche nicht. So beschränkt sich die sogenannte Wochenendflucht für die meisten Italiener auf einen Tag. Für viele sind die außerhalb des Wohnorts verbrachten Sonntage ein Ersatz für Ferien. Nur 52 Prozent der Italiener nämlich machen – laut offiziellen statistischen Angaben – einen wahren Urlaub.

Im Winter bleibt die Mehrzahl der Italiener sonntags meist zu Hause. Die »tifosi« gehen, wenn irgend möglich, zur »partita«, zum Fußballspiel. In den sechziger Jahren machte das Lied »La partita di pallone« Furore. Rita Pavone sang es erstmals; sie wurde dadurch schlagartig im ganzen Land berühmt. Viele italienische Frauen erkannten sich wieder in jener Frau, von der das Lied berichtet und die darüber klagt, daß sie sonntags stets allein ist, weil ihr Mann zur »partita« geht.

Das laute Lamento hat sich das italienische Staatsfernsehen RAI offensichtlich gemerkt; denn es gibt nun seit einiger Zeit einen Ersatz für die sonntägliche »partita«: es ist die von der RAI ausgestrahlte Unterhaltungssendung »Domenica in«.

Der landesweite Erfolg dieser seit zehn Jahren von 13.30 bis
20.00 Uhr – also über 6 Stunden – gesendeten Sonntagsshow
beruht darauf, daß jedermann – ob jung oder alt, Frau oder
Mann – darin einen ihn ansprechenden Bericht findet. Natürlich Sport – ein Fußballspiel wird direkt übertragen –, ferner
Tanz, Schlager, Interviews mit Persönlichkeiten aus Politik und
Kultur, Spiele aller Art. Kurzum: »Domenica in« ist eine weit
ausholende Show, die übrigens im vergangenen Jahr erstmals
von einer Frau geführt wurde: von der blonden 40jährigen Tän-
zerin Raffaella Carrà. Durch diese Sendung am Sonntag ist Raffaella auch zum beliebtesten Fernsehstar geworden.
Vom 15. Oktober bis zum 31. Mai sitzen Millionen von Italienern am Sonntag vor dem Bildschirm, wenn »Domenica in«
ausgestrahlt wird. Sie sitzen also vor dem Bildschirm, aber
das heißt in Italien nicht unbedingt, daß sie auch zuhören
oder schweigsam aufnehmen, was über die Mattscheibe flim-
mert. Viele Italiener lassen das Fernsehgerät laufen, auch
wenn sie nicht oder nur am Rande zuhören; es ist für sie eine
beliebte zusätzliche Geräuschkulisse. Das Fernsehen ist sozusagen in die Familie aufgenommen und zu einem Bestandteil
des Zusammenlebens geworden; das Fernsehen wird mitein-
bezogen in die allgemeinen Kommentare und Diskussionen.
Deshalb hat in Italien dieses Medium auch das Familienleben
weit weniger zerstört als anderswo. Wenn das Gerät läuft, ist
es, als würde einer mehr mitreden; die Italiener sind kommu-
nikationsfreudig.
Außerdem – und das muß auch erwähnt werden – gibt es viele
Italiener, die sonntags arbeiten, denn weit mehr Italiener als
allgemein angenommen lieben die Arbeit – und zwar nicht
nur als Hobby. Das Land, dem die Welt einen Hang zum
»dolce far niente« nachsagt, nämlich Italien, ist auch das Land,
das die »economia sommersa« erfunden hat. Eine Art Unter-

grundwirtschaft. Eine Vielzahl von Klein- und Kleinstbetrieben – meist sind es Familienbetriebe – erzeugt Reichtum durch eine Schwarzarbeit, welche der Kontrolle aller Statistiken, aller Steuerbehörden und Gewerkschaften entgeht. Fachleute schätzen, daß ein Viertel des gesamten Volkseinkommens von diesem verborgenen Wirtschaftssektor herrührt, der übrigens auch zur Erhöhung des Exports beiträgt. In Neapel gibt es ganze Straßenzüge, die in ihren Erdgeschoßwohnungen kleine Schuh- und Handschuhfabriken verbergen. Da geht es zu wie in einem Bienenhaus, oft auch sonntags. Die ganze Familie – samt Freunden – beteiligt sich an der Produktion. Sie arbeiten und gleichzeitig unterhalten sie sich, während im Fernsehen »Domenica in« läuft. Und die Kinder sind natürlich dabei.

Gehört es vielleicht zu den vielen Widersprüchen dieses Landes, daß – 80 Jahre nach dem langen Ringen um einen 24stündigen Ruhetag – manche Italiener heute am Sonntag freiwillig arbeiten?

5. 7. 1987

# Paolo Conte

FRANCA MAGNANI: »PAOLO CONTE, Sie sind Piemontese ...«
Paolo Conte: »Vollblut-Piemontese!«

F. M.: »Sie sind verheiratet, 50 Jahre alt, Sie sind ein brillanter
Rechtsanwalt, und mittlerweile sind Sie auch ein Musiker von
internationalem Rang. Ich will nicht wissen, wie Sie beide
Tätigkeiten vereinbaren, denn wie ich sehe, schaffen Sie es
sehr gut; vielmehr möchte ich wissen, ob Ihre beiden Tätigkeiten einen gemeinsamen Nenner haben, z. B. Phantasie?«

P. C.: »Wenn man so will – ja. Obschon es technische Aspekte
gibt, die verschieden sind. Manchmal muß man auch als
Rechtsanwalt etwas erfinden. Aber Phantasie hilft einem
eher, wenn man Musik macht.«

F. M.: »Sie haben keine eigentliche musikalische Ausbildung
genossen; wann und wie entdeckten Sie diese Leidenschaft?«

P. C.: »Bereits als Junge. Ich hatte sehr junge Eltern – leider
sind sie auch sehr jung gestorben. Während des Krieges, als
es in Italien sehr schwer war, amerikanische Musik zu hören,
da gab es bei uns amerikanische Platten, und zwar weil meine
Eltern jung und neugierig und an allen künstlerischen Neuigkeiten interessiert waren.«

F. M.: »Sie haben's sozusagen mit der Muttermilch eingeso-
gen?«

P. C.: »Mein Vater war ein guter Pianist, und so hörte ich zu
Hause interessante Musik. Vielleicht kommt die Leidenschaft
daher.«

F. M.: »Man sagt, daß ihr musikalischer Stil eine Collage verschiedener Stile sei. Haben Sie denn einen bestimmten
Bezugspunkt? Auf welche Vorbilder berufen Sie sich, oder
wen bewundern Sie am meisten auf dem Gebiet des Jazz?«

P. C.: »Was diese Collage angeht, habe ich oft gesagt, um die Musik, die ich mache, zu definieren, daß ich eine Art ›Kunst des fin de siècle‹ mache. Wir sind ja bald am Ende des Jahrhunderts angelangt; so sage ich mir, daß wir das Recht haben – wenn nicht die Pflicht –, uns alles zunutze zu machen, was es in diesem Jahrhundert an Kunst gegeben hat. Und ich glaube, auch auf die Gefahr hin, für zurückgeblieben gehalten zu werden, daß wir ein bißchen zurückblicken sollten, um den wahren Geist dieses Jahrhunderts zu finden. Wir sollten vielleicht die künstlerischen Bewegungen, die weit von der Gegenwart entfernt sind, unter die Lupe nehmen. Ich glaube an die Gültigkeit der zwanziger Jahre; ich finde, daß die künstlerische Revolution der zwanziger Jahre die intensivste gewesen ist; verglichen mit damals sind die heutigen Neuerungen wirklich unbedeutend.«

F. M.: »Mir wurde gesagt, daß es ihr geheimer Wunsch sei, ein Swing-Orchester zu gründen, das aus rund 30 Leuten bestehen und das weiße und schwarze Jazz-Repertoire der zwanziger und dreißiger Jahre wiederaufleben lassen soll?«

P. C.: »Das stimmt, allerdings ist dieser Wunsch sehr schwer zu verwirklichen. Auf alle Fälle ist er bereits von einem anderen Traum überholt worden – auch Träume überholen sich –, und das wäre, ein Musical über ein Thema, das mir gefällt, zu schreiben. Und auch in diesem Fall gehe ich zeitlich zurück; denn es geht um ein Musical, das ich dem Andenken an Josephine Baker und den ersten großen Begegnungen auf musikalischer Ebene zwischen Amerika und Europa widmen möchte.

F. M.: »Viel Glück – hoffentlich gelingt es Ihnen! In Ihren Liedern und durch Ihre Lieder werden Personen und Situationen mit ihren authentischen Klängen verschmolzen. Geschieht dies durch reine Überlegung, oder stützen Sie sich dabei auf eine Art Nostalgie der Erinnerung?«

P. C.: »Weder das eine noch das andere. Ich glaube, daß es das Ergebnis einer Verwaltung der eigenen Fehler ist. Ich glaube, daß die Künstler eines Tages mit einem gewissen Wohlwollen ihre eigenen Fehler betrachten sollten. Und wenn man diese Fehler geschickt verwaltet, kann man auch seinen Stil kreieren. In meinem Fall bin ich ohne die Stimme eines Sängers gestartet; dennoch bin ich aufgetreten und habe Platten aufgenommen – aus Liebe zur Wahrheit; denn schlußendlich muß das Spiel ganz gespielt werden; und dazu gehören die Augen, die Nase, die Stimme und meine Präsenz.«

F. M.: »Ein totaler Einsatz also?«

P. C.: »Ich glaube ja.«

F. M.: »Machen Sie Musik denn aus einem inneren Bedürfnis heraus – das auch Spannungen und Schmerz mit sich führt – oder zum Vergnügen?«

P. C.: »Ich glaube, daß wir – bei der siebten Frage angekommen – nun zum Du übergehen können ... Also, ich mache Musik zum Vergnügen, wenn wir das Kreieren ein Vergnügen nennen wollen, das auch Spannungen und Schwierigkeiten beinhaltet. Aber ich glaube nicht, daß dieses Kreieren entsetzliche Alpträume verursacht. Bei dieser Arbeit geht es darum, die sogenannte Inspiration zu packen, wenn sie auftritt; man muß sehr aufpassen, damit sie einem nicht entwischt. Ferner gibt es stilistische und technische Probleme; gewisse Dinge muß man gut pflegen. Aber ich mache es immer zum Vergnügen oder aus Leidenschaft.«

F. M.: »Du hast jahrelang Lieder für andere geschrieben, wie das weltberühmte ›Azzurro‹ für Celentano. Wann hast du herausgefunden, daß du auch selbst singen kannst, trotz deiner Stimme?«

P. C.: »Man hat mich dazu gebracht, es herauszufinden. In Wahrheit hatte ich mich in den Jahren 1973–1974 an die RCA in

Rom gewandt, an die Plattenfirma also, die damals am meisten experimentierte. Ich war auf der Suche nach einem unbekannten Interpreten meiner Lieder. Er sollte jung sein und sich bei der Interpretation bestimmter Lieder durch mich lenken lassen. Ich hatte keine Lust, diese Lieder einfach dem Musik-Business zu überlassen. Aber die Leute von RCA sagten zu mir: ›Hör mal, wir kennen die Bänder, die du selbst aufgezeichnet hast und auf denen du selbst gesungen hast; wir glauben, darin ist eine gewisse Wahrheit enthalten, eine gewisse Authentizität.‹ Ich hielt es für eine Verrücktheit, weil ich kein Sänger bin ... Aber man hat mir ausnehmend freundlich erklärt, daß es gut sei, selber zu singen, weil das Publikum das Recht habe, die Lieder genau so kennenzulernen, wie sie aus der Feder des Autors fließen; das schien mir dann aufrichtig und insgesamt jenseits eines kommerziellen Interesses. Und so habe ich – sagen wir, aus einem dokumentaristischen Empfinden heraus – das erste Album aufgenommen. Ich wiederhole: ohne ›velleità di successo‹ – ohne Erfolgsabsichten –, doch es ging gut. Denn der junge Teil der Presse, der neugierig war auf Neuigkeiten, hat mich von Anfang an unterstützt; so bin ich zuerst in kleinen Theatern aufgetreten, und dann ging das Abenteuer weiter.«

F. M.: »Wenn man deine Texte genau liest, merkt man, daß du nie der Mode gefolgt bist. Das Wort ›Gesellschaft‹ und bestimmte Kampfparolen, welche die Lieder der sechziger und siebziger Jahre charakterisiert haben, sind bei dir nie gefallen. Warum?«

P. C.: »Ich muß der ›canzone d'autore‹ dankbar sein, die eingeführt wurde. Da nahm man mich an, weil ich Lieder mit einem bestimmten literarischen Gehalt schrieb. Texte, die nicht gerade reine Routine waren. Aber ich hatte nichts mit den soziologischen Kategorien am Hut, die damals in der

Luft lagen; mich interessierte das, was man ›canzone d'auto-re‹ nennt und was schon in Frankreich existierte. Dort gab es das ›chanson art-texte‹ schon seit vielen Jahren. Wenn wir so wollen, haben wir das auch in Italien auf künstlerischer Ebene schon vor langer Zeit gehabt. Es war jene großartige Zeit der neapolitanischen Lieder aus den zwanziger und dreißiger Jahren. Und was micht betrifft, ich war und bleibe anders als die typischen Liedermacher, auch weil ich als Komponist und Texter für andere angefangen habe. Eigentlich paßt mir der Begriff ›Liedermacher‹ sowieso nicht, denn Liedermacher ist eher einer, der sein eigenes Repertoire schreibt; mein Fall ist eher der eines Komponisten, der die eigenen Kompositio-nen singt – ich bin also ein bißchen das Gegenteil vom Lieder-macher. Außerdem habe ich nie an Mode geglaubt und werde nie daran glauben. Ich glaube, daß man die Gegenwart nicht wie einen Film betrachten kann, der vor unseren Augen abläuft; die Gegenwart ist nicht zu erfassen, sie ist unfaßbar vom Standpunkt der Beschreibung und des Schreibens aus. Man kann die Realität verstehen, aber um darüber zu schrei-ben, muß man abwarten, bis die Ereignisse eingetreten sind, bis die Worte sich mit Gerüchen, mit Geschmack gefüllt haben – mit einem spezifischen Gewicht –, gerade was den Wortschatz angeht.«

F. M.: »Du geht also fast historisch vor?

P. C.: »Eher technisch. Ich schreibe etwas, aber im Grunde erzähle ich; um zu erzählen, müssen die Worte gewichtig sein, voller Klänge und voller Geschmack, fast greifbar.«

F. M.: »Zurück zu deinem Text: Teilst du die Meinung, daß du im traurigen Reim eines fröhlichen Italieners schreibst? Erkennst du dich darin wieder?«

P. C.: »Ja, denn es ist eines der Merkmale von uns Italienern, daß wir unsere Schlachten nie vollständig gewinnen wollen, daß wir uns ständig und heftig selbst kritisieren. Ich kann das soziologisch nicht erklären, ich kann nur eine Hypothese aufstellen: wir sind ein sehr junger Staat von sehr altem Geblüt; und das alles miteinander zu vermischen, ist sehr schwierig.«

F. M.: »Ich habe gehört, du willst den Leuten lieber wegen deiner Musik als deiner Texte wegen in Erinnerung bleiben. Aber – identifiziert man sich nicht mit dem Wort? Ich denke da an die traurige Ironie der lächelnden Heiterkeit, die doch ein Merkmal deiner Texte ist ...«

P. C.: »Es stimmt, ich bin beim italienischen Publikum viel bekannter wegen meiner Texte. Als ich mit diesem künstlerischen Abenteuer begann, wußte ich ganz genau, daß die Karte, die ich ausspielen sollte, mehr die Karte der Texte war als die der Musik. Doch es gefällt mir, der Musik in jeder Beziehung die Hauptrolle zuzuerkennen, die Regie in meinen Liedern. Es gibt das sehr schöne alte Lied von Trenet ›L'âme des poètes‹; darin heißt es, die Seelen der Dichter seien leichte Zettel, die unter die Tische des Restaurants fallen, sich im Winde verlieren – und von den Leuten vergessen werden. Doch sie werden sich an den Refrain erinnern, dieser bleibt. Was bleibt, jenseits des Geschmacks, der Gifte, der Zeitläufe, ist die Musik. Worte altern viel schneller als die Musik.«

F. M.: »Du hast etwas über die italienische Sprache gesagt, das in Deutschland Aufsehen erregen wird: Italienisch sei nicht musikalisch, nicht elastisch. Aber in Deutschland sagt man, daß Italienisch höchst musikalisch sei.«

P. C.: »Bontà loro. Ich bleibe der Meinung, daß Italienisch eine der unmusikalischsten Sprachen der Welt ist, weil es nicht rhythmisch ist und es heute fast unmöglich ist, nicht von einer rhythmischen Musik auszugehen. Worte anzupassen, die fast alle auf der vorletzten Silbe betont werden, die keine Elastizität in den Konsonanten und kein musikalisches

›Miauen‹ in den Vokalen enthalten – das ist sehr schwierig. Die Konkurrenz der englischen Sprache ist furchtbar, denn diese ist die musikalischste Sprache der Welt.«

F. M.: »Und was ist mit der Oper?«

P. C.: »Da gilt das gleiche. Ich glaube, daß die italienische Sprache nur ganz selten zu fliegen vermag. Normalerweise hat sie harte Worte, die sich mit Mühe mit anderen paaren. Ich muß auch sagen, daß ich viel Geduld brauche, um an meinen Liedern zu arbeiten. Ich schreibe zuerst die Musik, und dann muß ich dieser die Worte anpassen. Manchmal bin ich gezwungen, auf einen Vers zu verzichten, der mir gefällt, auf eine literarische Kadenz, die mir lieb wäre, auf ein Adjektiv, das mir gefällt, nur um nicht die Zeichnung der Musik zu ruinieren.«

F. M.: »Um so mehr, als du ja zuerst die Musik schreibst und dann den Text ...«

P. C.: »Gewiß. Und ich gebe mir ganz schön Mühe. Aber – was ich dir hier sage, könnten dir viele meiner Kollegen auch sagen. Du gehörst vielleicht nicht zu unserer Musikwelt und hast dich deshalb nie mit diesen Problemen direkt auseinandersetzen müssen. Aber wenn du meine Komponisten-Kollegen fragst, werden sie dir alle sagen, daß die italienische Sprache furchtbar ist für die Musik.«

F. M.: »Du hast einmal gesagt: Ich war nie in Afrika, ich war nie in Südamerika – deshalb kenne ich diese Länder so gut. Abgesehen davon, daß diese Einstellung das Problem des Massentourismus lösen würde – welcher tiefere Sinn steckt hinter dieser Behauptung? Was bedeutet sie?«

P. C.: »Inzwischen war ich in Südamerika und in Afrika, aber das hat nichts an dem geändert, was ich damals sagte. Ich meinte damit, daß es typisch für meine Nachkriegsgeneration und bezeichnend für die Italiener im allgemeinen, für unsere

Kultur ist, viel mit der Phantasie zu reisen – und nicht tatsächlich. Wir haben ja ›Notreisende‹ gehabt, die Emigranten, aber für diese Leute war die Reise weder ein Vergnügen, noch ist sie vielleicht eine Erzählung wert. Im Gegensatz zu den Engländern, die seit dem 18. Jahrhundert gereist sind und darüber berichtet haben, sind wir viel mit der Phantasie gereist. Und das war ein Laster, das sich dann auch auf die Literatur übertragen hat und auf die Musik; wir brauchen nur an Salgari zu denken, der sein ›Indien‹ erfunden hat, oder an die Opernkomponisten – jeder hatte seine eigene Idealroute: Verdi ging gern in Richtung Afrika, Mascagni in Richtung Amerika, Puccini in Richtung Asien.«

F. M.: »In deinen Liedern hast du mit viel Sanftmut und großer Menschenkenntnis viel von den Beziehungen zwischen Mann und Frau erzählt. Inwieweit hat dir deine Frau dabei geholfen?«

P. C.: »Mit einer geglückten Ehe. Ich schreibe viel in meinen Liedern von den Mann-Frau-Beziehungen, weil ich darin vor allem eine sehr alte Zutat der Lieder und der Literatur suche, um etwas erzählen zu können, was auch eine Dynamik hat. Lieder sollen ein kleines Theater von drei Minuten sein, das gefällt mir. Also: Das Universum des Mannes, das Universum der Frau – beide schaffen ein wenig Theatralität, und zwar mit genügend Natürlichkeit. Meine Frau stand mir von Anfang an bei, sie hat die härtesten Kämpfe an meiner Seite ausgefochten – jetzt nehme ich sie mit, wenn es bequeme und kurze Reisen sind, damit sie sich keinem unnötigen Streß aussetzt. Ich bin jetzt dauernd auf Reisen, mit Schlafmangel und Zeitverschiebungen und allem, was damit verbunden ist.«

F. M.: »Eine persönliche Frage – bist du wirklich so träge und scheu, wie man sagt, oder willst du eine Barriere errichten, um dich zu schützen?«

P. C.: »Nun, die Tatsachen dementieren das. Ich war schüchtern, vielleicht bin ich es noch, ich war zurückhaltend, vielleicht bin ich es noch – hauptsächlich bin ich träge. Dennoch trete ich im Theater auf, ich werde ein wenig bekannt; schlußendlich reise ich sehr viel, also überwinde ich diese uralte Trägheit, die ich hatte. Ich gebe es zu: Ich hätte mich nie aufgerafft, eine andere Stadt zu besichtigen, denn es fehlte mir ein Alibi dazu, es fehlte mir ein Grund. Ich wäre mir dumm vorgekommen, wie ein Tourist herumzugehen, wenn es mir doch so gut geht alleine, bei mir zu Hause. Jetzt, da ich Geld verdienen kann, da ich Leute treffen kann, da ich diesen musikalischen Weg gehe, jetzt gefällt mir das Reisen sehr. Ja, möglicherweise besichtige ich die Städte in aller Eile, und ich bedaure, es nicht gründlicher zu machen – dennoch gefällt es mir nun unendlich, die Welt zu sehen. Und ich fühle mich beruhigt, weil ich ja reise, um zu arbeiten – und ab und zu werfe ich einen Blick auf meine Umgebung, der mich stärkt und anspornt.«

30. 12. 1987

# Die Italienerin der achtziger Jahre

NIRGENDS LÄSST SICH VIELLEICHT der Wandel der Italienerin äußerlich so deutlich erkennen wie im Sommer in den Großstädten. Juli und August, das ist die Zeit, in der Städte wie Mailand, Rom, Florenz traditionsgemäß praktisch von Männern beherrscht waren. Frauen und Kinder waren aus dem Straßenbild sozusagen verschwunden. Die jungen Mütter nämlich, die nur in seltenen Fällen berufstätig waren (und die Großmütter gingen natürlich meist mit), zogen mit den Kindern ans Meer oder in die Berge, und zwar ein bis zwei Monate lang, denn die Sommerferien sind in Italien sehr lang. Die Männer aber – sie mußten ja arbeiten und besuchten ihre Familien nur an den Wochenenden –, sie verbrachten zwei erholsame Tage mit Frau und Kindern und – verschwanden wieder. Eine ganze Literatur blühte um diese wieder zu »Halbjunggesellen gewordenen« Männer. Für die Frauen aber bedeuteten diese »Ferien« mehr oder weniger dasselbe gestreßte Leben wie zu Hause. Die wenigsten konnten sich über so lange Zeit einen Hotelaufenthalt leisten. Die meisten mieteten Ferienwohnungen oder wohnten bei den Großmüttern; der Aufenthalt am Meer oder in den Bergen unterschied sich kaum vom Alltag. Die meisten dieser Frauen sahen diesen langen »Ferien« mit Schrecken entgegen, zumal sie außerdem um die Treue ihrer zurückgebliebenen Männer bangten – damals.

Seit einigen Jahren aber herrschen in den Großstädten – selbst im August – weitgehend Frauen vor. Sie bleiben – auch weil sie viel mehr als früher berufstätig sind – und schicken ihre Männer mit den Kindern in die Ferien; die Männer sollen sich nun mit den »bambini«, mit Müttern und Schwiegermüttern erholen. Auch haben die Frauen von Psychologen oder Eheberatern gesagt bekommen, daß »getrennte Ferien« unter Partnern ganz erholsam sind. So kann man heutzutage die »neue Italienerin« an frischen Sommerabenden in den Trattorien und Pizzerien oder an den Brunnenrändern sitzen sehen – gemeinsam mit ihren Freundinnen und Freunden und sichtlich erfreut, vergnügt und entspannt – genau wie einst nur die Männer. Der lange Marsch in Richtung Gleichberechtigung hat nämlich dazu geführt, daß sich die Italienerinnen mehr vergnügen als einst – trotz der oftmals doppelten Belastung durch Beruf und Haushalt. Sie haben sich auch Freizeit erobert und entscheiden in vielen Fällen selbst, wie sie diese gestalten.

In keinem anderen westeuropäischen Land haben die Frauen so schnell aufgeholt wie in Italien. Innerhalb einer Generation hat sich Italien, das vorwiegend ein Agrarland war, in eine Industrienation verwandelt. Landflucht, Urbanisierung und Auswanderung führten zu einer neuen Lebensweise, von der vor allem die Frauen betroffen waren.

Die wohl radikalsten Veränderungen der letzten Jahrzehnte betreffen das sexuelle Verhalten der Frau und demzufolge ihre Beziehung zum anderen Geschlecht. Die neuen Sitten und die neue Moral haben sich im Lauf der siebziger Jahre im Zuge der stürmischen Frauenbewegung auch auf die Gesetzgebung ausgewirkt. Es begann mit der Einführung der Ehescheidung; es folgte das neue Familienrecht und – 1977 – das Gesetz über die Gleichberechtigung von Mann und Frau am Arbeitsplatz. Ein Jahr darauf wurde ein Abtreibungsgesetz verabschiedet, das zu den liberalsten Westeuropas gehört. Immer mehr Frauen möchten berufstätig sein. Die Zahl der weiblichen Studenten ist nur noch wenig niedriger als diejenige der männlichen – über 40 Prozent.

Wohin man blickt – die Lebensweise und die Mentalität der Italienerinnen haben sich in den letzten zwanzig Jahren grundlegend verändert. Sie kommen ihren europäischen Geschlechtsgenossinnen immer näher. Auch die Italiener heiraten weniger; die Scheidungen nehmen zu; und die Geburten gehen zurück – wenn auch im Süden merklich weniger als im Norden.

Auf 100 Ehen kommen heute in Italien sechs Scheidungen. Eine vom Nationalen Forschungsrat herausgegebene Statistik aber besagt, daß 67 Prozent der befragten Italiener nach wie vor die Ehe als Partnerschaftsmodell bevorzugen. Darin liegt kein Paradox, es zeigt vielmehr, daß nicht so sehr die Ehe als Institution in die Krise geraten ist, sondern daß die Verwirklichung einer guten Ehe schwieriger geworden ist. Sind die Italienerinnen anspruchsvoller geworden, oder liegt es daran, daß es ganz allgemein schwieriger ist als früher, eine harmonische Ehe zu führen? Fest steht – die neue Italienerin nimmt eine mißratene Ehe nicht mehr hin. Es ist erwiesen, daß es mehrheitlich Frauen sind, die auf eine gesetzliche Trennung drängen; dann allerdings sind es wieder die Männer, welche eine reguläre Scheidung bevorzugen, wenn die gesetzliche Trennungsfrist von drei Jahren abgelaufen ist. Die Männer heiraten auch schneller wieder als Frauen; letztere zögern vor einer neuen ehelichen Bindung. Die Italienerinnen sind heute auch weitgehend bereit, mit ihrem Partner unverheiratet zusammenzuleben – auch wenn Kinder da sind. Gewiß bestehen auch da zwischen Nord und Süd sowie zwischen Stadt und Land noch große Unterschiede – doch die »neue Italienerin« tendiert in diese Richtung. Sie zieht nicht mehr eine schlechte Ehe überhaupt keiner Ehe vor, wie es ihre Großmütter und oftmals ihre Mütter noch getan haben. Gewiß, damals gab es auch ökonomische Gründe für ein solches Verhalten.

Cesare Musatti, Italiens namhaftester Psychoanalytiker mit über sechzigjähriger Berufserfahrung in der Ehe- und Partnerschaftsproblematik, sagt dazu: »Die Großmütter der heutigen jungen Italienerinnen bezahlten die erreichte Sicherheit – die gesellschaftliche wie die ökonomische – mit der Unterwerfung. Heute lehnen die Enkelinnen dieser Großmütter diese Art von Ehe ab, die noch bis vor zwanzig Jahren vorherrschend war. Aber – auch wenn sehr viele Italienerinnen heute das alte Ehemodell für überholt und vom moralischen Standpunkt aus für unzumutbar halten, haben sie doch auch noch kein neues Modell vorzulegen, durch das sie das alte ersetzen könnten. Sie fordern die volle Erfüllung in der Ehe, und die Folge ist, daß die Männer erschrecken, sie bekommen es mit der Angst zu tun.«

Um so mehr, als infolge der erlangten sexuellen Freiheit viele Frauen ihre Männer auch hinsichtlich ihrer legendär gewordenen Liebeskunst in Frage stellen. Dies hängt nicht mit einem erst jetzt erlangten Selbstbewußtsein zusammen. Selbstbewußt ist die Italienerin immer gewesen; nur schöpfte sie es aus einer anderen Quelle.

Denn als Italien noch vorwiegend ein Agrarland war, bis in die sechziger Jahre hinein, da hatte die Frau innerhalb der italienischen Gesellschaft zwar eine untergeordnete Rolle, doch diese Rolle war klar definiert und verlieh ihr als Frau Selbstbewußtsein (man denke u. a. an die unumstrittene Macht der »Mamma« innerhalb der Familie). Dieses weitverbreitete Selbstwertgefühl ist mit ein Grund, weshalb der Drang nach Gleichberechtigung selbst auf dem Höhepunkt der Frauenbewegung nicht so ausgeprägt war wie in anderen Ländern.

Die Enttäuschung, die bei vielen Frauen, die sich an der Frauenbewegung beteiligt haben, heute zu beobachten und zu spüren ist, hängt zum einen mit der Tatsache zusammen, daß die italie-

nischen Männer nicht – oder noch nicht – Schritt gehalten
haben mit der Entwicklung der Frauen – also sich die Partner-
schaft erschwert hat –, zum anderen aber mit der Erkenntnis,
daß zwischen dem »paese legale« und dem »paese reale« immer
noch ein tiefer Graben besteht. Denn trotz der fortschrittli-
chen Gesetzgebung und trotz des Wandels in Mentalität und
Sitten vermochten die Frauen die institutionellen Spielregeln
nicht grundlegend zu verändern. Eine Kammerpräsidentin –
die Kommunistin Nilde Jotti –, eine international anerkannte
Top-Managerin wie Marisa Bellisario (Vorsitzende von Italtel),
eine Nobelpreisträgerin wie Rita Levi Montalcini und die Mailänder »donne in carriera« (Verwaltungsvorsitzende und Mana-
gerinnen) – sie können nicht darüber hinwegtäuschen, daß die
Arbeitslosigkeit mehr Frauen als Männer trifft, daß die meisten
Frauen nach wie vor unqualifizierte und vor allem schlechter
bezahlte Arbeit leisten, daß eine junge Frau durchschnittlich
doppelt so lange wie ihr männlicher Kollege mit der gleichen
Ausbildung suchen muß, bis sie einen Arbeitsplatz findet.
Gewiß, das sind Rückschläge, verglichen mit den großen
Erwartungen, welche die Frauenbewegung der siebziger Jahre
ausgelöst hatte. Die heutigen fünfzehn- bis zwanzigjährigen
sind gegenüber den großen Problemen, die ihre Mütter anpak-
ken mußten, distanzierter, kühler; sie haben die neuen, den
Frauen Recht und Würde verleihenden Gesetze nicht erkämp-
fen müssen; die neuen Errungenschaften erscheinen manchem jungen Mädchen als Selbstverständlichkeit. Aber das
läßt aufhorchen: denn Gleichberechtigung von Mann und
Frau als Selbstverständlichkeit zu betrachten, ohne das ursprüngliche Selbstwertgefühl der Italienerinnen »von einst« zu
verlieren – welch erfreuliche Aussicht für die italienische Frau
der Zukunft!

11. 2. 1988

## 80. Geburtstag von Giovanni Guareschi

Es gibt einen menschlich-versöhnlichen Aspekt in der italienischen Geschichte der fünfziger Jahre, den niemand so prägnant und gleichzeitig so humorvoll beschrieben hat wie Giovanni – oder Giovannino – Guareschi in seinem Buch DON CAMILLO E PEPPONE. Es wurde ein Welterfolg; es erreichte eine Gesamtauflage von über drei Millionen Exemplaren und wurde zum Bestseller in 27 Ländern. Obschon Guareschi stets zu den zweitrangigen zeitgenössischen Schriftstellern Italiens zählte, wird er gerade in den letzten Jahren von den Kritikern neu aufgewertet.

DON CAMILLO UND PEPPONE ist ein Zeitdokument in Romanform; es gibt die landesweite Stimmung der unmittelbaren Nachkriegszeit in Italien wieder und vermittelt sozusagen ein politisches Italienbild »von unten«, aus der Perspektive der kleinen Leute. Der Titel der italienischen Originalausgabe lautet auch: »Il Mondo Piccolo di Don Camillo« – »Die kleine Welt von Don Camillo«.

Giovanni Guareschi wurde heute vor 80 Jahren in Fontanelle di Rocca Bianca bei Parma geboren – in der Poebene also, einer Landschaft, welche die Phantasie vieler italienischer Schriftsteller angeregt hat; auch jene von Guareschi. Er selbst sagt dazu: »Auf diesem Stück Erde können Dinge geschehen, die anderswo nicht geschehen ... es weht dort eine besondere Luft, die den Lebenden und Toten wohltut, und auch Hunde haben dort eine Seele ... Da versteht man DON CAMILLO und PEPPONE und alles andere besser. Und man wundert sich nicht, daß Christus spricht und daß einer den anderen auf den Kürbiskopf schlagen kann in aller Anständigkeit, weil ohne Haß. Und daß sich zwei

Feinde letzten Endes doch in den wesentlichen Dingen einigen ...«

Giovanni Guareschi begann seine journalistische Karriere mit 18 Jahren als Korrekturleser des Lokalblattes GAZETTA DI PARMA und arbeitete auch als Werbezeichner und Karikaturist – mit Erfolg. Bereits in den dreißiger Jahren hatte er sich als Journalist einen Namen erworben, so daß er zum Chefredakteur der Mailänder Wochenzeitung BERTOLDO und – nach dem Krieg – zum Leiter des politisch konservativen Witzblattes CANDIDO ernannt wurde. Seine ersten Bücher – SCOPERTA DI MILANO (Entdeckung Mailands) und IL DESTINO SI CHIAMA CLOTILDE (Das Schicksal heißt Clotilde) aus den frühen vierziger Jahren fanden sofort Anklang bei den Lesern, dank der flüssigen Erzählweise und des Humors, der wie ein roter Faden alle Werke Guareschis durchzieht.

Während des Krieges geriet Guareschi in deutsche Gefangenschaft und verbrachte zwei Jahre in einem Konzentrationslager in Polen. Als er 1945 in die Heimat zurückkehrte, fand er ein vom Krieg zerstörtes Land vor und war außerdem arbeitslos; der Wiederaufbau Italiens fällt im Leben Guareschis mit dem Neubeginn seiner eigenen Existenz zusammen.

Um DON CAMILLO UND PEPPONE richtig zu würdigen, muß an die Zeit erinnert werden, in der der Roman spielt.

1948 fanden in Italien die ersten Parlamentswahlen nach dem Krieg statt. Das Land war von einem heute kaum vorstellbaren Wahlfieber erfaßt. Auf den Plätzen, in den Straßen, auf den Märkten, vor und in den Kirchen – überall, wo sich Menschen ansammelten – wurde diskutiert, gestritten, polemisiert, debattiert. Das Land war – einfach ausgedrückt – in zwei Lager geteilt: in Anti-Kommunisten und Kommunisten. In einem Lager die Democrazia Cristiana mit den kleinen Koalitionsparteien als ein Damm gegen den Kommunismus gedacht, im anderen Lager die Kommunisten mit den Sozialisten, in einer Volksfront (Fronte Popolare) vereint. Die Ideologien standen im Mittelpunkt. Alle Parteien wußten, daß das Wahlergebnis das politische Schicksal des Landes auf Jahrzehnte festlegen würde. Papst Pius XII. verkündete gegen alle Volksfront-Wähler den Kirchenbann.

Auch Giovanni Guareschi beteiligte sich am Wahlkampf – auf der Seite der Democrazia Cristiana; und zwar mit einem von ihm entworfenen, berühmt gewordenen Plakat, das – emotional – seine Wirkung nicht verfehlte: ein halbverhungerter italienischer Soldat hinter dem Stacheldrahtzaun eines sowjetischen Konzentrationslagers fordert seine Mutter auf, gegen die Kommunisten zu stimmen. Nichts wird in Italien übersehen, was die Mutter betrifft ...

In DON CAMILLO UND PEPPONE beschreibt Guareschi den täglichen Kleinkrieg zwischen dem etwas rauflustigen Dorfpfarrer Don Camillo und dem feurigen kommunistischen Bürgermeister Peppone in einem kleinen Ort in der Poebene. Es handelt sich um eine Sammlung von politisch-satirischen Schelmengeschichten um einen Pfarrer, der immer um das Heil der ihm anvertrauten Seelen bemüht ist, und einen »roten« Bürgermeister, der stets auf die Linientreue der Genossen bedacht ist – und zwar in einer von politischer Leidenschaft geprägten Zeit. Der weltweite Erfolg überraschte alle; besonders den Autor, der bescheiden bemerkte: »Es ist ein Mißverständnis.«

Ein typisch italienisches Merkmal der Politik trat damals hervor. Zum Paradox der katholischen Kommunisten, die trotz der vom Papst verhängten Exkommunizierung nicht auf ihre religiöse Tradition verzichten wollten, gesellte sich ein weiteres Paradox, das der damaligen Priester. Diese mußten – besonders auf dem Lande – trotz des offiziellen Auschlusses der katholischen Kommunisten aus der Kirchengemeinschaft mit diesen doch wohl oder übel auf irgendeine Weise einen Kontakt haben, wenn die Dorfpfarrer nicht bald vor leeren Kirchen stehen wollten. Diese typisch italienischen Paradoxe bilden den Rahmen der täglichen Auseinandersetzungen zwischen DON CAMILLO und PEPPONE, die Guareschi mit verschmitztem BUON SENSO beschreibt.

Die Hauptpersonen sind im Roman drei: der Dorfpfarrer, der Bürgermeister und der gekreuzigte Christus über dem Altar der Kirche, mit dem sich Don Camillo berät; ein Christus, der nicht immer auf der Seite seines Vertreters auf Erden steht.

Italien steckte nicht nur materiell in der Phase der RICOSTRUZIONE, des Wiederaufbaus, sondern auch moralisch. Den Frauen fiel eine neue Rolle zu, denn gleich nach dem Krieg war den Italienerinnen das Stimm- und Wahlrecht gewährt worden.

Die Parteien und die Kirche schenkten den Frauen besondere Aufmerksamkeit. Die bedeutende, oft entscheidende Rolle der Italienerin innerhalb der Familie war allen bekannt; auch ihr Selbstwertgefühl, das nicht in der Gesellschaft, wohl aber im trauten Heim deutlich zum Ausdruck kam. Den Frauen war die Wahrung der ewigen Werte der Familie anvertraut. In allen größeren und kleineren Städten, in allen Dörfern, von Süden bis Norden, erinnerten die unzähligen Don Camillos die Frauen an ihre Wahlpflicht zum Wohle von »Familie und Vaterland«.

Um diese Frauen politisch richtig zu orientieren, stützten sich die Christdemokraten auf einen geglückten Wahlspruch: »Dio ti vedee – Stalin no« – das heißt: Gott sieht dich – aber Stalin nicht, wenn du im Wahllokal den Stimmzettel ausfüllst.

Die Kommunisten ihrerseits waren sich der Bedeutung der

weiblichen Wähler ebenso bewußt. Sie setzten alles auf das Thema PACE – Frieden, um sie zu überzeugen. »Jene Partei, welche die Frau für ihre Thesen gewinnt, verfügt über eine Geheimagentin im Herzen jeder Familie«, war eine weitverbreitete Meinung. Mit dem Symbol der weißen Taube sammelten die linksgerichteten Frauen landesweit Unterschriften für den Frieden, sie hielten öffentliche Reden, sie marschierten und sangen für »la pace«.

Mit der Beschreibung jener Ereignisse wollte Guareschi weder politische noch soziale Probleme aufwerfen; und die Worte, die der Schriftsteller dem gekreuzigten Jesus in den Mund legt, wenn dieser mit Don Camillo in der Kirchen spricht, zeigen, daß Guareschi keine ausgesprochene politische Satire zu schreiben beabsichtigte, sondern vielmehr eine COMMEDIA Di COSTUME, eine Sittenschilderung, die von gutherzigem, liebenswürdigem und surrealistischem Humor durchzogen war. Alle fühlten sich angesprochen, weil diese COMMEDIA unter anderem auf einer verschmitzten Lebensweisheit beruhte. Das war der Trumpf beim Publikum. Beim offiziellen Italien und bei den politisch Engagierten aber brachte dies Guareschi den Vorwurf ein, den großen Problemen des Landes gegenüber indifferent, gleichgültig zu sein, diese nicht mit dem erforderlichen Ernst zu betrachten und zu behandeln.

Was der vor 18 Jahren gestorbene Giovanni Guareschi nicht voraussehen konnte, ist, daß die von ihm so treffend beschriebene, volkstümliche, handfeste Religiosität unter den »kleinen Leuten« sowie eine grundlegende Toleranz gegenüber Andersdenkenden mancherorts weiterbestehen würde, trotz des grundlegenden Wandels, der in Italien in den letzten 20 Jahren erfolgt ist. Ein Beispiel dafür: In der kleinen toskanischen Ortschaft Bagnore bei Grosseto, deren Einwohner fast

sämtlich Kommunisten sind, bemühte sich der Dorfpfarrer –
Don Corrado – seit Jahren darum, die Kirche auszubauen. Es
war ihm aber nie gelungen, genügend Geld für die erforderli-
che fünfte Glocke aufzubringen. Da kamen ihm vergangenen
Sommer ein lokaler Unternehmer und Maria Pia Bianchini,
die Vorsitzende der örtlichen kommunistischen Parteisektion, zur Hilfe. Sie starteten eine Spendenaktion, und der
Traum des Dorfpfarrers von Bagnore ging in Erfüllung. Das
Foto der Glocke ging durch die Presse: unter dem Bild des
Jesus mit dem Heiligen Herz steht die Aufschrift: »Gabe der
kommunistischen Parteisektion von Bagnore«.
»Die Glocke wird für alle läuten«, erlärte Don Corrado freu-
dig. Viele Italiener bemerkten dazu: »Typisch – Don Camillo
und Peppone.« Dies ist nämlich zu einem Begriff geworden.
Man bezeichnet damit die undogmatische, menschliche,
doch ideologisch betrachtet etwas verwirrte Art, auf die sich
die Gegner – schlußendlich – de facto verständigen.
Erst in diesen Tagen ist bekannt geworden, daß Giovanni
Guareschi ein seltsames Hobby hatte. Er sammelte alle Zei-
tungsausschnitte, die Angriffe gegen ihn enthalten.
Diese sind nun in einer Ausstellung bei Roncole Parma zu
besichtigen – dort, wo Guareschi bis zuletzt mit seiner geliebten Familie gelebt hat. Die Ausstellung trägt den Titel TUTTO
IL MALE SU GUARESCHI – »Alles Üble über Guareschi«. Da
erfährt man, daß die Angriffe gegen Guareschi nicht nur, wie
allgemein angenommen, von politisch Linksgerichteten
stammen. Das Buch DON CAMILLO E PEPPONE war geradezu Gefahr gelaufen, auf den Index zu kommen.
Einige Prälaten des Vatikans – so berichtet ein Zeitungsaus-
schnitt aus dem Jahr 1953 – hegten nämlich den Verdacht, daß
sich in den humorvollen Geschichten des streitsüchtigen
Pfarrers Don Camillo und des roten Bürgermeisters Peppone

eine verborgene Tendenz zur Irenik eingeschlichen habe, das heißt zu jenem Teil der Theologie, welche die Kirche verurteilt, weil sie eine Verständigung unter den verschiedenen christlichen Konfessionen anstrebt.

Armer Giovanni Guareschi!

*1. 5. 1988*

## 15. Todestag von Anna Magnani

»É MORTA MAMMA ROMA« – Mamma Roma ist gestorben – so die Schlagzeilen, die heute vor 15 Jahren den Tod von Anna Magnani ankündigten. Sie war die größte und beliebteste italienische Schauspielerin. Die Todesfeier fand zwei Tage später statt, in der Kirche Santa Maria sopra Minerva, neben dem Pantheon, im Herzen von Rom, dort, wo die Schauspielerin auch immer gelebt hat.

Das Hauptportal der Kirche stand weit offen. Man konnte die Prominenz sehen, die im Innern der Kirche Platz genommen hatte: Vertreter der Republik Italiens und der Stadt Rom, Schauspieler, Regisseure, Filmproduzenten aus aller Welt. Draußen, auf der sonnendurchfluteten Piazza und in den benachbarten Straßen, drängten sich Tausende von Menschen: Anna Magnanis Freunde und viele »popolane romane« – Frauen aus dem Volk. Keine andere Filmschauspielerin hat je die Nöte und die Tapferkeit der römischen Frauen aus dem Volk so meisterhaft und wahrheitsgetreu wiedergegeben wie sie. Anna Magnani hat diese »popolane« erstmals auf der Leinwand zu neuer Würde erhoben. Deshalb standen diese Frauen dort, auf der Piazza. Sie nahmen Abschied von einem Menschen, der sie verstanden und geliebt hatte. Manche von ihnen weinten still. »Addio Nannarella«, wie die Schauspielerin heute noch in Rom genannt wird.

Als der mit roten Rosen bedeckte Sarg aus der Kirche getragen wurde, da löste sich die Spannung und die Ergriffenheit der Menge in brausendem Applaus auf. Dieser Beifall – er galt der Schauspielerin und der Frau – war Anna Magnanis letzter Triumph.

Vittorio de Sica, der Regisseur, der Anna seit ihrer Jugend

kannte und oft mit ihr gearbeitet hat, äußerte sich über die Schauspielerin folgendermaßen:

»Anna hatte das Bedürfnis zu geben, zu geben, zu geben; sie glaubte nie genug zu geben und nie genug bekommen zu haben ... sie war ein äußerst treuer Mensch und verlangte ihrerseits absolute Treue ... Aber diese Treue, an der ihr so viel lag, hat Anna in ihrem Leben nie erfahren ...«

Anna Magnani hat ein schweres Leben gehabt: als Kind, als Frau, als Mutter. Ihr Erfolg ist ihr nicht in den Schoß gefallen.

Was die Öffentlichkeit erst Jahre nach ihrem Tod erfuhr, ist, daß Nannarella ein uneheliches Kind war. Ihren Vater, einen Kalabresen, hat sie nie gekannt. Sie wuchs bei der Großmutter in Rom auf, denn ihre Mutter, die knapp zwanzigjährige, wunderschöne Marina Magnani, heiratete bald einen wohlhabenden Österreicher und zog mit ihm nach Ägypten. Er wollte von einem unehelichen Kind nichts wissen. Erst mit neun Jahren lernte Anna ihre Mutter kennen; sie blieben einander stets fremd. Selbst mit ihren engsten Freunden sprach Anna Magnani nicht über ihre Kindheit. Es war eine Wunde, die sie in sich trug, die wohl nie vernarbt ist. Als die gütige Großmutter starb, da verlor Anna den Mittelpunkt ihrer Gefühle. Die Angst, verlassen zu werden, durchzog von nun an wie ein schwarzer Faden ihr Leben und alle ihre Liebesbeziehungen.

Weltberühmt wurde Anna Magnani unmittelbar nach dem Krieg durch das Meisterwerk des Regisseurs Roberto Rossellini »Rom – offene Stadt«. In der Hauptrolle Anna als »popolana« – Römerin aus dem Volk – während der deutschen Besatzung der Stadt. Die Szene, in der Anna, sich die Seele aus dem Leib schreiend, hinter dem Lastwagen herrennt, in dem die deutschen Soldaten ihren Mann Francesco und andere Partisanen fortführen, ist ein Musterbeispiel italienischer Filmkunst. Die Soldaten schießen auf die Frau, sie stürzt vor den Augen ihres kleinen Sohnes tot auf die Straße.

Die Rolle in »Rom – offene Stadt« machte aus Anna Magnani über Nacht einen Weltstar. Der Film wurde im Jahre 1945, unmittelbar nach Kriegsende, mit sehr wenig Geld gedreht. Der Regisseur und seine Freunde mußten sogar ihre antiken Möbel verkaufen, um das Werk finanzieren zu können.

»Rom – offene Stadt« ist ein Standardwerk für alle Filmschaffenden, denn es bildet den Auftakt zu einer neuen Epoche der italienischen Filmgeschichte, der Epoche des Neorealismus. Die Regisseure drehten die Szenen nicht mehr wie bisher in den Filmstudios, sondern sie nutzten die Realität als Kulisse, die Straßen und Plätze, in denen sich vorwiegend gewöhnliche Menschen bewegten, keine Schauspieler. Nur innerhalb dieses neuen Filmstils konnte sich die Kunst der Anna Magnani voll entfalten. Eine Kunst, die allerdings nicht zufällig war. Hinter dem Erfolg der stets spontan wirkenden Schauspielerin liegen Jahre strenger Ausbildung und ein hartes Studium – auch ein langjähriges Musikstudium – an der Accademia di Santa Cecilia in Rom.

»Ich wurde nicht als Schauspielerin geboren«, gestand Anna Magnani einmal, »ich habe beschlossen, es zu werden, als ich noch ein Kind war, weil ich geliebt werden wollte.«

Anna Magnani entprach nicht dem Schönheitsideal der dreißiger Jahre; aber die Intensität ihres Blicks, die feurigen, ausdrucksvollen Augen und ihr wirrer Haarwuchs unterstrichen ihre Persönlichkeit. Sie wurde gleich nach dem Abschlußdiplom an der Akademie engagiert und trat zunächst vorwiegend in sogenannten »avanspettacoli« auf, einer Art Revuetheater. Sie war eine brilliante Komödiantin; ihr dramatisches

Talent entdeckte – viel später – als erster Roberto Rossellini. Auf der Bühne bewegte sich schon die junge Anna Magnani wie zu Hause. Sie spielte nicht – sie lebte.

In den frühen dreißiger Jahren heiratete Anna Magnani einen wohlhabenden, gebildeten, etwas versnobten Regisseur: Goffredo Alessandrini, der sich in Hollywood einen Namen gemacht hatte. Anna war damals 27 Jahre alt und in Italien als Theaterschauspielerin bekannt und geschätzt.

Zum ersten Mal fühlte sie sich glücklich: zum ersten Mal hatte sie ein eigenes Heim und einen Mann an ihrer Seite, den sie liebte und von dem sie geliebt wurde. Doch das Glück dauerte nur wenige Jahre. Ihrem Wesen entsprechend erhob Anna Anspruch auf totale Hingabe und exklusive Liebe. Die Ehe scheiterte nicht nur an Alessandrinis Untreue – sondern auch an Annas maßlosem Bedürfnis »zu geben und zu bekommen«, wie der Regisseur De Sica schon sehr früh erkannt hatte. Trotz ihrer Großzügigkeit, ihrer Loyalität und einer tiefen, von der Intuition getragenen Intelligenz war Anna – so Goffredo Alessandrini – »ein gequältes, unduldsames Wesen, das weder Frieden geben noch Frieden finden konnte«.

Den Schmerz, den eine Frau empfindet, wenn der geliebte Mann sie verläßt, hat Anna – etliche Jahre später – in einem Film verewigt. Es handelt sich um die Realisierung einer Erzählung von Jean Cocteaus »La voix humaine« – »Die geliebte Stimme«. Der Film trägt den Titel »L'amore«: Roberto Rossellini hat ihn auf Anna Magnani zugeschnitten. Es ist ein 45 Minuten dauernder Monolog am Telefon: das letzte Gespräch einer Frau mit ihrem Geliebten, der sie verlassen hat. Inhalt des langen Gesprächs: die letzte Hoffnung, die letzte Illusion und das Ende einer Liebe. Der Regisseur bedient sich dabei der Filmkamera wie eines Mikroskops, mit dem er auf dem Antlitz der Schauspielerin alle Schattierungen der Verzweiflung und der Hoffnung erforscht – auf geradezu indiskrete Weise. Der Film konnte kein Publikumserfolg werden – es fehlt ihm jede Handlung –, aber er offenbarte Anna Magnanis unübertroffenes Talent, Lieben und Leiden wiederzugeben.

Anna Magnani war 34 Jahre alt, als ihr größter Wunsch in Erfüllung ging: sie wurde Mutter eines Sohnes, Luca. Ein Kind, das sie – ihrem Wesen entsprechend – abgöttisch liebte. Er gehörte ihr um so mehr »ganz«, wie sie sagte, als die Beziehung zum Vater des Kindes – es war der junge Schauspieler Massimo Serato – nicht lange anhielt. Sie trug die ganze Verantwortung für Luca und überschüttete ihn mit Liebe; mit der Liebe, die ihr in der Kindheit gefehlt hatte. Als Luca drei Jahre alt war, erkrankte er an Kinderlähmung. Dank des unermüdlichen Bemühens der Mutter wurde das Kind in den international renommiertesten Kliniken behandelt. Luca überlebte – ist aber seither gelähmt. Das Schicksal hatte Anna an ihrer empfindlichsten Stelle getroffen: in ihrem Muttergefühl. Es scheint, als hätte sie durch alle Höhen und Tiefen des Lebens gehen müssen, um all diese Gefühle als Künstlerin im Film und im Theater darstellen zu können. Denn den Schmerz einer in ihrem Innersten verletzten Mutter wußte Anna Magnani in dem Film »Bellissima« von Luchino Visconti in unübertroffener Weise zu zeigen.

Ihrem Sohn Luca galt bis zum letzten Atemzug Annas uneingeschränkte Liebe und Sorge. Luca gehörte, zusammen mit Roberto Rossellini, zu den Menschen, die der Schauspielerin am nächsten gestanden haben. Der Regisseur hat die Schauspielerin durch »Rom – offene Stadt« nicht nur weltweit bekannt gemacht, er hat Anna auch geliebt wie kein anderer. Von dieser Liebe erfuhr die ganze Welt, weil sie mit der spannendsten Lovestory der Nachkriegszeit verbunden ist. Ingrid Bergman, die schwedische Schauspielerin, verliebte sich in den verführerischen Rossellini und erwartete ein Kind von ihm, bevor sie sich von ihrem Ehemann Lindström hatte scheiden lassen. Das sittenstrenge Amerika empörte sich, und das Klischee vom Italiener als latin lover ging um die Welt. Anna Magnani erfuhr von ihrem Schicksal aus der Presse, die ausführlich über jede Einzelheit berichtete. Roberto Rossellini hatte nicht den Mut gehabt, ihr persönlich zu sagen, daß er sie nicht mehr liebte, und hatte – indirekt sozusagen – die Journalisten damit beauftragt. Anna Magnani fühlte sich tief verletzt, gedemütigt und wieder einmal – verraten.

Loyalität und Wahrheit aber hielt Anna für ihre höchsten Tugenden. Sie wurde wiederum in ihrem Glauben bestätigt, daß »Tiere treuer sind als Menschen«. Ihre Freunde bestätigen es: Annas intensive Tierliebe beruhte auf dieser Überzeugung. Ihre Wohnung im Palazzo Altieri, im historischen Kern der Stadt, war Zufluchtsort und Asyl für Hunde, Katzen und Vögel. In Rom wurde das bekannt, als eine ihrer sprechenden Amseln aus Annas Wohnung wegflog und die Öffentlichkeit sich damit beschäfigte. »... Die Amsel flog weg, als ich den Käfig reinigte ... ich habe das Gefühl, daß jemand sie gefunden hat und sie nicht zurückbringt, weil sie sprechen kann ... ich hoffe, daß der Finder sich rühren läßt und mir den Vogel zurückbringt. Auch Luca ist sehr traurig über den Verlust. Amseln brauchen eine besondere Pflege, einen großen Käfig und müssen hin und wieder auch in einem Raum frei herumfliegen können. Und wenn der Finder den Vogel in einen engen Käfig steckt, dann ist es doch besser, daß er ihn mir zurückbringt ...«

Die Krise des italienischen Films wurde dadurch deutlich, daß einer Schauspielerin wie Anna Magnani – ab Mitte der sechziger Jahre – kaum mehr Filme angeboten wurden, die ihrer Kunst würdig waren. Vergeblich wartete sie auf Rollen wie in »Die tätowierte Rose« nach einer Erzählung von Tennessee Williams; mit diesem Film hatte Anna Magnani als erste Italienerin den Oscar gewonnen – im Jahre 1955.

Vom Film enttäuscht, träumte sie wieder vom Theater. Aber zwanzig Jahre lang hatte sie nicht mehr auf einer Bühne gestanden und war unsicher, ob ihr das noch einmal gelingen würde.

Journalisten gegenüber sagte sie: »Jetzt habe ich einen anderen Traum: Ich hoffe, daß er in Erfüllung gehen wird, daß ich zum Theater zurückkehren kann ... Und auch dies wird dann ein weiterer Beweis meiner Liebe zum Publikum und zur Kunst sein.«

Annas Traum ging in Erfüllung. Mit »La Lupa«, nach einer Novelle des Sizilianers Giovanni Verga, inszeniert von Franco Zeffirelli, reiste Anna Magnani durch ganz Europa: Paris, Zürich, Wien, Moskau, Leningrad, Warschau, Berlin. Die Tournee dauerte vier Jahre, und überall wurde die Schauspielerin mit Beifall und dem Lob der Kritiker überschüttet.

Nur für das Fernsehen hatte Anna nie arbeiten wollen. Sie fürchtete, daß das Technische an diesem Medium ihrem schauspielerischen Können Grenzen setzen würde. Um so dankbarer ist man heute, daß sie sich – im Jahre 1971 – dennoch davon überzeugen ließ, das Experiment Fernsehen zu wagen. Es geht um vier Frauenschicksale, um die Lebensgeschichten von vier Italienerinnen von der Einigung Italiens im Jahre 1870 bis zur Gegenwart; Frauen, die gelitten, gekämpft und verloren haben. Sie selber sagte dazu: »Ich bin froh darüber, daß es mir am Ende meiner Karriere gelungen ist, eine Zusammenfassung aller Frauengestalten wiederzugeben, die ich am meisten geliebt habe ...«

Anna war sterbenskrank, als sie vom Krankenbett aus den Wunsch äußerte, den Film im Fernsehen zu sehen. So hat die RAI ihn ins Programm genommen. Heute vor 15 Jahren wurde der Film »1870«, so der Titel, ausgestrahlt – Anna Magnanis letzter Film.

Sie aber konnte ihn nicht mehr sehen. Zwei Stunden zuvor ist sie gestorben – an ihrer Seite – bis zuletzt – die beiden wichtigsten Männer in ihrem Leben: Sohn Luca und Roberto Rossellini.

Die 20-Uhr-Tagesschau verbreitete die Nachricht vom Tod der Schauspielerin. Unmittelbar danach folgte der Film. Ganz Italien saß heute vor 15 Jahren vor dem Bildschirm und nahm Abschied von Nannarella.

*26. 9. 1988*

*Vor 65 Jahren –*
*Neuwahlen und faschistischer Terror*

TERROR, GEWALTTÄTIGKEIT und Übergriffe der Faschisten gegen alle Andersdenkenden zeichneten das Klima aus, in dem heute vor 65 Jahren in Italien Neuwahlen abgehalten wurden.

Ein neues Wahlgesetz wurde eingeführt; derjenigen Liste, welche die höchste Stimmenzahl und mindestens 25 Prozent der Stimmen auf sich vereinte, fielen von vornherein zwei Drittel der Parlamentssitze zu. Die Änderung des Wahlsystems erfolgte auf Antrag des Mussolini-Kabinetts, in dem die Faschisten noch eine kleine Minderheit waren; die Begründung dafür war, daß das Parlament in seiner Zusammensetzung nicht regierbar sei. Die parlamentarische Opposition, die aus Liberalen, Katholiken der Volkspartei, Republikanern, Kommunisten und Sozialisten bestand, konnte sich – trotz des Ernstes der Lage – nicht auf eine gemeinsame Opposition einigen. So wurde das Wahlgesetz widerwillig von einem innerlich zerstrittenen Parlament angenommen, während im Land die Gewaltanwendung der Faschisten gegen alle Nicht-Faschisten immer mehr Opfer forderte. Gewerkschaftslokale wurde in Brand gesteckt, Parteilokale verwüstet, die antifaschistischen Politiker und Journalisten geprügelt und verfolgt. So entbrannte während der Wahlkampagne vom 6. April der letzte Kampf zur Rettung des liberalen Staates.

Die lauten, bereits in ihrem Vokabular Unheil verkündenden Kampflieder der Schwarzhemden hallten zu nächtlicher Stunde in den Straßen und auf den Plätzen der italienischen Städte und Dörfer wider. Die Menschen hatten Angst.

Den Faschisten fielen – auf Grund des neuen Wahlmodus –
65 Prozent der Parlamentssitze zu. Das Parlament war nunmehr fest in faschistischer Hand.

Bei der Eröffnung der neuen Kammer mit faschistischer
Mehrheit prangerte der sozialistische Abgeordnete Giacomo
Matteotti die während der Wahlen von Schwarzhemden
Mussolinis verübten Übergriffe an und forderte die Überprüfung der Wahlergebnisse, denn – so Matteotti wörtlich, »kein
Bürger war in seiner Wahl frei«. Aus dem faschistischen Lager
ertönte bezeichnenderweise laut der Ruf: »Viva la milizia!« –
Es lebe die Miliz!

Wenige Tage darauf wurde Giacomo Matteotti in Rom auf
dem Weg zum Parlament entführt und ermordet. Entsetzen
erschütterte das Land; die Passivität der Sicherheitsbehörden
bei der Aufklärung des Mordes erregte die Gemüter; dennoch – die Oppositionsparteien konnten sich nicht auf eine
geschlossene politische Zusammenarbeit einigen. Der
König, Viktor Emanuel III., zögerte. Ihm fehlte der Mut zu
einer Entscheidung gegen Mussolini, selbst dann, als dieser in
einer offiziellen Rede die volle Verantwortung für all das
übernahm, was geschehen war. Aus Angst vor den Sozialisten
ebnete der König Mussolini wiederum, wie zwei Jahre zuvor
nach dem sogenannten »Marsch auf Rom«, den Weg zur
Macht.

Die Passivität des Königs veranlaßte die antifaschistischen
Parteien, sich – als Zeugnis ihrer unbeugsamen moralischen
Opposition – auf den Aventin zurückzuziehen.

Der Name Aventin – einer der sieben römischen Hügel – hat
für die Italiener eine symbolische Bedeutung, seitdem die
altrömischen Plebejer sich im fünften Jahrhundert v. Chr. auf
den Aventin zurückzogen, aus Protest gegen die Unterdrückung durch die herrschende Patrizierklasse. Die Mat-

teotti-Affäre stürzte das Land in eine tiefe politische und moralische Krise; sie war entscheidend für die Zukunft des Faschismus. Mussolini stand unausweichlich vor der Alternative: entweder den Weg der Rückkehr zur Verfassung einzuschlagen oder die Diktatur auszubauen und zu vollenden. Er schlug den zweiten Weg ein. So wurden zwei Jahre später – 1926 – die Parlamentsmandate der Abgeordneten, die in der Opposition waren, für ungültig erklärt, die Pressefreiheit aufgehoben, die Parteiorganisationen aufgelöst. Die Antifaschisten wurden verhaftet und eingesperrt oder in die Verbannung geschickt; wem es gelang, der ging in die politische Emigration. Der Faschismus saß nunmehr fest im Sattel und Benito Mussolini war der »Duce« geworden. Das faschistische Italien gab sich – neben der offiziellen Nationalhymne des »Königsmarschs« – noch eine zusätzliche: »Giovinezza«.

Die Geschichte des Faschismus beginnt offiziell im März 1919, als Benito Mussolini – bis kurz zuvor noch Sozialist – in Mailand den ersten »Fascio di combattimento« gründete, wörtlich »Kampfbund«. Die Bezeichnung Faschismus geht auf die Liktorenbündel – fasces – zurück. Mussolini bezog sich damit auf das antike Rom, wo Rutenbündel und Axt die exekutive Gewalt symbolisierten.

Der Erste Weltkrieg ist das auslösende Ereignis für das Aufkommen des Faschismus in Italien. Durch ihn entstanden jene politischen, ökonomischen und sozialen Bedingungen, ohne die die Ansätze sich nicht hätten entfalten können. Der Krieg endete für Italien siegreich. Aber die Pariser Verhandlungen erfüllten die z.T. imperialistischen Tendenzen vieler Italiener nicht. Bezeichnend dafür ist der Slogan, der sich landesweit verbreitete und welcher die Enttäuschung treffend wiedergibt, nämlich: »guerra vinta – pace perduta«, gewonnener Krieg – verlorener Frieden. Eine andere, aber gleichbedeutende

Version dieses Schlagworts ist jenes der »vittoria mutilata« – des verstümmelten Sieges.

Diese Schlagworte machten sich besonders die enttäuschten Frontkämpfer und Nationalrevolutionäre zu eigen. Die Verbände der Frontkämpfer und Kriegsversehrten, unter ihnen radikale Kampfgruppen wie die »Arditi« – wörtlich »die Kühnen« –, traten als neues soziologisch-politisches Element hervor. Sie putschten nationalistische Gefühle, die bisher vorwiegend intellektuelle und bürgerliche Kreise berührt hatten, hoch und machten diese Gefühle virulent. Nationales Ressentiment, Verherrlichung der Gewalt, soziale Heimatlosigkeit – aus diesen drei Elementen setzt sich der Boden zusammen, auf dem der Faschismus Wurzeln fassen konnte.

Bis zu den Wahlen vom 6. April 1924 beherrschten aber immer noch die großen Volksparteien die politische Bühne, wo erstmals nach dem Krieg auch eine katholische Volkspartei – der Partito Popolare – aufgetreten war. Breite Volksmassen folgten den sozialistischen Parolen, so daß die Faschisten bei den Wahlen von 1919 keinen einzigen Parlamentssitz gewinnen konnten.

Aber das Land war durch tiefe soziale Unruhen gekennzeichnet, die zur Zuspitzung der Lage und zur Furcht der Bürger vor dem Chaos und der Unordnung beitrugen. Im Norden des Landes besetzten die sozialistischen Arbeiter die Fabriken, landesweite Generalstreiks wurden ausgerufen, während das Versagen der staatlichen Autorität ein gefährliches Machtvakuum schuf. Die gleichzeitig mit dem ersten »Fascio di combattimento« entstandenen »squadre fasciste«, die Sturmtruppen, terrorisierten ab 1920 Städte und Provinzen. Die sogenannte »spedizioni puntive« dieser Freiwilligen brachten durch organisierten Terror die Macht der revolutionären Linken in die Gemeinden und Betriebe. So stellten sich die Faschisten den Bürgern als Wiederhersteller der Ordnung vor und traten an die Stelle des abwesenden Staates. Eine Handvoll Carabinieri hätten den sogenannten »Marsch auf Rom« von rund 40.000 Schwarzhemden im Oktober des Jahres 1922 leicht aufhalten können. Aber der König weigerte sich in letzter Minute, den bereits verhängten Ausnahmezustand zu sanktionieren.

Statt dessen beauftragte er Benito Mussolini – der in Mailand auf den Ausgang dieses Tauziehens wartete – mit der Regierungsbildung. Der Grund, weshalb der König im Augenblick der größten Gefahr für den liberalen Staat so jämmerlich versagte, liegt in der Befürchtung des Königs, daß die Sozialisten wieder das Haupt erheben könnten. Aus Angst vor den »rossi«, den Roten, warf er die Nation in die Arme des Faschismus.

Der für Mussolini positive Ausgang des Marsches auf Rom war der erste Schritt in Richtung Diktatur, aber das endgültige Schicksal der Demokratie in Italien wurde erst durch die Wahlen vom 6. April 1924 besiegelt.

Genau wie Adolf Hitler in »Mein Kampf« hat auch Benito Mussolini im »Regolamento Statuto« des von einer Bewegung zu einer Partei sich entwickelnden Faschismus die Ziele angegeben, die er sich als »Duce« Italiens setzte. Zu diesen gehörten z. B. die Einschränkung der Funktionen und der Machtbefugnisse des Parlaments sowie die Beschneidung der bürgerlichen Freiheiten. Auch die Bildung einer freiwilligen Miliz gehörte von Beginn an zu Mussolinis Zielen.

Zu den Aufgaben der Miliz gehörte, wie der »Duce« in einer Rede aus dem Jahre 1942 sagte, »die gewaltsame Aktivität der Sturmtruppen aufrechtzuerhalten«. Im Grunde handelte es sich bei der Milizia um ein privates Heer Mussolinis, das der faschistischen Regierung ständigen und bewaffneten Schutz bot. Es gelang dem »Duce« auch, die Opposition des regulären italienischen Heeres, das nicht faschistisch genannt werden kann, weitgehend zu neutralisieren. Gerade diese »Milizia Volontaria per la sicurezza dello Stato«, die »Freiwillige Miliz zum Schutz des Staates«, wie ihre offizielle Benennung lautete, spielte bei den Neuwahlen vom 6. April 1924 eine entscheidende Rolle. Sie entsprach einer Miliz halbstaatlichen Charakters, die sich praktisch als eine Institutionalisierung der Gewalt erwies. »Gewalt ist moralisch«, hatte Mussolini einmal erklärt. So drangen »Militi« – ihrer Uniform wegen auch »Schwarzhemden«, »camice nere«, genannt – am Wahltag des 6. April mancherorts sogar in die Wahlkabinen ein und bedrohten jene Wähler, die sie sozusagen »auf frischer Tat« ertappten, als diese nämlich auf ihrem Stimmzettel den Namen eines nicht faschistischen Kandidaten ankreuzten.

Die Miliz ist es, die aus dem Mussolini-Kabinett etwas grundlegend anderes machte als alle vorhergehenden Regierungen, nämlich ein Regime; und das heißt eine totalitäre Regierungsführung. So darf man sagen, daß gleichzeitig mit der Gründung der »Milizia« in Italien auch der liberale Staat begraben wurde. Die überwiegende Mehrheit der Italiener paßte sich den neuen politischen Verhältnissen an; zunächst aus Opportunismus oder Furcht, später »per quieto vivere«, um seine Ruhe zu haben, wie man hier sagt.

Den Gipfel der landesweiten Zustimmung erreichte der »Duce« unzweifelhaft mit seiner Kolonialpolitik. Und als er vom Palazzo Venezia in Rom aus die Gründung des »Impero«, des Kaiserreichs verkündete, gaben sich viele Italiener der Illusion hin, die Wiedergeburt des antiken Roms und seiner Weltmacht zu erleben.

Der Rausch war von kurzer Dauer. Als Italien im Jahre 1940 an der Seite des Dritten Reichs in den Krieg eintrat und in

das bereits besiegte Frankreich einmarschierte, begann der
Faschismus – der heute vor 65 Jahren einen Wahlsieg erzwungen hatte – seinem tragischen Ende zuzusteuern.

6. 4. *1989*

## Arbeitslose aus Neapel wollen in die DDR

WÄHREND TAUSENDE UND ABERTAUSENDE von Flüchtlingen
aus der DDR die ungarisch-österreichische Grenze in Richtung Bundesrepublik überschreiten, haben 264 Arbeitslose
aus Neapel die Regierung der DDR um ein Einreisevisum
ersucht, um mit ihren Familien dort leben und arbeiten zu
dürfen. Diese Neapolitaner erklärten vor Journalisten, sie
seien davon überzeugt, in der DDR einen festen Arbeitsplatz,
eine wohl bescheidene, dafür aber sichere Behausung, ein
funktionierendes Gesundheitswesen und ein effektives Nah-
verkehrssystem zu finden und endlich von der Kriminalität
befreit zu sein. Diese 264 Neapolitaner haben in dem an die
Regierung der DDR gerichteten Schreiben hinzugefügt: »Bei
Euch werden wir endlich erfahren, was wahre Freiheit ist.«
Der Anführer dieser kleinen Gruppe von Neapolitanern
heißt Emiddio Cozzi; er ist in Neapel als seltsamer Kauz
bekannt, der hin und wieder originelle, allzu originelle Initiativen ergreift. Offensichtlich schwimmt er gerne gegen den
Strom. So muß es Signor Cozzi gereizt haben, die Mauer einmal in umgekehrter Richtung zu überwinden, zumal er von
dieser Seite her nichts zu befürchten hat; niemand wird auf
ihn schießen.
Auch deshalb geben die heutigen italienischen Zeitungen die
Nachricht kommentarlos wieder; er wird nicht ernstgenom-
men. Signor Cozzi ist nur »un po' svitato« – das heißt, er
spinnt ein wenig, wie viele denken. Gewiß, dem wäre auch
nichts hinzuzufügen, wenn Signor Cozzi mit seinen Erklärungen indirekt nicht auf ein Problem hingewiesen hätte, das seit
der Einigung Italiens im letzten Jahrhundert das nationale
Problem schlechthin darstellt, nämlich die sogenannte »que-

stione del mezzogiorno«, die Süditaliener-Frage. Damit ist
das soziale und wirtschaftliche Gefälle zwischen Nord- und
Süditalien gemeint. Die Arbeitslosigkeit z. B. – der nationale
Durchschnitt beträgt rund 11 Prozent – ist im Süden doppelt
so hoch wie im übrigen Italien, und die Einkommen im
Süden erreichen nur 60 Prozent des nationalen Durch-
schnitts. Und auch das hängt indirekt mit Fakten zusammen,
die sich viele Besucher Neapels nicht erklären können: z. B.
mit dem immer undurchdringlicher werdenden Verkehrschaos in der Stadt. Denn jeden Morgen setzen sich Tausende
von Einwohnern, alle gleichzeitig, mit ihren Autos in Bewegung – auf der Suche nach Arbeit, irgendeiner Gelegenheitsar-
beit. Der Strom von Autos, der von Tag zu Tag immer mehr
anschwillt und immer langsamer aus allen Richtungen dem
Zentrum zufließt, ist in Neapel weder ein Zeichen von Trägheit noch von Wohlstand – er ist ein Symbol der Misere.
Auf der großen alljährlichen Fiera del Levante in Bari, dem
süditalienischen Pedant der Mailänder Messe, wird gerade
heute »la giornata del Mezzogiorno« abgehalten, das heißt,
dieser Tag ist der süditalienischen Regierungspolitik gewidmet.
Die weitsichtigsten Unternehmer aus den reichen norditalienischen Regionen behaupten seit langem, daß eine der Ursachen der Degeneration des politischen Systems in Italien
sowie der Ineffizienz der öffentlichen Verwaltung gerade das
anhaltende Nord-Süd-Gefälle ist. Allein schon deshalb
erweist sich das »Problem des Mezzogiorno« nach wie vor als
die wichtigste Frage der modernen italienischen Demokratie.

*16. 9. 1989*

## Die Italiener beim Gedanken
## an die Wiedervereinigung

EINE IM VERGANGENEN MONAT in Italien durchgeführte Umfrage hat ergeben, daß 79 Prozent der befragten Italiener – also vier von fünf – eine Wiedervereinigung Deutschlands begrüßen. Zu diesem selbst für viele Italiener überraschenden Ergebnis hat das Fernsehen in entscheidendem Maße beigetragen. Die Aufnahmen, die anläßlich des Mauerfalls am 9. November vom Fernsehen ausgestrahlt wurden, haben das Bild, das sich viele Italiener – bewußt oder unbewußt – von »den« Deutschen machten, verändert. Erstmals konnten die Italiener massenweise Deutsche sehen, die, »ohne betrunken zu sein« – wie sich hier einige ausdrückten –, vor Ergriffenheit und Freude, Emotion und Glück die Fassung verloren haben. Deutsche Menschen, zu Tausenden, die weinten und lachten, keine Ordnung und keine Disziplin mehr kannten, sondern nur noch ihrer Gefühlsregung folgten. Der Anblick eines deutschen Chaos und eines friedlichen, grenzenlosen Durcheinanders war für viele hier so ungewohnt, so überraschend und überwältigend, daß vielerorts spontan die Bemerkung zu vernehmen war »... sono come noi ...« – die sind ja wie wir! Das war zunächst, jenseits jeglicher politischer Überlegung und Erwägung, die unmittelbare Sympathie, welche die aus Berlin stammenden Bilder landesweit auslösten. Also: Fernsehen als der wirksamste Werbungsfaktor für Deutschland, möchte man sagen.

»Come noi« – wie wir – wurde übrigens einige Tage danach wiederum vernehmbar, allerdings in einem ganz anderen, für Italien nicht rühmlichen Zusammenhang. Als nämlich die Korruption, die Skandale, die dunklen Machenschaften und die schändlichen Privilegien der DDR-Nomenklatura aufgedeckt wurden. Kaum jemand aus dem »popolino romano« hätte, den Klischeevorstellungen gemäß, dies für möglich gehalten. Überspitzt ausgedrückt: daß Deutsche aus Kadavergehorsam manches verbrochen haben in ihrer jüngsten Geschichte, das war bekannt, aber »korrupte, unkorrekte, Allgemeingut unterschlagende Deutsche, Preußen gar«, hörte man vielerorts sagen – wer hätte das vermutet! Und da fiel wieder der mit einem Seufzer verbundene Ausspruch »come da noi«, wie bei uns.

Den Wunsch der Deutschen nach Wiedervereinigung hat die überwiegende Mehrheit der Italiener stets als legitim und natürlich empfunden. Den Verlust der nationalen Identität seitens vieler deutscher Bürger – durch Generationen hindurch – haben viele sich für Deutschland interessierende Italiener als einen eher beunruhigenden Aspekt empfunden. Man sah hier vielfach in dieser oft künstlich erscheinenden und so radikal ausgesprochenen Distanz zum eigenen Land eine Verdrängung der Vergangenheit, die aber einmal – wie alle Verdrängungen – ins Gegenteil umschlagen könnte.

Das Ergebnis der Umfrage eines dem »European Omnibus Survey« angegliederten Meinungsforschungsinstituts über den »Nationalstolz« in der Bevölkerung der EG-Länder stimmte viele Italiener nachdenklich. Noch im Herbst 1985 stand Deutschland an letzter Stelle, was den Nationalstolz seiner Bürger angeht. Die Gründe dafür sind in der jüngsten Geschichte des Landes zu suchen; was jedoch überraschte, war, daß dieses ungewöhnlich verbreitete Fehlen eines Nationalstolzes trotz der Ablösung der Kriegs- und Nachkriegsgenerationen, trotz der kulturellen und ökonomischen Entwicklung und der in Europa und in der ganzen Welt erfolgten Veränderungen weiterhin anhielt. Gewiß, Italiener tun sich da mit ihrem Patriotismus leichter. Die jüngste Vergangenheit belastet sie weniger, weil der Faschismus nicht das war, was der Nationalsozialismus gewesen ist; eine landesweite Schuldfrage hat die Italiener nie beschäftigt. Und auch weil die »Resistenza«, der Widerstandskampf, den Italienern vielfach – und oft in übertriebenem Maße – eine Erlösung von den faschistischen Sünden bietet.

Das sind heute die Argumente, die manche Italiener beschäftigen, wenn sie ungezwungen untereinander über die »riunificazione«, die Wiedervereinigung, sprechen. Von »Angst« vor einem möglichen Neuerwachen des »deutschen Revanchismus« ist kaum die Rede.

In politischen Kreisen jedoch wird die Wiedervereinigung, mit deren baldiger Verwirklichung inzwischen alle rechnen, nicht so unproblematisch gesehen. Da ist auch nicht Angst, aber doch ein gewisses Unbehagen zu spüren, was aber wiederum nichts mit dem Adjektiv »deutsch« zu tun hat. Vielmehr ist es ein Unbehagen im Zusammenhang mit der Rolle, die einem wiedervereinigten Deutschland im zukünftigen »gemeinsamen europäischen Haus« zufallen könnte oder würde. Das gesamte Gleichgewicht des vereinten Europas könnte angesichts der überwältigenden deutschen Wirtschaftsmacht einer harten Bewährungsprobe ausgesetzt sein. Damit wird nicht nur an die westeuropäische Wirtschaftsgemeinschaft gedacht; es wird auch auf ein wiedervereintes Deutschland im Zusammenhang mit einer wirtschaftlichen Expansionspolitik in Mitteleuropa – Polen, Tschechoslowakei, Österreich, Ungarn – hingewiesen.

Bei den italienischen Koalitionsparteien gibt es verschiedene Schattierungen dieses Unbehagens vor einer politisch-wirtschaftlichen Wiedervereinigung. Allen gemeinsam scheint die Überzeugung zu sein, daß die deutsche Frage die wichtig-

ste Frage ist, die im Prozeß des europäischen Zusammen-
wachsens zu besprechen und zu lösen ist. Es geht um die
Rolle, die dem neuen deutschen Einheitsstaat als riesigem
ökonomischen Machtkoloß in Europa zufallen würde.
Zu Modrows Vorschlag eines neutralen vereinten Deutschlands liegen noch keine offiziellen Stellungnahmen vor; aber
viele Fragen werden aufgeworfen, auch im Zusammenhang
mit den Risiken, die daraus erwachsen könnten. Die Meinung ist weitverbreitet, daß die Europäische Gemeinschaft
nach wie vor der Rahmen ist, innerhalb dessen man die deutsche Frage einbetten sollte. Dies scheint der einzige Ausweg
zu sein, wie die linksliberale römische »Repubblica« schreibt,
wenn man nicht plötzlich mit einem deutschen Elefanten in
einem Boot sitzen will, der fähig ist, dieses Boot allein auf
Grund des eigenen Gewichts umzukippen.

7. 2. 1990

# WM-Halbfinale 1990: Italien – Argentinien

NACH DEM LETZTEN ELFMETER der Argentinier wurde es mit
einem Mal still in Rom, plötzlich und unheimlich still. Es war
nicht die Stille, die auch während des Fußballspiels eintreten
kann. Das ist dann die spannungsgeladene, die erwartungs-
volle Stille. Nein, gestern abend war es nur still, hoffnungslos
still. Die Fernsehgeräte, die in der warmen Sommernacht auf
den Piazzen im historischen Zentrum aufgestellt worden
waren, liefen noch, als die Römer sich schweigend von ihren
Stühlen erhoben, mit gesenkten Köpfen – gedemütigt. Vergeblich versuchte man mit ihnen zu reden. Sie brachten kein
Wort heraus. Die Bürger machten einen solch desolaten Eindruck, daß man sie lieber verzweifelt gesehen hätte – da wäre
wenigstens Leben gewesen. Die mitgenommenen Fahnen
wurden langsam und ordentlich wieder eingerollt, stumm
und teilnahmslos. Auch wer das innere Feuer eines »tifoso«
nicht kennt, hatte Mitleid mit den stumm gewordenen
Besiegten. Ihr Schweigen war das Schweigen der Enttäuschung.

Erst heute morgen hatten sich ihre Zungen wieder gelöst,
und zwar an der Bar, beim ersten Cappuccino. Da war das am
häufigsten gebrauchte Wort »beffa« – Hohn. Es sei ein Hohn,
wenn auf diese Weise der Traum einer Nation zerschellt, nämlich durch einen Elfmeter. Auch wurde lebhaft über das Regle-
ment der Weltmeisterschaften diskutiert: eine Mannschaft,
die fünf Spiele gewonnen habe und nur ein Tor in sechs Spielen habe einstecken müssen, sei nun gezwungen, um den dritten Platz zu ringen. Die meisten Anwesenden stimmten darin
überein, daß es sich nur um Pech gehandelt habe bei der ge-
strigen Niederlage. Elfmeterschießen sei eben ein Lotterie-

spiel, wie die Ehe, schaltete sich der »barista« in das Gespräch ein. Mit der Kritik an Nationaltrainer Azeglio Vincini wurde nicht gespart. Alle hatten mehrere Zeitungen unter dem Arm; sie wurden ausgetauscht und die Titel miteinander verglichen. Im Mittelpunkt der Berichte natürlich »Totò Nazionale«, Salvatore Schillaci. Er konnte beim Elfmeterschießen nicht mitwirken, weil er eine Verletzung in der Leistengegend hatte, erklärte Vicini.

Einig sind sich alle darin, daß Argentinien gut gespielt habe, besonders Diego Maradona. Der wahre Gewinner aber sei, abgesehen von der argentinischen Mannschaft, die Stadt Neapel. »Piange l'Italia – solo Napoli ha vinto« – Italien weint, nur Neapel hat gewonnen, so der Titel der neapolitanischen Tageszeitung »I mattino«. Kein einziger Zwischenfall nämlich ist aus der sozial so schwergeprüften süditalienischen Stadt gemeldet worden. Die Napoletani haben selbst in der Niederlage Maß gezeigt, mußten auch die Mailänder zugeben.

Nach dem Cappuccino in der Bar schienen die Römer sich wieder gefangen zu haben. Sie trösten sich: mit Spott. »Besser wir haben gegen die Argentinier verloren als gegen die Deutschen. Die haben ja ohnehin schon die Wiedervereinigung ...«, kommentiert einer beim Verlassen der Bar ...

4. 7. 1990

# Moravias Tod

DIE NACHRICHT VOM TOD ALBERTO MORAVIAS hat bei manchen Italienern den Eindruck erweckt, als habe sich der Schriftsteller seinen Nekrolog selber geschrieben: in Form einer 400seitigen Biographie nämlich, die der Verlag Bompiani in zwei Wochen auf der Frankfurter Buchmesse präsentieren wird. Der Titel: »Io, secondo me« – »Ich, laut mir«. »Mein Leben ist, glaube ich, wie das Leben aller, ein Chaos, und die einzige kontinuierliche Linie besteht aus meinem literarischen Werk«, sagt Moravia dazu.

Diese »literarische Linie« begann, als der 1907 in Rom geborene Moravia vier Jahre krank im Bett lag. In dieser Zeit schrieb er das Buch, das ihn als Schriftsteller bekannt machte, »Gli indifferenti« – »Die Gleichgültigen« (1929). Die Krankheit hat sein Wesen bestimmt; er selbst schrieb kürzlich: »Um meinen Charakter zu verstehen, muß man bedenken, daß ich in meiner Kindheit erkrankt bin, so daß ich bis zu meinem 18. Lebensjahr alleine, völlig alleine war. Ich ging nie zur Schule, ich habe nie Spielgefährten gehabt. Die Einsamkeit ist tief in meine Seele gedrungen, und heute noch spüre ich eine große Distanz zu den anderen.«

Das letzte Mal begegneten wir Alberto Moravia vor vier Jahren in seiner römischen Wohnung im obersten Stockwerk eines am rechten Tiberufer gelegenen Hauses. Da arbeitete er jeden Vormittag drei Stunden, von 7 bis 10 Uhr. Nachmittags schrieb er keine Zeile mehr: er ging ins Kino, traf sich mit Freunden, las und hörte Musik. Über 50 Bücher hat Moravia veröffentlicht, und auch als Journalist schrieb er regelmäßig, vorwiegend im Mailänder »Corriere della Sera« und in der Wochenzeitschrift »L'Espresso«. In den letzten

Jahren reiste Moravia unentwegt. Zuletzt nach Asien und Afrika.

Auf den ersten Blick war Moravia nicht sympathisch, auch nicht auf den zweiten. Sein Auftreten wirkte stets abweisend, er wollte sofort zur Sache kommen, ertrug keine Frage, die er für überflüssig hielt. Seine Stimme war nicht melodisch, die Bewegungen eher schroff und ablehnend. Man erinnerte sich plötzlich an die Beschreibung, die der Schriftsteller damals von seinem Vater gegeben hatte, Carlo Pincherle: »Er war einsam, schroff, cholerisch und von einer unvorstellbaren Schüchternheit.« Moravia hatte unruhige blaue Augen, sie blieben nur kurz an einem Objekt oder einer Person haften. Dieser prüfende und ungeduldige Blick war das Auffälligste in dem gut gealterten, beweglichen Gesicht des Mitteleuropäers. Dann plötzlich, nach langer Zeit, entstand der Kontakt zum Menschen Moravia, und man begriff die Frauen, die ihn lange und innig geliebt hatten.

Sein Leben und seine Literatur sind davon gezeichnet: von Elsa Morante und Dacia Maraini, beides Schriftstellerinnen. Über seine gegenwärtige, 50 Jahre jüngere Frau Carmen Clara sprach er wenig.

In seiner Biographie sagt Moravia etwas über die Liebe, das manchen erstaunen wird: »Die Liebe scheint mir das einzige, was man suchen muß ... Nein, man muß es nicht suchen ... die Liebe ist das einzige, das geschehen kann ...«

Zum Tod äußert er sich folgendermaßen: »Ich glaube, daß der Tod ein Irrtum ist, oder ein Unfall, sehr wahrscheinlich ein unvermeidlicher Unfall.«

*26. 9. 1990*

## Die deutsche Frau

VOR 50 JAHREN WAR ES »la Fräulein«, das weitgehend das deutsche Frauenbild in Italien prägte. Großbürgerliche italienische Familien vertrauten jungen deutschen Frauen mit Vorliebe ihre Sprößlinge an. Die »Fräuleins« galten allgemein als fleißig, gründlich und zuverlässig. Ihre Rolle lag zwischen derjenigen einer Erzieherin und einer Hauslehrerin. Begegne ich heute einer älteren Damen oder einem Herrn gesetzten Alters, der eine auffallend gute deutsche Aussprache hat, erfahre ich, daß »la Fräulein« ihre Kindheit belebt hat. Manches deutsche Mädchen ist auf diese Weise in die Geschichte großbürgerlicher italienischer Familien eingegangen. Die »Fräuleins« waren ihrer Tugenden wegen geschätzt und geliebt. Ihre äußere Erscheinung löste geringere Begeisterung aus. Die Sprößlinge von einst beschreiben sie, taktvoll, als »robusta«, sportlich und einfach.

Heute hat sich das Urteil über teutonische Schönheiten weitgehend geändert. Die deutschen Studentinnen in Perugia oder Bologna oder die Aupair-Mädchen in Rom und Florenz widersprechen der Vorstellung von damals. Und auch das deutsche Straßenbild spiegelt vielfach eine Menge von gutaussehenden, schlanken und schöngewachsenen Frauen wider. Ästhetisch haben die deutschen Frauen aufgeholt, und gleichzeitig sind sie ihrem Ruf der Effizienz, ich würde sagen einer »modernen Effizienz«, treu geblieben. Meine Eindrücke beruhen einerseits auf einer langjährigen beruflichen Erfahrung mit deutschen Kolleginnen, andererseits auf dem Umstand, daß ich dank meiner Tochter Sabina einen besonderen »Aussichtspunkt« besitze. Sabina ist 35 Jahre alt, lebt in Berlin und ist dort seit 9 Jahren mit einem Deutschen verheiratet – »un prussiano«, mit einem Preußen, wie die Italiener lächelnd unterstreichen, und damit die Quintessenz eines Deutschen meinen. So bin ich zu zwei »halb römischen und halb preußischen« Enkeln gekommen – Adriano und Lorenzo. – Und zu der Gelegenheit, deutsche Frauen näher kennenzulernen.

Es gibt übrigens drei deutsche Frauen, die in der italienischen Kulturwelt leben, mit weltberühmten Italienern verheiratet sind oder waren, und die gerne als Prototyp der tüchtigen, intelligenten und attraktiven deutschen Frau erwähnt werden: Inge Feltrinelli in Mailand – sie hat vor kurzem für ihre kulturelle Tätigkeit die Ehrendoktorwürde von der Universität Ferrara verliehen bekommen –, ferner Inge Schnabel in Rom, die Witwe des Bildhauers Giacomo Manzu, und Renate Ramge, die Frau von Umberto Eco in Bologna.

Durch das Verhalten der deutschen Frauen und in Gesprächen mit ihnen erfaßt man schnell, daß sie in ihrer Gesellschaft eine bedeutendere Rolle spielen als die überwiegende Mehrheit der Italienerinnen in der italienischen – von Intellektuellen und Politikerinnen natürlich abgesehen. Die Industrialisierung in Deutschland hat die Rollen von Frau und Mann zu einem früheren Zeitpunkt verändert als in Italien, wo der Übergang vom Agrar- zum Industrieland fast ein Jahrhundert später erfolgt ist und die Gesellschaft ökonomisch und sozial in seinen Grundfesten erschüttert hat. Aber trotz des ökonomisch-sozialen Wandels, der in Italien in den letzten 30 Jahren erfolgt ist, und trotz der Frauenbewegung – sie war eine der heftigsten in Europa und hat die Sitten weitgehend verändert – liegt der Schwerpunkt der Italienerin unverändert in der Familie. Eine hohe Zahl von deutschen Frauen ist erwerbstätig: fast die Hälfte aller verheirateten Frauen, von den geschiedenen Frauen gut drei Viertel. Frauen mit

Kindern stehen überproportional im Erwerbsleben. Durch ihre Erwerbstätigkeit (von 1971–1985 stieg die Zahl der erwerbstätigen Frauen um eine Million auf 10 Millionen) hat sich die deutsche Frau auch weit früher »emanzipiert«, als es die Italienerin tun konnte: das bedeutet, daß sie nicht nur von den Eltern, sondern auch gegenüber dem Ehemann gesellschaftlich und wirtschaftlich unabhängig wurde. Deutsche Frauen haben heute allgemein einen eigenen gesellschaftlichen Status, sie sind Teil der Gesellschaft, in der sie leben. Sie sind sich dessen bewußt, und die meisten, besonders die jüngeren, halten es für eine Selbstverständlichkeit. Trotz der doppelten Belastung, der beruflichen und der familiären, möchten wenige deutsche Frauen zurück. Sie wirken frei, zufrieden, jung – wenn auch gehetzt. Kaum ein Wort ist soweit verbreitet in Deutschland wie »Streß«. Die angestrebte Chancengleichheit im Arbeitsleben setzt die Beteiligung der Männer an den Frauenpflichten voraus. Männer, auch Söhne – im Gegensatz zu den meisten italienischen Söhnen –, werden tatsächlich eingespannt. Sie helfen vielfach im Haushalt mit und kümmern sich um die Kindererziehung. Dennoch bleibt für die deutsche Frau, wie für alle Frauen, die doppelte Bürde. Das wissen übrigens auch die Italienerinnen; dennoch steigt ständig die Zahl derjenigen, die erwerbstätig sein möchten. Der Wunsch scheitert aber in Italien allzuoft an der hohen Arbeitslosigkeit und an den völlig unzulänglichen Sozialdiensten. Die deutschen Frauen erwecken den Eindruck, ich entnehme es auch zahlreichen Gesprächen, daß die aushäusige Beschäftigung von ihrer »Glückvorstellung« nicht mehr wegzudenken ist. Gemäß der amerikanischen Überzeugung »You are what you do« ist die deutsche Frau immer weniger bereit, eigene Bedürfnisse zurückzustellen und auf einen eigenen gesellschaftlichen Status zu verzichten. Dies beeinflußt natürlich auch ihr Auftreten und ihre Erscheinung ganz wesentlich. Deutsche Frauen wirken in der Gesellschaft sicherer, selbstbewußter, als es ihre Mütter und Großmütter je waren, die in Haus- und Kinderbetreuung buchstäblich auf- und auseinandergingen, so den Ruf der »deutschen Hausfrau« in der Welt verbreiteten, und die sich, nicht nur was Mode-kleidung angeht, eher als Ornament des Mannes verstanden, der sich in der Gesellschaft mit ihrem Aussehen brüstete.

Erhöhte Sicherheit, verstärkte Unabhängigkeit, selbstbewuß-teres Auftreten vor ihrem Partner – das alles spiegelt sich auch im Verhältnis der deutschen Frau zur Mode wider. Die deut-sche Frau ist in der Wahl ihrer Kleidung »unabhängiger«, freier, mutiger, weniger konventionell – verglichen mit der überwiegenden Mehrheit der Italienerinnen. Aus einer ent-sprechenden, 1988 herausgegebenen Studie von Ulrike Pro-kop geht hervor, daß 30 Prozent aller Frauen zwischen 14 und 64 Jahren in der alten Bundesrepublik an Modekonsum unin-teressiert sind. Annäherend so viele kaufen vor allem Billiges ein; es fällt auf, daß sie es stolz verkünden. Beide Gruppen ori-entieren sich vor allem am Nützlichen und am Preis. Die Gruppe, die den Kauftrend bestimmt, so die sachkundige Quelle, macht etwa 10 Prozent aus; sie sind meist jünger als 35 Jahre, berufstätig und häufig im Angestelltenberuf. Besser handhabbar seien für die Marktstrategen – so Ulrike Prokop – die modisch konservativen Qualitätsorientierten (19 Pro-zent), und am liebsten haben sie die »Markenorientierten«, die zu einer gewissen, treuen Anhänglichkeit gefunden ha-ben – 7 Prozent.

Diese Angaben widersprechen nicht meinem Eindruck, daß die deutschen Frauen allgemein an Mode interessiert sind, aber diese eher als »richtungsgebend« ansehen und nicht als ein »Muß«, dem sie sich zu unterwerfen haben, um ihren Status hervorzuheben. Der »letzte Schrei« ist für die deutsche Frau weit weniger ein »Statussymbol«, als er es für die Italienerinnen von vergleichbarem Stand ist. Immer wieder fällt mir auf, daß die deutschen Frauen kühl überprüfen, »ob es sich lohnt«, und offen Preis mit Qualität vergleichen. »Sein« und »Schein« klaffen in der deutschen Welt weniger auseinander als in der italienischen, in der, einer »bella figura« wegen, Geld und Zweckmäßigkeit gerne geopfert werden, weil nicht nur die »figura«, sondern auch die »bellezza« im Vordergrund steht.

Man sieht einer deutschen Frau die Zugehörigkeit zu einer sozialen Gruppe kaum an; die Kleidung ihrer Kinder verrät den Stand der Familie noch weniger. Im Zusammenhang mit Kindern ist es auffallend, wie konsequent deutsche Mütter ihre Kinder auf die ökologischen Probleme unserer Zeit aufmerksam machen.

In allen Ländern gibt es – was die Kleidermode angeht – immer weniger »typische« Straßenbilder. In ganz Europa sehen sich – die Jeans waren bahnbrechend dafür – die »Leute auf der Straße« ähnlicher. Dennoch bemerkt ein aufmerksames Auge Unterschiede, die vorwiegend vom Klima des Landes, von den Sitten und Gewohnheiten der jeweiligen Bevölkerung herrühren. So verrät das deutsche Straßenbild, daß die deutsche Frau, in Sachen Kleidermode, den Akzent auf das »Praktische« und »Zweckmäßige« setzt, die Italienerin dagegen mehr auf »bellezza«, Schönheit. Die Frauen beider Nationen übersehen oft, daß die heutige Mode die zwei Anliegen – Schönheit und Zweckmäßigkeit – bestens zu verschmelzen weiß. Die Italiener haben im allgemeinen ein besonderes Verhältnis zur Schönheit. In Rom heißt es, daß »Sich-schlecht-Anziehen« der größte Luxus sei, den sich ein Mensch leisten könne. Gemeint ist damit, daß seine Erfolgschancen dadurch auf jedem Gebiet stark sinken. Ferner weist man schon ein Kind darauf hin, daß »tutti i Santi sono belli«, daß alle Heiligen schön sind, indirekt also, daß das Gute – sozusagen als Belohnung – schön macht. In Deutschland aber stieß ich auf den Volksspruch: »Schönheit und Verstand sind selten verwandt.«

Im Zusammenhang mit Schönheit stimmten mich viele deutsche Frauendemonstrationen der siebziger Jahre melancholisch. Die Beteiligten erweckten nicht den Eindruck, als würden sie einen Siegesmarsch in Richtung »Befreiung« anführen, sondern erinnerten vielmehr an den »Rückzug von der Beresina«, so »zufällig« waren sie oft gekleidet. Und nicht immer steckte eine »Ideologie« dahinter. »Pflegeleicht« – ein Begriff, der in Deutschland vielfach mit Begeisterung ausgesprochen wird. Entstehen konnte er ohnehin nur in diesem Lande, weil »nur die deutsche Sprache es vermag, so viel in so wenigen Worten auszudrücken«, wie die Franzosen sagen. Begriffe wie »zweckmäßig« und »praktisch« haben für deutsche Frauen einen weit verführerischeren Klang als für die meisten Italienerinnen. Das liegt daran, daß deutsche Frauen allgemein über weniger Hilfe im Haus verfügen – trotz der größeren Bereitschaft der deutschen Männer, mitzuhelfen. Die überwiegende Mehrheit der erwerbstätigen Frauen in Italien – Angestellte und Intellektuelle, auch jüngere – beschäftigen stundenweise mehrmals wöchentlich, wenn nicht täglich, eine Haushaltshilfe. Den berufstätigen Müttern kommt noch die »nonna« zu Hilfe, eine wahre Institution, vielleicht die einzige, die in Italien zuverlässig funktioniert, bemerken spöttisch die Italiener. Der Solidarität von Mutter und Tochter in Italien entspricht in Deutschland die Solidarität der Mütter unter sich. Die Organisation des Alltags entsteht spontan. Abwechselnd begleitet die eine die Kinder der anderen zur Schule, holt sie wieder ab, führt sie zum Spielplatz, hütet sie, kocht – was in dem Umfang in Italien undenkbar wäre, weil die Verwandtschaft das Netz ist, das alle Probleme auffängt. Trotz Berufstätigkeit und Familie verzichten deutsche Mütter auch nicht auf geselliges Beisammensein: Sie sprechen miteinander ab, wer welches Gericht zum gemeinsamen Abendessen mitbringt. Die Italiener staunen, denn es klappt. Der Versuch, bei mir Ähnliches einzuführen, scheiterte daran, daß sich keine meiner Freundinnen an das Vereinbarte hielt. Es war gut gemeint, aber das Ergebnis war: vier erste Gänge und sechs Nachspeisen.

Und die Perfektion der »deutschen Hausfrau«, von der in Europa so lange die Rede war? Die ist zum Mythos geworden, man sucht sie vergeblich. Die Böden deutscher Stuben kann man nicht mehr als Spiegel benutzen, die Betten sind vielfach mit ungebügelten Laken überzogen, auf den Möbeln kann auch einmal Staub liegen, Kinder dürfen sich beklekkern ...

Wie also ist »die deutsche Frau« heute? »Una donna in gamba, simpatica, e spesso anche una bella donna«, antworteten die meisten Italiener spontan auf meine Frage; das bedeutet: eine patente, sympathische Frau, oft auch eine »bella donna«. Und dann erst fiel mir auf, daß, wenn Italiener (damit meine ich Frauen und Männer) unter sich über Deutsche reden, sie die Deutschen ihrer »klassischen« Eigenschaften wegen – Gründlichkeit, Zuverlässigkeit, Organisationstalent usw. – schätzen, bewundern und achten. Doch gerade das Wort »Sympathie« – also gefühlsmäßige Übereinstimmung und Zuneigung – fällt dabei fast nie. Dieser Begriff bleibt den deutschen Frauen vorbehalten.

*September 1991*

# Ermittlungen gegen Andreotti

WIE EINE VERLASSENE KULISSE oder ein stilles Museum wirkt heute der Rokoko-Palazzo in Rom, Sitz der Democrazia Cristiana, in dem fast ein halbes Jahrhundert lang das politische Herz des Landes kräftig geschlagen hat. Heute steht die DC unter Schock. Die Turiner »La Stampa« schreibt: »Die Partei des Systems ist kaputtgegangen.«

Seit Giulio Andreotti mitgeteilt wurde, daß die Staatsanwaltschaft Palermo gegen ihn ein Ermittlungsverfahren wegen des Verdachts der Beihilfe zu Mafia-Aktivitäten eingeleitet habe, hat sich in Italien etwas Grundlegendes verändert. Die meisten Bürger erfassen erst jetzt das wahre Ausmaß und die politische Tragweite der Aktion »mani pulite«, saubere Hände, mit der die Mailänder Richterschaft den italienischen Bestechungssumpf aufgewühlt hat: selbst Giulio Andreotti, der Politiker, der das System schlechthin verkörpert, ist nicht mehr unantastbar. Damit beginnt ein neuer Abschnitt der italienischen Geschichte.

Giulio Andreotti – 74 Jahre alt, gebürtiger Römer, Jurist, Schriftsteller, Journalist und konservativer Katholik – ist der bekannteste italienische Politiker im In- und Ausland. In die Politik eingeführt hat ihn Alcide De Gasperi noch vor Kriegsende, als letzterer im Vatikan Zuflucht gefunden hatte. Seither hat Andreotti die Politik – und sie ihn – nie mehr verlassen. Siebenmal war Andreotti Premierminister, fast an allen Nachkriegsregierungen war er als Minister verschiedener Ressorts beteiligt, vor einem Jahr ernannte der damalige Staatspräsident Cossiga ihn zum Senator auf Lebenszeit.

Andreotti wehrt sich gegen den Verdacht der Begünstigung mafioser Aktivitäten unter Hinweis auf die Tatsache, daß während seiner letzten Amtszeit als Ministerpräsident in gesetzgeberischer Hinsicht das meiste zur Bekämpfung der Mafia unternommen worden sei. Für ihn, Andreotti, sind die Aussagen der »pentiti«, der reumütigen Mafiosi, gegen ihn, auf die sich die Ermittlungen stützen, also lediglich eine »vendetta« der Cosa Nostra.

Andreotti und die Mafia: Die Gerüchte über diese Verbindung sind keineswegs neu, verdichteten sich aber, als vor einem Jahr Salvo Lima, ein sizilianischer Europaabgeordneter, in Palermo ermordet wurde. Lima war ein langjähriger und geschätzter Freund von Andreotti und dessen politischer Statthalter in Sizilien, also der Vertreter der Andreotti-Strömung innerhalb der Democrazia Cristiana. Lima, der – wie es heißt – die Mafia benutzte, um seine politische Macht zu konsolidieren, soll später von der Mafia umgebracht worden sein, weil er angeblich nicht mehr imstande gewesen war, die unerläßliche politische Protektion in Rom zu garantieren. Für Mafia-Experten enthielt dieser Mord aber auch eine deutliche Botschaft an Andreotti. Um so neugieriger und beunruhigter sind die politische Welt und die breite Öffentlichkeit über die 250 Seiten, aus denen sich das Untersuchungsbegehren der Richter gegen Andreotti zusammensetzt.

Paradoxerweise stehen die Bürger unter einem Schock, obschon wer hier lebt, weiß, daß Gerüchte über Andreotti und die Mafia bei weitem nicht nur in politischen Kreisen zirkulierten. Die Öffentlichkeit scheint vielmehr verblüfft darüber, daß der Unantastbare »per antonomasia« plötzlich antastbar wurde.

Kann das Regime dieses Trauma überhaupt überleben? – das ist die Frage, die in politischen Kreisen gestellt wird. Die Antwort darauf erhofft man sich von Staatspräsident Scalfaro.

*30. 3. 1993*

## Zum Tod Fellinis

»ICH BIN UNFÄHIG, EREIGNISSE zu erzählen, die ich nicht persönlich erlebt habe«, sagte Federico Fellini zu mir. Es war in den frühen sechziger Jahren, in seinem Büro, damals in der Via della Croce, im historischen Kern Roms. Ich hatte dem Regisseur einen Filmvorschlag zugeschickt, und er hatte mich gebeten zu kommen. Mein Projekt handelte von der menschlichen Tragödie eines Italieners in der politischen Emigration während der dreißiger Jahre. Nein, wiederholte Fellini, er könne nur das Selbsterlebte und das Selbsterfahrene filmisch wiedergeben. Doch er habe die Geschichte gelesen und glaube, daß Roberto Rossellini – bei dem er einen Teil seiner Lehrjahre verbracht hatte – sich für dieses Filmprojekt interessieren würde. Unverzüglich setzte sich Fellini an den Tisch und schrieb mit einer rundlichen, kleinen, sympathisch wirkenden Handschrift dem Meister des »neorealismo« in diesem Sinn einen kurzen Brief, den er mir als Empfehlung bei Rossellini übergab.

Diese erste, kurze Begegnung mit Fellini hinterließ in mir einen überraschenden Eindruck: ein in seiner Höflichkeit schüchtern wirkender Mann mit einem direkt in die Augen seines Gesprächspartners schauenden Blick, der tiefe Neugierde verriet. Ferner Fellinis hohe Stimme, die in Widerspruch zu seiner Kraft verströmenden Gestalt zu stehen schien. Der Regisseur war infolge des kurz zuvor angelaufenen Films »La dolce vita« bereits weltberühmt, doch um so mehr beeindruckten mich die Bescheidenheit seines Auftretens und seine Ausstrahlung, die etwas Mildes, fast Zartes enthielt.

Die Neugierde: sicher ein wesentlicher Charakterzug Fellinis. Man brauchte ihn nur zu beobachten, wenn er durch die römischen Straßen – meistens zwischen Piazza del Popolo und Piazza di Spagna – ging. Sein Gehen war eigentlich eher ein Schlendern, ein Flanieren – ein für Italiener sehr typischer »Gang«, der keine Eile kennt. Plötzlich sah man Fellini stillstehen, sich langsam umdrehen und einer an ihm vorbeigegangenen Gestalt lange nachschauen. Dies geschah in einer solch natürlichen und hemmungslosen Art, wie man dies nur im Süden sehen kann, obschon auch hier die Kinder gelehrt werden, daß »non ci si volta mai«, man sich nie umdrehen darf, um jemandem nachzuschauen. Es gehörte jedoch zur Eigenart Fellinis, dieses erzieherische Gesetz zu brechen: wegen einer unüberwindlichen Neugierde auf Menschen, deren poetische Gestaltung wir in Fellinis Filmen wiederfinden.

Fellinis Staatsbegräbnis in Rom war ein großes Ereignis; was sich da vor der von Michelangelo entworfenen Kirche Santa Maria degli Angeli e Martiri abspielte, war ein grandioses Gemeinschaftserlebnis. Die zu Tausenden Herbeigeströmten verbreiteten das Gefühl einer Gemeinsamkeit – bestehend aus gemeinsamen Wurzeln und gleichen Gefühlen –, das viele in Italien für endgültig verloren hielten. Beim Begräbnis in Fellinis Heimatstadt Rimini wurde auch eine schmerzliche Anklage laut. Vor fast 40.000 Anwesenden stellte Fellinis Schulfreund und Landsmann Sergio Zavoli fest, was eine große Zahl von Italienern beschäftigte: einer der größten Regisseure der Welt wurde jahrelang zum filmischen Schweigen gezwungen; es fand sich keine Finanzierung für seine Werke, und das in einem Land, in dem gleichzeitig das der Allgemeinheit gehörende Geld durch Bestechung und Veruntreuung verschleudert wurde. Niemand war bereit, Fellini die finanziellen Mittel zur Verfügung zu stellen, um einen neuen Film zu drehen. Und doch wußte jedermann, daß Federico Fellini sich nur dann wohl in seiner Haut fühlte und nur dann glücklich und gesund war, wenn er filmen konnte. »Wenn ich arbeite, brauche ich nichts mehr, außer Sex«, sagte er, »ich existiere, ich lebe meinen Traum, der die Realität des Filmes selber ist. Die Krise, die Angst – sie beginnen, sobald der Film beendet ist. Da stehe ich wieder vor meinen wahren Problemen: der Reihe nach sind das: Gott, meine Frau, die Frauen, die Steuern.«

Fellini und die Frauen: Darüber ist viel gesprochen, geschrieben, gedeutet und analysiert worden. Um des Künstlers Beziehung zur Frau zu enträtseln, hat man – wie bei jedem Italiener – die Mutter, die Madonna, die Huren bemüht. Man sagt, Fellini selber habe einmal gestanden, jede Frau geliebt zu haben, mit der er Filme gedreht hat. Doch er beschrieb seine 50 Jahre dauernde Ehe mit Giulietta Masina als »eine sehr intime, zutiefst geistige und sehr geheime Gemeinsamkeit«. Kurz nachdem Fellini der Ehren-Oscar für sein Lebenswerk verliehen wurde, gestand er, wovon er in seiner Jugend immer geträumt habe: nämlich zu einem »Adjektiv« zu werden, womit er meinte, sein Name solle in der italienischen Sprache zu einem Eigenschaftswort werden. Der Wunsch ist in Erfüllung gegangen: »felliniano« ist zum Begriff geworden. Darüber hinaus sind im »Zingarelli«, dem berühmten Wörterbuch der italienischen Sprache, einige von Fellini erstmals eingeführte Begriffe aufgenommen worden, z. B. »vitellone« (provinzieller Gagá), »paparazzo« (Fotoreporter), »bidone« (Betrug, Gaunerei). Den Filmtitel »Amarcord« hat Fellini aus »me a m'arcord«, »ich erinnere mich«, zusammengesetzt, und er bedeutet soviel wie »mit Ironie und Zärtlichkeit an das Vergangene denken«. Somit ist Federico Fellini nicht nur mit seinem Filmschaffen in die Geschichte unserer Zeit eingegangen, sondern auch mit seiner sprachlichen Schöpferkraft.

*11. 11. 1993*

# Korruption als politisches System

»Auch Italien erlebt seinen 14. Juli«, so Umberto Eco über die landesweite Aktion, die Mailänder Untersuchungsrichter vor zwei Jahren gestartet haben und die als »mani pulite« in die Justizgeschichte der italienischen Republik eingehen wird. Zum Glück ist bisher die Ausschaltung skandalbelasteter Politiker, Unternehmer, Ärzte, Professoren, Richter usw. ohne Köpferollen erfolgt. In diesem Sinn ist die Bezeichnung dessen, was sich in Italien seit dem Frühjahr 1992 ereignet, nämlich eine »sanfte Revolution«, durchaus berechtigt. Treffender noch wäre vielleicht: »legale Revolution«.

Das politisch-institutionelle System, das Italien seit Kriegsende beherrscht hat, ist zusammengebrochen, begraben unter der Last von Korruption, Schmutz, dunklen Machenschaften, welche im Schatten der jahrzehntealten Parteienwirtschaft Fuß fassen konnte.

Die Italiener sind im allgemeinen mißtrauischer gegenüber jeder staatlichen Autorität. Diese weitverbreitete Grundhaltung ist auf die historische Erfahrung zurückzuführen, welche die Italiener 1.400 Jahre lang, vom Untergang der römischen Weltmacht (476) bis weit ins letzte Jahrhundert hinein, mit Fremdherrschaften gemacht haben. Auch die spät erfolgte Einigung Italiens, am Ende des 19. Jahrhunderts, die unzulänglichen Regierungen, die darauf folgten, und die zwei Jahrzehnte Faschismus haben die Skepsis der italienischen Bürger gegenüber allem, was herrschende Macht verkörpert, vertieft. So daß jetzt noch, trotz des auch in Italien erfolgten Wandels der Familienstruktur, die Bürger zu dieser Institution allgemein mehr Vertrauen hegen als zu ihrem Staat. Heute noch ist, besonders in den südlichen und mittelitalienischen Regionen, das gültig, was vor gut zwanzig Jahren der Italienkorrespondent der Londoner »Times«, Peter Nicols, darüber geschrieben hat: »... das berühmteste Werk der italienischen Gesellschaft durch Jahrhunderte hindurch, der Schutzwall, die natürliche Einheit, der Spender, der Verteiler dessen, was der Staat nicht bietet, das Mittel, um der Ungerechtigkeit, der Inkompetenz und der Indifferenz entgegenzutreten oder diese zu kompensieren – ist die Familie.«

Die Kehrseite dieser Einstellung ist, daß die Italiener im allgemeinen schlechte Bürger sind: sie neigen dazu, die Interessen des einzelnen, des Familienclans höher zu stellen als die der Allgemeinheit, des Staates.

Es ist vielleicht kein Zufall, daß kaum ein anderes westeuropäisches Land so viele Synonyme für »Schmiergeld« kennt wie Italien: bustarella, miele, zuccherino, pizzo, mazzetta, tangente. »Bustarella«, wörtlich »kleiner Briefumschlag«, ist das geläufigste. Der Begriff klingt zwar verniedlichend, ist es auch in grammatikalischer Form, bezeichnet aber deutlich ausgedrückt: illegales, unter der Hand gezahltes Entgelt, um Gunsterweisungen zu erlangen, wie rasche Erledigung eines Verwaltungsvorgangs oder ähnliches. »Mazzetta« und »pizzo« sind zwei eindeutig im Bereich der Mafia angesiedelte Begriffe; »tangente« ist gegenwärtig und besonders in Norditalien der am meisten verwendete Begriff. Davon ist »tangentopoli« abgeleitet worden, in Anlehnung an »monopoli«, dem weltweit bekannten Gesellschaftsspiel. »Tangentopoli« ist heute die offizielle Definition für die Aufdeckung des landesweiten und größten Bestechungsskandals.

Die Parteienwirtschaft und der sogenannte »K-Faktor«, die Existenz einer mächtigen Kommunistischen Partei, sind die bezeichnendsten Merkmale der Ersten italienischen Republik, die zur Deformation des politischen Systems in Italien beigetragen haben. Ein zusammenfassender Rückblick drängt sich auf, um den Weg nachvollziehen zu können, der bis zu »tangentopoli« geführt hat.

Die vor dem Faschismus bestehenden Parteien hatten den Faschismus überlebt; sie hatten sogar in der politischen Emigration ihre Tätigkeit – obschon stark begrenzt – weitergeführt. Es gab also ein Italien im Exil. Nach Mussolinis Sturz im Juli 1943 bildeten sie zusammen das Nationale Befreiungskomitee und organisierten gemeinsam den Widerstand. Obschon diese Parteien ein grundlegend verschiedenes Staats- und Gesellschaftsverständnis hatten (Kommunisten, Christdemokraten, Republikaner, Liberale, Aktionspartei), unterzeichneten sie 1946 alle zusammen den »Verfassungspakt« und arbeiteten gemeinsam die neue Verfassung aus. Diese beruht auf einem Kompromiß zwischen Liberalismus und potentieller sozialistischer Entwicklung, welcher durch die Vermittlung sozialer katholischer und marxistischer Strömungen zustande kam. Der kritische Punkt des Verfassungspaktes bestand in der Zugehörigkeit der Kommunisten zum politischen Block, der die republikanische Verfassung ausgearbeitet hat. Ihre Zugehörigkeit war insofern gerechtfertigt, als die kommunistische Partei die treibende Kraft im Widerstand gewesen war.

Die Weichen für die politische Entwicklung des Landes stellte das Wahlergebnis von 1948. Die Partei des politischen Katholizismus, die Democrazia Cristiana, erlangte beinahe die absolute Mehrheit. Sie wurde von der überwiegenden Mehrheit der Bürger als Damm gegen den Kommunismus gewählt, von der Kirche und den USA gestützt. Die Volksfront aus Kommunisten und Sozialisten – erlitt eine niederschmetternde Niederlage. Seither war die PCI (bis in die frühen sechziger Jahre zusammen mit den Sozialisten) in der

Opposition, und die DC lenkte als Mehrheitspartei alleine – oder mit viel schwächeren Verbündeten – die politischen Geschicke des Landes.

Als Staat ist Italien schwach. Die historischen Gründe gehen auf die Bildung des Einheitsstaates 1860 zurück. Angesichts eines schwachen Staates verlagerte sich die Macht nach und nach von den staatlichen Strukturen zu den Parteien. Dies war der Beginn der »partitocrazia«, des Systems der Parteienwirtschaft. Regierungswechsel wurden immer häufiger in den Parteizentralen beschlossen statt im Parlament; letzteres verlor seine ursprüngliche Bedeutung und auch sein Prestige und wurde de facto lediglich zu einem Forum, in dem über die Beschlüsse, die man anderswo gefasst hatte, debattiert wurde.

Der kalte Krieg verlieh der italienischen politischen Szene besondere Züge: zum einen wegen der Rolle, die das Land im militärstrategischen Konzept des Nato-Bündnisses hatte, zum anderen wegen der starken kommunistischen Partei, die in der Gesellschaft des Landes fest verankert war und als Gefahr für den Westen angesehen wurde. Der kalte Krieg wandelte sich in Italien zu einem ideologischen Bürgerkrieg, der das Land in zwei Lager spaltete: in einem Lager die Democrazia Cristiana mit den kleinen laizistischen Zentrumsparteien, im anderen die PCI mit – bis in die frühen sechziger Jahre – den Sozialisten. Das italienische Modell läßt sich mit der Formel des Politologen Giorgio Galli als »unvollkommenes Zweiparteiensystem«, »bipartitismo imperfetto«, definieren. Unvollkommen deshalb, weil die DC ununterbrochen an der Macht blieb und die zweitstärkste Partei, die PCI, als nicht glaubwürdige Alternative im Rahmen des kalten Krieges nicht für die Regierungsbildung in Frage kam. »K-Faktor« nannte man in Italien also den Grund dafür, daß ein Machtwechsel nicht möglich war, was aber das Land zu einer »blockierten Demokratie« werden ließ, in der die DC zum Regieren »verurteilt« war. Dadurch erhielt die Mehrheitspartei sozusagen eine zeitlich unbegrenzte Vollmacht zu regieren.

Im Laufe der Zeit verbreitete diese »de facto – Vollmacht« ein diffuses Gefühl von Straffreiheit. Das wenig entwickelte Staatsgefühl vieler Italiener sowie der Umstand, daß ein Machtwechsel wegen des »K-Faktors« nicht in Frage kam, führten dazu, daß die »classe politica« – bis 1962 vorwiegend die DC und ihre kleinen Koalitionspartner, später auch die Sozialisten Bettino Craxis – die Staatsführung nicht als »Dienen« auffaßte, das auf moralischer Ebene erfüllt werden soll, sondern vielmehr als Ausüben einer Funktion, die mit Partei- und Gruppeninteressen verflochten ist. Aus dieser Einstellung heraus ergab sich z. B. der sogenannte »Stato assistenziale«, nicht etwa ein Sozialstaat, sondern vielmehr eine Art »Almosen- und Unterstützungsstaat«. Ein Musterbeispiel für das auf Vetternwirtschaft beruhende korrupte System bleibt die Invalidenrente. Italien zählt 56 Millionen Einwohner, davon waren 5 Millionen Bürger – vor 10 Jahren – in den entsprechenden Registern als Invaliden eingetragen. Die Sozialversicherung zahlte jährlich dementsprechend Tausende von Milliarden Lire, weil jeder elfter Italiener offiziell Invalide war. So wucherten innerhalb des von der Democrazia Cristiana errichteten Machtsystems Korruption und Vetternwirtschaft, und selbst die Mafia erhielt neuen Auftrieb. Die »politische Regierungsklasse« beherrschte die mit öffentlichen Geldern finanzierten Unternehmen, Werften, Raffinerien, chemischen Industrien, Stahlwerke, Handelsketten, Banken, Versicherungsgesellschaften etc. Der öffentliche Verwaltungsapparat blähte sich im Lauf der letzten Jahrzehnte – besonders im Süden – bis aufs Unvorstellbare auf. Es wurde zur allgemeinen Praxis, bei Neueinstellungen Beziehungen höher zu werten als berufliches Können. Allmählich gewöhnten sich Privatunternehmer daran, »tangenti« an die Parteien oder an die öffentliche Verwaltung zu zahlen, um Aufträge, Konzessionen, Lizenzen und Kredite zu erhalten. Die »classe politica« verwaltete das Land wie ein Eigentum, über das sie nach ihrem Gutdünken verfügen konnte. Die Zuteilung eines Amtes oder eines Postens – einerlei ob Chefarzt, Universitätsprofessor oder Journalist – hing sozusagen von der »politischen Buchhaltung« ab, welche Gunst gegen Loyalität gegenüber einer Partei tauschte und in keinerlei Beziehung zu den Interessen des Staates stand, wie Sergio Romano in »L'Italia sfuggita di mano« schreibt.

Den ersten Versuch, die durch die »Democrazia bloccata« hervorgerufenen Verzerrungen zu korrigieren, unternahm Aldo Moro 1963 mit der Bildung einer Regierung der Linken Mitte mit den Sozialisten. Die »Öffnung nach links« scheiterte, vor allem, weil das Ziel, längst fällige Reformen durchzusetzen und die Kommunisten zu isolieren, nicht erreicht wurde.

Da Regierungsalternativen auf Dauer versperrt waren, schwankten die Parteien an der Macht zwischen verschiedenen Strategien.

Mitte der siebziger Jahre entwickelte sich eine enge parlamentarische Zusammenarbeit der Verfassungsparteien. Unter dem Druck der sich immer mehr zuspitzenden Wirtschaftskrise und des linken und rechten Terrorismus unterstützten die Kommunisten im Parlament eine christdemokratische Minderheitsregierung. Die PCI wurde weitgehend in den parlamentarischen Gesetzgebungsprozeß integriert; zahlreiche Gesetze wurden mit den kommunistischen Stimmen im Parlament verabschiedet. Auch die KPI und später ihre Nachfolgepartei, die PDS, wurden in das System des »consociativismo«

eingebunden, eine Regierungstechnik, die – unverblümt ausgedrückt – auf einem politisch unmoralischen und kostspieligen Tauschhandel beruht: man macht die Opposition zum Teilhaber an der Macht. Weder die Regierung noch die Opposition üben ihre in der Demokratietradition verankerten Rollen aus. Der »consociativismo« führte zu einer Einigung über die Beteiligung an der gemeinsamen Verwaltung der öffentlichen Macht und der öffentlichen Ämter. Die Kommunisten besetzten zwar keine Ministerposten, waren jedoch an der Verteilung der Apanage in fast allen Sektoren des öffentlichen und privaten Lebens mitbeteiligt. Fest steht jedoch, daß sie heute unvergleichlich weniger von den Schmiergeldskandalen betroffen sind. Vorläufig konnte ihnen nicht nachgewiesen werden, daß sie zum »System von Tangentopoli« gehörten, sondern lediglich in einige lokale Affären verwickelt sind. Ein wahrer Qualitätssprung in der Erscheinung der landesweiten Korruption erfolgte dann Anfang der achtziger Jahre mit dem stürmischen Griff des Sozialisten Bettino Craxi nach den Hebeln der Macht.

Über die Gründe, die zum Zusammenbruch des italienischen Systems, d. h. zur Aufdeckung von »Tangentopoli« geführt haben, gehen die Meinungen auseinander. Die einen sind überzeugt, daß das System aufgeflogen ist, als »es einfach nichts mehr zu verteilen gab« und die Substanz durch exzessive Wohlfahrtsaufwendungen eines ohnehin strapazierten Staatshaushalts verzehrt war. Andere wiederum sind der Ansicht, daß das Ende des kalten Krieges in Italien die bisherigen politischen Fronten aufgebrochen hat. Die Italiener konnten erstmals seit 1945 zur Wahl gehen, ohne die Angst vor dem Kommunismus zu berücksichtigen, da es ihn gar nicht mehr gab. Die Wahlen von 1992 fegten die traditionellen Parteien buchstäblich hinweg. Die neuenstandene Situation erlaubte es den Richtern, endlich auch gegen die übelsten Machtmißbräuche vorzugehen, ohne daß ihnen, wie dies früher stets geschehen war, Hindernisse in den Weg gelegt wurden seitens eines Teils der »classe politica«. Auch der Kampf gegen die Mafia konnte mit neuem Schwung und mit neuen Erfolgen aufgenommen werden. Man kommt wohl der Wahrheit am nächsten, wenn man beide Argumente berücksichtigt. Beide Faktoren haben zum Fall des Regimes entscheidend beigetragen.

Die durch den Zusammenbruch des internationalen Kommunismus verursachte Wende ist in Italien paradoxerweise zusammengefallen mit der Niederlage jener politischen Klasse, die in Italien der größten kommunistischen Partei des Westens den Kampf angesagt hatte. Diese Niederlage deckt sich ihrerseits zum einen mit dem beschränkten Stimmenverlust der post-kommunistischen PDS, zum anderen mit dem Auftreten neuer Kräfte auf der politischen Bühne des reichsten und fortschrittlichsten Teil Italiens: die Lega Nord einerseits und die Bewegung um den Populisten Silvio Berlusconi andererseits.

Die Wende und »Tangentopoli« haben den italienischen Einheitsstaat in eine Strukturkrise gestürzt. Um diese zu überwinden, gibt es für Italien zwei Wege; sie sind nicht nur voneinander verschieden, sie sind auch entgegengesetzt. Der erste Weg führt zu einer demokratischen Neugründung, die die Einheit des reformierten Staates nicht in Frage stellt. Der zweite Weg führt zu einem politischen und institutionellen Auseinanderfallen. Der erste Weg führt nach Europa; der zweite von Europa weg.

*März 1994*

# Die italienische Wende

WAS GESCHIEHT IN ITALIEN?

Es war nie einfach, einem Fremden darauf eine klare Antwort zu geben. U. a. weil es nach dem Prinzip, das der Schriftsteller Giuseppe Tomasi di Lampedusa in seinem Roman »Il Gattopardo« beschrieb, so ist, »... daß alles sich ändern muß, wenn wir wollen, daß alles so bleibt, wie es ist.« – Nicht umsonst ist das Adjektiv »gattopardesco« ins Vokabular der italienischen Sprache aufgenommen worden.

Viele Ereignisse prägten Italien seit der Einführung der republikanischen Verfassung von 1948 – mal auf tragische, mal auf begeisternde Art und Weise, nie aber auf langweilige.

Und doch – wenn wir zusammenfassen: die Regierungsparteien waren fast immer die gleichen, Ablauf und Art der Politik waren unveränderlich, so wie auch die Grundprobleme des Landes im wesentlichen die gleichen blieben. Daher auch die etwas überspitzte Definition des politischen Systems Italiens als eines »Regimes«, in dem während 45 Jahren immer die gleichen regierten.

Was geschieht in Italien? Vielleicht ist es heute einfacher, auf diese Frage zu antworten. Das Regime ist erledigt und mit ihm auch das, was man etwas zu vereinfacht und ungenau ausgedrückt bereits als »Erste Republik« archiviert hat.

Die Zweite Republik entsteht im Zeichen der Unsicherheit. Ihre politische Geburtshelferin ist die Rechte. Diese ist als Siegerin aus den Wahlen im März hervorgegangen. Sie möchte nun das Land in die sogenannte »Moderne« führen, auf dem Weg der Deregulierung, des Kampfes gegen den Etatismus und der vollen Emanzipation der Marktwirtschaft von den Einschränkungen durch die Parteien. In dieser Gruppierung finden sich unter der Führung des Medienzars Silvio Berlusconi verschiedene Kräfte zusammen: die Lega Nord, eine föderalistische Partei aus der Poebene, geführt von Umberto Bossi; die Alleanza Nazionale, eine postfaschistische Partei, wie sie vielleicht etwas naiv von ihrem Sekretär Gianfranco Fini definiert wird, der selbst bis vor einigen Jahren ein erklärter Faschist war; und Forza Italia, eine Bewegung ohne politische Strukturen, die direkt von ihrem Erfinder Silvio Berlusconi abhängig ist.

Das Ende der Ersten Republik fiel zeitlich mit einer der niederschmetterndsten Niederlagen der Linken zusammen, die nie zuvor so nahe daran war, die Regierungsmacht zu übernehmen. Trotz der Wende von 1989 durch ihren Parteisekretär Achille Ochetto und der sauberen Trennung vom »orizzonte del comunismo« bei der Gründung der neuen »Demokratischen Linkspartei« (PDS) ist es der italienischen Linken nicht gelungen, unversehrt aus den Trümmern der gefallenen Berliner Mauer herauszukommen.

Ist aus Italien also ein »normales« europäisches Land geworden, mit einer sauberen Rechten und einer Linken, die sich weitgehend vom Kommunismus losgesagt hat? Wurde endlich auch in Italien ein politisches Machtwechselsystem gefunden, in dem sich Mehrheit und Opposition nach demokratischen Regeln ablösen?

Um diese Fragen zu beantworten, muß man einen Blick auf die drei wichtigsten Ereignisse der letzten zwei Jahre werfen: a) die Erfolge der Lega Nord, der es ab 1992 gelungen ist, die Basis der Democrazia Cristiana aus den Angeln zu heben; b) die Ermittlungen der Mailänder Untersuchungsrichter, die ein landesweites Korruptionssystem im politischen und wirtschaftlichen Bereich zutage förderten, wodurch ein großer Teil der alten Führungskräfte delegitimiert wurde; und

c) die Einführung des Mehrheitswahlrechts, was zu einer deutlicheren Unterscheidung der Rollen und Verantwortlichkeiten von Regierung und Opposition führte.

Dieser überstürzte Prozeß, eine Art Revolution ohne Guillotine, wie er genannt wurde, hat zum Tod durch Abnützung der Democrazia Cristiana geführt. Die Partei, die ihr Erbe angetreten (allerdings nur mit einem Drittel der bisherigen Wähler) und deren zentristische und katholische Berufung übernommen hat, deren Partito Popolare Italiano (PPI) hat dabei allerdings die Funktion als Angelpunkt der italienischen Politik, wie ihn die alte DC verkörperte, eingebüßt. Gleichzeitig ist vom »eisernen Besen« der Mailänder Richter auch die älteste Partei Italiens, die sozialistische, hinweggefegt worden. Das Vakuum, das im politischen Zentrum bei den Wahlen entstand, ist zu einem guten Teil mit einem Parteiunternehmen – Forza Italia – gefüllt worden, das in wenigen Monaten 20 Prozent der Stimmen (bei den Europawahlen waren es sogar 30 Prozent) auf sich vereinigte und das aus den Fernsehsendern seines Leaders Silvio Berlusconi eine phänomenale politische Propagandamaschine machte.

Der Zusammenbruch der osteuropäischen Regimes war die Initialzündung für die Umwälzungen in Italien. Durch das Wegfallen der kommunistischen Bedrohung verlor die Democrazia Cristiana ihr wichtigstes Argument beim gemäßigten Bürgertum, das in Italien immer die Mehrheit ausmachte. So konnte die Lega Nord auf der christdemokratischen Wiese mähen; und so wurde die perverse Beziehung zwischen Wirtschaft und Politik, die das politische Leben Italiens vor allem seit den achtziger Jahren charakterisierte, für alle immer unerträglicher.

Aber die internationalen Umwälzungen können nicht alles erklären. Anfang der neunziger Jahre wurde klar, daß die Wirtschaftspolitik Italiens nicht mehr haltbar war, es sei denn um den Preis einer Loslösung Italiens von Europa und einer Finanzkrise unabsehbaren Ausmaßes. Wenn die öffentliche Schuld das Bruttosozialprodukt eines Landes übersteigt und die Sparer frei sind, ihr Geld im Ausland zu investieren, kann eine Glaubwürdigkeitskrise in bezug auf die Wirtschaftspolitik zerstörerische Folgen haben. Auch auf diesem Gebiet galt es, einen radikalen Kurswechsel zu vollziehen.

Die beiden Gruppierungen, die sich aus dieser Phase der italienischen Revolution herauskristallisierten, sind allerdings stark an die Vergangenheit gebunden. Italien hat erst die Hälfte des Weges hinter sich. Berlusconis Image als »neuer Mann« und als erfolgreicher Unternehmer kann nicht über die Tatsache hinwegtäuschen, daß er ein Nutznießer der alten Politik war, als er nämlich dank dem Druck des sozialistischen Regierungschefs Bettino Craxi – de facto – das Monopol über die privaten Fernsehstationen erhielt. Es fällt schwer, den Verdacht auszuklammern, daß der heutige Ministerpräsident Berlusconi zu einem guten Teil integraler Bestandteil jenes Systems war, das er heute der Öffentlichkeit als verabscheuungswürdig vorführt. Zudem ist ein großer Teil der alten Nomenklatura zu den neuen Regierungsparteien gelaufen.

Aber das ist nicht das ganze Erbe aus der Vergangenheit. Die Regierung hat bis heute große Schwierigkeiten, den Druck abzufangen, der von den eigenen Koalitionspartnern ausgeht. Daraus ergibt sich eine den Italienern wohlbekannte Tendenz zu übertriebener Mediationspolitik zuungunsten einer klaren, politischen Regierungsaktivität (wie beispielsweise bei einigen wichtigen Aspekten der Finanzpolitik). Noch spektakulärer schien die Unsicherheit im Verhalten der Regierung im Zusammenhang mit dem Dekret, das den präventiven Hausarrest abschaffen wollte – u. a. für die in der Schmiergeldaffäre von »Tangentopoli« Verwickelten. Das Dekret wurde dann zurückgezogen, nachdem der Mailänder Richterpool »mani pulite« seinen Rücktritt androhte, der Koalitionspartner Lega Nord scharfe Kritik übte und die Öffentlichkeit empört reagierte.

Doch auch auf seiten der Opposition ist man weit von dem Prozeß entfernt, der mit Hilfe des Mehrheitswahlsystems zur Bildung einer Alternative zur Rechten führen sollte. Die Linksdemokraten können sich schwer mit der Tatsache abfinden, daß sie nicht mehr die führende Oppositionskraft sind. Ferner, daß die Ablösung der gegenwärtigen Regierung in weite und unsichere Zukunft rückt, falls die Linke nicht bereit ist, ein Bündnis mit den Kräften des Zentrums einzugehen (d. h. namentlich mit dem PPI, den »sauberen« Erben des »sauberen« Teils der DC), und daß die Führung einer zukünftigen Oppositionsbewegung einem Mann aus dem Zentrum und nicht aus der Linken übergeben werden muß.

Der Übergang zum Mehrheitswahlrecht wurde nicht vollständig verwirklicht. Eine neue Wahlreform zur Abschaffung der Reste des Verhältniswahlrechts – 25 Prozent der Mandate werden auf diese Weise vergeben – wird von allen als unerläßlich angesehen. Unsicherheiten bestehen nur noch über die Entscheidung zwischen einem Modell mit zwei Wahlgängen oder dem englischen Modell, dem vollständigen Mehrheitswahlrecht. Um der Zweiten Republik definitiv ein Gesicht zu geben, müssen zudem einige verfassungsrechtliche Probleme gelöst werden, die die Rolle des Parlaments, des Ministerpräsidenten, des Staatspräsidenten und der kommunalen Institutionen betreffen.

Der Sieg von Forza Italia erschwert einen Übergang zu einer zukünftigen Neuregelung des Systems ganz besonders. Denn erstmals verflechten sich in einer Person, Silvio Berlusconi, zwei Funktionen: zum einen ist er Eigentümer eines der wichtigsten Privatunternehmen Italiens (de facto ist Berlusconi Monopolist in der Informationsbranche), zum anderen ist er Regierungschef. Als Regierungschef muß sich Berlusconi das Allgemeininteresse zum Ziel setzen; ein Interessenkonflikt mit seinen Privatanliegen läßt sich nicht vermeiden. Nicht zufällig ist die italienische Situation in diesem Zusammenhang einmalig unter den demokratischen Ländern der Welt. Überall dort gibt es für Politiker mit relevanten Privatinteressen, die auch Regierungsfunktionen übernehmen wollen, strikte und deutliche Gesetzesbestimmungen.

Der Liberalismus, auf den sich Berlusconi immer wieder beruft, ist skeptisch in bezug auf die Selbstlosigkeit der Menschen – deswegen sieht der Liberalismus auch die Notwendigkeit, präzise Gesetze festzulegen, um Interessenkonflikte zu vermeiden. Treten solche Konflikte nämlich auf – lehrt uns der Liberalismus –, so berücksichtigt der Mensch eher die eigenen Interessen als jene des Gemeinwohls. Es geht darum, dies gesetzlich zu verhindern.

Ministerpräsident Berlusconi ist dieser grundsätzlichen Frage bisher ausgewichen, obwohl sie auch innerhalb der Regierungskoalition deutlich gestellt wurde. Berlusconi selber schlug Lösungen vor, die den amerikanischen »blind trust« anführen, ohne das Grundproblem zu treffen. Der italienische Regierungschef beweist diesem Problem gegenüber eine für aufmerksame Beobachter der italienischen Szene besorgniserregende Unsensiblität.

Etwas weniger als die Hälfte der italienischen Wähler gaben Berlusconi und seinen Verbündeten ihre Stimme, in voller Kenntnis dieser Anomalie, was der Regierungschef zur Rechtfertigung seiner Position auch unermüdlich wiederholt.

In welchem anderen demokratischen Staat hätte dies geschehen können?

Es gibt in dieser Beziehung meiner Erachtens eine beunruhigende Kontinuität zur Vergangenheit: nämlich die weitgehende Gleichgültigkeit vieler Italiener gegenüber den verfassungsmäßigen und politischen Regeln, die einen modernen demokratischen Staat ausmachen und zusammenhalten. Der Schriftsteller Umberto Eco bezog sich auch darauf, als er gestand, daß er sich schäme, Italiener zu sein.

Es gibt viele Gründe für diese Gleichgültigkeit, vor allem sind sie in der Geschichte des Landes zu suchen. In Italien fehlte eine konservative Führungsschicht, die fähig gewesen wäre, sich die politischen Werte des Bürgertums anzueignen, wie dies in Frankreich, in Großbritannien und später auch in Deutschland geschah. Außerdem stand das Land, nach dem Zweiten Weltkrieg, unter zwei Hegemonien, deren ideologische Matrix nicht den Staatsbürgersinn als zentrales Anliegen hatten: zum einen der Hegemonie der katholischen Regierungspartei, zum anderen der Hegenomie der kommunistischen Oppositionspartei.

Aus alldem ist ersichtlich, daß sich hinter dem erfolgreichen Unternehmertum von Forza Italia und dem geschickten und oft skrupellosen Einsatz des Fernsehens alte Erbfehler verbergen. So nehmen die Sorgen über die Rolle der großen Kommunikatoren im Zeitalter der Massenmedien zu; Sorgen, die auch andere Länder – vor allem die Vereinigten Staaten – kennen.

Unabhängig von der Dauer der jetzigen Regierung scheint mir, daß die italienische politische »Normalität«, von der wir anfangs sprachen, noch erlangt werden muß.

In diesem Sinn leben wir, vorerst noch, im Bann einer Vergangenheit, die nicht vergeht.

*September 1994*

# Die Schule der Freiheit

HABEN DIE FÜNFZIG JAHRE, die uns vom Ende des Zweiten Weltkriegs trennen, die Bedeutung des Widerstandes verändert? Das ist eine Frage, die ich mir oft stelle, vor allem wenn ich mir die Analysen und Polemiken anschaue, die sich hauptsächlich in den vergangenen Jahren zum Thema dieser großen europäischen Erfahrung angesammelt haben. Die Frage betrifft auch einen Teil meines eigenen Lebens.
Der antifaschistische Kampf hat direkt meine Kindheit und Jugend berührt. In dieser Zeit lebte ich zuerst in Frankreich und dann in der Schweiz im Exil. Mein Vater war in Italien Vorsitzender der Partitio Repubblicano und Journalist gewesen und hatte zu den ersten gehört, die sich Mussolini widersetzten und deshalb zur Flucht gezwungen waren. Nach der Befreiung Italiens kehrte ich in meine Heimat zurück und heiratete einen Mann, der sich seit 1935 antifaschistischen Gruppen angeschlossen hatte und im Laufe des Krieges, nach dem Waffenstillstand Italiens im September 1943, Partisanenkommandeur in Jugoslawien geworden war. Lange Jahre habe ich im direkten Kontakt mit Frauen und Männern gelebt, die zum Widerstand in Italien, Deutschland und Frankreich gehörten. Deshalb möchte ich mich vor allem auf diese drei Länder beziehen.
Wenn ich heute die Zeit nach den Tagen der großen Hoffnung im Frühling des Jahres 1945 Revue passieren lasse, fühle ich mich – trotz allem – nicht verraten. Gewiß, der Niedergang des politischen Lebens und der öffentlichen Moral in meinem Lande, besonders in den vergangenen zehn Jahren, hinterläßt bei allen einen bitteren Geschmack, die das neue demokratische und republikanische Italien mit Enthusias-

mus begrüßt hatten. Aber ich vertraue auf die moralischen Ressourcen zur Überwindung auch dieser aktuellen Krise; sie haben viele Wurzeln im Widerstand gegen den Faschismus.

In meiner Rolle als Zeitzeugin dieser Jahre und als journalistische Beobachterin der späteren Ereignisse möchte ich die moralische Bedeutung des antifaschistischen Kampfes hervorheben. Politik und Moral fallen nicht zusammen, aber die eine kann nicht – vor allem wenn sie »große Politik« sein will – ohne die andere auskommen.

Die Resistenza war keine einheitliche Bewegung, weder in Europa noch in den einzelnen Ländern. Sie beschränkte sich auch nicht auf ein einziges Motiv, denn sie umfaßte Elemente eines nationalen Befreiungskampfes gegen den deutschen Eindringling, also eines patriotischen Krieges, eines Klassenkampfes und eines Bürgerkrieges. Diese vom Historiker Claudio Pavone in seinem 1991 erschienenen Buch »Una guerra civile« (Ein Bürgerkrieg) erstmals vertretene These führt eine neue Interpretation der Resistenza ein und erregte in Italien großes Aufsehen. Der gemeinsame Einsatz der antifaschistischen Kräfte hat nie die unterschiedlichen politischen Ausgangspunkte aus der Welt geschafft. Nach dem Waffenstillstand vom 8. September 1943 kämpften in Italien neben den Kommunisten und den Sozialisten auch die Liberalsozialisten von Giustizia e Libertá, die liberalen Monarchisten, die Katholiken – alle in politisch und militärisch vereinten Strukturen.

Die Kommunisten waren in vielerlei Hinsicht »anders« als die übrigen Antifaschisten. Das konnte auch einem jungen Mädchen auffallen, das im Exil durch die Eltern politisch aufgeklärt worden war. Ich erkannte vor allem die innere Geschlossenheit, die ihre Quelle in einem fast absoluten Glauben an alles fand, was die Sowjetunion vorschrieb. Gerieten diese Antifaschisten in eine für sie peinliche Situation – wie anläßlich des Ribbentrop-Molotow-Paktes vom August 1939 –, dann wehrten sich die Blauäugigen unter ihnen gegen die Vorwürfe nichtkommunistischer Kämpfer mit einem Satz, der sich auf Stalin bezog: »... er wird schon wissen, warum ...« Damit gaben sie zu, daß sie selber sich ein solches Bündnis nicht erklären konnten, aber es in ihrem Glauben an die Sowjetunion stumm hinnahmen.

Ich wußte, daß die Kommunisten nicht davor zurückschrekken würden, auch Antifaschisten zu erschießen, wenn diese sich als politische Gegner erwiesen, wie es den Anarchisten während des Spanischen Bürgerkrieges erging. Einen von denen, die ein solches Schicksal erlitten, habe ich gekannt: Camillo Berneri, eine der herausragendsten moralischen Gestalten des italienischen Antifaschismus im Exil. Als ich in den späten sechziger Jahren in Italien einem hohen kommunistischen Funktionär, der am Spanischen Bürgerkrieg teilgenommen hatte, sagte, daß ich sehr wohl wisse, was sich zwischen den Kommunisten und Anarchisten in Spanien zugetragen hatte, erhielt ich als Antwort nur ein verlegenes Schweigen.

Dennoch waren die Kommunisten nicht nur beispielhafte Streiter im Kampf gegen den Faschismus; viele von ihnen glaubten aus tiefstem Herzen, für die Freiheit zu kämpfen, und die Zahl derer, die sich dafür geopfert haben, ist groß. Der Kampf für die Freiheit verband die Kommunisten mit den anderen Antifaschisten.

Unter dem vorherrschenden Einfluß des italienischen Antifaschismus hatte ich im Exil einige Schwierigkeiten, den deutschen Widerstand zu verstehen. Paradoxerweise erschienen mir die deutschen politischen Flüchtlinge, die ich in der

Schweiz nach 1933 getroffen habe, untereinander viel uneiniger als die Italiener, die sich auch nicht immer einig waren. Paradox deswegen, weil diese deutschen Widerständler die Weimarer Erfahrung hinter sich hatten, die Italien fehlte und die doch einen Versuch demokratischen Zusammenlebens nach dem Trauma des Ersten Weltkrieges darstellte.

Aus vielerlei Gründen war es den Deutschen nicht möglich, den Impuls des Widerstandes, der allen Antifaschisten gemeinsam war, in politisches und auch menschliches Vertrauen umzusetzen. Die Geschichte der deutschen Widerstandskämpfer ist tragischer gewesen als die der italienischen; die Gewalt und die Ausweitung der Repression, vor allem gegen die Kommunisten, waren gravierender als in Italien und trugen wohl dazu bei, die Gegensätze zwischen den Gegnern der Naziherrschaft zu vertiefen.

Während des Krieges kam dieser Unterschied deutlich zum Vorschein. Die Gruppen, die das Attentat vom 20. Juli organisierten, hielten sich entschieden von dem schwachen, aber doch existierenden kommunistischen Widerstand fern. Für die italienischen, nichtkommunistischen Antifaschisten im Exil war der Kampf eines Thälmann, der für Jahre in den Nazikerkern inhaftiert war, bevor er in Buchenwald ermordet wurde, nicht geringer zu bewerten als die unbedingte Bereitschaft eines Stauffenberg zum persönlichen Opfer.

Dem deutschen Widerstand fehlte notgedrungen das Merkmal eines Befreiungskampfes gegen die Fremdherrschaft. Mit Ausnahme der nach Moskau ausgerichteten Kommunisten blieb der Widerstand auf einer ethischen Ebene (man denke an die Weiße Rose und an die Urheber des 20. Juli) und entbehrte der Basis eines patriotischen Kampfes, an den sich alle antinazistischen Gruppen hätten anlehnen können.

Die Deutschen verdrängten lange Jahre ihre nazistische Vergangenheit und mit ihr notwendigerweise auch ihren Widerstand. In der Bundesrepublik erinnerten sich viele des Widerstands, so schien es mir, als eines verwerflichen Opportunismus der letzten Stunde.

Ich habe mehr als zwanzig Jahre lang regelmäßig für das Deutsche Fernsehen gearbeitet, in engem Kontakt mit deutschen Kollegen, die damals zwischen dreißig und vierzig Jahre alt waren. Es erstaunte mich, daß diese Kollegen in den sechziger Jahren bis hinein in die siebziger Jahre sehr wenig über den Widerstand wußten. Kaum einer war sich der Tatsache bewußt, daß die ersten Opfer der nationalsozialistischen politischen Repression Deutsche waren: Kommunisten, Sozialdemokraten, Katholiken, Demokraten und Liberale, und daß rund 300.000 Deutsche in den »Arbeitslagern« verschwunden waren. Diese Kollegen schwiegen, und ich spürte bei ihnen ein Gefühl der Verlegenheit, fast der Schuld uns Italienern gegenüber, so als ob es eigentlich gar keine deutschen Antinazis gegeben hätte.

In der DDR war der Antifaschismus des Regimes darauf ausgerichtet, nur den kommunistischen Widerstand zu legitimieren. Entgegen allem Anschein ging es aber dem Antifaschismus der DDR gleichzeitig auch darum, eine ernsthafte Diskussion über den Nationalsozialismus innerhalb der DDR zu vermeiden; denn eine solche Untersuchung hätte den allgemeinen Konsens »aller Deutschen« zerstört.

In Italien hingegen war das Merkmal des »nationalen Befreiungskampfes« für den Widerstand wichtig, noch mehr in Frankreich. Das erste und entscheidende Sammelbecken eines antideutschen Widerstandes schuf dort Charles de Gaulle, der am Tag nach dem französischen Waffenstillstandsangebot im Juni 1940 einen Appell zur Rettung Frankreichs über den Äther schickte.

Ich konnte diese Ansprache in Zurich mithören, zusammen mit einer Französin, die in dieser Stadt lehrte. Als am Ende der von der BBC gesendeten Rede die »Marseillaise« ertönte, erhob sie sich voller Stolz. Auch ich stand auf – damals ein fünfzehnjähriges Mädchen. Nicht nur aus Solidarität mit einer vom faschistischen Italien angegriffenen Nation. Vielmehr aus emotionaler Anhänglichkeit, die mich immer mit Frankreich verbunden hat und die – im Gegensatz zu Deutschland – ihre Wurzeln in der Vereinigung des Ideals des Patriotismus mit dem der Freiheit hat. Beides – Patriotismus und Freiheit – sind Ideale, die Frankreich von der Großen Revolution geerbt hat, wie ich schon als Kind in französischen Schulen gelernt hatte.

Die Gleichsetzung des Widerstands mit dem nationalen Befreiungskampf verhinderte natürlich nicht, daß nur eine Minderheit der Bevölkerung im Widerstand aktiv war – in Frankreich wie in Italien.

In den Jahren des Zürcher Exils war ich mir wohl bewußt, einer sehr untypischen italienischen Gemeinschaft anzugehören. Es gab ja schließlich damals in Zürich, wie überall außerhalb Italiens, die offizielle italienische Gemeinschaft der »Fasci« (Liktorenbündel), zu der die Mehrheit der im Ausland lebenden Italiener gehörte. Ich glaubte niemals, daß die Mehrheit meiner Landsleute in Italien so wie wir über Mussolini dachte.

Während des Partisanenkrieges aber, zwischen 1943 und 1945, wurde die Stimmung im besetzten Italien immer »antifaschistischer«, wenn auch nur deshalb, weil viele Italiener jetzt sehen konnten, in welche Katastrophe der von Mussolini verursachte Krieg das Land gestürzt hatte. Deshalb neige ich mit der Zeit zu dem Glauben, daß die Basis der »antifaschistischen Massen« immer breiter geworden sei. Doch als ich nach der Befreiung wieder heimkehrte, empfand ich eine große

Enttäuschung. Die Mehrheit der Italiener, die ich traf, schien mir opportunistisch, ohne jene moralische Kraft, die ich mit dem Antifaschismus tout court verband.

Dennoch hat die Resistenza in Italien einen wesentlichen Beitrag zu jenem landesweiten Prozeß geleistet, der dazu führte, daß alle Bevölkerungsschichten die Werte der Freiheit und der demokratischen Regeln angenommen haben.

Das gilt, schaut man genauer hin, auch für jene Länder wie Frankreich, die keinen radikalen Regimewechsel wie Italien und Deutschland durchgemacht haben. In Frankreich hat der Widerstandskampf die Aufmerksamkeit der Bürger für die Gefahren, die der Demokratie drohen könnten, verändert. Auch dort förderte der bewaffnete Widerstand (vor allem in den ersten Nachkriegsjahren) die Beteiligung breiter Bevölkerungsschichten am politischen Leben des neuen Frankreich.

Darüber hinaus wurde in Frankreich Ende der fünfziger Jahre mit der V. Republik eine grundlegende Änderung des institutionellen Systems ermöglicht, die ohne übergroße Angst vor einem eventuellen autoritären Wandel akzeptiert wurde. Denn der Schöpfer dieses Wechsels war General de Gaulle, Haupt des Widerstandes und als solcher von allen anerkannt, auch von den Kommunisten. Wäre so etwas möglich gewesen, wenn der französische Widerstand nur das Werk einiger bewaffneter, von der Bevölkerung isolierter Gruppen gewesen wäre?

In Italien findet sich an den Wurzeln der Republik die Erfahrung mit dem Nationalen Befreiungskomitee (CLN – Comitato di Liberazione Nazionale), das während des Befreiungskrieges alle antifaschistischen Kräfte in sich vereinte. Damit verband sich das Konzept des »Verfassungsbogens«, zu dem dieselben Widerstandsparteien gehörten, die an der

Schaffung der Verfassung beteiligt waren und deshalb Verantwortung für das demokratische Italien trugen.

In jüngster Zeit wurde in Italien viel über die langfristigen Folgen dieser Erfahrung für die Politik diskutiert. Für einige besteht die »vergiftete Frucht« der Resistenza im unangebrachten Gebrauch des Antifaschismus als Ideologie der Tarnung für den *consociativismo,* für nicht-transparente Absprachen zwischen Regierung und Opposition. Durch den *consociativismo* behalten Regierung und Opposition zwar ihre Rollen, doch kann sich die Opposition, besonders auf lokaler Ebene, vom Kuchen öffentlicher Posten und Pfründen auch ihr Stück abschneiden. Dieses Zusammenwirken von Regierung und Opposition geschah bis Ende der sechziger Jahre mehr oder weniger heimlich und war nicht sehr relevant. Aber allmählich blockierte der *consociativismo* jeglichen Machtwechsel und führte in den achtziger Jahren zur politischen Degeneration von Tangentopoli (Schmiergeldaffäre). Das ist nur die eine Seite der Medaille.

Die Kommunisten – fünfzig Jahre lang stärkste Oppositionspartei – schöpften ihre politische Legitimation, ihre Verankerung in der Gesellschaft und ihre weite Popularität als »Volkskraft« hauptsächlich aus der Resistenza. Gleichzeitig aber war eine kommunistische Regierungsbeteiligung, wegen der Zugehörigkeit Italiens zum atlantischen Lager, jahrzehntelang undenkbar. Was man mit *consociativismo* definiert hat, war also, wenigstens anfänglich, eine Lösung dieses Problems. Man versperrte den Kommunisten den Weg zur Regierungsbeteiligung, aber ließ ihnen gleichzeitig einen gewissen Einfluß auf die »kleinere« Regierungsarbeit, zum Beispiel bei Gesetzen, die auf irgendeine Weise die von der Kommunistischen Partei vertretenen Interessen wahrten. Das ist die andere Sache der Medaille.

Aber diese von einer liberalen Demokratie abweichende Lösung hat noch einen anderen Aspekt: Im Laufe von vierzig Jahren hat die KPI eine tiefgreifende Metamorphose durchgemacht (auch mit zahlreichen Widersprüchen) und ist schließlich mit dem Namen PDS (Demokratische Partei der Linken) ins weite europäische sozialdemokratische Lager übergegangen.

Hinter diesem Prozeß steckt nicht nur der fünfzig Jahre währende demokratische Einfluß der Republik, sondern auch die Bedeutung der Resistenza: Das Bündnis mit den anderen antifaschistischen Kräften und die Erfahrung des gemeinsam geführten bewaffneten Befreiungskampfes sind immer »trotz allem« wesentliche Faktoren der politischen Identität der italienischen Kommunisten geblieben. Diese hatten zur Entstehung einer demokratischen republikanischen Verfassung beigetragen und sie jahrzehntelang geschützt. Es wäre schwierig für die Kommunisten gewesen, die Verfassung politisch zu begraben. So gesehen war der italienische Widerstand sicherlich eine Schule der Freiheit, auch für jene – wie die KPI –, die sich zum Konzept der Demokratie zweideutig verhielten.

In der Bundesrepublik dagegen hat sich eine Demokratie gebildet in Abwesenheit eines Widerstandes, der an politischer und militärischer Bedeutung mit dem italienischen vergleichbar gewesen wäre. Der neue deutsche Staat entstand unter der Vormundschaft der westlichen Alliierten; diese waren zu Anfang ziemlich mißtrauisch gegen alle politischen Kräfte, die sich nach der Katastrophe gebildet hatten. Bis zum Jahr 1949 gewährten die Alliierten dem Land nur sehr wenig Autonomie. Ist ein starker antifaschistischer Widerstand also irrelevant für die Entstehung und Entwicklung einer soliden Demokratie, wie der Fall Deutschland zeigt? Die Widerstandsbewegungen waren wichtig für die Selbstachtung der Völker, die von der nazi-faschistischen Barbarei betroffen waren. Die Deutschen haben für diese Barbarei einen hohen Preis bezahlt, der wegen der traumatischen Einmaligkeit von Auschwitz noch höher wurde. Das bedeutet jedoch nicht, der deutsche Antinationalsozialismus, so schwach er war, habe in der Geschichte der Bundesrepublik keine Rolle gespielt. Der langsame politische und moralische Wiederaufbau wäre nicht möglich gewesen ohne die allzulange verschwiegene Anerkennung einer deutschen antinationalsozialistischen Idee, der Männer wie Konrad Adenauer und vor allem Willy Brandt Ausdruck verliehen haben.

Der Europagedanke ist mit diesen beiden Namen eng verflochten. Wo steckt denn eine wesentliche Wurzel des Europäismus, wenn nicht im gemeinsamen Ziel, den europäischen Kriegen und den Totalitarismen ein Ende zu setzen, also in der gemeinsamen Erfahrung eines Kampfes gegen den Nationalsozialismus und den Faschismus? Einer der Gründertexte der Europäischen Bewegung, das »Manifest von Ventotene«, wurde von den Antifaschisten Altiero Spinelli und Ernesto Rossi im Jahre 1941, als die nationalsozialistische Machtentfaltung ihren Höhepunkt erreicht hatte, auf der Verbannungsinsel Ventotene verfaßt. Es ist ein politischer Umriß für eine demokratische Föderation der europäischen Staaten. In diesem Dokument ist die politische Intuition unzertrennlich mit dem moralischen Impuls des Kampfes für die Freiheit verbunden. Es ist genauso symbolisch wie der Kniefall Willy Brandts im Warschauer Ghetto.

Man kann also nicht von einem wesentlichen Faktor absehen, der für alle Länder gilt, die durch den Widerstand gegen den Nationalsozialismus und den Faschismus gekennzeichnet sind: nämlich dem ethischen Wert jenes Freiheitskampfes, der für alle, die sich zum Aufbau Europas anschickten, einen gemeinsamen Bezugspunkt schuf.

Eine Demokratie ist nicht nur eine kluge Konstruktion verschiedener Machtzentren, die sich von Fall zu Fall gegenseitig kontrollieren, ein Ingenieurwerk der *checks and balances*. Sie gründet sich auch wesentlich auf der Annahme universeller ethischer Werte. Der Widerstand bleibt bis heute in weiten Teilen Westeuropas die wichtigste kollektive Erfahrung auf der Basis dieser Werte.

Carlo Roselli, der Gründer der antifaschistischen Bewegung »Giustizia e Libertá«, schrieb 1935 im französischen Exil, kurz bevor er von Mussolinis Schergen ermordet wurde, daß man den antifaschistischen Kampf nicht auf der Basis der Klassen aufbauen könne, weil sich der Faschismus nicht auf einen »reinen Klassenfaktor« beschränken würde. »Der Faschismus verletzt die moderne Zivilisation, die Rechte der menschlichen Persönlichkeit, den wichtigsten Sinn der Moralität und der Humanität ... Es gibt zwischen Faschisten und Antifaschisten«, schreibt Roselli weiter, »einen Unterschied im moralischen Klima, in der Sensibilität, die in vielen wach ist, und es wäre ein schwerwiegender Fehler, diesen Einfluß und diese enorme Kraft nicht zu nutzen; diese ist es, die dem Kampf für die Freiheit einen quasi religiösen Wert verleiht ...«

Ich kann also auf meine anfängliche Frage antworten: Nein, die Bedeutung des Widerstandes, der Resistenza, hat sich auch nach fünfzig Jahren nicht verändert!

*3. 3. 1995*

# Die Beendigung des Krieges in Europa – 8. Mai 1945

ITALIEN FEIERT DAS KRIEGSENDE am 25. April. An diesem Tag vor 50 Jahren gab der spätere Staatspräsident Sandro Pertini im Namen des Nationalen Befreiungskomitees Norditaliens den Befehl zur Erhebung Mailands. Einen Tag später besetzten die Partisanen im Zuge ihrer Beteiligung an der Befreiung des Landes durch die Amerikaner und Engländer den Hörfunksender der lombardischen Hauptstadt. Die erste Nachrichtensendung im befreiten Mailand begann mit der Nationalhymne und der Meldung »Qui Milano libera«. Italien war frei – nach fast zwanzigjähriger faschistischer Diktatur und eineinhalb Jahren deutscher Besatzung. Seither wird der Nationalfeiertag am 25. April begangen; als Tag der Befreiung, der für Italien de facto die Beendigung des Krieges bedeutete, auch wenn die Erschießung Mussolinis am 28. April und die Kapitulation der Deutschen Wehrmacht am 2. Mai erfolgten.

Vor 50 Jahren war ich am 8. Mai, als Tochter politischer Flüchtlinge, noch in der Schweiz. Noch nie zuvor hatten wir in Zürich so viele frohe, kommunikationsfreudige Menschen auf einmal gesehen. Längs der Bahnhofstraße boten fliegende Händler den Vorbeigehenden seidene Pochetten an, auf denen in bunten Farben die Fahnen der vier Siegermächte gedruckt waren: Star and Stripes, der Union Jack, die rote Fahne mit Hammer und Sichel und die französische Trikolore. Für ein paar Franken rissen die Leute den Verkäufern die bunten Tücher buchstäblich aus den Händen: als Souvenir des denkwürdigen Tages. Aus allen Richtungen floß ein dichter Menschenstrom aus Frauen und Männern jeden Alters in die Bahnhofstraße. Unter ihnen manche, die Deutsch sprachen und auch Deutsche waren: vorwiegend jüdische Flüchtlinge, die das Glück gehabt hatten, nicht zu jenen zu gehören, die an der Schweizer Grenze abgewiesen worden waren. Auf Höhe des Rennwegs verdichtete sich die Menge vor einem damals bekannten deutschen Reisebüro, dessen Schaufenster von Unbekannten kurz vorher eingeschlagen worden war: eine außergewöhnliche Tat in jenen Jahren, besonders in der Schweiz. Scherben bedeckten noch den Bürgersteig. Die Anwesenden kommentierten den Vorfall: »diese Sauschwaben«, hörte man viele in Schweizerdeutsch sagen; gemeint waren die Nationalsozialisten. Seit Juni 1940, als Frankreich von der deutschen Wehrmacht überrannt worden war, war es der überwiegenden Mehrheit der schweizerischen Öffentlichkeit bewußt, daß das nationalsozialistische Deutschland auch die Existenz der Schweiz bedrohte. Die Schweizer Regierung war neutral – im Gegensatz zur deutsch-schweizerischen Bevölkerung. Das war einer der Gründe für die außergewöhnliche emotionale Beteiligung und den Ausdruck der Freude in den Gesichtern so vieler Schweizer am 8. Mai 1945.

Persönlich hatte ich das Glück, das Kriegsende in Europa in Gesellschaft eines Kuriers des Nationalen Befreiungskomitees Norditaliens zu verbringen, Rosario. Es gab deren nicht viele; »Kurier« war eine äußerst riskante Aufgabe, und die meisten von ihnen waren von der Gestapo oder den Faschisten an den Grenzübergängen zur Schweiz gefaßt und an die Wand gestellt worden. Rosario war einer der wenigen, die das Kriegsende noch erlebten; er war ein Ingenieur mittleren Alters aus Mailand und fungierte als Verbindungsmann zwischen den alliierten Agenten in der Schweiz – darunter Allen W. Dulles, der spätere Leiter der CIA – und dem italienischen Befreiungskomitee. Rosario war nach der Besetzung Ober-

und Mittelitaliens durch die deutsche Wehrmacht nicht aus ideologischen Gründen zur Resistenza gestoßen, sondern einfach aus »sittlichem Anstand« – »decenza morale«, wie er es nannte – und aus Vaterlandsliebe. Was mir auffiel, war seine Lebensfreude; sie war verschmolzen mit einer dankbaren, besinnlichen, aber nicht belastenden Erinnerung an all jene, die für die Erringung der Freiheit gestorben waren. »Ein Stück Erde ist heute freier geworden«, sagte Rosario schlicht, »ein Grund, um sich aus tiefstem Herzen zu freuen und den Tag zu feiern.«

26. 4. 1995

# Italienischer »Historikerstreit«

IN ITALIEN IST EINE DEBATTE über den Faschismus im Gange, die landesweit Aufsehen erregt. Eine Art »Historikerstreit«, obschon sich nicht allein Historiker daran beteiligen, sondern auch Journalisten, Zeitzeugen, Politologen und breite Teile der Öffentlichkeit. Die Vergangenheit besitzt im Bewußtsein der italienischen Öffentlichkeit noch großes Gewicht.

Ausgelöst wurde die in der Presse ausgetragene Diskussion durch das vor einem Monat erschienene Buch »Il rosso e il nero« (Rot und Schwarz), dessen Autor der prominente Faschismuskenner und Zeithistoriker Renzo de Felice ist. (Für nächstes Jahr hat De Felice den Schlußband der Biographie angekündigt, der sich mit der 1943 von Mussolini in Norditalien gegründeten Republik von Salò befaßt.)

»Rot und Schwarz« liegt in der Form eines Interviews vor, in dem die Resistenza, die Republik von Salò und das Verhalten der Mehrheit der Bevölkerung nach dem Waffenstillstand von 1943 neu beleuchtet werden: Resistenza und Republik von Salò, die sich 20 Monate lang in einem blutigen Bürgerkrieg bekämpft haben.

Den 8. September 1943 nennt De Felice den dunkelsten Tag in der Geschichte des italienischen Einheitsstaats, es war der Tag des Waffenstillstands mit den Alliierten; in wenigen Stunden verschwand die italienische Armee, der König floh mit der Regierung Badoglio und der militärischen Führungsspitze in die noch unbesetzten Gebiete Süditaliens, die Hauptstadt war sich selbst überlassen, von Norden her besetzte die deutsche Wehrmacht das Land bis weit südlich von Neapel. Die Soldaten in den besetzten Gebieten des

Mittelmeerraums waren von einer Stunde auf die andere ohne Führung, die Bevölkerung verwirrt, lange nicht wissend, ob nun weiterhin die Alliierten oder die Deutschen der Feind seien. – Im Bewußtsein der Italiener steht der 8. September für die Auflösung der Nation; es war aber auch der Neubeginn. Alle antifaschistischen Parteien trafen sich in Rom und gründeten das Nationale Befreiungskomitee; damit begann die Resistenza. Zwar nennt De Felice die Resistenza »eine grundlegende Phase der Nationalgeschichte«, er bestreitet jedoch gleichzeitig, daß sie irgendeine fortdauernde Wirksamkeit gehabt habe. Sie sei bei weitem überschätzt worden.

Während für De Felice also der 8. September »der Tag, an dem das Vaterland starb« ist, weil die überwiegende Mehrheit der Bevölkerung dieser Tragik gegenüber eine abwartende Haltung einnahm, sich auf irgendeine Weise zu arrangieren und zu überleben versuchte, ist der 8. September für die Partisanen ganz im Gegenteil der Tag, an dem es Menschen gab, die ein demokratisches Italien zu errichten versuchten. Gerade in den 20 Monaten des Bürgerkrieges sei der Vaterlandsgedanke neu entstanden, so der Philosoph Norberto Bobbio.

Neu ist auch De Felices These, Mussolini hätte sich an die Spitze der neofaschistischen Republik nur deshalb gestellt, um »Schlimmeres« zu verhüten, um Italien also ein weit härteres Schicksal zu ersparen, nämlich die direkte deutsche Besatzung, wie Hitler sie z. B. in Polen ausüben ließ. Also, überspitzt ausgedrückt, Mussolini als Patriot, als einer, der sich fürs Vaterland geopfert hat?

Diese These von Renzo de Felice hört sich für viele Italiener wie eine »Provokation« an. Die zentrale These, die De Felice aufstellt, ist, daß am Tag nach dem Waffenstillstand des 8. Septembers die überwiegende Mehrheit der Italiener nur einen

Gedanken hatte: davonkommen, ohne zu viele Opfer bringen zu müssen. In einem jedoch hat De Felice recht: Hinsichtlich der Ablehnung des Faschismus sowie der Feindseligkeit gegenüber der deutschen Besatzung überwog ein dritter Faktor: der Wunsch der Italiener zu überleben.

*1. 10. 1995*

# Heimat

La patria è come la mamma, ce nè una sola«, sagen die Italiener; nämlich: Die Heimat ist wie die Mutter. Es gibt nur eine. Das ist vielsagend in einem Land, in dem die »mamma« – bewußt oder unbewußt – zuoberst steht in der Werteskala der Gefühle. Später lernte ich in der Schule, die ich als Kind politischer Flüchtlinge im Schweizer Exil besuchte, daß man »eines jeden anderen Vaterland achten, das seinige aber lieben soll«, wie Gottfried Keller mahnte. Von frühester Kindheit an war ich mit solch festen »heimatlichen« Grundsätzen ausgerüstet – dennoch blieb mir ein Konflikt mit dem Begriff »Heimat« nicht immer erspart.

Ausgelöst wurde der Zwiespalt erstmals anläßlich eines Fußballspiels. Ich war elf Jahre alt und lebte mit meinen Eltern in Zürich. Zum ersten Mal durfte ich mit meinem Vater einem Fußballmatch beiwohnen, im Hallenstadion am Hardplatz. Es spielten Schweizer gegen Italiener. Ich sah dort viele meiner Mitschüler. Als die Klänge der damaligen Schweizer Nationalhymne »Rufst du mein Vaterland« ertönten, sprangen meine Klassenkameraden von ihren Sitzen hoch, standen stramm und sangen laut und ergriffen mit. Auch wir erhoben uns – natürlich schweigend. Als danach, von italienischer Seite, die offizielle Hymne unseres Landes erklang und ich ebenfalls wie meine Mitschüler aufspringen wollte, hieß mein Vater mich mit einer Bewegung, sitzen zu bleiben. »Italien ist unsere Heimat; dem faschistischen Italien aber wollen wir keine Ehre erweisen«, sagte er nüchtern.

Der mir auferlegte Zwang zur äußeren Teilnahmslosigkeit ärgerte mich über alle Maßen. Zumal ich während des Spiels, dem ich dank der Erläuterungen meines Vaters auch gut folgen konnte, entdeckte, daß ich innerlich »tifavo« war für meine Italiener. Faschisten hin oder her: Sie gefielen mir besser als die Schweizer. Nicht nur boten sie für mich den schöneren Anblick mit ihren eleganten, kurzen Spielhosen, sie waren auch von den Bewegungen her harmonischer, wendiger, »rassiger«, sagte man damals in Zürich. Im Vergleich dazu kamen mir die schweizerischen Spieler in ihren knielangen Pluderhosen weniger attraktiv vor.

Zu meinem Glück und zu Papas Verdruß endete das Spiel 2 : 1 für Italien. Auf dem Heimweg versuchte mein Vater mir den Unterschied zwischen patria-Heimat und patria-Vaterland klarzumachen. Ich erfaßte ihn damals nur vage. Aber von da an begann ich, mir über den Begriff und das Empfinden »Heimat« Gedanken zu machen.

Die Gedanken verwirren mich manchmal, die Empfindung nicht. Ich bin in verschiedenen europäischen Ländern aufgewachsen. Die heimatlichen Speisen waren infolgedessen sowohl Spaghetti als auch Gugelhupf, Leberknödel genauso wie crêpes ménagères. Mein Erfahrungsraum der Vertrautheit, der in der Kindheit entstand, ist nicht nur Italien, sondern auch die Schweiz, Teil und Mitte Europas. Aber das, was man heute »Identitätskrise« nennt, habe ich nie erfahren. Meine Erziehung sowie die Hingabe meiner Eltern und ihrer Freunde für die Freiheit ihrer Heimat führten dazu, daß die Zugehörigkeit zu und die Verbundenheit mit Italien nie in Frage gestellt wurde. Infolgedessen erfuhr ich frühzeitig, daß Liebe zum eigenen Land völlig unabhängig von den politischen Ereignissen ist, die uns von dieser Heimat trennen; die Heimat schenkt dem einzelnen das, was die Geschichte ihm oft versagt: Wurzeln und Identität.

Denen aber, welchen Geschichte Wurzeln und Identität versagt, vermittelt der Begriff Heimat kein Glücksgefühl, sondern Trauer und Angst, wie Millionen von Vertriebenen in unserem Jahrhundert bestätigen. Es ist ein Privileg, Heimat mit einer von Vertrautheit und Geborgenheit getragenen Kindheit verbinden zu können.

»Andiamo a dare la buonanotte alle lucciole« – komm, wir gehen den Glühwürmchen gute Nacht sagen – so sprach immer mein Großvater, wenn der Sommer in Italien auf seinem Höhepunkt stand, wenn die Nächte mild waren, der Himmel sich dunkelviolett und sternenklar über uns wölbte. Ich war damals etwas über drei Jahre alt und lebte bei ihm in Todi, einem ursprünglich etruskisch-römischen Städtchen, das zur Region Umbrien gehört. Der Ort liegt auf einem zirka 400 Meter hohen Plateau, in dessen Mitte sich die lange rechteckige Piazza Vittorio Emanuele II. erstreckt, die mit ihren drei mittelalterlichen Palazzi zu den sehenswürdigsten Piazzen Italiens gehört.

Jeden Sommerabend verabredeten wir uns – Großvater und ich – mit den »lucciole«, den Glühwürmchen. Dazu mußten wir den berühmten Platz überqueren, links am Palazzo dei Priori vorbei und einige Schritte an der terrazza panoramia entlang gehen; zu nächtlicher Stunde blieb jedoch die atemberaubende Aussicht auf das Tibertal verwehrt: ein fruchtbares, dicht bebautes Tal in unzähligen graugrünen Schattierungen, mit dicht aneinandergereihten Pappeln als Abgrenzung der einzelnen Felder gepflanzt. Die Aussicht umfaßt mit einem Blick die ganze Sanftheit und Milde der humanistischen Landschaft Umbriens. Die schönsten Farben der Farbpalette haben ihren Namen aus der italienischen Wirklichkeit; Terra di Siena, Umbra-Erde. Nichts ist Zufall an dieser Schönheit, nicht einmal die Farben. Die Landschaft wurde von Menschen für Menschen gestaltet; das Land ist das Paradies aller, die, wie Goethe sagte, »zum Sehen geboren, zum

Schauen bestellt« sind. Allen Kriegswirren zum Trotz – diese
Landschaft hat sich weitgehend erhalten.

Von der Aussichtsterrasse führte eine schmale, steile Straße
durch ein antikes Tor, direkt in die Campagna. Der Weg war
holprig, steinig, doch beim Hinunterlaufen wurde ich nie
müde, wohl der großen Erwartung wegen, oder weil tatsächlich »in giù tutti i Santi aiutano«, wie der Großvater sagte:
einem beim Hintergehen alle Heiligen behilflich sind.

Wenn wir das Wohngebiet hinter uns hatten und keine Stra-
ßenlaternen mehr den Weg erhellten, erst dann – umgeben
von einer Dunkelheit, die mir jedoch nie Furcht einflößte –
hielten wir inne und blickten uns um. Unsere »lucciole«
waren schon da; wir haben nie auf sie warten müssen. Auch
das beeindruckte mich, zumal Italien stets ein Land des zeitlich Ungefähren war. Sie tanzten ohne Hast und schwebten
auf und ab um uns herum: ein wahrer leuchtender Freuden-
tanz. Ich griff nie nach einer »lucciola«, denn ich fürchtete, daß
sie – wie in den Märchen – plötzlich verschwinden würden,
von der Dunkelheit verschluckt. Ich stand verzückt vor diesem Zauber, der sich jede Sommernacht für mich wiederholte, umgeben vom südlichen Duft des Jasmins und einer
Stille, die das Zirpen einiger nimmermüder Zikaden noch
hervorhob. Dann kam der Augenblick, da mich der Großvater bei der Hand nahm und ich mich mit einem »buonanotte
lucciole« von den Glühwürmchen verabschiedete – das Glück
in mir und der »gestirnte Himmel« über mir: Heimat als gelebter Augenblick.

In den frühen sechziger Jahren begannen infolge der Luftver-
schmutzung und vor allem auf dem Land aufgrund der Verschmutzung des Wassers (der blauen Flüsse und der klaren
Bäche) die Glühwürmchen zu verschwinden. Eine Sache, die
mit blitzartiger Geschwindigkeit vor sich ging. Ein paar Jahre

später gab es die »lucciole« nicht mehr. Der Dichter und Regisseur Pier Paolo Pasolini definierte diesen Verlust als »ein fast herzzerreißendes Erinnern an die Vergangenheit«.

Einige Jahre später übersiedelte ich mit meiner Familie in die Schweiz. Dort begegnete mir eine völlig neue Welt; es roch oft nach nassen Wiesen, statt Lärm waren es Geräusche, meine Spielgefährten redeten eine mir zunächst unbekannte Sprache, und sie verhielten sich oft auf eine für mich ungewohnte Art. »Jedes Volk hat seine eigene Mentalität; sie entwickelt sich aus der Geschichte des Landes«, erklärten mir meine Eltern. Alles, was ich nicht richtig verstehen konnte oder was mich seltsam anmutete am Gebaren der Leute, erklärte ich mir daraufhin im Sinne meiner Eltern.

»Dafür haben wir Maikäfer«, erwiderte Ruedi, dem ich von den Glühwürmchen meiner Heimat erzählt hatte. Ruedi war mein neuer Schulfreund, und er wollte mich sofort mit dem entsprechenden Wunder seiner Heimat bekannt machen: dem Maikäfer. Bis dahin hatte ich nie etwas davon gehört. Ruedi hielt den Käfer sachte zwischen Daumen und Zeigefinger. Es war ein dicklicher, etwa drei Zentimeter langer hellbrauner Käfer. Ich erfuhr von Ruedi, daß Maikäfer schädlich seien, weil die Larven die Wurzeln der Pflanzen fressen, wodurch die Pflanzen absterben. Die Larvenentwicklung dauert vier Jahre. Es gab also in der Schweiz »Maikäferjahre«, von den Bauern gefürchtet, denn die Larven stellten die ganze Kartoffelernte in Frage und bildeten eine wahre Landplage. Ein durchgreifendes Mittel gab es damals in den dreißiger Jahren nicht; die Käfer mußten abgesammelt werden. Es gab auch zuständige amtliche Stellen in Zürich für die Abgabe der eingesammelten Käfer. Die Kinder fingen die Käfer, stopften sie in leere Flaschen, gaben sie ab und erhielten pro Flasche Maikäfer 50 Rappen als Belohnung. Das war viel. Ich beteiligte mich an der Aktion – etwas widerwillig; mich ekelte es ein wenig vor den Maikäfern, obwohl selbst die schweizerischen Konditoreien einem diese Tiere sympathisch machen wollten, indem sie in ihren Schaufenstern Maikäfer, naturgetreu aus Schokolade nachgemacht, ausstellten. Eines Tages ging die Freundschaft mit Ruedi eines Maikäfers wegen zu Ende. »Würdest du einen Maikäfer essen?« fragte Ruedi unseren gemeinsamen Freund Werner. »Wenn du es tust, schenke ich dir einen Franken.« – Mir graute allein schon vor der Vorstellung; doch ein Franken, das war damals viel Geld – es entsprach zwei Maikäferflaschen. Werner schloß die Wette mit Ruedi ab. Als ich Werner wieder begegnete, fragte ich ihn gleich, ob er den Maikäfer gegessen habe. Etwas kleinlaut, wie mir schien, bejahte er es. »Und hat Ruedi dir den Franken gegeben?« wollte ich wissen. »Nein«, antwortete Werner, »weil ich mich dann übergeben mußte.« Auch die Maikäfer sind heute verschwunden. Die Züricher Konditoren aber fahren unverdrossen fort, jeden Frühling Maikäfer aus Schokolade in allen Größen herzustellen. Diese Beständigkeit spricht nicht nur für die Geschäftstüchtigkeit vieler Schweizer, wie manche meinen möchten. Sie hat auch etwas zu tun mit der Liebe zur Vergangenheit der heimatlichen Natur.

Die Maikäferjagd in den Wäldern der nächsten Umgebung von Zürich – oberhalb des linken Seeufers am Albis oder auf der gegenüberliegenden Seite nach der Forch – steht in direkter Verbindung zum Züricher Frühling. Dieser erscheint mir als ein weit größeres Wunder, als er es im Süden ist. Der Kontrast unterstreicht das Naturereignis. Nach langen, kalten Wintern bricht der Frühling in Zürich schlagartig aus. Eines Morgens sind die dürren Äste und Zweige an den Bäumen – die so zahlreich die Straßen säumen – mit kleinen Blättern

433

vollgespickt. Ihr glänzendes Grün verdanken sie dem Regen; einem lang andauernden, beständigen Nieselregen, der die ganze Umgebung mit einem silbergrauen Schleier umfaßt.

Im Frühling »umarmt« zunächst der Regen, dieser langsame, sanfte, Zürich und verleiht ihm eine poetische Dimension. Maikäfer und Regen: Heimatlichkeit als Szenerie gelebter Jahre.

*Dezember 1995*

# Wie faschistisch sind die Postfaschisten noch?

DER ITALIENISCHE WAHLKAMPF hat erst begonnen, verbreitet aber jetzt schon eine besorgniserregende politische Atmosphäre. Vor einigen Tagen traten der Präsident der postfaschistischen Alleanza Nazionale, Gianfranco Fini, und Romano Prodi, Ministerpräsidentenkandidat des Linken Zentrums, gemeinsam in Turin auf. Auf einer Großveranstaltung mit Geschäfts- und Handelsleuten sollten die beiden Politiker das jeweilige Steuerreform-Programm präsentieren. Die Atmosphäre war geladen; die Geschäftsleute halten sich in Italien allgemein für besonders »steuerverfolgt« und schreiben dies zu einem großen Teil der »Steuerphilosophie der Linken« zu. Die Rechte buhlt um die Gunst der stimmenmäßig kräftigen Kategorie der Geschäftsleute mit Versprechungen, die nicht immer frei sind von populistischer Demagogie. Fini erntete großen Beifall, während Romano Prodi beschimpft und ausgepfiffen und an der Darlegung seiner Thesen gehindert wurde; dem 58jährigen Universitätsprofessor blieb nichts anderes übrig, als die Versammlung zu verlassen.

Zahlreiche Bürger stimmt diese politische Intoleranz im Rahmen des Wahlkampfes nachdenklich. »Die Italiener können nun sehen, was sie erwartet, falls Fini und seine Nationale Allianz die Wahlen gewinnen sollten ... Fini präsentiert sich im Zweireiher und überläßt den Schlagstock seinen Parteifreunden«, lautete der Kommentar Prodis.

Mehr als 50 Jahre nach der Befreiung Italiens von der nationalsozialistischen Besatzung und ihren faschistischen Verbündeten (25. April 1945) besteht die Möglichkeit, daß bei den kommenden Parlamentswahlen am 21. April die postfaschistische Alleanza Nazionale als zweitstärkste Partei hervorgeht.

Manche italienische Bürger fragen sich: wie faschistisch sind sie noch, die Postfaschisten?

Die Rechtspartei Alleanza Nazionale (AN), die Nachfolgeorganisation der neo- oder exfaschistischen »Sozialbewegung« (MSI), hat sich bekanntlich vor knapp zwei Jahren unter der Führung ihres Präsidenten Gianfranco Fini gebildet. Die Statuten der »Nationalen Allianz« unterscheiden sich von jenen der »Sozialbewegung« in einigen grundsätzlichen Punkten. AN verzichtete auf die Forderung nach ideologischer und kultureller Fortsetzung der faschistischen Vergangenheit und ließ das Konzept des dirigistischen, auf staatlichem Zentralismus basierenden Korporativismus zur Gesellschaftslenkung zugunsten demokratischer und marktwirtschaftlicher Regeln fallen. Rassismus und Antisemitismus wurden ausdrücklich verurteilt und die individuelle Freiheit zum grundlegenden Menschenrecht erklärt. Schließlich erkannte Fini an, daß der »Antifaschismus als grundlegendes Element der italienischen Demokratie« in Italien zu betrachten ist. Somit hat Fini offiziell den Wandel von der neo- und exfaschistischen »Sozialbewegung« zu einer normalen politischen Rechtspartei vollzogen. Diese Erneuerung wird auch von allen demokratischen Kräften des Landes gewürdigt und begrüßt, dennoch zweifeln manche Italiener noch an der substantiellen Erneuerung der Rechtspartei. Warum?

Gianfranco Fini selber, der 42jährige aus Bologna stammende Präsident der Nationalen Allianz, erinnert weder in seinem Auftreten noch in seiner Rhetorik an die bekannte mussolianische Gestik. Im Gegenteil: Er legt Wert darauf, den Eindruck des »politically correct« zu verbreiten. In Turin allerdings ist ihm das mißlungen; Fini hat sich zwar am Getöse der Anwesenden gegen Prodi nicht beteiligt, er hat aber auch keinen Finger gerührt, um seinem politischen Gegenspieler die Redefreiheit zu sichern. In den zahlreichen Talk-Shows und Interviews aber wirkt der Präsident von AN sachkundig, telegen, schlagkräftig, freundlich – einer jener Männer, von denen Italiener zu sagen pflegen: »Jede Mutter könnte sich einen solchen Mann als Sohn oder Schwiegersohn wünschen.«

Das Kräfteverhältnis zwischen Finis AN und Silvio Berlusconi innerhalb der Koalition »Polo delle Libertà« hat sich – seit ihrem ersten gemeinsamen Wahlauftritt 1994 – zugunsten Finis verschoben. Es war Berlusconi, der die neofaschistische MSI erstmals seit Kriegsende politisch salon- und regierungsfähig machte. Bis dahin war sie nie über die Rolle einer Antisystempartei am äußersten rechten Rand des Parteienspektrums hinausgekommen. Jetzt aber gibt es Anzeichen dafür, daß – kräftemäßig – Fini den Medienzar Berlusconi rechts überholt hat. Laut Umfragen ist der Präsident von AN heute populärer als Berlusconi. Da die Rechtsextremen bis 1994 nie in einer Regierung vertreten waren, kann Fini sich rühmen, an »Tangentopoli« nie beteiligt gewesen zu sein. Auch Italien kennt seine Naziskins; sie treten in verschiedenen kleinen Grüppchen auf, bilden jedoch kein nationales Problem. Fini kann seine geringe Begeisterung für Europa, die nationalistische Züge trägt, kaum verbergen – er hat im Parlament auch gegen die Maastricht-Verträge gestimmt. Ob und in welchem Ausmaß diese Haltung AN Stimmen einbringen kann, ist schwer zu sagen – die Italiener sind im allgemeinen begeisterte Europäer.

Die politischen Zweifel an der Aufrichtigkeit Finis im Zusammenhang mit seiner »antifaschistischen und demokratischen Wende« rühren aber nicht so sehr von seiner Person her, als vielmehr von der Tatsache, daß die überwiegende Mehrheit der Parteibasis der Nationalen Allianz sich immer noch aus ehemaligen MSI-Leuten zusammensetzt. Auf die Frage des »Corriere della Sera«, ob AN immer noch faschistisch sei, antwortete dieser Tage der linksliberale Senator Leo Valiani, einer der »Väter der Republik«: »Ich glaube nicht, daß AN eine faschistische Diktatur einführen will. Ich glaube Finis Aussagen. Aber die Parteibasis besteht noch aus dem alten neofaschistischen MSI. Durch einen Wahlsieg könnte AN in Versuchung geführt werden und eine autoritäre Lösung für die italienische Dauerkrise finden, sagen wir einen ›Halb-Faschismus‹.« Valiani erinnert daran, daß auch Mussolini 1921 einen Versöhnungspakt mit den Sozialisten schließen wollte, doch die Rechtsextremen in seinem Lager, die »Schwarzhemden«, hinderten den zukünftigen »Duce« daran.

Was nicht ganz zu vereinbaren ist mit dem Willen Finis zur Respektierung des demokratischen Systems, sind seine wiederholten, z.T. äußerst scharfen Angriffe auf den Staatspräsidenten, die Geringschätzung des italienischen Parlamentarismus und kürzlich seine kategorische Absage an alle Versuche Antonio Maccanios zur Reform von Staat und Regierung. Unter Politologen ist die Meinung weit verbreitet, daß diese allein die gegenwärtige institutionelle Krise Italiens lösen könnte. Der Mann von der Straße hat aber bei diesem Tauziehen um Verfassungsreform und Neuwahlen den Eindruck gewonnen, es sei mehr um politische Machtspielchen gegangen als um das Ansehen und die Interessen Italiens. Fini hat bei diesem Tauziehen gewonnen; ob er jedoch nicht Schaden erlitten hat an seinem demokratischen Ansehen, bleibe dahingestellt.

*8. 3. 1996*

# Der Wandel der Familie in Italien

DIE FAMILIE GEHÖRT zu den Mythen Italiens – samt Mutterbild, Mutter-Sohn-Verhältnis, latin lover usw. Dieses Bild der Familie, das sich durch Jahrhunderte hindurch mehr oder weniger erhalten hat, konnte aber den tiefgreifenden Veränderungen, die das Land ab Kriegsende erfahren hat, nicht entgehen.

Der Übergang Italiens von einem vorwiegenden Agrarland zu einem Industriestaat erfolgte in wenigen Jahrzehnten, in knapp eineinhalb Generationen. Dies hat nicht nur zu grundlegenden wirtschaftlichen und sozialen Veränderungen geführt, sondern hat auch – als Folge – Mentalität, Sitten und Gebräuche der Italiener in entscheidender Weise beeinflußt. Familie und Partnerbeziehungen sind davon radikal betroffen worden. Im Zuge der Zeit ist das natürlich überall in Europa geschehen, aber in Italien ist es auffallender und wirkte in der Gesellschaft einschneidender, besonders weil die Emanzipation der Frauen nicht – wie in Deutschland, Frankreich und England – bereits fortgeschritten war. Erst nach Kriegsende wurde das von Mussolini gepriesene Ideal der Frau als »Engel des Herdes« beseitigt.

Das bis vor 30 Jahren noch gültige italienische Familienbild hat sich inzwischen also radikal verändert. Einige Beispiele dafür: Italien, einst Bambini-Land par excellence, hält heute den europäischen Rekord im Geburtenrückgang; durchschnittlich 1,2 Kinder pro Familie. Die Zahl der Eheschließungen sinkt seit 1970 langsam aber stetig (um 3 Prozent zwischen 1993 und 1994). Dafür steigt die Zahl der Ehescheidungen und der Trennungen: zwischen 1993 und 1994 um fast 6,7 Prozent, und zwar erstaunlicherweise im Süden mehr als im

Norden. Interessant ist ferner, daß es mehrheitlich die Frauen sind, die auf eine gesetzliche Trennung drängen, wenn die Ehe gescheitert ist. Nach der abgelaufenen dreijährigen gesetzlichen Trennungsfrist sind es aber wiederum mehrheitlich Männer, welche auf eine reguläre Scheidung bestehen. Die Zahl der Frauen, die vor einem neuen ehelichen Schritt zögert, ist – verglichen mit der Zahl der Männer – weit höher. D. h. daß immer weniger Frauen »lieber eine schlechte als gar keine Ehe« eingehen, wie es noch vor kurzer Zeit hieß. Diese Einstellung beruhte vorwiegend auf ökonomischen Gründen: die Ehe als Versorgung. Für die durch die Ehe erlangte ökonomische Sicherheit zahlten aber die Frauen oft den Preis der Unterwerfung. Nach der Einführung des Ehescheidungsrechts und des Gleichberechtigungsgesetzes von 1975 ist das alte Ehemodell wie von einem Orkan hinweggefegt worden. Die Familie ist auch in Italien in die Krise geraten; zumal eine ständig steigende Zahl von Frauen berufstätig wurde, also selbständig, und sich »befreit« fühlte. Das virile Männerbild aber stürzte rapide vom Sockel, auf den ihn Gesellschaft und Mutter gestellt hatten. Der Mann ist auf der Suche nach einer Identität und steckt in einer tiefen Krise. (Wieviel Identität die Frauen selber haben – das ist eine ganz andere Frage.) In diesen Tagen hat Kardinal Giacomo Biffi aus Bologna in seiner Homilie zum Tag des Lebens – »giornata della vita« – auf die Krise der Familie Bezug genommen und sich mit strengen Worten gewandt gegen dieses »... unbegründete Zögern so vieler junger Männer, wenn es darum geht, das elterliche Nest zu verlassen. Weil sie dort, in der familiären Geborgenheit, auch als erwachsene Kinder genährt und gut versorgt werden und sogar ungestört ihr Verhältnis zum anderen Geschlecht unterhalten dürfen«. Infolgedessen aber haben diese erwachsenen Jugendlichen gar keinen Ansporn mehr – meinte der Kardinal –, eine eigene Familie zu gründen und Kinder in die Welt zu setzen. Ihr Verhalten verstieße gegen das Gebot Gottes: Du wirst Vater und Mutter verlassen. Der Geburtenrückgang ist in Italien so drastisch, daß die Kirche darum sehr besorgt ist; aber nicht nur die Kirche. Die Überalterung der Bevölkerung stellt die Gesellschaft und ihre soziale Organisation vor schwere Probleme.

Die Homilie des Kardinals von Bologna hat eine landesweite Debatte ausgelöst. Welches sind die Ursachen für dieses Verbleiben im elterlichen Heim auch als Erwachsener? fragt man sich allgemein.

Die Erklärung der »Bequemlichkeit«, die der Kardinal anspricht, halten viele für zu einfach. Sicher spielt sie in manchen Fällen eine Rolle. Auch im Ausland spottet man übrigens gerne über die italienischen »Mammoni«, die es durchaus gibt. Diese sind nicht ganz identisch mit den »Muttersöhnchen«, wie man sie auf deutsch nennt; die entsprechen mehr unseren »Mammisti«.

»Mammone« – übrigens gibt es auch »Mammone«-Töchter, von denen spricht man allerdings weniger, weil es psychoanalytisch weniger aufregend ist, glaube ich – also »Mammone« ist ein Sohn (oder eine Tochter), der die Mutter besonders liebt, der muttergebunden ist, gewiß, und die Mutter verehrt, für sie große Zärtlichkeit empfindet, diese auch zeigen und geben kann. »Mammista« dagegen ist etwas anderes – darunter sind in der Tat kaum Töchter. Der »Mammista« hat ein übertriebenes Bedürfnis nach mütterlichem Schutz behalten, auch als Erwachsener.

Ich teile die Meinung mancher, die an der von Kardinal Biffi ausgelösten Debatte teilgenommen haben: Nicht so sehr die Mißachtung des göttlichen Gebotes – du wirst Mutter und Vater verlassen –, sondern die Ausweglosigkeit der Wohnungs-

441

suche ist es vor allem, die die meisten dazu zwingt, noch bei ihren Eltern zu leben. Mehr als »Mammoni« halte ich die jungen Männer für realistisch. Der Journalist Beppe Severgnini antwortete dem Kardinal im »Corriere della Sera«: »Eine der Folgen der intellektuellen Arbeitslosigkeit ist die, daß ein dreißigjähriger gezwungen ist, die Eltern um Geld zu bitten. Ohne Wohnung und ohne Geld ist die Unabhängigkeit eine reine Theorie; es kann sie schon geben, diese Unabhängigkeit, auch unter diesen Umständen, aber dann muß ein junger Mann zu drastischen Lösungen bereit sein: z. B. in einer ungeheizten Ruine zu leben oder in einem kommuneartigen Durcheinander, zu dem die italienische Jugend nur geringe Neigung zeigt – im Gegensatz zur Jugend anderer westeuropäischer Länder, die darin sogar etwas Sportliches sieht!« Zusammenfassend schreibt Beppe Severgnini über die Familie: »Es geht darum, zu wählen zwischen dem nordeuropäischen Modell, gemäß dem die Eltern ihre Kinder ab einem gewissen Alter in die Welt hinauswerfen wie Fallschirmspringer (nach dem Motto: sollen sie selbst sehen, wie sie damit fertig werden), und dem südeuropäischen Modell, gemäß dem die Familie so lang als nötig die Rolle der Aushilfe weiter ausübt.« Die Familie ist auch eine Versicherungsgesellschaft mit »polizze a costo zero« – ohne Beitragszahlungen. Wenige Eltern würden den erwachsenen Kindern eine ökonomische Hilfe verweigern; ich z. B. kenne keine.

Die statistischen Daten der Europäischen Gemeinschaft über 18- bis 25jährige, die noch bei den Eltern leben, bestätigen den eigenen Zug, den die italienische Familie trotz allem beibehalten hat: innerhalb der EG steht da Italien an erster Stelle. Die Unabhängigsten gegenüber den Eltern sind nicht etwa die Angelsachsen, sondern die Dänen.

Die Schwierigkeit für junge Leute, eine erschwingliche Wohnung zu finden – die gibt es auch in den anderen europäischen Ländern. Erschwerend kommt für Italien hinzu, daß 70% der Italiener Wohnungseigentümer sind; infolgedessen ist der Markt für Mietwohnungen äußerst beschränkt.

Italien ist bekanntlich ein Land voller Widersprüche: es sind z. B. erstaunlicherweise die Ärmeren – und nicht die Wohlhabenderen – welche die eigene Familie frühzeitig verlassen. In Ferrara – in der reichen Region Emilia – beträgt der Prozentsatz der Jugendlichen, die noch bei den Eltern leben, 36%, während in Caserta bei Neapel, das eine weit höhere Arbeitslosenquote aufweist, nur 26% der erwachsenen Kinder die Wohnung immer noch mit den Eltern teilen.

Von welcher Seite man auch das Bild der Familie betrachtet: die Bedeutung, die sie im Leben der Italiener beibehalten hat, ist größer als in den westeuropäischen Ländern, selbst wenn die Gründung der eigenen Familie bei den Mädchen nicht mehr zuoberst auf der Wunschliste steht, weil die Frauen heute vor allem einen Beruf anstreben. Die Familienstruktur befindet sich – wie das Land überhaupt – im Übergang. Ein sozio-ökonomisches Erdbeben hat die Familie erschüttert, hat sie aber nicht zerstört. Vor allem ist die Familiensolidarität noch reichlich vorhanden, wenn der Notfall eintritt. Was, wer würde die Unzulänglichkeiten z. B. des Gesundheitswesens erträglich machen, wenn nicht die Mütter und Väter, die Töchter und Söhne, die Tanten und Onkel an das Bett eines Verwandten im Krankenhaus eilen würden? Etwas überspitzt ausgedrückt: es ist die Familie – auch in ihrer gewandelten Form – die in Notzeiten nach wie vor an die Stelle des Staates tritt.

*13. 3. 1996*

# Deutsche und Italiener

KALABRIEN: 1972 – CATANZARO/COSENZA – Regionshaupt-
stadt – ihr Problem: mehr Arbeitsplätze: Lokalpatriotismus
geschürt.»Boia di molla«, verflucht sei, wer nachgibt, extreme
Rechte mobilisiert: Straßen gesperrt, öffentliche Verkehrsmittel in Brand gesteckt. – Als Fernsehteam getrennt vorgegan-
gen! – Plötzlich sehe ich: Kameramann umringt, man entreißt
ihm die Kamera, denn man hielt ihn für die RAI, italienisches
Fernsehen, das in den Augen der Rechtsextremen nicht
objektiv berichtet. Ein Polizeimann in Zivil nähert sich mir:
»Ich würde einschreiten, man bringt Ihnen den Kollegen um.«
ICH schreite ein: Kein Italiener: Deutsches Fernsehen!
Der Anführer schreit: Halt, es sind keine Italiener, es sind
Deutsche, es sind Faschisten! Sie führen uns in die nächste
Bar, um auf unser Wohl zu trinken.
Unter den Fragen, die Italienern immer wieder gestellt werden,
wenn sie deutschen Freunden, Kollegen und Bekannten
begegnen, ist seit Jahren die häufigste die, wie das Deutschland-
bild der Italiener sei, oder – was eine Variante dazu ist – wie das
Verhältnis der Italiener zu den Deutschen sei, bzw. wie dieses
sich innerhalb der italienischen Gesellschaft entwickelt hat. –
Spannungen zwischen den beiden Völkern hat es – für Menschen meiner Generation – viele gegeben: Faschismus, Antifaschismus, Widerstand, deutsche Besatzung. Dann in den fünfziger und sechziger Jahren die Gastarbeiterwelle, der deutsche
Touristenstrom, oder die 68er-Ideale haben natürlich – Gott sei
Dank – ganz andere Facetten des deutsch-italienischen Verhält-
nisses aufgeworfen; der Wandel zum Positiven ist unbestreit-
bar. – Was aber geblieben ist, ist eben die Frage nach einem
»Deutschlandbild« der Italiener, während sich Italiener weit

weniger darum kümmern, was man über sie denkt, – was aber
weder weite Teile der italienischen Gesellschaft noch die
Medien daran hindert, berechtigter oder unberechtigter Weise
heftig zu reagieren, wenn in der deutschen Presse Kritik geübt
wird an Italien. Als Musterbeispiel dafür sei jene Nummer des
»Spiegels« während der siebziger Jahre erwähnt, auf dessen
Titelblatt ein Teller Spaghetti und darauf eine Pistole zu sehen
war. – Widersprüchlich deshalb, weil niemand so sehr die eigenen öffentlichen Laster anprangert wie die Italiener selbst.

Das Verhältnis Deutschland-Italien hat mich immer interessiert. Was mich von den meisten anderen Italienern unterscheidet, ist, daß ich das Glück hatte, sehr früh, schon in den dreißiger Jahren, die »anderen Deutschen« kennenzulernen, nämlich
die Deutschen in der Emigration, so daß ich nie in Versuchung
kam, alle Deutschen mit den Nationalsozialisten gleichzuset-
zen. – So war ich in meinen Beobachtungen und Wahrneh-
mungen unbefangener, da ich seit den sechziger Jahren über
25 Jahre lang mit Deutschen arbeitete.

Professor Arnold Esch, Direktor des Deutschen Historischen
Instituts, hat in seinem Vortrag zum 100jährigen Bestehen des
Instituts in Rom u. a. erklärt: »... wir wollen ... nicht so tun,
als ob dieses Bekenntnis zu Rom und zu Italien stets ein Verhältnis ohne Spannung gewesen wäre. Diese Begegnung war
immer eine Geschichte von Vertrautheiten, aber auch von
Befremdungen, über die man nicht hinwegreden sollte –
wenn man nur dahinter das Einverständnis erkennt, zu dem
beide Völker, beide Kulturen, aus gemeinsamer europäischer
Tradition immer wieder gefunden haben. Zumal – ich zitiere
aus dem Meyer-Lexikon von 1846: ›Der Deutsche und der
Italiener divergieren in ihrem Charakter so sehr, daß beide
gleichsam die Pole der westeuropäischen Menschheit bilden.‹«

Wie sieht also die langjährige Zusammenarbeit zwischen Deutschen und Italienern, die in ihrem Charakter so sehr divergieren, auf praktischem Boden aus? – Überspitzt ausgedrückt: die Klischees, diese von uns so sehr bekämpften und verpönten, haben sich weitgehend bestätigt: Saverio Vertone, ein angesehener Journalist, hat in seinem Deutschland-Buch geschrieben: »Die Sorge gehört zum prägenden Charakteristikum der Deutschen. Die Sorge gehört quasi zu ihrem Seelenhaushalt: die Sorge um das atomare Harmageddon, das Waldsterben, die Klimaverschiebung oder das Ozonloch... Mit fast lustvoller Insistenz wartet die deutsche Volksseele auf das jeweils nächste Untergangs- oder Zerstörungsszenario.« In den Deutschen, so weiter Vertone, sitzt eine tief verankerte Furcht, eine Art »seelischer Krampf«, der sie nicht zur Ruhe kommen läßt. Sie hassen das Unberechenbare und das Unvorhergesehene. ... Diesem Krampf verdanken die Deutschen alles, vor allem natürlich ihren Mut, ihre ungewöhnliche Entschlossenheit, manchmal auch ihre Brutalität, fast immer ihren Mangel an Leichtigkeit. Ihm verdanken sie die Fähigkeit zu organisieren, zu entscheiden, vorzusorgen.

Die Sinnes- und Denkartunterschiede, also die Mentalitäten, die sich im Laufe der Geschichte entwickelt haben und den sogenannten Volkscharakter ausmachen – man denke bloß an typische Ausdrücke: wenn gebildete Italiener über »Weltanschauung« sprechen, so müssen sie wohl oder übel das Wort auf deutsch aussprechen, ebenso »Stimmung« und »Wandern«, das ist auch so ein Wort, das man hier nicht kennt; die Italiener wandern nicht, sie gehen, sie flanieren, sie spazieren – aber sie wandern nicht.

*7. 6. 1996*

Dies war der letzte Textentwurf von Franca Magnani, entdeckt in ihrem Laptop durch die Enkel Adrian und Lorenzo.

# Statt eines Nachworts

Widerstand muß heute darin bestehen,
von seiner Freiheit Gebrauch zu machen.

*Laudatio von Heinrich Böll*
*anläßlich der Verleihung des Fritz-Sänger-Preises*
*an Franca Magnani*

Alte Floskeln, für abgestanden erklärt, verschlissen auch, gewinnen gelegentlich neuen Charme – im Gegensatz zum harten Zugriff des Poppig-peppig-Griffigen, dessen modische Kantigkeit dann künstlicher wirkt als eine altmodische Formel ... und so fange ich, nachdem ich schon angefangen habe, noch einmal an, ich sage: Es ist mir eine Freude, auf Sie, Franca Magnani, eine Lobrede zu halten anläßlich eines Preises, der den Namen Fritz Sängers trägt.

Je mehr ich über Sie und vor allem von Ihnen las, das ist eine Dimension Ihrer publizistischen Arbeit, die ich nicht kannte, je mehr ich darüber nachdachte, wie sehr wir Ihre Frische, Ihre Direktheit auf dem Bildschirm vermißt haben, wie so viele Deutsche, die das Ihnen gegenüber ja auch zum Ausdruck gebracht haben, um so mehr fiel mir auf, wie gut Sie und Fritz Sänger zusammenpassen. Sie kommen beide aus dem antifaschistischen Widerstand, wissen beide und praktizieren es, daß Widerstand nicht nur in totalitären Systemen erforderlich ist. Auch in demokratischen Systemen gibt es Entwicklungen, Tendenzen, denen nicht nachgegeben werden darf. Jedenfalls ist Widerstandslosigkeit nicht das Merkmal des Demokraten und Republikaners.

Nicht nur die als politisch definierten Parteien sind ja politisch: Wirtschaftsinteressen sind politisch, konfessionelle Parteilichkeit gebärdet sich extrem politisch. Die Grenzen zwischen Wirtschaft und Politik sind ja fiktiv, und Objektivität, das ist dann die feine, fast unsichtbare Macht derer, die die Subjekte – wörtlich genommen also die Unterworfenen – fest in der Hand haben. Sie ist ein Herren- und Damenluxus mit dem unsinnigen Namen Ausgewogenheit.

Auswiegen ist eine ehrenhafte Tätigkeit des Händlers oder Kaufmanns, der mir, wenn ich ein Pfund Mehl oder ein Viertelpfund Butter kaufen will, das auswiegt, das heißt, er stellt, Redlichkeit vorausgesetzt, Gleichgewicht zwischen Ware und Gewicht her, und ich zahle für die Ware den vereinbarten Preis. Diesen höchst ehrenwerten Vorgang auf irgendeine Berichterstattung oder eine Diskussion zu übertragen – Harmonie um jeden Preis! – ist eine Verkennung, es ist Verfälschung jeglicher Form von Wirklichkeit.

Seveso – ich denke an Ihre Berichte darüber – gegen die chemische Industrie – da ist nichts auszuwiegen, vielleicht abzuwiegen – aber auch nur ein mißgebildetes Kind gegen Bilanzen, Aktien, Börsenkurse – wer mag da die Gewichte bestimmen, die Ausgewogenheit herstellen? Die schmerzlichen Probleme der geplagten Menschheit – ausgewogen? Emotionslos betrachten? Da werden Begriffe nicht nur eingeschmuggelt, auch mit propagandistischem Terror eingehämmert; Orwells großer Bruder hat feine Methoden entwickelt, nicht nur in Diktaturen. Letzten Endes werden dann Väter und Mütter im Zustand völliger Emotionslosigkeit am Bildschirm dem Sterben ihrer Söhne zusehen; bei einer ausgewogenen Berichterstattung über einen möglichen konventionellen Krieg (bei einem möglichen unkonventionellen Krieg!) werden wir die Ausgewogenheit der Rüstung vorgeführt bekommen.

Um einer waschechten Italienerin gerecht zu werden, habe

ich mir noch einmal eine der ältesten Quellen über uns, die Germans, angesehen, des *Tacitus Germania*. In diesem winzigen präzisen – man kann kaum sagen Buch, es ist eher eine geniale Mischung von Essay und Reportage – stehen bedenkenswerte Sätze über die Germanen, unter anderem: »Bei mühseliger Arbeit legen sie viel weniger Ausdauer an den Tag – als im Kriege.« An anderer Stelle gar: »Für faul und feige gilt, wer mit seinem Schweiß erwirbt, was er durch Blut gewinnen kann.« Nun, in diesem Sinn zähle ich mich zu den Faulen und den Feigen, ich bin immer ein Faulenzer und Feigling gewesen. Seit Tacitus haben wir uns natürlich entwickelt. Es hat, schätze ich, einige Jahrhunderte gedauert, uns zu regelmäßiger Arbeit zu erziehen, dann vielleicht noch einmal tausend Jahre, ehe wir aus der Arbeit eine Weltanschauung gemacht haben; unsere erfolgreichsten Entwicklungshelfer waren die Römer – diese Feststellung mag manchen heutigen Entwicklungshelfer und -theoretiker er- oder entmutigen, weil er feststellen muß, wie lange Zeit man für Entwicklung braucht.

Und so will ich Sie, liebe Franca Magnani, nach diesem Looping in andere Gefilde, hier herzlich begrüßen als Entwicklungshelferin für den Rechts- und Freiheitssinn, den einige Ihrer deutschen Kollegen in sämtlichen deutschen Medien möglicherweise schon bald werden aufbringen müssen. Der Herr, der Ihnen da Schwierigkeiten gemacht hat, der handelte ja in Fortsetzung einer Medienpolitik, der Fritz Sänger schon vor zweiunddreißig Jahren zum Opfer fallen sollte, vor dreiundzwanzig Jahren dann zum Opfer fiel. Auch da also Gemeinschaft.

Adenauer wollte nicht von einem Nachrichtenbüro über den Lauf der Welt informiert werden, das von einem Sozialdemokraten geleitet wurde. Witterte er damals schon die berüchtigte Moskauzugehörigkeit, die auch im letzten Wahlkampf hier wieder eine Rolle spielte? Nun, er hatte ja seinen Globke und wußte wohl nicht, daß Fritz Sänger von denen, die Hitler stürzen wollten, zum Chef eines Nachrichtenbüros, als eine Art Regierungssprecher, vorgesehen war; von jenem Widerstand also, den man so pompös und doch auf eine merkwürdig verdrückte Weise zu feiern pflegt. Und es gab dann einen wahren Gipfel der Peinlichkeit, als Dr. Filbinger die Festrede hielt, der ja wohl den wahren Widerstand verkörperte, wie sich später herausstellte.

Widerstand, der heute darin bestehen muß, auf seinem Recht zu bestehen und von seiner Freiheit Gebrauch zu machen.

Als ich mich auf diese Rede hier vorbereitete, las ich in einem Bericht über den Bericht unseres Wehrbeauftragten, daß immer mehr Bundeswehrsoldaten nicht mehr von ihrem Recht und von ihren Freiheiten Gebrauch machen; daß sie Unrecht hinnehmen, Schikanen erdulden, weil sie fürchten, aufzufallen, schlechte Noten ins Dossier zu bekommen, und für ihr Berufsleben Nachteile fürchten müssen. Ich hoffe, daß unser Parlament, unsere Regierung, der zuständige Minister sich nicht allzusehr über diese bequemen Soldaten freuen, daß sie alle eher Unruhe zeigen über die Folgen einer solchen Entwicklung zur Untertänigkeit. Recht, von dem man keinen Gebrauch macht, stirbt ab; Freiheit, von der man keinen Gebrauch macht, welkt dahin.

Wir vergessen zu leicht, daß das Recht ein Teil, wenn nicht der wichtigste Teil unserer Kultur ist. Die schönen Künste, oft genug allein als Kultur verstanden, lenken da eher ab und werden auch als Ablenkung benutzt. In einer Republik ist die Rechtskultur für den größeren Teil der Bürger wichtiger als die Freiheit der schönen Künste, die sich ohnehin ihre Freiheit *nehmen* – und keiner Gesetze bedürfen. Gesetze, die Recht verleihen, müssen von denen verteidigt werden, ihre

Einhaltung muß beobachtet werden von denen, die sie gemacht haben. Rechte müssen wahrgenommen werden, bevor sie auf dem großen Jahrmarkt der Unterhaltung, in der Ablenkungsindustrie zur herabgeschmunzelten Anekdote verkommen, im legalen Drogentaumel der Bewußtlosigkeitsindustrie nur noch als Querulantentum und Rechthaberei, nur noch einem dekorativen Zweck untergeordnet werden.

Ich denke, diese An- und Umschweifungen gehören zur Sache, gehören in die Lobrede auf eine Frau, die auf ihrem Recht besteht und ihre Freiheit verteidigt, eine Freiheit, die auch darin bestand, uns darüber zu informieren, uns deutlich zu machen, daß Italien nicht *nur* aus Quirinal und Vatikan besteht. Pompöse Rituale haben ja einen gewissen Unterhaltungswert, geschickt inszenierte Gipfel, wo Seifenblasen kultiviert werden – und die so oft verführerische Ästhetik der wichtig gemachten Nichtigkeiten –, dahinter läßt sich so leicht der Alltag eines Landes verstecken: etwa die Hausfrauen, die täglich beim Einkauf und wenig später in ihrer Küche mit den Folgen der Politik, den Auswirkungen von Korruption und Mißwirtschaft konfrontiert werden, wenn ihre Arbeit, ihre Mühe und die ihrer Männer, Söhne und Töchter sich zeigt in dem, was in Pfannen, Töpfen, Schüsseln, Flaschen, Gläsern und Tassen den Hungrigen und Durstigen geboten werden kann.

Schließlich, wenn das Hehre, das Hohe, wenn die wohlplazierte Phrase verklungen ist – zeigen sich die Folgen der Politik, die dann nur noch Wirtschaftspolitik ist: in Moskau und Lima, New York und Peking – sie zeigen sich in dem, was auf den Tisch kommt –, wenn nicht die Sorge gerade darin besteht, daß irgendwelche Herren gerade mal wieder einen Krieg für notwendig halten. Der weitaus größte Teil der

Menschheit braucht den Hunger nicht ärztlich verordnet zu bekommen, er hat ihn schon. Und Appetitlosigkeit ist kein Problem für den größeren Teil der Menschheit. Politische Phrasen, Gebete und Flüche sind ja kostenlos; und in den Himmel kommen wollen wir doch alle, auch die Politiker.

Sie, Franca Magnani, haben uns dieses Italien gezeigt. Strenge Objektivisten haben selten Nahrungssorge. Da kommt mir wieder der Begriff Faulheit auf den Weg. Ich habe noch nie einen faulen Italiener gesehen. Es ist mir immer unverständlich gewesen, wie wir, mit knapper Not zur Arbeitswilligkeit erzogen, selbstbewußt und arrogant vom faulen Italiener sprechen konnten. Wie dieses Klischee entstanden ist, ist mir rätselhaft. Ob Autoren, Übersetzer, Bankbeamte, Journalisten, Maurer, Bauern, Kellner, Handwerker aller Sparten, Eisverkäufer, Politiker, Diplomaten und auch die Mafiosi – fleißig sind und waren sie alle.

Auch die letzten uns bekannten italienischen Päpste waren fleißig, fast zu fleißig, ebenso fleißig wie der polnische. Nein, ich will hier nicht schmeicheln. Es ist möglich, daß ich einem bloß reziproken Klischee unterliege. Und ich bitte Sie, Frau Magnani, wenn wir Sie hoffentlich bald wieder auf dem Bildschirm sehen, zeigen Sie uns den faulen Italiener, oder gar, was vielleicht noch schwieriger ist, die faule Italienerin.

Nein, nach allem, was ich von Ihnen gelesen habe, habe ich keinen Grund zu schmeicheln. Was alles um, an und in Italien schmerzhaft und schmerzlich ist, aber nicht nur Mafia, Korruption, Betrug, Elend, Menschlichkeit sind nicht nur Altertümer, Eleganz, Vatikan, bella figura, Belcanto, blauer Himmel und flinke Fußballbeine. Wenn ich Ihre Analysen und Berichte lese, kommen auch Trauer über uns und Neid auf Ihr Land hinzu. Ihr Land hat seine schmerzlichen und schmerzhaften Probleme und hat doch einen Präsidenten wie Sandro

Pertini, der nicht nur möglich ist in Italien, auch von allen Parteien geachtet – und vom Volk.

Gustav Heinemann, ebenfalls ein Mann des Widerstands, wenn auch nicht mit einem so dramatischen Lebenslauf wie Sandro Pertini, er war gewählt, er wurde respektiert; bewundert, geachtet oder gar geliebt wurde er wahrscheinlich von dem größeren Teil des Parlaments nicht. Sich vorzustellen, wir hätten einen Bundespräsidenten gehabt, der Emigrant und im KZ war. Bei uns eben durfte Dr. Filbinger die Rede zum 20. Juli halten, ohne daß die Öffentlichkeit aufschrie.

Ich weiß, hier wäre ein stundenlanges historisches Kolleg fällig über die Teilung Deutschlands, die Ursachen für diese Teilung, die den einen wie den anderen deutschen Staat immer im Reflex zum anderen oder einen reagieren läßt. Aber ob es notwendig war, auch den Widerstand zu teilen, daran erlaube ich mir zu zweifeln. Ob das nicht wenigstens gemeinsam hätte bleiben können, ein Ansatz zur vielbeschworenen Einheit der Nation? Man mag mir also Trauer und Neid gestatten, wenn ich an Sandro Pertini denke, der ja wohl für Ihr Leben so entscheidend war wie Valdo Magnani und Ihre Eltern.

Es gab viele Antifaschisten in Deutschland, in allen politischen Lagern. Sie nennen sich inzwischen hierzulande, wenn sie sich noch zum Widerstand bekennen, dann doch lieber Nazi-Gegner. Antifaschist, das klingt doch zu sehr nach Kommunist. Und daran sind nicht nur die bürgerlichen Antifaschisten schuld, auch die Kommunisten, die den Widerstand für sich beanspruchen, so wie eben hier der kommunistische Widerstand lange geleugnet wurde. Ein Emigrant, ein ehemaliger Nazihäftling als Präsident der Bundesrepublik Deutschland? Da wäre Globke vor und auch Adenauer.

Ich erlaube mir, bei dieser Überlegung auch einer Gruppe jugendlicher Kölner Antifaschisten zu gedenken, die sich

»Edelweißpiraten« nannten und kurz vor Kriegsende in Köln an einem Bahnübergang gehängt wurden. Bis heute verweigert man ihnen die Anerkennung. Wahrscheinlich hätten sie in Italien auch unter einer DC-Regierung längst ein Denkmal, und ihre überlebenden Angehörigen würden nicht so gedemütigt.

Immerhin gibt es in der Republik Italien, das verdanke ich der Lektüre Ihrer essayistischen Arbeiten, alle Verstrickungen, Verwicklungen, auch einige Heucheleien und Winkelzüge vorausgesetzt, die *Gemeinsamkeit* des antifaschistischen Widerstands. Und die PCI gehört, wie ich ebenfalls Ihren Publikationen entnehmen konnte, nicht nur selbstverständlich zur Republik. Sie ist auch eine der nicht nur verfassungstragenden, auch verfassung*gebenden* Parteien gewesen. Daß Parteien, die an der Macht sind, immer mehr davon haben wollen, weil ihnen die Macht nicht nur schmeckt, sondern vielleicht sogar bekommt, das liegt, wie man so hübsch sagt, an der Natur der Sache.

Ausgewogenheit ist da nicht mehr gefragt. Man kann der SPD einiges vorwerfen, nicht nur den Radikalenerlaß, der ein Zurückweichen, nicht ein Vorwärtsschreiten war zu Zeiten, als sie an der Macht war. Ihr schlimmster Fehler war, daß sie ihre eigenen gedruckten Medien sich nicht erhalten hat, ein historisch irreparabler, ein entscheidender Fehler, der jedem von uns noch schwer zu schaffen macht, ein unglaublicher Vorgang, mit dem wir uns langsam vertraut machen müssen. Und sie hat Radio und Fernsehen, die ihr viel Sympathie entgegenbrachten, einfach wegrutschen lassen, fahrlässig, ohne Not, ohne sich je darüber klarzuwerden, was da alles über Antenne und Kabel ins traute deutsche Heim transportiert werden kann. (Die SPD hat auch Verdienste. Nicht das geringste davon ist die Bildungsreform, der jetzt ja wieder eine Herren- und Damenbildung folgen soll. Aber da ich hier keine Lobrede, auch keine Grabrede auf eine Partei halte – Grabrede wäre ja bei knapp 40 Prozent auch nicht angebracht – muß ich es bei ein paar Andeutungen belassen.) Es ist sehr ehrenwert, Macht nicht zu mißbrauchen, aber es ist töricht, Macht nicht zu gebrauchen, denn man braucht sie ja, um Einfluß zu erhalten.

Heute kann man fast schon sagen: *NDR*-seligen Angedenkens und *fast* könnte man schon sagen: *WDR*-seligen Angedenkens, um beim *Bayerischen Rundfunk* dann zu rufen – wenn man die Litanei ganz abgebetet hat: O du Insel der seligen Ausgewogenheit, auf der gar nicht gewogen werden muß, weil alles sowieso stimmt und übereinstimmt. Es ist schon lustig, wenn Barbara Dickmann die *Tagesthemen* nicht mehr moderieren darf, weil sie Sympathie für eine Partei ausstrahlt, und wenn dann die Herren Mühlfenzl und Feller gemeinsam, ausgewogen, wie sie nun einmal sind, ein entscheidendes Wahlkampfhearing moderieren. Da bleibt einem das Lachen nicht im Halse stecken, es rutscht einem frei heraus, bis einem klar wird: das war ja gar kein Kabarett, und Dieter Hildebrandt hätte es ja auch besser gemacht.

Wenn das ein mögliches Modell zukünftiger Medienpolitik sein sollte, wäre eine gewisse Bangigkeit angebracht. Der Griff nach Franz Alt und seiner Ausgabe von »Report« kam ja dann auch mit einer Plumpheit und Promptheit, die doch überraschend war. Und der personifizierte CSU-Zeigefinger in Gestalt von Herrn Dr. Stoiber war ja auch da im Hintergrund. Wir wollen nicht denjenigen die Schuld geben, die die Macht haben und immer mehr davon haben wollen.

Ich muß schon sagen, leider hat die SPD nicht begriffen, was die Union sehr wohl begriffen hat, daß man auch nicht den kleinsten Fetzen Einfluß preisgeben darf, so wie man das Recht nicht verkommen und die Freiheit nicht verwelken lassen darf. Und wenn man das weiß, wird auch das kleinste Provinzblättchen wichtig, wo Loblied und Hofberichterstattung noch geübt werden können.

Schuld am Verkommen der Rundfunk- und Fernsehfreiheit? Wer wird da mit solch moralischen Begriffen kommen in einem Land, wo Moral und Sentimentalität immer noch miteinander verwechselt werden? Schuldig werden sich die machen, die sich ein paar fetter Pfründen wegen widerstandslos werden schlucken lassen. Und das kann man an ästhetischen Merkmalen messen. Schleim in der Stimme, die Physiognomie zur Ausdruckslosigkeit erstarrt.

Einschüchtern lassen werden sich am ehesten die, bei denen es nicht ums Fressen und um die Miete geht, denen nicht Hunger, Not und Elend drohen, es wird möglicherweise nur gehen um ein paar snobistische, sybaritische Privilegien. Oh, Ihr Deutschen, laßt es doch sein, Ihr werdet ja doch nie echte Snobs und Sybariten, das schafft Ihr gar nicht. Ihr werdet unschön, seht unschön aus, wenn Ihr es mit Gewalt versucht. Erinnert Euch doch der Tugenden, die Tacitus an Euch gerühmt hat. Er, Republikaner von Geblüt, trauerte ja um eine verlorene, verkommene, verworfene Republik. Legen wir uns also zunächst ästhetische Maßstäbe zu: Stimme, Sprache, Physiognomie, Vokabularium.

Die moralischen Ergebnisse purzeln dann von selbst hinterher. Und – nur keine Bange – wir haben keine Machtergreifung, wir stehen nicht vor einer solchen. Und trotz einiger Rückfälle haben wir ein bißchen Republik gelernt. Dies ist unser Staat, er hat eine ehrenwerte Verfassung, er hat eine Rechtsprechung, ein Parlament, das noch nicht schläft.

Was uns bevorstehen könnte, sind Einschüchterungsversuche, wie wir sie im Jahre 1970 bis 1974, am massivsten im Jahre 1977 erlebt haben, in eben jenem Jahr, in dem man anfing, Sie,

Franca Magnani, aus der Berichterstattung zurückzuziehen, und ich halte das nicht für einen Zufall. Sie haben getan, was für uns jetzt wichtig sein könnte: auf unserem Recht bestehen, von unserer Freiheit Gebrauch machen. Das ist nicht leicht, wie sich an Ihrem Prozeß zeigt. Es gehören Ausdauer und Mut dazu.

Das Recht will ja wahrgenommen werden, es fällt einem nicht in den Schoß. Und das erfordert Mut. Und man muß bis an die Grenze des Mutes gehen, jenen Mut, den ich denjenigen wünsche, von denen ich erwarte, daß sie die Medien weiter frei verwalten: Nicht beim ersten Telefonanruf von Herrn Geißler oder Herrn Stoiber, oder wer immer da beauftragt sein mag, schon erbleichen und den Hungertod für die Kinder sehen. Die Grenze des Mutes erkunden, immer weiter, immer weiter gehen, bis man einem auf die Finger klopft, dann an den Kragen geht und schließlich sogar – nicht mit Pistolen, sondern mit Schlagzeilen – schießt, und in den Reden bewährter politischer Stimmungskanonen die Kanonade fortgesetzt wird.

Nie vergessen: Es geht nicht um Leben und Tod, es geht um Gesetze, Vorschriften und Freiheit. Es geht darum, Raum für Freiheit und Mut freizuhalten. Der Mut der freien Journalisten und Autoren muß einen Platz haben. Es muß Raum für sie freigehalten werden. Der Mutige, der keine Gelegenheit mehr dazu bekommt, seinen Mut öffentlich zu zeigen, verkommt in Thekenweinerlichkeit und privatem Jammer. Terrain erhalten dafür diese Dinosaurier in unserer Gesellschaft, die man noch Freie nennen kann.

Ich weiß, das klingt fast zu gut, ein bißchen zu volltönig auch. Aber die Gefahr, daß wir einrekrutiert werden in eine Hochberichterstattungskultur, die Gefahr ist immer da. Wir sind verwöhnt, weil wir dieses rechtlich verankerte freie Mediensystem haben. Es liegt an uns, ob es bleibt, liegt auch an der Einsicht der Politiker. Vertrauen wir nicht zu sehr auf deren Gnade, sondern auf unser Recht und auf die Freiheit, die uns versprochen ist. Die Medienpolitik, der Sie geopfert werden sollen, hat eine gewisse verblüffende, fast animalische Unschuld. Sie ist offen, sie zeigt die Zähne, fletscht sie gelegentlich, sagt nur: Wir haben die Macht, wir machen Gebrauch davon, seht zu, wie Ihr mit uns zurechtkommt. Sie setzt das Recht ja nicht außer Kraft, sie verletzt es nur, sie schafft Strittigkeiten, so daß also ewig lange Prozesse möglich wären. Und es ist mühsam, in einem solchen Fall von seinem Recht Gebrauch zu machen. So viel Geduld, Kraft, Zeit und auch Geld steht nicht jedem zur Verfügung, und so verkommt mancher Rechtsanspruch im Gestrüpp der Resignation.

Aber nun komme ich wirklich zur Sache, verzeihen Sie meine Abschweifungen. Ich komme von Italien, der Bundesrepublik, der Person Franca Magnanis, von Ihnen, zum *Fall* Magnani. Und da ist es nun interessant, daß Sie nie Ihrer Berichte wegen, Ihrer publizistischen Arbeiten wegen auch nur andeutungsweise getadelt worden sind – nicht aus München, nicht aus Rom. Man hat Sie nicht einmal des Kommunismus verdächtigt, nicht Ihre Tendenzen gerügt, nein, die Ursache für Ihre Behinderung ist eine andere.

Und dazu gibt es eine Erklärung des ehemaligen Fernsehdirektors beim *Bayerischen Rundfunk,* Professor Dr. Clemens Münster, vom 23. Oktober 1982, die ich hier ganz im Wortlaut vorlesen möchte: »In der gesamten Zeit von über 16 Jahren beim *Studio Rom* des *Bayerischen Rundfunks* ist von keiner Stelle innerhalb oder außerhalb des *Bayerischen Rundfunks* irgendeine, insbesondere keine politische substantielle Beanstandung gegen Sendungen, Informationen oder Anordnungen von Frau Magnani erhoben worden.

Es war allgemein bekannt, daß Frau Magnani zwar eine All-round-Redakteurin ist, in Rom aber weit überwiegend die Politik wahrgenommen hat. Die jeweiligen Leiter waren meistens Kulturredakteure.

Als Fernsehzuschauer (und Fernsehdirektor a. D.) ist dem Unterzeichneten in den letzten Jahren aufgefallen, daß Frau Magnani – trotz ihrer hervorragenden Berichterstattung – durch Herrn Wolf Feller herausgedrängt wurde, vor allem bis auf einen fast verschwindenden Rest aus der Tagesschau und verwandten Sendereihen. Herr Feller übernahm diese Berichterstattung, wie der Unterzeichnete sehen konnte.

Aufgrund dieser Feststellung erinnerte sich der Unterzeichnete an den *Druck* (Betonung stammt von mir), der auf ihn als Beauftragtem des Intendanten für die Auslandsstudios des *Bayerischen Rundfunks* während seiner Dienstzeit ausgeübt wurde – und zwar von den verschiedensten Stellen (von Abgeordneten, Regierungsmitgliedern, Mitgliedern der Aufsichtsgremien des *BR*), um Franca Magnani im römischen Studio auszuschalten, und zwar wegen der Zugehörigkeit ihres Mannes zur kommunistischen Partei. Die vorstehenden Feststellungen sind mit bestem Wissen und Gewissen gemacht. Der Unterzeichnete ist bereit, sie durch Zeugen bestätigen und ergänzen zu lassen.

D 8229 Amring, den 23.10.1082

Prof. Dr. Clemens Münster«

Soweit der Brief von Herrn Münster. Und ich denke, da ist einiges klar, oder klarer: daß der Druck, den Dr. Münster und die römischen Studioleiter vor Herrn Feller nicht auszuüben gedachten, sofort wirksam wurde, als der neue Studioleiter im Hetz-, Hatz-, im Hysteriejahr 1977 auftauchte.

Und wie nannte man das doch in einer noch nicht lange vergangenen Epoche deutscher Geschichte? Etwa Sippenhaft?

Und wußte man nicht einmal, daß Valdo Magnani einer der frühesten Eurokommunisten war, längst von Moskau entfernt und aus der PCI ausgeschlossen? Ich will hier nicht alle Turbulenzen, alle die Wellen der Einschüchterung und Denunziation des Jahres '77 wieder aufkochen, das ist alles dokumentiert. Ich möchte nur daran erinnern dürfen, daß ich in diesem heiligen Jahr deutscher Geschichte vom *Bayerischen Rundfunk* die erste Zensur in meiner Laufbahn erfuhr.

Es ist anzunehmen, und dazu gehört wenig Phantasie, daß die CSU – vielleicht auch andere Parteien – exakte und erschöpfende Dossiers über alle Redakteure beim Funk und Fernsehen haben. Ist da vielleicht doch noch jemand mit einer oder einem, wenn auch ehemaligen, Kommunistin oder Kommunisten verheiratet, oder auch nur einem Sozialisten? – hat vielleicht einmal einen Stein geworfen, oder überhaupt hat sie oder er an Demonstrationen teilgenommen? Oh, es gibt da noch Feineres und Plumperes.

Es gab ja nun mal diesen äußerst merkwürdigen Komm-Prozeß, und er soll hier stehen als Beispiel, als Muster für das, was man alles *versuchen* kann, wenn sich kein Widerstand zeigt; in diesem Fall hat Widerstand, permanenter, langer, immer wieder hartnäckiger Widerstand von den Betroffenen, von ihren Eltern, von Juristen und Journalisten gesiegt; in *einem* Fall, der dann so viele Peinlichkeiten offenbarte, daß man ihn von der Bühne nehmen mußte. War auch in diesem Fall die offene, animalische Unschuld am Werk, die da sagte: wir haben die Macht, wir machen Gebrauch von ihr? Seht, wie ihr mit uns zurechtkommt? Auch damit bin ich bei Ihnen geblieben, Franca Magnani.

Ich hoffe, so weit ich auch abgeschweift sein mag, ich war immer bei Ihnen, Ihrem Fall, der auch unser Fall ist, und zeigen kann, was uns drohen könnte, was nicht eintreten muß.

Die langsam und erfolgreich anschleichende Gefahr der Verschleimung braucht sich nicht auszudehnen.

Die deutschen Medien des öffentlichen Rechts, nicht ohne Werbung, aber nicht abhängig von dieser, waren immer erstaunlich frei, sie waren die wichtigsten Förderer der Nachkriegsliteratur, des Theaters, des Films – und ihre Auslandskorrespondenten haben vom Beginn des Vietnamkrieges an bis zu den gegenwärtigen Entwicklungen uns Bilder und Berichte vermittelt, die uns befähigen, uns ein Urteil zu bilden. Alle Korrespondenten, denen ich im Ausland begegnet bin, auch die der gedruckten Medien, haben mich informiert, sich hilfreich und hilfsbereit gezeigt, auch die der Springer-Presse. Ich möchte die Gelegenheit wahrnehmen, mich dafür zu bedanken. Wir haben einen Auslandsjournalismus von erheblichem Niveau – der Fall Franca Magnani muß nicht bedeuten, daß wir ihn einmal *hatten*.

Da wurde ein Hebel angesetzt – noch hat der Hebel nicht endgültig seine Wirkung getan –, und die Hebelwirkung aufs Inlandprogramm – ob sie Erfolg haben wird, liegt nicht nur an denen, die – der Natur der Sache gemäß – den Hebel ansetzen werden – es liegt mehr noch an denen, die ausgehebelt werden sollen –, und für diese, Franca Magnani, könnten Sie beispielhaft sein: nicht als Heldin, nicht als Märtyrerin, als jemand, der sein Recht kennt, von ihm Gebrauch macht, und der sich seine Freiheit nicht nehmen läßt, ganz im Sinne Ihres Staatspräsidenten Sandro Pertini und auch im Sinne Ihres eigenen Ausspruchs »Je mehr Bürger mit Zivilcourage ein Land hat, desto weniger Helden wird es einmal brauchen«.

Ein paar Worte noch zu Italien, die mit dem antikommunistischen Hebel zusammenhängen, der ja bei Ihnen angesetzt wurde. Nicht nur blauer Himmel, Florenz, Siena, nicht nur Tacitus, Dante, Silone, Pavese, Moravia, nein, ich habe aus dem, was Sie geschrieben haben, etwas gelernt, etwas erkannt. Ich will hier nicht über Ihre Artikel und Referate referieren. Die Spaltungen in Parteien und innerhalb von Parteien, Richtungen und Wendungen, möglicherweise sogar für einen Italiener oft schwer durchschaubar, die soziale Spaltung Italiens, alles ist mir noch deutlicher geworden. Auch Kommunismus und Sozialismus in einem Land, das nicht nur katholisch ist, sondern vielleicht *das* katholische Land, das ja nicht die älteste Tochter der Kirche sein kann, weil die Mutter nicht jünger sein kann als die Tochter. Die Mutter ist ja immer ein wenig älter als die Tochter.

Ihre Arbeiten haben mir eine Einsicht vermittelt, die mir gefehlt hat, auch zur Klärung mancher Unklarheit diente. Da beide Staaten, die Republik Italien und die Bundesrepublik Deutschland, aus einer faschistischen Vergangenheit entstanden sind – bei uns war dieser Faschismus durch den Nazismus erheblich verschärft, über diesen Unterschied ist genug gesagt und geschrieben worden –, war mir ein Vergleich der beiden Staaten wohl erlaubt.

Und da fiel mir eben bei der Lektüre Ihrer publizistischen Arbeiten auf, daß der Widerstand gegen den Faschismus, ich wiederhole es, ein bestimmendes Element der italienischen Nachkriegspolitik ist. Daß die PCI von Anfang an auch verfassungsgebendes Element der italienischen Politik war, auch das wiederhole ich. Ich will darüber nicht in Euphorie verfallen, will hier nicht auf alle Verstrickungen, Verwicklungen, Verschiebungen, Bewegungen und auf branchenübliche Heuchelei eingehen.

Und doch hat Italien, wo doch meistens und wieder einmal eine C-Partei die Regierung stellt, einen sowohl allseits geachteten wie auch populären Präsidenten wie Sandro Pertini, der viele Jahre seines Lebens in Haft verbrachte, diszipliniert, wie ich las, ungebrochen, viele Jahre auch in der Emigration, zuletzt durch die Deutschen zum Tode verurteilt, sechsmal verurteilt, zweimal ausgebrochen, ein Sozialist, dem von Nenni »maßlose Liebe zur Freiheit und zum Sozialismus« zugesprochen wurde; der seinen Sozialismus so definiert: »Die Befreiung des Menschen von jeglichen ideologischen, ökonomischen und konfessionellen Ketten. Der Mensch muß Herr seiner Gedanken und Gefühle sein.« Freiheit statt Sozialismus? Oder Freiheit durch Sozialismus?

Die Sorte Antikommunismus, die bei Ihnen wirksam wurde, Franca Magnani, ergibt sich ja nicht aus einer intellektuellen Auseinandersetzung mit dem Kommunismus und dem Sozialismus, nicht aus einer, wenn man sich die Länder ansieht, die sich so definieren, verständlichen Ablehnung – diese Sorte Antikommunismus ist eine tiefsitzende Krankheit, eine Hygienehysterie, der jedes militärische und propagandistische Mittel recht ist, die auch keine finanziellen Mittel scheut, sich und die Welt vor allem zu bewahren, das auch nur nach Sozialismus riechen könnte. Die unseligen Wirkungen dieser Krankheit zeigen sich offen von Vietnam bis Chile.

Im Augenblick ist Mittelamerika eindeutig das Opfer. Diese Krankheit, gegen die noch kein Kraut gewachsen ist, ist ein geistiger Bazillus von der Sorte, die Religionskriege verursacht, und mir scheint, es ist einer im Gange – ein neu entfachter, militanter, missionseifriger Fundamentalismus, der vom Puritanismus abstammt, er bestimmt Rüstungs-, Wirtschafts-, Leistungs-, Währungspolitik, verkennt in seiner Blindheit, daß soziale Mißstände dieser krassesten Art, die ja auch der Papst verurteilt hat, gar nicht von Moskau geschürt zu werden brauchen, sie explodieren nach Jahrhunderten der Unterdrückung aus sich selbst heraus, ihre Ursachen liegen in einer Zeit, als es Kommunismus noch gar nicht gab, vierhundert Jahre vor der Geburt von Marx. Es sieht nicht so aus, als würde Lateinamerika eine zweite gewaltsame Missionierung hinnehmen.

Italiens Verdienste um die Kultur dieser Erde – vom Ackerbau bis zu einer Stadt wie Siena, die fast zu schön ist, um noch von dieser Erde zu sein, der Name steht auch für die äußerst radikale Katharina Benincasa – ich empfehle sie den Frauenbewegungen zum Studium –, Italiens Verdienste um die Kultur dieser Erde könnte wohl keiner aufzählen.

Ich kann mir vorstellen, daß das moderne Italien dazu ausersehen ist, den Sozialismus, der in sich, an sich und im Vokabularium der Hygienehysterie zu verkommen droht, über die Zeiten zu retten. Sie, Franca Magnani, könnten, nicht durch Propaganda, durch die Weise, die von Ihnen bekannt ist – Sie könnten dazu beitragen, daß dieses europäische Kulturgut erhalten bleibt.

*aus: Heinrich Böll, Ein- und Zusprüche*

Quellenverzeichnis

Die in diesem Buch veröffentlichten Beiträge waren Auftrags-
arbeiten für Fernsehen, Rundfunk, Zeitschriften und Zeitun-
gen. Ein Teil der Beiträge kommen zum ersten Mal in diesem
Buch zur Veröffentlichung.
Die Herausgeber und der Verlag danken besonders dem
Bayerischen Rundfunk für die Abdruckgenehmigung.


Bildnachweis

Die im Bildteil veröffentlichten Fotos wurden uns freundli-
cherweise von Nomi Baumgartl, Enrica Scalfari, Abo Schmid
und Pia Zanetti zur Verfügung gestellt.

## Inhalt

Vorwort  9

Einführung  11

Unsere mamma war Italienerin und Europäerin  13

Eine italienische Familie  29

Fahrt durch die unbekannte Toskana  31

Der zehnjährige Kampf Lina Merlins  38

Es geschah im Warenhaus ...  41

Ein freundlicher Herr auf Besuch  44

Die Scheidung – ein soziales Problem in Italien  47

Ein Gespenst geht um  51

Mussolinis Gespenst über den Olympischen Spielen  55

Nicht der eigenen Frau  59

Unruhen an der römischen Universität  63

Florenz: Schlimmer als im Krieg  68

Der Protestmarsch Danilo Dolcis in Westsizilien  70

Neue Streikwelle  73

Anti-NATO-Demonstration in Rom  75

Die Italienerinnen vor den Wahlen  77

Fußball-Weltmeisterschaft 1970: Italien – Deutschland  80

Fußballweltmeisterschaft 1970: Brasilien – Italien  82

Die Problematik der Scheidung in Italien  84

»Un espresso – per favore!«  87

Hundertjahrfeier des 20. September  89

Unruhe in Reggio Calabria  91

Die Italienerin zwischen Zwang und Freiheit  94

Die Süditaliener in Turin  99

Der Fall Feltrinelli  102

Die Tradition des italienischen Weihnachtsessens 105

Milva 107

Zwischen Tradition und Protest in Italien 113

Die Mailänder Feier zum 30. Jahrestag der Befreiung 121

Über italienische Männer 124

Ob man in diesem Jahr nach Italien reisen
und Urlaub machen sollte? 127

Gioiosa Jonica gegen die Mafia 130

Kodex und Abrakadabra
in der Sprache italienischer Politiker 133

Frauen erwachen 141

Malocchio 144

Der »historische Kompromiß« –
ein Weg ohne Umkehr 149

Venedig und seine Zukunft 161

Die Entführung des Aldo Moro 171

Ehebruch 175

Kinderverkauf 179

Neapel heute 182

Die Sarzis – eine Puppenspielerfamilie 193

Ihr Leben der Liebe 204

Die Paninis 207

Ehrendelikt 211

Pinocchio 214

Cazzone 219

»Der Staat ist fern« 224

40 Jahre Vespa 227

Bologna: Erster Jahrestag des Bombenanschlags 232

Sauregurkenzeit 234

85. Geburtstag von Giuseppe Tomasi di Lampedusa 237

Warum ich Eboli nicht vergessen kann 245

Hundertster Todestag Garibaldis 249

Sophia Loren 252

Wer besiegt das Krebsgeschwür? 255

Elda Pucci 260

Adriano Celentano 263

Enrico Berlinguer: Kommunist und Demokrat 266

Marcello Mastroianni 274

Gian Maria Volonté 282

Modigliani 297

Interview mit Nando Dalla Chiesa 299

Vorzeitige Entlassung von Walter Reder 303

Pertini, Modell eines Präsidenten 305

Jahreswende in Italien 311

Babbo Natale 317

Fasching in Italien 320

Die italienischen Juden sichern ihre Rechte 324

Primo Levi 327

Ein Grabräuber: »il mago« 329

Der siebte Tag in Italien 333

Paolo Conte 338

Die Italienerin der achtziger Jahre 347

80. Geburtstag von Giovanni Guareschi 352

15. Todestag von Anna Magnani 359

Vor 65 Jahren – Neuwahlen und faschistischer Terror 367

Arbeitslose aus Neapel wollen in die DDR 374

Die Italienier beim Gedanken
an die Wiedervereinigung 376

WM-Halbfinale 1990: Italien – Argentinien 380

Moravias Tod 382

Die deutsche Frau 384

Ermittlungen gegen Andreotti 391

Zum Tod Fellinis 393

Korruption als politisches System 396

Die italienische Wende   404

Die Schule der Freiheit   411

Die Beendigung des Krieges in Europa – 8. Mai 1945   422

Italienischer »Historikerstreit«   425

Heimat   428

Wie faschistisch sind die Postfaschisten noch?   435

Der Wandel der Familie in Italien   439

Deutsche und Italiener   444

Heinrich Böll: Statt eines Nachworts   447

Quellennachweis und Bildnachweis   465